论语心要

南怀瑾“别裁”参译

下

怀师文化编委会 编
赵强 译注

漓江出版社

图书在版编目（CIP）数据

《论语》心要：南怀瑾“别裁”参译．下／怀师文化编委会编；赵强译注．—桂林：漓江出版社，2017.10

ISBN 978-7-5407-8295-5

Ⅰ．①论…　Ⅱ．①怀…　②赵…　Ⅲ．①儒家　②《论语》—译文　Ⅳ．① B222.24

中国版本图书馆 CIP 数据核字（2017）第 242321 号

《论语》心要——南怀瑾“别裁”参译　下

编　　者：怀师文化编委会
译　　注：赵　强
策划统筹：符红霞
责任编辑：杨　静
助理编辑：谷　磊
责任监印：周　萍

出 版 人：刘迪才
出版发行：漓江出版社
社　　址：广西桂林市南环路22号
邮　　编：541002
发行电话：010-85893190　　0773-2583322
传　　真：010-85890870-614　0773-2582200
电子信箱：ljcbs@163.com
　　　　　http://www.Lijiangbook.com
印　　制：北京汇瑞嘉合文化发展有限公司
开　　本：710 × 960　1/16　　印　　张：28.5　　字　　数：380千字
版　　次：2017年11月第1版　　印　　次：2017年11月第1次印刷
书　　号：ISBN 978-7-5407-8292-5
定　　价：68.00元

序 言

《论语》是中国古代儒家的一部重要经典，大约最后编定于战国初年。一般认为，是由孔子弟子及再传弟子记录、收集孔子及其门下学生的言行，整理编撰而成。自西汉以来，《论语》所表述的孔子学说迅速扩展，其影响遍及政治、教育、文化、思想、伦理道德等各个领域，成为中华传统文化的一大标识。有关《论语》的注疏也累代不绝，各有解说。

有人曾把《论语》誉为中国的第一书。《论语》早已被翻译成各国文字，传播到世界各地，对世界文化、政治等各方面的影响巨大。英国近代文学家威尔斯（H.G.Wells）曾把《论语》列为世界十大书之一。三百年前，日本学者伊藤仁斋在他所撰的《论语古义》的首页刻有“最上至极，宇宙第一”八个字。

“对于孔子学说与《论语》本书的价值，无论在任何时代、任何地区，对它的原文本意，只要不故加曲解，始终具有不可毁、不可赞的不朽价值。”南师从1962年起，曾经数次讲过《论语》，并于1976年正式定名出版《论语别裁》。在《论语别裁》前言中，南师曾特录宋儒陈同甫先生的精辟见解。如其告宋孝宗之说：“今之儒者，自以为正心诚意之学者，皆风痹不知痛痒之人也。学一世安于君父之仇，而方低头拱手以谈性命，不知何者谓之性命。”而于《论语》，则说：“《论语》一书，无非下学之事也。学者求其上达之说而不得，则取其言之若微妙者玩索之，意生见长，又从而为之辞：曰此精也，彼特其粗耳。此所以终身读之，卒堕于榛莽之中，而犹自谓其有得也。夫道之在天下，无本末，无内外。圣人之言，乌有举其一而遗其一者乎！举其一而遗其一，是圣人犹与道为二也。然则《论语》之书，若之何而读之，曰：用明于心，汲汲于下学，而求其心之所同然者，功深力到，则他日之上达，无非今日之下学也。于是而读《论语》之书，必知通体而好之矣。”

之所以把《论语别裁》定名为“别裁”，也正因为南师对《论语》的所有讲解，都自别裁与正宗儒者经学之外。南师对中华传统文化儒、释、道等各家经典的解读，融会贯通，正本清源，这对当今中国和世界的意义都非常重大，对中华民族文化和世界文化的价值无法估量。

在讲述《论语·雍也篇》时，南师在谈到有关时代的演变与文化的传承问题时，曾说：“我曾和朋友们谈起，不要感叹，感叹是没有用的。历史无法拉回。我们死了，下一代照样活下去，照样又生下一代来。我们现在要尽到自己的任务，把我们所知道的，尽量交给后一代。他们去整理，他们去发扬，那是他们的事，不要担心。一定说‘人心不古’‘今不如昔’‘世道衰微’也不见得。每个时代有每个时代的历史，每代历史有每代历史的精神。所以孔子说‘觚不觚！觚哉！觚哉’，意思不单指这个酒杯。而是说变了，一切在变。就是这样一个感叹。”

就当前形势看，国家强调文化强国战略，大力推动中国传统文化建设。可以说，从文化、教育等各方面、各领域、各层次都有开始起动之势。但如何找到契合点，读懂南师著作，真正深入领会中国传统文化的精髓和精神本质，为“我”所用，至关重要。形势喜人！形势逼人！应时势之需和广大读者的盼望，继南怀瑾“心要”《师道》和《教育与人性》出版之后，我们又编译出版《〈论语〉心要——南怀瑾“别裁”参译》一书，希望能对广大文化和教育领域的教师、工作人员，以及家长和学生等社会各界有所助益。

此书虽以《〈论语〉心要——南怀瑾“别裁”参译》为名，实为抛砖引玉，乐见有识之士的真知灼见，亦望更多学人深读南师原著，从“南师的”巨著之中探瑰识宝，以利于社会各界对中华优秀传统文化的继承、弘扬及其创造性转化。吾辈才疏学浅，对于南师所言“别裁”大义，还只是隔山望海，祈望学界前辈、同仁不吝赐教指正，不胜感激。

二零一七年丁酉初春赵强序于羊城

目录

先进第十一

颜渊第十二

子路第十三

宪问第十四

卫灵公第十五

季氏第十六

阳货第十七

微子第十八

子张第十九

尧曰第二十

先进第十一

【本经】

子曰："先进于礼乐，野人也。后进于礼乐，君子也。如用之，则吾从先进。"

【注释】

先进：先辈。

野人："野"，郊外也，民间。指原始质朴的乡野之人。

后进：后辈。

【译文】

孔子说："以前的时代，先辈人在礼乐方面，是原始质朴的，看起来就像郊野之人一样；随着时代的发展，后辈人在礼乐方面，言语行为注重文饰，看起来就像有修养的君子一样。如果过分重视外表形式的雕琢，反而会失去了人性的本质，假如讲到实用，我还是遵从先辈的质朴。因为人性中原始的真诚和质朴，才是礼乐文化最基本的精神。"

【别裁大义】

素朴的美

为什么篇名叫《先进》？我们看到上论各篇，几乎都是拿每篇第一句的头两个字来作题。古人许多著作往往同我们现在相反。我们现在写一篇文章的程序，是先构想好一个大体，下面分几章，立好大题目，章的下面再分几项、几点，很有条理地写下来。和盖房子一样，先画好图，搭好钢架，然后水泥一灌就行了。中国古人写文章，完全不同。我们小时候写东西，也都是走古人的路线，大致上没有什么题目。真正抒情的，自己感情思想到哪里，就写到哪里，写完了以后再想一个题目。试看古人写诗，尤其是唐诗中李商隐的诗，以“无题”名之者特别多。写了以后，没有题目，算了，就叫“无题”诗。不过也不要上当了，有些无题诗，真有题目，只是不好标明；或者是作者私人的事情，无法公开，就干脆来个“无题”吧！我们知道论语中《学而》《先进》这些题目，不见得就是当时编书的人立的，或许是后来的人为了分篇，就取开头两个字，作为这一篇的题目。

此篇名《先进》的意思就是“前辈”。

礼乐是中国文化的中心，孔子对此非常重视。在这里涉及文化哲学的问题。他说人类先辈——上古的人对文化开创怎么来的？上古的上古，可能没有文化，同动物一样。人类就叫倮虫，没有毛，不穿衣，倮体的虫，也是一种生物。所以人类原先也没有文化，人类的文化是根据生活经验慢慢累积起来的。故而孔子说，先辈对礼乐文化，是“野人也”。原始都是野人的生活，慢慢进化、进化，才有文化的形成。“后进于礼乐，君子也”，他说我们后辈，有了文化以后就不同了。生下来就接受文化的教育，教育得好，有高深的修养，受了文化的熏陶，很有学问，我们给这种人的名称是“君子”。“如用之，则吾从先进”，假使说到实用上的话，则主张先辈的朴野。这段话到底是什么道理呢？就是说人类的文化是了不起，但是反对过分的书卷气——在我们老的观念是“头巾气”，现在的观念是“书呆子”，这也可以说是对于文化的鄙薄。实际上人类真正的文化，譬如礼乐，是根据内心来的、根据思想来的。真正的诚恳、朴实，就是最好的文化，也是真正的礼乐精神。而后天受这些知识的熏陶，有时候过分雕凿，反而失去了人性的本质。如明朝理学家洪自诚的《菜根谭》——此书两百多年来不见了，清末民初，才有人从日本书摊上买回。其书与吕坤的《呻吟语》是相同的类型。书中第一条就说“涉世浅，点染亦浅，历事深，机械亦深”。涉世，就是处世的经验。人初进入社会，人生的经验比较浅一点，像块白布一样，染的颜色不多，比较朴素可爱。慢慢年龄大了，嗜欲（所谓嗜欲不一定是烟酒赌嫖，包括功名富贵都是）多了，机心的心理——各种鬼主意也越来越多了。这个体验就是说，有时候年龄大一点，见识体验得多，是可贵；但是从另一个观点来看，年龄越大，的确麻烦越大。有些人变得沉默寡言，看起来似乎很沉着，似乎修养非常高，但实际上却是机械更深。因为有话不敢说，说对得罪人，说不对也得罪人。假使一个心境比较朴实一点的人，就敢说话了。譬如武则天时代的宰相杨再思，虽然是明经出身，经历多了，做宰相以后，反而变得“恭慎畏忌，未尝忤物”。别人问他：“名高位重，何为屈折如此？”他说：“世路艰难，直者受祸。苟不如此，何以全身。”因此我们了解孔子所谓的“先进于礼乐，野人也。后进于礼乐，君子也。如用之，则吾从先进”，也是一样的观念。宁可取朴野的，“朴野”的确更可爱一点。这里我们讲得很简单，但关系很重要，大家可以体会到孔子“宁取其朴素，不取其机械”的意思。所以世故与经验，加到人的身上，有时候使人完全变了质，并不是一件好事。

下面孔子要提出他的学生了。

【本经】

子曰：“从我于陈、蔡者，皆不及门也。”德行：颜渊、闵子骞、冉伯牛、仲弓。言语：宰我、子贡。政事：冉有、季路。文学：子游、子夏。

【注释】

从我于陈、蔡者：当年跟着我在陈蔡之间一起受困的学生。“陈、蔡者”，孔子曾在陈“绝粮”，又受困于蔡，处境困难。那时，跟随他的都是先入门的一些弟子。

皆不及门也：都不在我这里了。古代家塾设在门堂之左，进入家塾读书者谓之“及门”，所以这儿的“门”是指教育弟子的地方。孔子所说的“从我于陈、蔡者，皆不及门也”，是对昔日弟子们不在身边表示怀念。

【译文】

孔子说：“当年跟着我在陈、蔡之间一起受困的学生，现在大都不在这里了。”德行方面突出的有：颜渊、闵子骞、冉伯牛、仲弓；言语方面擅长的有：宰我、子贡；政事方面擅长的有：冉有和季路；文学方面擅长的有：子游和子夏。

【别裁大义】

知人论事

孔子被困在陈、蔡之间，是历史上有名的故事。那时候他的处境很困难，而所带领的一些学生都不离散，大家围绕着他，团结在一起。这是他晚年时候的感叹，他说当时随我在陈、蔡之间一起受难的学生，现在都不在了。这是他怀念故旧之情。当时跟着他的这些学生，都在某方面有突出的成就，也是孔子门下最有名的几个。孔子评论学生的成就时说，在品德方面最好的，有颜渊、闵子骞、冉伯牛、仲弓这四个人。在言语方面——当然不是现在的语文系，而是说擅长于说话的，有宰我、子贡两个人；政事则有冉有和季路；文学是子游和子夏。这里的四种，和上论中孔子所说的“志于道，据于德，依于仁，游于艺”等配合起来，就可以看得很清楚了，一个人的成就，各有专长，全才很少。就以孔子的学生来说，德行好的人并不一定能够做事。我们观察人才，尤其在学生里可以看出来，有些学生品德非常好，但是绝不能叫他办事，他一办事就糟。所以做领导人的要注意，自己不能偏爱，老实的人，人人都喜欢，但不一定能够做事。有才具的人能办事，但不能要求他德行也好。

所以过去中国帝王，用人唯才，尤其处乱世、拨乱反正的时候，要用才，只好不管德行。我们知道，曹操下过一道征求人才的命令即《求贤令》，也是历史上有名的文献，他说不问是偷鸡摸狗的，只要对我有帮助，都可以来投效。只有曹操有胆子下这样的命令，后世的人不敢这样明说，可都是这样做的。其次汉高祖主要只有张良、萧何、韩信、陈平四个人帮他平定天下。其中陈平曾为他六出奇计，在当时只有他和陈平两个人知道。当时汉高祖和项羽作战，要陈平对项羽做情报工作，而且用反间计，给了陈平五十镒黄金作经费。这时有人向汉高祖挑拨，说陈平盗嫂，是最靠不住的人。汉高祖对这个话听进去了，在陈平出去办事之前来辞行请示的时候，提起盗嫂的事。陈平听了以后，立即把黄金退还汉高祖，表示不去了。他说你要我办的是国家大事，我盗不盗嫂和你国家大事有什么关系？实际上陈平根本没有哥哥，当然也没有嫂嫂，而是别人捏造的，但是他不去辩白这一套，这就是有才干的人的态度。汉高祖非常聪明，马上表示歉意，仍然请陈平去完成任务，这也是高祖的英明之处。有些人则会因小失大，往往因为这些小事而误了大事。后来还有一个文学上有名的故事——张敞画眉。汉宣帝也是了不起的皇帝，张敞是当时的才子，后来成了名臣。他和他的太太感情很好，因为他的太太幼时受伤，眉角有了缺点，所以他每天要替他的太太画眉后，才去上班，于是有人把这事告诉汉宣帝。一次，汉宣帝在朝廷中当着很多大臣对张敞问起这件事。张敞就说："闺房之乐，有甚于画眉者。"意思是夫妇之间，在闺房之中，还有比画眉更过头的玩乐事情，你只要问我国家大事做好没有就好，我替太太画不画眉，你管它干什么？所以读书读历史，就是教我们要懂得人情，懂得做人做事。有时候一些主管，对部属管得太琐碎了，好像要求每一个人都要当圣贤，但办事的人，不一定能当圣贤。我们在孔子的弟子中可以看到，德行有成就的人，言语不一定成功。而言语上有成就的，如宰我、子贡，在德行上不一定有颜回那么标准。政治有成就的人，气度又与德行善者不同。文学好，文章写得好，更不要问了，千古以来，文士风流，历史上文人牢骚也最大。这都是说人才的难求全。但历史上也并不是没有全才，不过，德行、言语、政事、文学都好的，实在少见。

【本经】

子曰：“回也，非助我者也，于吾言，无所不说。”

【注释】

说：高兴，喜欢，同“悦”。

【译文】

孔子说：“颜回呀，他对我讲的话没有不心悦诚服的，从不辩问，这对我是没有帮助的。”

【别裁大义】

听话的颜回

上论中提到过，颜回对孔子讲的话“不违如愚”，从来不违背孔子的话，好像很笨，而孔子暗地考察，颜回不但能择孔子的思想予以发挥，还不违背原则，可见颜回并不笨。这和当面唯唯诺诺，背后却不能发挥，或者是发挥了，却违背原则是有分别的。前者是诚恳，后者是权术。孔子认为颜回对他个人没有什么帮助，说什么话他都听。孔子之能成为圣人，就在这种地方。他意思是说颜回认为他说的话都对，但真的都对吗？要多加反省。这句话不以道德标准来说，仅讲个人行为修养，如果一个长官，遇到部下都说自己对，绝对没有反对意见，就要反省自己对的程度。孔子说“非助我者也”，这样对我没有帮助。真正对自己有帮助的，一定会有不同的好意见。所以一个领导人，最难处是容纳相反的意见。对于相反的意见我们听了以后，把自己的观点推开，就对方的意见想想，也蛮有道理，然后与自己的意见作正反的中和，这种态度是做人处世的高度修养。孔子就有这气度，认为像颜回一样，对自己的话认为句句都对，这样对于自己是不会有帮助的。

【本经】

子曰："孝哉闵子骞，人不间于其父母昆弟之言。"

【注释】

间（jiàn）：间隙，离间。

【译文】

孔子说："闵子骞真正是大孝子啊！别人都很难有机会说出离间他与父母兄弟关系的话来。"

【别裁大义】

孝子闵子骞

孔子说真正称得上孝子的人是闵子骞。大家都看过二十四孝的故事，闵子骞的后母待他不好，冬天制棉衣，给亲生儿子用棉花做衬，而对闵子骞却用便宜又不能御寒的芦花，但是他还是很孝顺。后来终于把他的后母感动了。所以闵子骞"单衣顺母"的行为被列为二十四孝之一。孔子在这里说，闵子骞真正是个大孝子，"人不间于其父母昆弟之言"，最难得的是别人都看不惯他的后娘，看不惯他们兄弟之间悬殊的待遇。而闵子骞对别人打抱不平的话都不听，仍然孝顺后娘，友爱异母的弟弟，这是难能可贵的真孝子。这一点做起来很难，要有自己独立的主见，不听外人的话而变动，实在很难。如曾母投梭的故事，我们都知道曾参是品德高尚的人，有另一个同名的人因杀人被捕，于是有人向曾母说曾参杀人了。起初曾母不相信，照样在织布机上织布。但三个人来告诉她以后，曾母还是丢了织布梭，下机来询问，这就是信心动摇了。母子之间会这样，长官部下之间就更难了。一个长官对于一个部下，有人说部下坏话，三个人说了长官不听，第四个人再说而仍然能绝对信任的，不是没有，但很少，这就是说“谣言止于智者”，是很难很难的。尤其讲到闵子骞，很多家庭出了事情，问题不出在家庭本身，而在旁边的亲戚、朋友、邻居之间，东讲西讲，而导致兄弟之间、夫妇之间，乃至婆媳之间出了问题。这就必须靠自己有主见。所以孔子说闵子骞的后娘是不好，闵子骞也明知道不好，可是他心里有数，无论别人怎么讲，他都可以不受影响。引申这个道理，就是提醒做领导的人，更要注意。古人有句话“疑人不用，用人不疑”，一边怀疑，一边又用他，这个问题就太大了。不但误了自己，更误了事情，这些都是要注意的。

【本经】

南容三复白圭，孔子以其兄之子妻之。

【注释】

白圭（guī）：这里指《诗经·大雅·抑之》中关于白圭的诗句：“白圭之玷，尚可磨也。斯言可玷，不可为也。”诗意是：白玉上的污点，还可以把它磨掉，但说话不谨慎而出错，却是不可挽回。白圭，是一种珍贵而莹洁的玉。玷，污点。

【译文】

南容反复朗诵诗经中关于白圭的句子，来告诫自己要谨慎，他也确实这样做了，孔子于是把自己的侄女嫁给了他。

【别裁大义】

这件事在上论中也提到过。南容是孔子学生中德行很好的，吟诵了三遍《白圭》这篇诗，孔子就将侄女嫁给他了。念念诗，唱几遍歌，就得到孔子侄女做太太。这当然不是偶然的，光唱歌就唱来太太，孔子嫁侄女就太草率了。难道孔子希望侄女婿做歌星？当然不是这道理，而是平常已经考察了南容。《白圭》诗篇的原义，是歌颂白璧无瑕的美德。人有一点瑕疵，就是一生之累。南容因为有《白圭》的志向，有这种品性，再加上孔子平常对他考察的结果，才把侄女嫁给他。

【本经】

季康子问："弟子孰为好学？"孔子对曰："有颜回者好学，不幸短命死矣；今也则亡。"

【译文】

季康子问道："你的弟子里谁最好学？"孔子回答说："有个叫颜回的最好学，不幸短命死了！现在没有像他那样好学的人了。"

【别裁大义】

才命相妨的颜回

季康子是鲁国大夫，在上论中提到过。他问孔子，学生中哪一位最好学？孔子曾再三提到，只有颜回，不幸他短命死了。另有一种说法，孔子有一次与颜回等学生，一起在鲁国的东门，站在城上看泰山下面的景色。孔子突然问学生们，那远处是什么东西？学生中有眼力好的答道，看见好像有一条白链，很快过去了。颜回就说，是一个穿了白衣的人，骑了一匹白马跑得很快，所以看来像条白链。颜回的眼力太好了，所以后人说颜回读书太用功，视力又过分得好，营养又不良，经常饿肚子，因此三十二岁短命而死。孔子对颜回的死是很痛心的，“今也则亡”，惋惜于颜回死后就没有那样好学的了。

【本经】

颜渊死，颜路请子之车以为之椁。子曰：“才不才，亦各言其子也。鲤也死，有棺而无椁。吾不徒行以为之椁。以吾从大夫之后，不可徒行也。”

【注释】

颜路：颜回的父亲，名无繇（yóu），字路，小孔子六岁，从师于孔子。

椁（guǒ）：古代有地位的人的棺材有两层，里面一层叫棺，外面一层大的叫椁。

才：通“裁”。裁夺，裁决。

鲤：孔子的儿子，字伯鱼。

【译文】

颜渊死了，（他的父亲）颜路请求孔子把车子卖了，给颜渊买一具椁。孔子说：“裁夺一下，这事不该这么办！看看我们两个人的儿子，他们都一样的！鲤死的时候，家境也和你一样，只有棺而没有椁。我不能把车子卖了给他买椁，要依据实际条件处理。再说，自从我作为大夫以后，依礼从事相关事务，没有车子徒步是不可以的。”

【别裁大义】

这段故事，也是后人据以攻击孔子的。

颜回死了，家里很穷，颜回的父亲颜路，也是孔子的学生，来商量办丧事。古人办丧事，棺材外面还套一样东西叫“椁”。现代也还有，我们看到出丧的行列，在棺的外面套一个花的“罩子”一类的东西，那就是椁的古制。当时颜路买不起椁，孔子有一辆车子，颜路就和老师商量，想变卖孔子的车子，买一具椁给颜回送丧。孔子说这不可以，你是爱你的儿子，有这个想法。可是当我的儿子鲤死的时候，同你一样穷，有棺而无椁，当时并没有把车子卖了为我的儿子做椁。而且他说自己之所以不能徒步当车，是因为从事政务，常和当时一些大臣往来，不能没有车子。这要有这个体验的人才知道。记得当年在大陆的时候，因为有事，去看一位某省的大员，坐黄包车到省政府门口下了车，警卫多番盘问，还要办一些很麻烦的手续，我怕烦就回去了。刚好一位厅长有事打电话给我，就顺便借了他的汽车，坐着一直进去了，非常方便简单。五四运动以后，有人攻击孔子摆臭排场，一部破车子，既不给儿子，又不给自己最爱的学生。但孔子的意思是说人应该行其本分，就是《中庸》第十四章中所说的“素富贵，行乎富贵;素穷贱，行乎穷贱”。贫穷时就过贫穷的生活，不要做本分以外的事。家里没有钱，为了死要面子，向别人借钱负债来办丧事给活人看，这真叫作“死要面子，活受罪”。所以孔子说他儿子死了，没有钱，丧事也办得很简单，有棺而无椁，没有关系。

【本经】

颜渊死，子曰:“噫！天丧予！天丧予！”

【译文】

颜回死了。孔子痛心地说:“唉！老天爷要我的命呀！老天爷要我的命呀！”

【别裁大义】

这是颜回死了，孔子说的非常伤心的话。因为颜回在所有的弟子中，是最足以传孔门学问的。现在他死了，孔子学问的继承人，也将成问题。难得有像颜回这样可以传道的人了，所以孔子说“天丧予！天丧予”。

【本经】

颜渊死，子哭之恸。从者曰:“子恸矣！”曰:“有恸乎？非夫人之为恸而谁为？”

【译文】

颜渊死了，孔子哭得非常伤心，跟随在左右的弟子说:“老师您太伤心了！”孔子听了之后说:“我真的太伤心了吗？我不为这样的人伤心还为谁伤心呢？”

【别裁大义】

所谓恸，就是非常伤心的意思，颜回死了，孔子哭得非常伤心。当时跟从在孔子左右的学生们说，老师哭得太伤心了。孔子听了以后说，我真的哭得很伤心吗？可是像颜回这样诚恳好学的人死了，我自然是很伤心的。如果颜回这个人死了我不伤心，那么还为哪一个伤心呢？还有哪个人的死亡，会令我这样伤心呢？

【本经】

颜渊死，门人欲厚葬之。子曰："不可！"门人厚葬之。子曰："回也视予犹父也，予不得视犹子也。非我也，夫二三子也。"

【译文】

颜渊死了以后，孔子的学生们主张厚葬他，孔子说："不可以！"学生们还是厚葬了颜渊。孔子说："颜回生前一直把我看成他的父亲一样，可是在安葬他这件事上，我却没能做到如同对待自己儿子一样对待他。这样的厚葬，不是我的意思，而是那些学生们的意思。"

【别裁大义】

颜回死了以后，同学们主张厚葬他，来向孔子建议，但是孔子说不可以，因为厚葬对于颜回已经没有帮助了，而且依据颜回的德行思想来说，他也不会希望厚葬的。可是这件事学生们没有听孔子的话，还是厚葬了颜回。孔子知道以后，就感叹地说，颜回生前一直把我看成他的父亲一样，可是在安葬他这件事上，"予不得视犹子也"，所谓"犹"者如也，犹子就是如同儿子，所以后世人有称侄子为犹子。这里孔子是说在安葬的事上，不能把颜回看得如同自己的儿子一样，应该依平日颜回生活俭约朴素的本性来办。所以他对已死的颜回带点歉意地说"非我也"，这样的厚葬，不是我的意思，而是你的同学们的意思。孔子的这一个感叹，正是率直坦然的一种表示。讲到颜回，使我们想到古往今来，许多有才而短命或薄命的人物，颇为伤感。唐代诗人李商隐有两句诗说："中路因循我所长，由来才命两相妨。"真是达人知命的论调。

【本经】

季路问事鬼神。子曰:“未能事人，焉能事鬼？”曰:“敢问死？”曰:“未知生，焉知死？”

【注释】

未能事人：对于人事问题还没有做好。“事”，作动词用，侍奉。

敢：谦词，表示冒昧地请求别人。

【译文】

子路问有关鬼神的问题，孔子说:“对于人道的事情还没有做好，怎么能研究鬼神等天道的事情呢？”子路又问:“我冒昧地问一下，人是怎么死的？”孔子说:“生的道理还没有弄懂，怎么能懂得死的道理呢？”

【别裁大义】

不问苍生问鬼神

关于鬼神，有两个问题，第一是究竟有没有鬼神？世界上所有的宗教，一致承认有鬼神，但是，各个宗教承认有鬼神的理论却都不同。在大学里，拿这些不同宗教的理论，关于鬼神的理论也包括在内，集中到一起来研究，称作“比较宗教学”。以这种学问态度来看，每一宗教都承认鬼神。此外，唯心哲学也承认有鬼神。唯物哲学是不承认有鬼神的，科学家们则不反对有鬼神，只是保持怀疑的态度，正在追寻这个问题的答案。前面说过的，爱因斯坦最后信了上帝，就是一个最好的例子。现在科学界对这门科学的研究很热衷，有“灵魂学”“神秘学”正在积极研究鬼神现象，并且运用科学仪器，如红外线照相机等，来证明灵魂的存在。研究已经有不少发现和记录，譬如人体会发出一种肉眼看不见的光；人坐过的地方，当这人离开后七八个小时，用特种照相机还可以照到这人的影子；对于植物，也认为其有知觉有感情。这些研究，都很普通而且很积极。假如有一天科学界的灵魂学，能够以科学方法证明灵魂的存在，证明灵魂不是一种物质，是一种超物质、超电子的东西。到那时候，人类的文化要起非常重大的变化。现在欣欣向荣的科学，正在探寻生命的奥秘。

鬼神问题，在中国文化里也很重要。现在大家都讲中西文化合流，但是有一点要注意，美国文化不能代表西方文化，它只是西方文化的一个支流。研究西方文化必须了解欧洲，而欧洲文化最初的根源是宗教，所以非研究西方的宗教思想不可。欧洲宗教思想，过去认为中国没有宗教。实际上鬼神的观念，就是中国过去的宗教思想。所不同的是，中国宗教思想把祖先的亡魂与鬼神混在一起。所以鬼神的问题，是研究中国宗教的一个大问题。孔子对于鬼神的态度，在上论中已经提到过“敬鬼神而远之”这句话，这里又说“未能事人，焉能事鬼”，可见他并不否认鬼神的存在，而是认为应该先把人做好，再研究鬼神的问题。连人都没有做好，连人都不懂，还想进一步去了解鬼神的事，太远了。“天道远，人道迩”。天道当然不是天文学、太空学这个天道。中国过去讲的天道，就是代表形而上的哲学存在，太深远了。我们活着做人，人事是浅近的。但是我们做了一辈子的人，对于人的事还没有研究透彻，何必来谈那么远的天道呢？这等于孔子消极地承认了有鬼神。

而孔子也认为学生们的程度还不够，故暂不讨论。所以他答复子路“未能事人，焉能事鬼”。这个“事”字是作动词用，意思是对于人事问题还没有做好就不要讨论鬼神的问题。接下来和鬼神连贯的有个大问题了：“敢问死？”子路问人是怎么死的？大家认为子路的话蛮好笑的，怎么死还要问？但“死”的确是一门科学，人究竟是怎么死的？孔子答得很妙，“未知生，焉知死？”你是怎么生的，知不知道？生从哪里来？一般人都知道是妈妈生的。哲学中“人”究竟从哪里来？这个问题很重要。而每个人都有哲学思想，只因环境或智慧的不同，有人向哲学这方面追下去，有人就不追了。像每个人小时候都发生过一个哲学上的疑问：“我是怎样生出来的？”我们小时候问父母，妈妈告诉我们人是从腋下生出来的，我们还感到奇怪。现在教育普及了，都知道怎样生人，但那只是生理上的解说。

生人真有那么简单吗？照生理医学上说是很简单；但在哲学上对于医学界的解说并不满意。医学并没有解决问题。即使是照医学上的解说，我是妈妈生的，妈妈是外婆生的，外婆是外外婆生的，推溯上去，最初最初的那个人是怎样来的？还是问题。人的生命究竟是从哪里来的？这是一个大问题。究竟怎样死的？为什么要死掉？以哲学眼光来看人生，宇宙是玩弄人的，老子说的“天地不仁，以万物为刍狗”也可作这一面的解释。天地简直在玩弄万物，既然把人生下来，又为什么要让他死掉？这是多遗憾的事！

讲到遗憾，我们又想到哲学上的另一个问题。以我们东方哲学来说，从《易经》的观点看这个世界，始终都是在变化中，而它的变化始终是不圆满的。《易经》从“乾”“坤”两卦开始，最后一卦是“未济”。“未济”也可以说是没有结论的。所以以《易经》来看世界，任何事都没有结束。那么，人生有结论吗？我们也讨论过“盖棺论定”并不是结论，人死了没有结论。宇宙、历史有没有结论？据科学、宗教、哲学所了解的，宇宙最后还是会毁坏，毁坏了又会新生，也是没有结论。所以人生是一个没有结论的人生，而这个没有结论的人生，永远是缺憾的。佛学里对这个世界叫作“娑婆世界”，翻译成中文就是能忍许多缺憾的世界。本来世界就是充满缺憾的，而且不缺憾就不叫作人世界，人世界本来就有缺憾，如果圆满就完了。像男女之间，大家都求圆满，但中国有句老话，吵吵闹闹的夫妻，反而可以白首偕老；两人之间，感情好，一切都好，就会另有缺憾，要不是没有儿女，要不就是其中一个人会早死。《浮生六记》中的沈三白和芸娘两人的感情多好，可惜芸娘却早死了。拿小说来讲，言情小说之所以美，只是写二人世界中两三年当中的事，甚至几个月中间的事情。永远达不到目的的爱情小说才美，假使结了婚，成了柴米夫妻，才不美哩！

再打个比方，太阳出来了，又何必落下去？永远有个太阳，连电灯都不必要去发明了，岂不好！也有人说笑话，认为上帝造人根本造错了，眉毛不要长在眼睛上面，如果长在指头上，牙刷都不必买了，这些是关于缺憾的笑话。这是个缺憾的世界，在缺憾的世界中，就有缺憾的人生。花开得那么好，为什么要谢了？人生，生活得那么好，又为什么要死了？这些都是哲学的问题。这宇宙的奥秘、神奇，谁是它的主宰呢？有没有人管理它呢？如果有人管，这个管的人大概是用电脑计算的。人同样都有鼻子、嘴巴、眼睛等五官，可是那么多的人，却没有两个完全相同的。只看这么一点点，就有那么多的不同。所以人家说人是上帝造的，我说那个制造厂里，大概有时候抓模型抓错了，所以有的鼻子不好，有的耳朵不好。这到底是怎么造成的？西方的宗教，有的就告诉我们不要再追问，这是上帝照他的形态造了人。那么上帝的形态又是什么样子？不知道。西方宗教说，到此止步，不能再问了，信就得救，不信不得救；东方的宗教，信的得救，不信的更要救，好人要救，坏人更要救。在东方宗教里，认为人生不是哪一个主宰，既不是上帝，也不是神，另外定了一个名称：第一因。第一个因子哪里来的？第一个“人身”哪里来的？印度来的佛教、中国的道教，都认为人不是生物进化来的，也不是由一个主宰所创造的，也不是偶然的，这是一个大问题。

简单地告诉大家，这个生死问题和鬼神问题是连起来的。东方学说认为光靠男性的精虫、女性的卵子两个东西不能够形成一个人。人的形成需要“三元和合”，由男性的精虫、女性的卵子，再配上灵魂而形成人。现在已有人研究出来试管婴儿，将精虫和卵子放进试管里完成受精过程，形成胚胎，那是不是三元呢？还是三元。精虫与卵子之能够结合，还是靠一个灵魂的力量来的。人生出后有高、矮、胖、瘦、智、愚之分，不完全是遗传，遗传仅是因素之一，其中另有因缘。因缘的观念，是来自印度佛家的文化。譬如说，我在这里讲《论语》是因，大家在这里听就是缘，双方就有这个因和这个缘。相反地，大家是因，因为有大家在听，我才有机会在这里讲，我就是缘。因与缘互相连锁的关系，就叫作因缘。那么人生下来，有四种因缘，一种是亲因缘：它是种性，（这些问题讨论起来，不是三言两语能讲完的，只大概提一下。）包括了灵魂的关系，人的惯性的关系，由过去的生命历程带到了现世，又由现世再带到来世。至于父母的遗传等，属于疏因缘，又名增上缘。何谓增上？一颗种子，本身是亲因缘，种下泥土以后，因地质不同、吸收的养分不同而变，虽然变了，但它的本性不大会变的。所以西方遗传学所讲的，在我们东方哲学说来，那不过是增上缘的一点作用而已，并不是全部作用。有了现在的生命以后，就叫作所缘缘。何谓所缘缘？如袁枚《随园诗话》的诗说“书到今生读已迟”，人为了今生读书已经太迟了，今日要赶快读书，以便来生的智慧高一点，这也可以作为所缘缘的说明。第四是等无间缘。因缘的关系是永远连续不断地下去，所以是平等的，没有间歇性，永远是转下去，等于我们的银河系统，是永远在转。这里大概介绍一下，这是哲学上一个专门的课题，也是科学上一个专门的问题，很麻烦，很精细的。我们现在只能约略地讲个大概，这也就是生死的问题。

东方哲学还有一个东西讨论，即最初的生命是从哪里来的？东方哲学有所谓“原人论”，即探究原始的那个生命，最初从哪里来的？现在全世界都流行的禅宗，这是中国的特产，其中主要的问题，也是问“生从哪里来，死往哪里去”。照唯物论的解释“人死如灯灭”，这答案行不行？恐怕不能让人满意。事实上证明，人死不如灯灭，如社会学、心理学、医学、灵魂学的调查，有很多的事例证明，譬如说有的人没有死，已经有死的征象。不说远的，就说发生在台湾的事，有位朋友的老太爷，在他死前三天的早晨，他自己的老太太，就看到她的老伴站在门前往外走。老太太呼唤他不要出去受了凉，但又倏忽不见了。再回到房间一看，老太爷还躺在床上呼呼大睡。这时老太太心里知道，老伴快要死了，所谓灵魂先出窍了。果然三天以后老太爷去世了。这种事例倒蛮多的，这许许多多事例，在科学上都还是不可知之数。生从哪里来？死往哪里去？我们大家都活到死，死是一个大问题，一个人正常的死到底是怎么样的？

生命的幽默

《庄子》书中有句话妙得很，他说：“不亡以待尽。”这话怎么说呢？意思是我们活在世界上并没有活，是在那里等死。所以庄子又说“方生方死，方死方生”。当一个婴儿出世，我们说生了，但在庄子的观念中，那不是生了，而是死亡的开始。自生之时就开始慢慢走向死亡。两岁时，一岁的我过去了；十岁时，九岁的我过去了；四十岁时，三十九岁的我过去了，生命天天都在生死中新陈代谢，思想也在生了死，死了生。我们一个新的思想生了，前一个思想马上死亡了，流水一样。正如孔子说的“逝者如斯夫！不舍昼夜”。所以庄子说看着这生命活着，没有死，是在等最后的一天。从哲学的观点来看人生，的确是这样。所以有人学哲学，学得不好的，反而觉得人生没有意思，你说搞了半天有什么结论？没有结论。这个世界就是一个缺憾的世界。但是也有人通了的，晓得这个世界本来就是个缺憾的世界。像曾国藩在晚年，就为他的书房命名为“求阙斋”，要求自己有缺憾，不要求圆满。太圆满就完了，做人做事要留一点缺憾。如宋朝的大哲学家，通《易经》而能知道过去未来的邵康节，和名理学家程颢、程颐弟兄是表兄弟，和苏东坡也有往来。二程和苏不睦。邵康节病得很重的时候，二程在病榻前照顾，这时外面有人来探病，程氏兄弟问明来的是苏东坡，就吩咐下去，不要让苏东坡进来。邵康节躺在床上已经不能说话了，就举起一双手来，比成一个缺口的样子。程氏兄弟不懂他做出这个手势来是什么意思，后来邵康节喘过一口气，他说：“把眼前路留宽一点，让后来的人走走。”然后死了。这也就是说世界本来充满缺憾，又何必不让人一步好走路！

这里是谈生死问题，孔子并没有作结论。依哲学上来谈这个问题，在这里也无法作详细的介绍，如果像现在这样讲法，一个星期讲两个小时，就是五六年，甚至十年的时间也讲不完。而且谁知道生从何处来？死往哪里去？没有人敢说，没有人敢作绝对的论断。只有在医学上，以科学的观念说，人怎样是生，怎样是死，有生命的延续，就有新陈代谢的作用。可见医学上也认为人随时都在生，也随时都在死，人的身体就和一个小宇宙一样。就是一片树叶，在科学的观念中，也比一所核子工厂还复杂，而人体的结构，就有如宇宙一样复杂。譬如我们一餐三碗饭下去，如何地消化，如何地供给人所需要的热能，如何排泄废物，其间的过程是够复杂也够奇妙的。如果再加上一些寄生虫和那些帮助消化的细菌在内，那关系可就更不简单了。

生死的确是个大问题，孔子在这里答得很奥妙，他说鬼神是属于天道的事情，“人道迩，天道远”。人本身的问题都没有解决，怎么去谈那么遥远的天道问题？也就是他说的“中人以下，不可以语上也”。他认为子路他们这批学生，程度还不够，对于生死问题，就难说了。只要我们活着的时候，好好活下去，尽到活着的本分，先把人做好再说。

鬼神问题、生死问题，人类文化上两个大问题，现在再重复一下，让大家注意。

世界各国大学的哲学系，各派宗教乃至现在有许多科学，都在研究这两个问题。人类文化到现在，对这两个大问题，还是没有解决。究竟有没有鬼神存在？生是怎么来？死是怎么去？原始的人种究竟是怎么来的？

当然，我们晓得，现在共产主义的哲学，一方面是基于马克思的经济思想，另一方面是基于黑格尔的唯物辩证法，以及吸收希腊方面的唯物哲学而来的。其次，影响了人类思想的，是达尔文的进化论和弗洛伊德的性心理学。这几种学说，同时构成今日世界人文文化一个大问题的存在，不过目前物质科学的进步将这问题掩盖住了，使我们不大感觉得到，实际上这个问题是很严重地存在着。

生与死问题的研究，现在已经把达尔文的进化论推翻了。新的理论，一部分已经成立——整个的还没有解决。所以这是一个很大的问题，不是短时间可以讨论得完的。《论语》中显然提到了这两个大问题，我们要特别注意。不过现在没有办法专门针对这两个问题再作讨论，只能在这里作一个交代，将来我们有别的机会，再来研究这些问题。

《先进》这一篇，到了这一段鬼神问题与生死问题是一个高潮，现在继续下来，是对于人物的评论。

【本经】

闵子侍侧，訚訚如也；子路，行行如也；冉有、子贡，侃侃如也。子乐。“若由也，不得其死然。”

【译文】

闵子骞侍立在孔子身边，是一派方正、恭敬而有条理的样子；子路是一副性直刚猛的样子；冉有、子贡胸怀开朗，是一种潇洒大气的样子。孔子见这四位弟子各自显露的性情，不禁欢喜。但他不无担心地说：“像仲由这样的个性，只恐怕将来不得善终啊！”

【别裁大义】

孔门弟子的素描

这是孔子对于这几个学生的评论。

“闵子侍侧，訚訚如也”，闵子骞是有名的孝子，孔子非常喜欢的学生，孔子观察他，说他讲话很温和，有条有理。为什么讲话那么重要呢？这就好比曾国藩在《冰鉴》中所说，看一个人头脑够不够精细，不一定要看他的鼻子、眼睛，只要听他讲话，就会知道。有些人有条有理；有些人说了半天，主题还没有讲出来。一个人处事有没有条理，在言语中就可以看出来。所以，闵子骞在旁边是“訚訚如也”，温和，有条理，看着很舒服。子路呢？“行行如也”，什么是“行行”？光从书本、知识上是难以了解的，要配合人生经验才会知道。司马迁写《史记》，他自述读万卷书，行万里路。光读书读多了，不是学问，是书呆子，没有用。还要行万里路，观察多了才是学问。从前，看到好几位当代的大人物，观察的结果，就懂了“行行如也”这句书，此公说话很简单，但不断在动，好像坐不住一样。这才想到就是子路的“行行如也”。冉有、子贡这两个人“侃侃如也”，这“侃侃”是形容人气度很大，以现在的话来说是很潇洒。对于这几个人，最后孔子下断语：“若由也，不得其死然。”他说子路将来不得好死。结果孔子看对了。子路后来是在卫国的政变中战死的，死得非常光荣。前面说过，他是为了赶回为卫国平乱，身受创伤，然后整肃衣冠，端坐而死。在中国历史上，唐、宋、明各代，这种人物有很多，战死了以后还站着，尸体绝不倒下来，以致敌人的将领都对他崇拜万分，往往为他立祠建庙，这就与鬼神、生死的问题有关了。所以我们中国人说“聪明正直，死而为神”，只要人的品格好，如忠义的人，死了以后就可以为神。我们看见许多庙，大家都去膜拜，里面所供奉的神，就是这一类人所升华的。这一段是由子路的“行行如也”所引起的。

“子乐”，描述当时孔子对于这几个围绕在身边的学生，觉得很高兴。可是他很遗憾地深深惋惜子路将不得善终。我们这里也要注意子路的“行行如也”。譬如有些人坐下来会抖腿，在相人术上，这种人有多少钱都会被他抖光，这是一种“败相”，不但钱会抖光，事业也会抖光，实际上也就是“行行如也”的一种小动作。人坐就是坐，睡就是睡，坐有坐相，睡有睡相，走有走相，吃有吃相，前面有相，后面有相，真正看相，太不简单，这是以中国文化中形名之学作的说明。这是孔子对常在身边几个学生人品修养而表现在外形上的一个定评，虽然是简单一句话，但是很扼要。

【本经】

鲁人为长府。闵子骞曰：“仍旧贯，如之何？何必改作！”子曰：“夫人不言，言必有中。”

【注释】

长府：藏财货之处，相当于主管财经的机构，包括财政、经济、税收乃至审计等业务。亦作官名用，指主管长府的首长。

夫：这里是语气词，用于句首，以提示下文或表示对某事进行判断。也有理解为近指，相当于“这”“这个”。

【译文】

鲁国有一个人被任命为长府的首长，要重新整治长府。闵子骞说：“制度不要贸然突变，还是沿用现有制度，怎么样？如果制度变动太大，社会影响就会很大，关键在人，何必要改变制度呢？”孔子说：“这个人不轻易说话，一旦说话定能说到要点上！”

【别裁大义】

言语的艺术

这是说鲁国当时财政经济发生问题，鲁国有一个人出任长府，这个“长府”相近于现代的财经首长，不过不能完全和现在比。现在财政经济是分开的，会计也是独立的；过去所谓长府就是管钱的，包括了财政、经济，国税局乃至于审计部，这些业务都集中在一起。换句话说，是管如何收钱、如何用钱的。鲁国当时主管长府这个机构的人，大概想对当时的制度有所改变。闵子骞说话了。他说，制度不要轻易变动，还是沿用现有制度，方法变一变就好了。如果变更制度，影响比较大，整个社会又要经过一番波动才能适合新的制度，不如用旧的制度。你看怎么样？

这就是闵子骞说话的态度，很谦虚、很温和、有礼貌，就是上面说的“訚訚如也”。他是一位社会贤达，始终不想出来做官，立场超然，所以他说了：“何必改作！”这一点很重要。我们先不讲外国，研究中国历史，不论社会结构，或者政治制度、政治结构形态，如果一下子把它完全改过来，在当时几乎没有可以成功的先例。这就是《易经》一再阐述的道理：天下的事只有渐变，没有突变，突变是要出毛病的。这是政治哲学的大道理，研究起来也很麻烦。因此闵子骞当时不主张一时变制度，否则突变的结果，社会要出问题，所以他在客气话以后，下一个结论“何必改作”，这是闵子骞在政治上提出了一个重大的意见。后来传到他老师孔子那里，于是孔子说：“夫人不言，言必有中。”这里的“夫人”不是太太，“夫”是起语的“语助词”，话还没有说出来，先发的声音。孔子认为闵子骞“訚訚如也”，平常老老实实、不大说话的，但是这次为了国家的利益、大众的利益，他说话了，而且，说得很有意义，很对！他一说话，就把握住了重点，这是在赞赏闵子骞。但是，我们不要仅把这看作是孔子称赞闵子骞的话，而把“夫人不言，言必有中”这八个字轻易放过，这也是我们要学的。当处大事的时候，不要乱说，要说就“言必有中”，像射箭打靶一样，一箭出去就中红心，说到要点上去。

【本经】

子曰：“由之瑟，奚为于丘之门？”门人不敬子路。子曰：“由也升堂矣，未入于室也！”

【译文】

子路鼓瑟，孔子说：“子路鼓瑟，还没有入门啊！”

同学们听到孔子这样说，有些就瞧不起子路了。孔子说：“我说子路，是勉励激发他的话。实际上，子路鼓瑟的水平，已经进入了厅堂里，只不过还没有进入内室罢了！”

【别裁大义】

子路的琴学入门

子路学习鼓瑟——瑟比现在流行的古筝一类的乐器还要古老，有现在普通写字台那样大，有五十根弦，很复杂。“鼓”字，便是敲弹的意思。子路正在鼓瑟，孔子看见，觉得很好玩，于是讲了一句笑话，也带有批评的意味。他说子路啊！他对于鼓瑟，还没有入门呢！

同学们听到孔子这个批评，对子路就不佩服了。在这里就看出群众的心理是盲从的。这个地方，我们读书就要注意了，真正头脑冷静的人，任何事情不要跟着别人转变，要用自己真正的智慧、眼光来看一件事、看一个人。所以，孔子看到同学们这个盲从的毛病就说，你们也真是太看轻人，我说子路，是勉励激发他的话，实际上，子路鼓瑟的成就，已经进入了厅堂里，不过没有进入内室去而已。“升堂入室”的典故，就是从这里来的。堂与室不能用现代的建筑格局来讲的，中国过去的建筑，有明堂格式，是四合院式的，中间一个大天井，中间的大厅是明堂，深入明堂是内室，再后面就是后院了。孔子认为子路鼓瑟已经升堂了，不过没有深入到内室，如此而已。我这样说了一句话，你们就轻视他，太不应该也太轻率了。

【本经】

子贡问："师与商也孰贤？"子曰："师也过，商也不及。"曰："然则师愈与？"子曰："过犹不及。"

【译文】

子贡有一次问孔子："子张和子夏这两个人，哪个比较好一些？"孔子说："子张太过头了，子夏则是有些不够标准。"子贡说："既然这样，那么是子张比子夏更好些了？"孔子说"太过头和不够标准是一样的。"

【别裁大义】

低昂失律的资质

我们都会用的成语"过犹不及"，就是出自《论语》孔子说的话。师就是子张，商就是子夏，都是在前面介绍过的孔门高弟。子贡有一次问孔子，子张和子夏两个人哪一个比较好，孔子说子张太过了，子夏不及。现在我们讨论"过"和"不及"这两个词，所谓"过"，不是过错的过，不是犯了罪，而是聪明过头，有些人脑筋动得快，反应过敏了。有些人拼命研究一个问题，研究得太多了，反而走上一条错误的路子，这就是过。像讲道德，过分了也难免有偏差。"不及"是有些人懒得用心，对一个问题，想了想，"大概这样"，觉得"差不多了”就停下来，这就是中国人“不及”的毛病。所以人家骂我们中国人“马马虎虎”“大概”“差不多”的观念，这都是“不及”。科学精神是买酱油的钱，绝不能移来买醋。中国人买酱油与买醋，两样都差不多，马马虎虎，酸咸混淆一起，这就是做人做事“不及”的地方。总之，不及则不够标准，或者过则超过了标准，都是偏差。孔子说，子张过头了，子夏则是不及。子贡就说，这样应该子张比子夏更好了；因为子张超过了头了，总该是好的。孔子说，不见得如此，超过了标准与不够标准，一样都是毛病。我们这里只能讲一个原则，要发挥起来，可举的事例太多太多，做人做事，稍有不慎，都会过犹不及。做得恰到好处，符合中庸之道，才是对的。中庸之道很难做到，现在也有人故意讽刺中庸之道就是马马虎虎，这不是中庸，这是不及。把不及当作中庸，这就错了。

【本经】

季氏富于周公，而求也为之聚敛，而附益之。子曰：“非吾徒也，小子鸣鼓而攻之可也。”

【注释】

季氏：季孙氏。

周公：这里指鲁国公室。鲁国是周公旦的封国，故这里以周公指鲁国公室。

敛（liǎn）：聚集，搜刮。

益：增加。

鸣：发表意见。

鼓：震动，摇动。

【译文】

孔子说：“季氏的财富已经比鲁国公室还多，而冉求却还替他聚敛以增加他的财富。这不是我的学生该做的事情！你们都可以起来发表意见，大张旗鼓地声讨他的这种做法。”

【别裁大义】

这是孔子对于一个学生的申斥。冉求为当时鲁国的权门季家当总务长。孔子说季家为鲁国的权门，财富已经很多了，比周公还多。周公是被封于鲁国的始祖，也是鲁国的国君初祖。季家已经富可敌国了。可是学生当中的冉求，还公然替他设法找更多的钱，还为他加倍地设法搜刮，等于是拍季家的马屁，特别为他努力，这就造成了财富不均、贫富悬殊的趋势。所以孔子说，这个人不是我的学生，可以开除了，你们可以公开地把他轰出去。这就是孔子对学生品行方面的要求，他不希望他们成为一个书呆子，而要他们能做事，对国家社会有所贡献，这才是真正的学问，也是儒家学问的中心所在。

【本经】

柴也愚，参也鲁，师也辟，由也喭。

【译文】

子羔的性格有些朴拙，曾参的性格有些愚直，子张的性格有些偏激，子路的性格有些刚猛。

【别裁大义】

儒家四相

这也是对四个学生的评论。

柴，姓高，字子羔，少孔子三十岁。这评论不一定是孔子亲自说的，是后来门人的记载。其中说高子羔这个人比较“愚”，照现在话来说就是笨，但并不是我们通常说的笨。朴拙一点，举止比较迟缓就近愚，不完全是笨的意思。

唐代以后，一千多年来，“愚”字都是长辈对晚辈或平辈间的谦称。例如师长对学生写信，可以自己谦称为愚兄。舅对年长的外甥，也可谦称愚舅。对弟弟，也可谦称愚兄。这是另外谈到写信的礼貌。在这节书里，“愚”的意思是反应迟钝。

第二个是“参也鲁”，“鲁”和“愚”看起来好像差不多。像《水浒传》这部小说，非常妙，它包含了社会哲学，也包含了历史哲学，其中人物，三十六天罡、七十二地煞，都是怪物。这一百零八个人各加一个外号，这些外号都有民间的哲理，看起来蛮有意思。如宋江的外号“及时雨”，天旱久了来一场“及时雨”有多好。但“及时雨”宋（送）江，送到江里去了，一点用都没有。又如智多星吴（无）用，也是一样。“花和尚”鲁智深，姓就用鲁，所谓鲁就是鲁莽。他相当粗暴，动辄就打，虽然出家当了和尚，喝醉了连佛像都打掉。可是他的打，是很聪明的打法。盲目地崇拜偶像，并不是真正信仰的精神。真正信仰的人，不一定要崇拜偶像，一个真正具有宗教家精神的人，并不是一定要有宗教的形态。所以鲁智深的鲁是代表这样的性格。我们说鲁就是笨，这说法错了。鲁是在愚的当中又带点直，而直的当中又不粗暴，慢吞吞的为鲁。

“师也辟”，子张有点固执，有了学问的人，多半易犯这个毛病，大致文人也多固执，这样看不惯，那样看不起。这里所讲的子张有点特殊的个性，就谓之辟。

“由也喭”，这个“喭”与“谚”相通，就是土佬，很俗气、很粗糙的相似形态。子路做事比较粗暴，讲话也比较豪放。本篇为什么只提这四个人呢？因为这四个人也代表了人格的四种典型。一般人可以用这四种典型来做一个小的归类；不是这类，就是那类。

【本经】

子曰："回也，其庶乎！屡空。赐不受命，而货殖焉，亿则屡中。"

【注释】

空：穷困，此处尤指"空性"的道德修养。

庶（shù）：庶几（jī），差不多。

货殖：经营工商业。即利用货物的生产与交换，进行商业活动，从中生财求利。司马迁所指的货殖，还包括各种手工业，以及农、牧、渔、矿山、冶炼等行业的经营在内。

亿：通"臆"，猜度（duó），估计，判断。

【译文】

孔子说："颜回的修养，已经够得上道德的标准了！他能做到安贫乐道。子贡没按照师命的路线走，而喜欢货殖经营，他很有商业智慧，判断行情，往往成功。"

【别裁大义】

颜回的空　子路的有

这里提到的两个人，一个是孔子最欣赏的，一个是孔子得他帮忙最大的。

这篇书里我们可以看到，孔子的学生们各有他的长处，也各有他的缺点。做一个领导人，对他的部下，一定要了解，每人有长处，也有缺点。再讲一个人生哲学的道理，我们要注意，有人说某某的长处是什么，短处又是什么。如以哲学的观点来说，某人的缺点也正是他的长处，而长处也就是他的缺点。不但某人如此，我们每一个人也是如此，长处与缺点几乎是分不开的。用得好就是长处，用不好就是缺点。作为一个领导人一定要懂得这一点。如果所用的人，都希望他和自己一样，那这个事业就不要做了。人形形色色，各有所不同，就要养成自己对于各种各样的人都能包涵、都能领导的作风，这是很要紧的。

孔子这里说，品德最好的只有颜回，具备各方面的长处，差不多已经够得上道德的标准。但是“屡空”——太穷，常常是空的。不过“屡空”这两个字，有不同的解释，尤其是学佛学道的人解释更不同。他们解释说，只有颜回是孔子的得意门生，才能常常做到空的境界，对于任何事情，无论得意或不得意，都可以把它丢掉，放得下。这种解释也蛮有道理。

其次说子贡不受命，怎么不受命？就是孔子希望他专门为学问道德而做。但子贡的个性与众不同，老师这一套道德学问他绝对接受，可是走的路线却绝对不同，不太肯走呆板的路线，他去做生意了。他做生意的本事非常大，判断估计不会失败，每次都被他料中。以现在西方社会的情况来说，第一流人才做生意。而子贡的才干实在是不止如此，我们在这个地方才知道子贡还会做生意。所以司马迁《史记·货殖列传》中，就取用《论语》上这里的“货殖”两个字，代表了工商业，中间记有子贡的事迹。其实子贡不但是工商界了不起的人才，他对于外交、经济等也样样通。所以我说孔子后半生的生活，还多半是靠他维持的。

【本经】

子张问善人之道。子曰：“不践迹，亦不入于室。”

【注释】

不践迹：不踏留一丝痕迹。就是说做好事，不必要看出来是善行。

亦不入于室：也不进入到屋内。意思是不要在心里守着做善事的观念，而是做自己该做的事而已。

【译文】

子张问关于做真正善人的道理。孔子说："做好事，不必要一定让人家看出来这是善行；做好事，也不要用心守着善的观念，而是按照道德在做自己该做的事情而已。"

【别裁大义】

不着痕迹的善人

问题来了，这几句话解释起来最讨厌。子张问起，怎样算真正的善人，我们人究竟要做到什么样子才能称为善人？这是一个大问题——也真是一个哲学问题、逻辑问题——逻辑就是辨别是非，下一个定义。现在推开一切不管，以纯粹哲学的立场来讲，什么是善？什么是恶？很难下一固定标准。同一件事在这个时代是善的，在另一个时代则变为恶的；在这一地区是善的，换一个地区则是恶的；随着时间空间的转变而转变。因此善恶没有固定的标准。所以说做人怎样才合乎标准？西方有西方的礼节，中国古代有古代的礼节，现代有现代的标准。假使现在为了发扬中国文化，穿一件和尚衣服，留着西式的发型，再打上一条领带来上课，这是作怪还是爱国？是善的或是恶的？实在很难断定。所以善恶的问题，是道德哲学上的大问题。

这里子张问怎样才是善人，孔子的答复"不践迹，亦不入于室"。先照字面上解释，不踏一丝痕迹，也不进入房门，走进屋内。如果照字面这样解释，做善人最好连太太房间都不要进去了。这是作笑话讲。怎么叫"不践迹"呢？这个问题我们可以借用道家中庄子所说的"绝迹易，无行地难"来加以理解。古人的文字太简单，解说起来又很讨厌。我们只作这样的解释：小偷去行窃，可以戴上手套，手印指印都不留下来，使刑警没有办法侦查，这就是"绝迹"，没有痕迹了。但"无行地难"，人毕竟要靠地来走路，完全不靠地面而能走路，这是做不到的。譬如刚才说小偷把他自己的形迹灭掉容易，但什么是小偷的行地？凡是小偷，只要静下来的时候，心里就会想到，自己偷过东西。这种内心的行地要去掉，就办不到。做了坏事，可以骗遍天下人，但没有办法骗过自己，这就是“绝迹易，无行地难”。

由此可知孔子这里的“不践迹”，就是说做一件好事，不必要看出来是善行。为善要不求人知，如果为善而好名，希望成为别人崇敬的榜样，这就有问题。

“亦不入于室”，意思是也不要为了做好人、做好事，用这种“善”的观念把自己捆起来。不要用心守着善的观念，为自己树个“好人”的招牌！所以中国人讲究行善要积阴德。别人看不见的才是阴，表面的就是阳化了。不要在人家看见时才做好事，便是阴德。帮忙人家应该的，做就做了，做了以后，别人问起也不一定要承认。这是我们过去道德的标准，“积阴德于子孙”的概念，因此普遍留存在每个人的心中。

中国专门说鬼狐的小说《聊斋志异》，第一篇《考城隍》，故事是说有一个秀才做梦去应考，主考官是关公，一看他的卷子，就录取了。他的卷子里有两句话:“有心为善，虽善不赏;无心为恶，虽恶不罚。”就是说有心去故意做好事，表现给别人看，或表演给鬼神看，虽然是好事，也不该奖赏。又例如有一把刀不好用了，随手丢掉，而不幸伤了人，实在没有存心要伤害他，那么虽然是一件坏事，也不该处罚。全篇文章都是讨论这两个问题。这本讲鬼、讲怪、讲狐狸精的小说，为什么第一篇说这样一个故事？过去中国写小说的人，不是随便下笔的，一套传统的中国文化，道德规范的精神，摆得很严谨。《聊斋·考城隍》这两句话，也就是孔子说的“不践迹，亦不入于室”的意思。“有心为善”，做善人故意表示善，就践迹了，是不对的。更有些用“善”的观念把自己捆住了，像信教就信教，一定要表现斋公斋婆或招摇成教徒的样子，便是既“践迹”，又“入于室”。

【本经】

子曰："论笃是与？君子者乎？色庄者乎？"

【注释】

庄：通"妆"，装饰。如《史记·司马相如列传》："靓庄刻饬，便嬛绰约。"

【译文】

孔子说："听到人家讲话坚定正确的样子就相信他吗？他就是真正的君子吗？态度上像就是真的了吗？"

【别裁大义】

应机施教

有些人讨论问题，讲话非常有理，议论非常精辟。但是要了解，听到话讲得对，就是止于话，不要认为此人话讲对了，就是君子、是了不起的人。你看见他态度温和，言谈温和，就认为此人很有礼貌，很有见解，很有才气，这也错了。尤其是言论非常精到，或者是文章写得好的，不一定就是君子，也不一定态度庄重就是人才。这是教我们观察一个人，要考验自己，有时候听人家讲的还不算，要有事实的表现。

【本经】

子路问：“闻斯行诸？”子曰：“有父兄在，如之何其闻斯行之！”

冉有问：“闻斯行诸？”子曰：“闻斯行之！”

公西华曰：“由也问闻斯行诸，子曰：‘有父兄在。’求也问闻斯行诸，子曰：‘闻斯行之。’赤也惑，敢问。”子曰：“求也退，故进之。由也兼人，故退之。”

【译文】

子路问：“听到一件应该做的事，就要立刻去做吗？”孔子告诉子路说：“你还有父母兄长在，责任未了，怎么可以听了就去做呢？”

冉有问：“听到一件应该做的事，就要立刻去做吗？”孔子对冉有说：“当然！你听懂了就要去实践。”

公西华听到以后，觉得奇怪了，就问孔子说：“仲由问‘听到一件应该做的事，就要立刻去做吗’，老师说‘有父兄在’；冉求问‘听到一件应该做的事，就要立刻去做吗’，老师说‘听懂了就要去实践’。弟子实在不明白，想冒昧地请教老师。”

孔子说：“冉有安于现状，退步不前，所以我鼓励他，让他见义勇为；仲由嫉恶如仇，刚猛过人，所以我拉一拉他，让他遇事冷静。”

【别裁大义】

这是孔子的教育态度、教育方法。同时由这一篇书，也是自己做人做事的一个反省。子路问，听懂了一个道理之后，马上就去做吗？就要言行合一去实践吗？孔子告诉子路说，你还有父母兄长在，责任未了，处事要谨慎小心，怎么可以听了就去做呢？另外一个同学冉有也向孔子问同样的问题说，听了你讲的这些道理，我要立刻去实行吗？孔子说，当然！你听了就要做到，就要实践。他答复这两个学生的话，完全不同。公西华听到以后，觉得奇怪了，跑来问孔子说，他们两个同样的问题，你的答复却完全不同，我越听越不懂了。“敢问？”——敢有不敢的意思，这就是说我现在鼓起勇气，要请你原谅一下，请告诉我，同一个问题为什么作两种答复？孔子说，冉有的个性，什么事都会退缩，不敢急进，所以我告诉他，懂了的学问，就要去实践、去力行。子路则不同，他勇敢，“兼人”——生命力非常强，他这个人的精力、气魄超过了一般人。太勇猛、太前进，所以把他拉后一点，谦退一点。

在字面上只看到了孔子教育的方法。我们在教育界久了，有时看到太用功的学生，也是劝他多休息、去玩玩，太懒的就劝他长进一些、多用功一点。这大家都做得到，何必孔子？但这只是文章的表面，进一步就看到孔子对学生的培养。我们知道子路是战死的，非常勇敢，最后是成仁的烈士。孔子早已看出他是成仁的料子，所以他说“由也不得其死然”。这句话不是骂他，而是感叹。如果当时孔子稍稍鼓励他一下，可能早就成了烈士，不会等到后来卫国变乱才成仁。所以孔子在这里警告他，你的父兄家人一大堆，要先对个人责任有所交代，然后才可以为理想奋斗。如此，以中和子路过分的侠情豪气。而冉有则是安于现状、不大激进的人，所以孔子不大愿意他出来做事。结果他在鲁国季家，竟然弄起权来了，那么孔子就鼓励他，跳出现实的圈子，要有独立不拔的精神。

【本经】

子畏于匡，颜渊后。子曰：“吾以女为死矣！”曰：“子在，回何敢死？”

【译文】

孔子在匡被围困，解围后颜渊最后才赶上来。孔子一看到颜回就说：“你把我急坏了，我还以为你这次蒙难死了呢！”颜渊回答说：“老师您还在，我怎么敢先死呢？”

【别裁大义】

死有重于泰山

这本来是普通的话，记载在《论语》里，是代表孔门师生之间道义的真挚感情。孔子在匡，人家误以为他是阳虎，所以他在那里受包围。后来归队的时候，颜回最后才回来。孔子一看到颜回就说，你把我急坏了，我还以为你这次蒙难死了呢！颜回答道，老师，您还在，我怎么敢先死呢？这流露出孔门弟子对孔子的尊敬，以及道义之情的真诚自然。

下面是一个重大的问题了。

【本经】

季子然问：“仲由、冉求，可谓大臣与？”子曰：“吾以子为异之问，曾由与求之问！所谓大臣者，以道事君，不可则止。今由与求也，可谓具臣矣。”曰：“然则从之者与？”子曰：“弑父与君，亦不从也。”

【注释】

谓：通“为”，做为。

具臣：备位充数之臣。指仅备臣数而不能有所作为的臣僚。“具”，备。

弑（shì）：臣杀死君主或子女杀死父母。

【译文】

季子然问："仲由和冉求可以做国家的大臣吗？"孔子说："我还以为你问我其他什么特别的问题呢！原来你是问子路和冉求这两个人的事啊！我告诉你，真正的大臣会辅助君主向理性的、仁道的路上迈进，假使不行的话，就宁可不干了，也不能失去这个原则。至于你问子路和冉求这两个人，他们确实有才能，可以称得上是具臣。"

季子然又问："这样说来，如果请他们出来做事，这两个人会绝对服从的啰？"孔子说："如果是杀父杀君这样的事，他们是不会听从的。"

【别裁大义】

历史人物典型的塑立

这是孔子对于高级干部、领导者，乃至为人事业伙伴者所说的话。孔子在这里提出大臣与具臣的分别。中国历史上的高级干部，归纳起来大概有这几种特称：名臣、大臣、忠臣、奸臣、贤臣、佞臣，加上《论语》中孔子思想的具臣等。这也就是中国文化历史上国家高级干部的标准。做历史上的一个名臣，真是谈何容易！几千年来，名垂青史者，只有诸葛亮、王阳明、曾国藩等可数的若干人而已。他们都是名臣，有名望。有些还不一定就是大臣，如范仲淹等，可称得上是国家大臣，这更不多了。其他忠臣、奸臣、佞臣等的意思大家都知道的。至于"具臣"，只是够得上做个具员而已。我们知道在历史上留名实在不容易！中国历史的传统，对大臣的认定有个标准，不管当时权势有多大，最后这笔账是算得很公平的。像清朝皇帝下命令修明朝的历史，而明朝许多大臣，最后投降清朝的，仍然把他们定格为"二臣"。这是康熙下的定论。虽然这些人很忠于清朝，但在皇帝的心目中，他们还是不行，只是二臣。我们也在历史上看到，当李闯王打进北京时，明思宗崇祯上煤山自缢，李闯王还是很尊敬地向崇祯行礼的。后来清朝攻陷了北京，也还是去崇祯陵墓祭拜，明朝江山虽亡于他手，其气节还是颇让人感动，历史上这些地方，是公理昭然的。把这个观念说清楚了，再回过来说本文。

季子然是鲁国人，他问孔子说，请子路和冉求两个人出来做事，他们是不是够得上做国家的大臣？孔子说，我还以为你问我其他什么特别的问题哩！原来你是问子路和冉求这两个人的事啊！我告诉你，真正的大臣是“以道事君，不可则止”。即自己有理想、有主义，辅助一个主体的人，使这个主体的人向理性的标准、理想的主义、仁道的思想这条路上迈进。假使这个主体的人，不听这种意见，宁可算了，不肯干下去。这是“大臣”为行道而来的风格，不是为地位、为功名富贵、为做官、为待遇而来的。

至于你问子路和冉求这两个年轻人，他们确是人才，是具臣、能臣。政治、经济、军事都会；很能干，很有才具，也很有气节。季子然说，这样说起来，如果请他们出来做事，这两个人会绝对服从的啰！绝对服从，不一定是大臣。所以孔子说，并不是这样，他们是具臣，你如请他做事，他绝对忠实，绝对尽心。要说绝对服从，这服从是有限度的，你如果做背叛道义的事、背叛国家的事、背叛社会大众的事，那他们是做不来的。假如你杀了父母，乃至叛变，他难道跟着你叛变？跟着你杀父母？这种事他们绝不来的。这就是具臣，虽然只能算是具员，但也要有才能而又忠贞亮节。

大臣、具臣的分别，我们可以看出一点大概了。孔子虽然是讲大臣、具臣之别，同时也影射了刚才所提的能臣。最典型者可见之于《三国演义》——曹操年轻的时候，乔玄曾经为他看相。乔玄说他是“治世之能臣，乱世之奸雄”。如果有好的领导人，跟着做事，会是一个能臣；如果碰到动乱的时代，没有好的领导人，则会成为奸雄。就这两句话——“治世之能臣，乱世之奸雄”，把曹操的一生断定了。能臣与奸雄，往往极难分别。大臣、具臣、名臣之间，说实在的，也很难有一个严格的界限。

【本经】

子路使子羔为费宰。子曰:“贼夫人之子!”子路曰:“有民人焉,有社稷焉,何必读书,然后为学?”子曰:“是故恶夫佞者。”

【注释】

社稷(jì):“社”,土神。“稷”,谷神。后常用社稷代表国家。

贼:害。

恶:(wù)讨厌,罪恶,伤害,坏,疾病。

佞(nìng)者:强辩、拍马屁、迷信、自以为是、愚而好自用的人,都属于佞。

【译文】

子路叫子羔去做费地的长官,孔子为此很不高兴。孔子说:“这是害人子弟啊!”

子路辩白说:“在那里有百姓可以治理,也有土神和谷神社稷可以祭祀,何必要通过读书求学问然后才出去做事呢?”

孔子说:“这正是自以为是的人最令人讨厌的毛病啊!”

【别裁大义】

从政与求学

子路是我们大家都熟悉的,子羔也是孔子的学生,前面刚提到的,子路在同学中提拔了他,让他到费这个地方去做地方首长。子路做了这件事,孔子非常不高兴,所以他说“贼夫人之子”。这是骂人的话,而且骂得很厉害,以现代语言来说，就是“简直不是人，你这个小子”。这句话不只是骂子羔，同时也骂子路。孔子骂了以后，子路自然也辩白：“有民人焉，有社稷焉，何必读书，然后为学？”他说既然有群众，也有地方可以施展抱负，何必要死读书才出去做事呢？孔子说：“是故恶夫佞者。”这个“佞”，就是强辩、拍马屁、迷信、自以为是、愚而好自用的人，都属于佞。我们在这一段话上，可以看出几个要点来：

第一，用宋太祖的话来讲：“宰相须用读书人。”宋太祖为什么这样讲？因为有学问的人来干政治，会干得很好。据历史学家研究，（这是学者的意见，不能说绝对是对，也不能说绝对不对。）汉代开国，固然有规模，但气度还是不够大，原因就是汉高祖用的只是萧何、张良、韩信、陈平等几个人。而像萧何是从地方官升上来，一直到宰相，没有远大的开国的气魄。这是历史学家的研究，因而主张大政治家，要有大的学识，所以子夏也说“仕而优则学，学而优则仕”。仕就是出来从政，必定要先把学问基础打好；而在从政期间，还要不断增加新的学问、新的知识。这两句话是不能偏废的，我们平常教育界、学术界引用，只引用了一半——“学而优则仕”。当然也有人反对，而认为工作经验也可以产生学问，至于整部的四书五经，也不过是从经验中得来的，到后来才称它为“学问”。我们为什么要读书？是接受前人的经验。可是一般人多半是子路的看法——“有民人焉，有社稷焉，何必读书，然后为学？”拿到了就干，干了再说。所以许多人就主张不怕做错，做错了没关系，再改。这话就有问题，对个人或对小事而言还可以，对社会国家、天下大事，就要十分慎重了。因为那一改，影响太大。这就是读历史、求学问的重要。

第二点，我们可以看到，几十年来，一般知识分子的思想有一个很严重的偏差，那就是几十年来中国人讲文化，武人离不了《三国演义》的思想，即所谓“纵横天下，割据城池”的个人英雄主义。至于文人的风格，也始终离不开诸葛亮的鹅毛扇，加上文学家的吃花酒，诸如小说《花月痕》中所描写的境界。所谓名士风流，就是这几十年来中国文风的大概。一直到现在，我们研究今日青少年的问题，如大专联考这股竞争热流中，在他们思想深处，也还是没有脱离这个范围，这是一个非常严重的问题。所以在思想上，纯粹是以国家天下事为己任，为求学而读书的很少。

回过来再讲到子路的这句话，也就是《三国演义》型的思想，很多青年都容易犯这个毛病，包括我们自己，当年也差不多。“有民人焉，有社稷焉”，何必再去读书，然后为政？到了自己年龄慢慢大了，人生经验多了，处事多了，然后才知道学问的重要。当然我们讲的学问不是读死书，是经验配合了书本的真正的学问，确实重要。

到了这一段，又转了个方向，这是很重要的。研究孔子的思想、孔子的境界，乃至《礼记·礼运》篇中大同世界的人生境界，就在这里了。

【本经】

子路、曾皙、冉有、公西华侍坐。子曰：“以吾一日长乎尔，毋吾以也。居则曰：‘不吾知也！’如或知尔，则何以哉？”

【注释】

曾皙（xī）：名点，字子皙，曾参的父亲，也是孔子的学生。

公西华：即公西赤，孔子的学生。

居：平时。

不吾知：即“不知吾”的倒装。

【译文】

子路、曾皙、冉有、公西华陪侍孔子坐着。

孔子说：“你们不要因为我比你们年龄大而不敢说。平日你们常说：‘没有人了解我呀！’假使说有人了解你们，那你们又将怎样呢？”

【别裁大义】

力挽狂澜的子路

“侍坐”，是过去的礼貌，学生晚辈在老师长辈面前，不敢随便就坐，只有站在旁边。这是记载子路等四个高才生站在孔子身边，孔子就说，你们不要以为我比你们大几岁，就认为我了不起，我也和你们一样。“毋吾以也”，不要把我看得太了不起。孔子以这样诚恳的心情自我表白，是一个大宗师的气度，这就是所谓“满灌水不响”了。他又说，平常你们在背后说“不吾知也”，认为我不了解你们，假使说了解你们，那你们又将怎样呢？你们把自己的心意，讲给我听听看。

【本经】

子路率尔而对曰：“千乘之国，摄乎大国之间，加之以师旅，因之以饥馑，由也为之，比及三年，可使有勇，且知方也。”夫子哂之。

【注释】

率尔：直率，轻率。

师旅：泛指军队。“师”，二千五百人为师。“旅”，五百人为旅。

饥馑：饥荒。“饥”，谷物不熟。“馑”，菜不熟。

比及：等到。

哂（shěn）：微笑，又指讥笑。

【译文】

子路率直地答道：“假使有一个千乘之国，处在几个大国之间，又经过了连年的战争，国内又闹灾荒，如果让我去治理，只要三年，就可以使那里人人有勇气，并且明白道理。”孔子微微一笑。

【别裁大义】

子路的个性，大家已经了解，这位急性子的老兄在听过以后，就冒冒失失地说话了。他说，假使有一个“千乘之国”——这是当时诸侯中大型的国家了，而这个千乘大国，是处在几个大国的中间，在强敌环伺下，又经过了连年的战争，而且内部财政上也非常艰难困苦，不断地发生灾害饥荒。像这样一个国家，如果交到我子路的手上来，我只要花三年的时间去治理，就可以使这个国家的全体人民，每个人都能够站得起来，每个老百姓都知道如何去走自己该走的路，做自己该做的事。子路这个话讲得实在蛮够气魄的，不但有英雄气概，而且有大政治家的气魄。可是孔子听了以后“哂之”，露了牙齿：“嘻嘻！”微微一笑，笑中充分表露出了否定的意味。

讲到这里，想到一个笑话，那是《三国演义》（这是小说不是历史，但是中国三四百年来的政治思想，可以说从来没有脱离过《三国演义》这部小说的笼罩）“煮酒论英雄”的故事。有一天曹操和刘备两人喝酒聊天，那时刘备还在投靠曹操，等于是他的部下。曹操问刘备，天下哪一个算是真正的英雄，刘备当然第一个捧曹操。曹操问他还有谁，刘备就说到袁绍、刘表等一些当时有权有势的人。曹操都一一驳掉了，说这些人都不够资格做英雄，天下英雄唯有你我两个人而已。他说这句话的同时，天上忽然霹雳一声，响了个大雷。刘备不知道是被曹操的话吓着了，还是被天上的雷声一惊，手中拿着的筷子，都吓得掉到地上了。曹操问他怎么回事，他说我自幼在保姆手中长大，被他们溺爱，所以胆子很小，刚才被雷声吓了一跳。曹操本来最怕刘备的，这么一来，觉得刘备不过如此而已。但紧跟着刘备就设法逃走了。（中国人对这部小说都非常熟悉，不过要注意的，我们不能说小说不是思想，而且在民间发生的影响力很大。小说是代表知识分子的思想，《三国演义》是罗贯中写的，至少是罗贯中的思想，罗贯中也代表了知识分子。）前几天有个学生看到一篇文章中引用的两句诗，来问我这两句诗的出处，我一时想不起来了，只好叫他自己去查，后来查到是曹操《短歌行》中的两句诗。曹操父子在文学方面，影响南北朝很大，他的英雄思想更是影响了几千年，这种思想方面的影响是没有时间和空间限制的。所以我常常告诉一些喜欢写文章的作家，要特别注意，万一所写的东西能够流传下去，将来就不知道要影响多少人。所以有人一辈子有很好很丰富的人生经验，还不敢轻易写出来，就是写下来了，也还不敢用上自己的真名字。哪里像现在，为了赚稿费，提笔就写了。现在回到本文，子路答的那段话，当然不是曹操论英雄的那个意思和态度。子路说的话很有英雄气概，具有大政治家的风范，但是孔子还是笑他，这并不是笑他的话不对，而是认为他还没有这种能力。

【本经】

“求，尔何如？”对曰：“方六七十，如五六十，求也为之，比及三年，可使足民。如其礼乐，以俟君子。”

【译文】

孔子又问：“冉求，你怎么样？”

冉求答道：“方圆六七十里或五六十里的小国，我去治理，只要三年，可以使百姓衣食充足。至于这个国家的礼乐教化，那只有等待贤人君子了。”

【别裁大义】

谦谦君子的冉求

冉求说话的态度谦虚多了，他说只要方圆六七十里的一个小小的国家交给我，或者更小一点的国家让我来治理，花上三年的时间，我可以使这个国家社会繁荣，国民经济发达，全民进到康乐的境界，这是我可以做得到的。“如其礼乐，以俟君子”，但是社会的经济充足了、富裕了，还不一定建立起良好的文化来，而对于文化根基的建立，这种重大艰巨的事情，就只好等高明的人才来着手了。这是冉求的谦虚词，也是他的老实话。这节书有两个观念：

首先，一个文化的建立，的确是不容易。所谓的“十年树木，百年树人”，要培养一个人才是要很长的时间的。溥儒的画好，是清朝入关又出关之间三百年培养出来的。他在宫廷中所看到的那许多名画，这是别人办不到的。其实他的字比画更好，他的诗比字又要好，这都是别人学不来的。李后主的词我也说过，像他的《破阵子》那阕词：“四十年来家国，三千里地山河，凤阕龙楼连霄汉，玉树琼枝作烟萝，几曾识干戈？一旦归为臣虏，沈腰潘鬓消磨，最是仓皇辞庙日，教坊犹奏别离歌，垂泪对宫娥。”的确是好词，读来令人感叹，但里面每一句话都是他的生活经验，是他的真感情、真思想。由他写来，非常容易。如果不是一个做了皇帝又变成臣虏的人，谁能写出这样的词来。这是在文学方面的情形，由文学的培养之难，我们可看到文化建立之难。

其次，我们看看管子的高见“仓廪实而知礼节，衣食足而知荣辱”，这句话放之于全世界，无论古今中外，都是站得住的。所以谈中国政治思想，离不开管子。再者，通过这两句话，可知社会国家的富强、教育文化的兴盛，要靠经济做基础的；要仓廪充实了才礼义兴，衣食富足了才会知荣辱。所以有人说，最大胆的是穷人，连裤子都没得穿了，拼命都不在乎，还怕什么？有地位有钱的时候就怕事了。就是这两句话的道理。可见文化的建立，要靠经济做基础。从冉求这句话里，我们可以看出他深懂这个道理。所以他说，一个小国家交给我去干三年，我可以使它经济基础稳定，社会政治稳定，至于文化的建立，则要“以俟君子”。这就还要等一段时间，乃至要请比我更高明的人来。这是他的谦虚，也是他的真话。

【本经】

“赤，尔何如？”对曰：“非曰能之，愿学焉。宗庙之事，如会同，端章甫，愿为小相焉。”

【译文】

孔子又问：“公西赤，你怎么样？”

公西赤答道：“我还不敢说自己有什么本事了，只不过愿意跟着老师学习。当有宗庙大事或诸侯会盟之时，我愿意身穿玄端礼服，头戴章甫礼帽，做一位小相。”

【别裁大义】

公西华这个人，在上论中已经提到过，孔子说他“束带立于朝，可使与宾客言也”。他可做一个很好的外交官，衣冠整齐，生活从来不马虎，仪容很端肃，应对之间很得体，是一个标准的外交官。他在这里表现的也是外交官的风度，一开口就是外交官的口吻，与众不同。（这段《论语》，实在是很好的文学作品。）他说，老师，我是一无所能，不过愿意跟着学习就是了。这里三个人讲话，表达不同。第一个子路“率尔对曰”，咚咚就讲出来了，就干了。轮到冉求就谦虚了：“小一点的地方……”问到公西华就说：“我并不是说我有才能，我很差，不过愿意学习。”学习什么呢？“宗庙之事”，这里宗庙就代表了国家。中国以前是宗法社会，每一个国家的社稷以宗庙为象征，所谓宗庙之事，就是国家大事。“会同”，开大会。等于说现在开国民大会，或者立法院会、行政院会。“端章甫”，大家都穿上礼服，很有礼貌。“愿为小相焉”，辅相是一位很好的幕僚长，或者等于国民大会的秘书长。公西华对孔子说他可以去学习，慢慢在工作中求取经验，以便做到这个程度。可是一位优秀的国民大会秘书长可不容易做，一个重要会议中的小相，是很不容易做好的。小相就是总务人才，也就是宰相才；真正的好总务，就是宰相，像萧何就是最好的总务人才。历史上的这类人物是屈指可数的。

下面是这里最重要的一段了。点，《史记》作“蒧”，曾参的父亲，字皙，也是孔子的学生。下面是他和孔子的对话。

【本经】

“点，尔何如？”鼓瑟希，铿尔，舍瑟而作，对曰：“异乎三子者之撰。”子曰：“何伤乎？亦各言其志也。”曰：“莫春者，春服既成，冠者五六人，童子六七人，浴乎沂，风乎舞雩，咏而归。”夫子喟然叹曰：“吾与点也！”

【译文】

孔子又问：“曾点，你怎么样呢？”

曾点听到老师在问他，瑟音渐稀，弹瑟的手指在弦上一拢，铿然而止。他离开了弹瑟的位置，站起来对孔子说：“我和他们三人说的不一样！”

孔子说：“那又何妨？也就是说说各自的志趣罢了！”

曾皙便说道：“到了晚春的时候，穿着春天的衣服，和五六个青年，六七个少年，到沂水里去游泳，在舞雩台上吹吹风，从容安乐，悠然自得，然后唱着歌回家。”

孔子感叹地说：“我跟点的愿望是一样的啊！”

【别裁大义】

性天风月

孔子和其他三位同学讨论的时候，曾点在旁边悠闲地鼓瑟。孔子听了子路他们三人的想法以后，转过头来问正在鼓瑟的曾点说，曾点，你怎么样呢？说说看。曾点听到老师在问他，瑟音渐稀，接着，弹瑟的手指在弦上一拢，瑟弦发出铿然的响声，然后曾点离开了弹瑟的位置，站起来对孔子说，老师你问我啊！我和他们三个人刚才所讲的不同，我的思想和他们是两样的。这里有一个问题，从这一段描写，我们看到曾点的恬淡、宁静。大家在讨论问题，而他在搞他的音乐，应该是没有听到子路他们的讨论。可是孔子问到他的时候，他又说自己的想法、做法和子路他们三个人不同。可见刚才别人的话他都听到了，这是很高的修养。

能在处世之间，最忙乱当中，同时应付几桩事情，这就要具有真正的学问、真正的修养、最高的宁静功夫。这里又要提到小说了，《三国演义》中仅次于诸葛亮的庞统，怀揣诸葛亮的介绍信去见刘备。可是他傲气很重，见了刘备就是见刘备，不把诸葛亮的信拿出来，认为凭介绍信是丢人的事。不料刘备看走了眼，给他当一个县长，他上任以后天天喝酒，公事都不看，一概不管。三个月以后，张飞去视察，他还在喝酒，张飞就指责他。他要张飞坐在一边等着，把积压了三个月的公文拿出来，把所有的关系人全部找来同时报告，他一面听，一面答复，一面批公文，一会儿工夫，把所有的公事全部办完，把笔一丢，问张飞哪里还有事情。张飞的智慧很高，立刻道歉，庞统才拿出诸葛亮的信来，就调升了副参谋长——副军师。事实上也真有这种人。所以说，这段书不要马马虎虎读过去，读书不要只靠两只有形的眼睛，还要用智慧的眼睛去读。

这里就看到曾点高雅清华的风度。孔子听了他的话，态度也不同，他说这有什么关系，并不会矛盾、冲突的，只不过是关起门来，表达各人自己的思想而已，你尽管说好了。于是曾点说，我只是想，当春天来了，冬衣一换，穿上舒适的春服，农忙也过去了，和成人五六人，十几岁的少年六七人，到沂水里去游泳，然后唱唱歌，跳跳舞，大家优哉游哉高兴地玩，尽兴之后，快快活活唱着歌回家去。这个境界看起来多渺小！虽然渺小，可是孔子听了以后，大声地感叹说，我就希望和你一样。

孔子这个话是什么意思？孔子就是这么孩子气！所以说这段书很难懂。我们经历这几年的离乱人生——国家、社会、天下事，经过那么大的变乱——才了解国家社会安定了，天下太平了，才有个人真正的精神享受。不安定的社会、不安定的国家，实在是做不到的。时代的剧变一来，家破人亡，妻离子散的悲剧，遍地皆是。所以古人说“宁为太平鸡犬，莫作乱世人民”。而曾点所讲的这个境界，就是社会安定、国家自主、经济稳定、天下太平，每个人都享受了真、善、美的人生，这也就是真正的自由民主——不是西方的，也不是美国的，而是我们大同世界的那个理想。每个人都能够做到，真正享受了生命，正如明代状元林大钦的诗“天增岁月人增寿，春满乾坤福满门”。

这里孔子问这四个学生的话，其中孔子与曾点的一段话，可以说进入了最高潮，师生之间，说出了完美人生的憧憬。政治的目的，不过在求富强康乐，所以这一段可以说是大同世界中，安详、自得的生活素描。

下面就是一个结论。

【本经】

三子者出，曾皙后，曾皙曰：“夫三子者之言何如？”子曰：“亦各言其志也已矣！”曰：“夫子何哂由也？”曰：“为国以礼，其言不让，是故哂之。唯求则非邦也与？安见方六七十，如五六十，而非邦也者？唯赤则非邦也与？宗庙会同，非诸侯而何？赤也为之小，孰能为之大！”

【注释】

唯：句首语气词，表示确定。

则：连词，表示转折关系，表示“然而”“反倒”。

【译文】

子路、冉有、公西华三人出去了，曾皙落在后面。曾皙问孔子说：“老师，您看他们三个人说的话怎么样呢？”

孔子说：“这只不过是各说各的志趣罢了。”

曾皙又问：“那您为什么笑仲由呢？”

孔子说：“仲由的志向没有错，可是领导和治理国家是件大事，需要礼让的文化精神，可是他的话却一点也不谦虚，所以我笑他。冉求的志向蛮好，然而他讲的不也是安邦定国的大事吗？怎么见得方圆六七十和五六十有什么不同呢？不同样是国家吗？赤的志向很好，然而赤做的事难道不也是国家大事吗？有宗庙，有国际间的盟会，这不是诸侯为国的大事又是什么呢？如果说赤做的是小事，谁做的又是大事呢？”

【别裁大义】

春风化雨

侍坐的四个学生，答复了孔子的问题以后，子路、冉有、公西华三个人都已经走了，还有一个曾皙留在最后。因为孔子除了对他的话发表了意见以外，对其他三位同学的话还没有表示意见，他意犹未足，再向孔子请教，他们三位同学所作的答案，老师认为怎么样？孔子说，没有什么，只是每个人报告心得，表达自己的思想，如此而已。曾皙又进一步问道，刚才子路说的话，老师笑他，为什么笑他呢？

我们也许觉得子路的话，也没有什么不对，而且很对胃口，有什么可笑之处？但孔子告诉他，子路说的是国家天下大事，是一种大英雄、大政治家的事业，要有文化基础，要有学问修养，不是那么简单。而子路大言不惭，一点都不谦让，自认为很行了，所以我才笑他。至于他说的那个对国家的理想并没有错，我只是笑他太自满、太轻率。

至于冉求的那套话，讲得也蛮好，实际上那就是政治家的作为，事实上方圆六七十和五六十有什么不同呢？这里我们可以引用老子的话来作一解释。现在有些研究老子哲学的，对“小国寡民”“治大国如烹小鲜”这两句话，各有各的解释。现在的青年们，在大学里研究文学的也好，研究哲学的也好，研究政治学的也好，拿硕士、博士学位的论文，很多都写老子。什么老子的政治思想、老子的哲学思想、老子的经济思想、老子的什么什么思想都来了。老子当年自己只写了五千个字，以后几千年来，几千万字都说不完。这些巨著，如果老子自己看了，一定会笑掉大牙。而今日那些论文中的老子，究竟是哪一家说的老子也不知道。真正的老子思想很简单平实，只有五千字。老子说“治大国如烹小鲜”，要注意这个“烹”字，是慢慢地用文火来炖，小火来烧。小鲜是小鱼小肉，如用大火，一烧就烧焦了，必须用文火，慢慢地烹。这句话也告诉我们做人，乃至处世的一个大原则，在混乱之中，不能心急，任何一个时代的混乱，都有一个关键，慢慢来，逐渐解决。利用太极拳原理，四两拨千斤，就是顺其势，慢慢来。如果想一下子用突变的方法把它改过来，往往突变还没有变好，新的毛病又出来了，所以他主张“小国寡民”。换句话说，他是以地方政治为基础做起。这也是和孔子说的“安见方六七十，如五六十，而非邦也者”的意思是一样的，不论地方大小，治理之道都是一样，并没有两样。而孔子这样说冉求，并不是说冉求不对，只是说冉求的思想，用来治大国、治小国都是一样的。这句话如引用到我们自己的身上，就是不论我们职位大小，责任是一样的，事功是一样的，问题在于做得好做不好。

至于公西华的思想，孔子认为那也是一个大政治家的见地，但是他话说得很谦虚。实际上一个“宗庙会同”，主持一个庞大联合会议，各国的元首、阁员都参加，而能够担任这种会议的秘书长，就是做主席。公西华说这是小意思，学习学习，话是讲得谦虚，口气是蛮大的。他说这是一件小事，那天下还有什么大事?

根据上面这一段，我们还可以看出来另一方面。子路等人的思想抱负很了不起，但总离不开自我英雄主义，我可以如何，我要如何……而且都偏于从政治着手。但曾皙就不同了，同样希求大同之世，但成功不必在我，而着重于文教方面，真正说中了孔子的心事，所以孔子感叹：“吾与点也。”

颜渊第十二

【本经】

颜渊问仁。子曰："克己复礼为仁。一日克己复礼，天下归仁焉。为仁由己，而由人乎哉？"

【注释】

克己复礼为仁：就是克服自己的妄念、情欲、邪恶的思想、偏差的观念，而完全回到礼的境界的那个正念，叫作仁。"克己"，就是心理的净化。"克"，克服，含有心理争斗的意思。克己以后，才能恢复"礼"的境界，就是要随时随地庄严和诚敬，内心对自己慎重，保持克己的自我诚敬的状态，专心注意内心的修养，做人处事处处有礼。

【译文】

颜渊问孔子什么是仁。孔子说："克己复礼就是仁。假使有一天真正做到了克己复礼的境界，也就是回到了天人合一，物我同体的仁境。因此，仁的境界在于自己，是靠自己的身心修养而来，哪能是靠向外面来求的呢？"

【别裁大义】

天人合一

这一段对于仁的研究，是孔子思想的中心。我们先从文字方面讨论颜渊问孔子什么叫作仁。由这句话我们就想到，《里仁》那一篇不都是讲的仁吗？在讲上论《里仁》时，已经说过这是一个大问题，我们以后慢慢研究。现在到了“以后”这个地方了。《里仁》篇里的仁，讲仁的体、仁的用、仁的现象。有时讲仁的思想，有时讲仁的待人处世，各个不同。现在是孔子最得意的学生颜回，提出来的一个总问：“什么是仁？”要求为仁下一个定义。孔子说，克己复礼叫作仁。照字面讲就是这样。从前在私塾里读古书，老师就这么解释了，不许再问，现在再照过去的读书方法解释下去：“一日克己复礼，天下归仁焉。”孔子说只要有一天做到克己复礼的功夫，全世界都会归到仁的境界里去。下面引申下去“为仁由己，而由人乎哉”，仁就在你自己的身心上，并不是靠外来的。字面的意思，我们这样解释了，这是“依文解义”的解释。“依文解义”是佛学里禅宗的话，全句是“依文解义，三世佛冤”。意思是说，如果看佛经，只照文字去理解佛学的思想，那么过去的佛、现在的佛、未来的佛都要说：“冤枉呀！我并不是这个意思呀！”换句话说，我们读书，要通过语意，要透过语意，要透过语文内涵的意义，找出思想、道理的真谛，这才叫学问。仅仅文字会了，文章写得好，不一定就是学问。

我们作进一步的讨论：

“仁”是孔子思想的中心，历代以来的解释有很多，尤其是宋儒——理学家，专讲这个“仁”。不过在我个人的看法，宋儒理学家们所讲那一套“仁”的理论，已经不是孔子思想的本来面目了。左边偷了佛家的，右边偷了道家老庄的，尤其偷了老子的更多，然后融会一下据为己有。等于偷来的衣服，洗过一次穿在自己的身上，说是自己的衣服，这种作风实在令人为之气短。宋儒天天讲要“诚”，要“敬”，可是他们在做学问的基本态度上就违反了这两点，既不诚，又不敬。假如坦然地说这是借别家的思想来讲的，这又有什么错？而且也并不妨碍他们的学问。譬如今天说借了西方或法国某一政治家或哲学家的思想来解说一个问题，也没有错呀，为什么借了人家的思想，还要骂人家？就像现在有些小偷，拿了人家的钱还要杀人家，这成什么话呢？这还叫“诚敬”之道吗？所以宋儒解释的仁，还是有问题。

我们提过的，韩愈解释的“仁”为“博爱之谓仁”。后世有些人误解了，认为这就是孔子的思想，仁就是博爱。其实汉武帝时公孙弘先说过仁就是爱。正式定义“博爱之谓仁”，这是韩愈的思想，韩愈是研究墨子的专家。“兼爱”之说，墨子看得很重要，可以说是墨家的思想，如严格地讲学术思想，就不要搞错了，否则就是笑话。所以学问可以欺骗所有的瞎子，没有办法欺骗一个有眼睛的人，学术就是这样一个严格的东西。

另外，到了满清末年，“戊戌变法”中六君子之一的谭嗣同，在他的著作中有一本书叫《仁学》，恐怕单行本很少看到。但现在市面发行的《谭浏阳全集》这部书里，有《仁学》的全部内容。其实《仁学》的内容，基本上还是从宋儒的理学入手，来讨论孔门的学问。

这些，我们作了大概的介绍以后，现在回转来，再来研究这个“仁”的本身。颜回问“仁”，孔子答复他“克己复礼”就是仁。什么是“克己”呢？以现代话来讲，“心理的净化”就是“克己”。今天有个同学，他也听了我很多年课，要去美国了，中午来辞行，谈到这个问题，他问要怎样才能克服自己的烦恼。他的烦恼就是思想不停。怎么样做到经常不想，那是不可能的事，人不能不想，我说有一点可以随时做得到的，就叫“想而不住”，这是禅学的境界了。

大家这里要特别注意：譬如现在我在讲话，诸位在听话，就在这个时候，我们的生理作用，配合心理感受，好几样都在用了——眼睛在看着，耳朵在听着，坐在椅子上舒不舒服，空气的冷暖，都感觉到，内在还有个东西，思想一个一个接连着。我们的思想像流水一样，一个浪头过去了，又来，又过了，又来了，一直这样的，而且在中间还会岔上很多的乱想。但是回想一下，这许许多多的思想，没一个存在。譬如我们说“克己复礼”，这句话就是一个思想，这个念头过去了以后，我们再讲“克己复礼”，但已经不是第一个，而是第二个思想了，再讲一个“克己复礼”，又是第三个思想了。也就是我们讲过的，等于我们看到一股流水在流，表面上我们是看到一股流水。而它一直在流，但第一眼看到的那个浪头早过去了，不断地有个浪头在眼前，可是它是由后面不断地涌上来的。我们看电灯，好像这个亮光是一直存在的，但实际上这亮光是不断地消散，而新的亮光不断地补上来。我们的思想、心理作用也是一样，我们好像是总有思想存在，实际上我们分析一下这个思想：前面的思想过去了，后面的思想还没有来；现在的思想当我们讲“现在”的时候，这个思想又已经过去了。

静的修养

好了，这个道理我们了解了。所以对于思想，我们不要去控制它，譬如说我们想静下来，脑子里在想“我最好静下来”，这反而又多了一个念头，所以最好不要去作“我最好静下来”的想法。许多人学佛、学道、打坐、练功夫，有意要把心静下来，这心怎么能静？有的两腿盘起来，闭眉闭眼，不言不语，要把戏一样，这也可以，但不是真正“静”的境界。对生理的帮助则有之，如说这就是静，那就不通的。这样坐在那里，心里的乱想会更多，这不是真正的“静”。所谓“真正的静”，要有高度的修养，如前面所说，一面批改公文，一面听取报告，处理急务，在日理万机的情形下，而心境始终是宁静的。我们要想做到这一步修养，就先要认识自己的心理，思想是这样不断地过去，现在我们坐在这里就可以做一个体会，我们对于前面过去的思想不理它，过去的已经过去了。譬如我们所有的痛苦烦恼在哪里？我们往往知道是无法挽回的，但硬是想要把它拉回来。所谓后悔，就是已经过去了的，想把它抓回来。对于未来的，又何必去想它？譬如我们出门到恒庐，目标是恒庐，就直往恒庐去，路上的事就不去管它，不去想它。可是许多人一路上看到的、听到的、遇到的，可想得多了。假使能够不去想它，心理上永远保持这份宁静，心理就健康了，生理也自然健康了，这是必然的医学道理。现在再回来说本题。我们知道过去的已经过去，未来的还没有来，不去管，单说现在的，“现在”也没有，我们说一声“现在”，这“现在”就马上过去了。慢慢从这一面去体会，永远保持心境的安宁，这一个平静的心境，一直平静到甚至于今天被敌人抓住了要枪毙，下一个节目是什么？一颗子弹这里进去那边出来，一定倒下去，完了嘛！它还没有来，何必去怕？它来了，就是这么回事，怕也没有用，又何必去怕？现在还乐得享受，清静一点。

所以古代许多大臣、忠臣，如文天祥的从容就义，就是如此，在文天祥的传记里就看到他有这种修养。他在被抓以后，路上遇到一位老师，不知是道家的人物或是佛家的人物，他没有讲。只在他遗集中一首诗前面的序言中说，碰到一个异人，传他一个“大光明法”（这是佛家的东西）。因此，当时他就把生死看开了。读了这传记，才知道怪不得文天祥有这样高的修养，他是从此之后，就把生死观念，完全看开了。

如拿佛家、道家的观点来说，他得了道，有了功夫，对于肉体的生死便不当一回事了。但这有什么稀奇？没什么稀奇，就跟我们刚才讨论心里的思想一样。

我们再举一个眼前的例子。大家现在坐在这里，不要做什么功夫，也不要求静。这个冷气机的声音我们都听到了，事实上大家本来也能听到的，不过经我一提，你注意了；本来我的动作你也能看到，我的声音你也能听到。在这中间，你找一个东西。你的心用得那么多，能听到声音、能看、能动作、能想，还能够知道自己在这里想，知道自己在这里坐着。那一个“能够知道自己”的东西可重要，那就是你自己，是真正自己的“本来面目”的一面，真正的“自己”。

刚才说的第一步是比较高的。第二步就要注意“克己复礼”的这个“克”字，克就是克，克服下去，含有心理的争斗意思。譬如我看到他这条领带漂亮，想去把它拿过来，但理智马上就来了：“我为什么这样无聊？有这样下流的思想！”这就是克，就是心理上起了争斗的现象。在庄子的观念中这叫作“心兵”，心里在用兵，所谓天理与人欲之争，以现代语汇来说，是感情与理性的争斗，我们一天到晚都在这种矛盾之中。我们克己，要怎么克服呢？《书经》里两句话：“惟圣罔念作狂，惟狂克念作圣。”这个“狂”同一般人所认为的狂不同。照佛家和道家的解释，普通一般的“凡夫”就是狂。如果平凡的人，能把念头克服下去，就是圣人的境界。换过来，一个人放纵自己的思想、感情、观念，就会变成普通人。这是《书经》的文化，比孔子还早，是我国上古老祖宗的文化，孔子继承传统文化，就是从这里来的。“克念作圣”这个“克”字，我们可以了解了，就是孔子说的“克己”。

克己以后，就恢复了“礼”的境界。“礼”不是现在所谓的礼貌，“礼”是什么呢？《礼记》第一句话，“毋不敬，俨若思”。就是说我们要随时随地很庄严，很诚敬。这个“敬”并不是敬礼的敬，而是内心上对自己的慎重，保持克己的自我诚敬的状态，表面上看起来好像是老僧入定的样子，专心注意内心的修养。所谓礼，就是指这个境界而言。从这里发展下来，所讲对人对事处处有礼，那是礼仪了。《礼记》的这一句话，是讲天人合一的人生最高境界。

“克己复礼”就是克服自己的妄念、情欲、邪恶的思想、偏差的观念，而完全走上正思，然后那个礼的境界才叫作仁。如宋儒朱熹的诗：“昨夜江边春水生，艨艟（méng chōng）巨舰一毛轻。向来枉费推移力，此日中流自在行。”这就看到他的修养，不能说没有下过工夫，他也曾下了几十年工夫。尽管宋儒有许多观点值得斟酌，但他们对的地方，我们也不应该抹杀；刚才我们讲克服自己的思想，心境永远保持平静，不受外来的干扰，这是很难的。这里是朱熹的经验谈，他做了几十年的学问与修养，这个功夫不是一做就做到的，要平常慢慢体会、努力来的。这首诗里他以一个景象来描写这个境界：我们心里的烦恼、忧愁，就像江上一艘搁浅的大船一样，怎么都拖不动，但慢慢等到春天，河水渐渐涨到某个程度的时候，船就自然浮起来了。后两句诗是重点，平常费了许多力气——想把这艘船推动一下，可是力气全白费了，一点也推移不动，等到修养到了相当程度的时候，便是“此日中流自在行”的境界了。到了这一步，就相当于孔子所谓的“克己复礼为仁”了。“仁”就是这样解释的。现在我们可以有一个观念，就是孔子所答复的“仁”，是有一个实在的境界，而并不是抽象的理论，是一种内心实际功夫的修养。所以真做内心修养的，个中艰苦真是如人饮水，冷暖自知。

乾坤马一毛

再下来，“一日克己复礼，天下归仁焉”。假使有一天真正做到了“克己复礼”的境界，就“天下归仁焉”。这个问题也很大，我们到处可以看到“天人合一”这四个字，成为一句成语。以物理观点来说，天是天，人是人，相距那么遥远，没有太空船上不去，上去了还站不住，合的什么一呢？修养到天人合一，就和天一样吗？以有形的天而论，是那么空洞，心境也能那么空洞吗？心里乱七八糟，怎会和天一样空洞？这些都是虚浮的名称、口头禅。但是孔子讲的天人合一，有个道理，就是“天下归仁”。而实际上“天人合一”是庄子提出来的，后世儒家把它借来用。庄子又以“天地一指也，万物一马也”表达心物一元的观点。这两句话发挥起来，又是一篇大论文。“心物一元”绝不是唯物，也不是唯心，但也可说是纯粹的唯心。它不同于西方哲学的“唯心”。“天地一指”的“一指”并不是一个手指，而是一个东西，是一体的意思。“万物一马”是以一匹马来作比方，整匹的马，有马头、马脚、马尾、马毛等。所有天地间的万物，就好像马的头、马的脚、马的毛等总合起来，才叫一匹马。离开了马的毛，不是完整的马，离开了马的尾巴，也不是完整的马，离了马的任何一样，都不是完整的马。由众归到一，由一散而为众。所以憨山大师的诗有“乾坤马一毛”之句，整个宇宙是马身上的一根毛。就好像我们现在文学中的“沧海之一粟”，我们的人生，不过沧海里的一个小水泡一样，但虽然是小水泡，也是大海中的一分子。所以要我们“会万物于己者，其惟圣人乎”。这是南北朝一个著名的和尚僧肇说的。他只活了三十多岁就死了，但他的著作影响了中国几千年。他的名著《肇论》，融和了儒、佛、道三家。他这句话是真正的圣人境界，修养——不是理论——到物我同体。人与物是一个来源，一个本体，只是现象不同。好比在这间屋子里，我们都同样是人，但相同中又有不同。因为你是你的身体，你的样子，我是我的身体，我的样子。但是虽然各人不同，却又同是人类，“乾坤马一毛”就是这个道理。

“天下归仁”就是归到这种天人合一、物我同体的仁境。真能做到“克己复礼”，就可以达到“心物一元”的真实境界，宇宙万象便与身心会合，成为一体了，这也就是佛家所谓“如来大定”的境界。什么是“定”的境界？我们的思想一天到晚乱七八糟，在佛学上名为“散乱”。人的思想不散乱的时候，就睡觉了，这是“昏沉”。或者说刚迷糊了一下，没有睡着，这现象是“细昏沉”。人生就是两种现象，散乱或者昏沉。不散乱也不昏沉的境界就是“定”，这是功夫修养的境界，这个修养并不一定要炼丹、打坐，随时都可以从内心练习，也就是孔子的“克己复礼，天下归仁”。

佛家的“定”是指现象，孔子的“仁”是指作用，修养到了这个境界，对人没有不爱的，看见任何人都是好的。要学佛家山门外的精神——一走进寺庙，第一眼就看到挺个大肚子、张口而笑的弥勒佛，上面横匾四个字“皆大欢喜”。只有《礼记》大同世界的境界才能做得到，也就是孔子所说“我与点也”的境界。大家都是好好的，天下太平，太好了，统统都是欢天喜地的，没有冤家，没有烦恼，没有痛苦。庙门两边还有副对联：“大肚能容，容天下难容之事；开口常笑，笑世上可笑之人。”这就是最高修养，也就是仁的境界。

因此，仁的境界在于自己，不是外面找的，不是靠一个老道传的什么法门，然后得了什么道，那是江湖上骗人的。不是道家的道，不是佛家的佛，也不是儒家的仁。道、佛、仁就在个人自己的身心上，是最高的修养，要自己身体力行，绝不是别人给的，也不是老师传的，更不是菩萨赐的。

可是要做到“克己复礼，天下归仁”很不容易，所以颜回又要问了。

【本经】

颜渊曰：“请问其目。”子曰：“非礼勿视，非礼勿听，非礼勿言，非礼勿动。”颜渊曰：“回虽不敏，请事斯语矣！”

【注释】

目：条目，细节规定。

不敏：不才，不聪敏。

事：从事，实行。

【译文】

颜渊说：“老师，请问要从什么条目入手，或许可以进入克己复礼的境界呢？”孔子说：“不合礼的不看，不合礼的不听，不合礼的不说，不合礼的不做。就是从眼睛、耳朵、嘴巴，以及身心活动等方面入手，严格规范和训练自己的行为。”颜渊说：“我虽然不聪敏，愿遵照老师说的话努力奉行！”

【别裁大义】

顿悟与渐修

颜回说，这个道理很深、很难，总要拿一个章法、一个引子给我们入手，或者可以进入“克己复礼”的境界。因此孔子才告诉他“非礼勿视，非礼勿听，非礼勿言，非礼勿动”四个消极的规范。就是从眼睛、耳朵、嘴巴、身体各方面严格地管束自己。由外在规范，熏陶自己。由印度传入的催眠术、瑜伽术，就是走的这个路线，佛家的打坐入定也是这个道理。这是实际的修养功夫的一种方法。

在理论上则很难说了，“非礼勿视”，哪一种是非礼的，不要去看呢？男人看见女人穿了一件衣服很好看，多看一眼，如果老古董的先生们，或者一板一眼的理学家，认为这个不成，非礼勿视！这就很难讲了。只是看看这件衣服的新奇，并没有别的意思，怎么是非礼呢？一定说这一看是非礼，那一看是合礼的，那就很难讲了，那天下事情没有一样可看的。首先电视不能看，有些短裙子裸背露胸上场的，选美的，都不可以看了。“非礼勿听”，现在打开电视机、收音机播出来的那些歌曲，很多是“非礼的”，我们只好用棉花把耳朵塞起来了。所以讲理论实在很难讲。

但事实上我们要了解，根据《论语》，孔子的说法，并没有后世那样的解释，这样非礼，那样非礼。这里是方法，等于练催眠术，训练眼光的定，当然要非礼勿视，除了看一点亮光以外，什么都不能动。颜回听了这四个方法就说，这我就懂了。换句话说，“克己复礼”做到形而上最高的功夫是很难的，退而求其次，用这种方法困住自己，训练自己不敢乱动，先端肃起来。颜回说，我虽然很笨，不大灵敏，悟性不高，但是借外力熏陶内心的方法是懂了。我只好用这种方法，慢慢去达到那个“克己复礼”的境界。

上面这一段是讲“仁”学。孔子的道统中心是建立一个“仁”。在这一节书里分成两半。“克己复礼”是讲真正的修养功夫，达到“仁”之体。《大学》所说的“大学之道，在明明德，在亲民，在止于至善”，“在明明德”等于孔子讲“克己复礼”的道理；发出来的外用在“亲民”；最高的境界在“止于至善”，是原则。一下子“明德”明不了，所以要做功夫：“知止而后有定，定而后能静，静而后能安，安而后能虑，虑而后能得。”后来得到什么呢？得到的就是“明德”。所以《大学》里的修养功夫，和这里有相同之处。下面接着下来，就讲仁的用了。如果我们拿曾子的《大学》来比方着讲，等于上面这一节讲“明德”，下面就要讲“亲民”“至善”的境界了，也就是要讲起用的道理。

【本经】

仲弓问仁。子曰：“出门如见大宾，使民如承大祭。己所不欲，勿施于人。在邦无怨，在家无怨。”仲弓曰：“雍虽不敏，请事斯语矣！”

【译文】

仲弓问怎么做是行仁道。孔子说：“在外面，对待任何人都要像对贵宾一样尊重，都要诚恳、恭敬、有礼貌，不能看不起任何一个人；对一个做领导的人来说，对所领导的群众和社会大众要有责任感，使用民力和对人处事的态度，要像对待重大祭祀的心情一样，诚敬、庄重、严肃、谨慎。凡是自己所不愿意的事情，也要替别人想，不要施加到别人身上。无论是治理邦国，还是处理家事，对人对己都无怨尤。”仲弓说：“我虽然不够聪敏，愿遵照老师说的话努力奉行！”

【别裁大义】

大家还记得孔子弟子冉雍，孔子认为他有帝王之器，在学生当中可以当大领袖的人物。他来问仁，孔子告诉他的仁，就是由内心修养的道，发挥到外面做人做事的用，尤其是在政治领导原则下的“待人”之用。首先，他告诉仲弓说“出门如见大宾”，这在仁的修养方面就很难了。出门到外面去，人与人之间的接触，处仁的道理：对任何一个人要恭敬，有礼貌，不能看不起任何一个人。看到任何一个人，都像看到贵宾，很有礼貌、很诚恳地，尊重任何一个人。尤其是作为一个领导人，更应该如此，这是领导人的学问。当一个小小干部，马马虎虎还不要紧，当主管的则对任何一个人，即使对下面也应如此，非常尊重人家。这是很重要的修养。

为什么说这是做人处事的外用？在《大学》《中庸》里，却不是教我们“出门如见大宾”，而是教我们“慎其独也”。一个人在房间里，没有一个对象，自己都要庄重。这就是内在的修养合乎“非礼勿视，非礼勿听，非礼勿言，非礼勿动”的道理。而现在教冉雍的是外用，所以第一句话“出门如见大宾”着重于待人处世的态度修养。

其次，是讲做事的责任感。“使民如承大祭”，这个“民”就是群众。现代而言，是指对于一般老百姓，对群众社会的领导，为大家做事的时候，要负起责任，担负这个责任的态度，要“如承大祭”一般。古代对于祭祀是很慎重的事情。好比现代一个宗教徒到了教堂，心情就会完全不同。对上帝、对祖先，那种心情多么庄重！多么肃穆！去拜菩萨、拜祖宗上香的时候，自然心里就诚敬。对于大众的事情，以这种心情、这种精神来处理。这就是仁道。

最后则讲到居心、行事的大原则。“己所不欲，勿施于人”，自己所不愿意的事情，也替人家想想。我们普通一般人，大概都是这样：自己不愿意的，都推给人家，这是普通人的心理，人之常情，没有什么大错。不过假使我们要行“仁”道，扩充于为政之间，处人处事之际，那就不同了。你自己不愿意的，就要想到别人也不愿意。怎样使得人、事至于平和，就要“己所不欲，勿施于人”。

下面两句“在邦无怨，在家无怨”就更难了，这两句是结论。这个“怨”字包括两点：一个是自己，一个是别人。这是人生哲学。我们每个人，自己心中都有好多的怨，即使对别人没有怨，也会怨自己的命真不好，碰到这样的时代、这样的环境。这是第一，对自己的怨。第二，人与人之间相处，同事之间相处，长官与部下之间相处，彼此之间无怨恨心，没有什么遗憾的事，这个非常难。在原则上要先做到“己所不欲，勿施于人”，我不愿意做的，也应替部下设想，在他也是不愿意做的。譬如一个任务交下去，要告诉他，这是很痛苦的，要抱牺牲精神的，你愿意不愿意？这是在行政之间。当然，领导部队作战时，那情形又不同，那是另外一回事了。做到了于己于人都无怨尤，就是真正的“仁行”。冉雍听了以后说，我虽然没有高度的智慧，但是我会朝这方面努力。

说到这里，我们看到这位《论语》的编辑实在了不起，它始终是一贯的。它第一段讲内在的修养，形而上的“克己复礼”，教诲的对象，是得孔门道统真传的颜渊。讲到外用的对象，则是孔子认为有帝王之才的冉雍。下面这段是谈对于“仁”道的一般修养。

【本经】

司马牛问仁。子曰：“仁者，其言也讱。”曰：“其言也讱，斯谓之仁已乎？”子曰：“为之难，言之得无讱乎？”

【注释】

司马牛：姓司马，名耕，字子牛，孔子的学生。

讱（rèn）：言语迟钝。指因谨慎而语言迟缓，话不轻易说出，引申为说话谨慎。

得无……乎：“得无”，恐怕。“乎”，语气助词，表疑问、反问、感叹等语气。疑问句中一般表反问，“难道不是这样吗？”

【译文】

司马牛问怎么做是行仁道。孔子说：“行仁道的人，讲话要谨慎。”司马牛说：“讲话谨慎，这样就是行仁道吗？”孔子说：“‘讲话谨慎’，要真正做到这一点，难道不是很难的吗？”

【别裁大义】

司马牛的问题

司马牛问仁，孔子的答复又不同了。他说，有仁道的人，在讲话的时候不随便说话。这个“讱”就是后世所谓说话忍一点，慢慢来。由这一句话看来，司马牛可能有放言高论的习惯，所以孔子教他不要随便说话。司马牛就说，讲话慢一点，不随便放言高论，这样就叫作“仁”吗？这个很容易嘛！孔子说，你不要看得容易，真做起来很难。这是孔子在教育方面，针对学生的个性、行为以及某一个缺点，加以纠正。

接着司马牛就问君子。君子在中国古代文化中——尤其是儒家的观念里，差不多是一个完整人格的代名词。

【本经】

司马牛问君子。子曰：“君子不忧不惧。”曰：“不忧不惧，斯谓之君子已乎？”子曰：“内省不疚，夫何忧何惧？”

【注释】

内省（xǐng）：内心自我反省。

不疚（jiù）：不惭愧。

【译文】

司马牛问怎样才够得上做一个君子。孔子说：“作为一个君子，是没有任何忧愁和恐惧的。”司马牛说：“只要没有忧愁，也没有恐惧，这就是君子吗？”孔子说：“一个人，要做到没有任何忧愁和恐惧是不容易的。如果一个人能时刻自我反省，做到内心没有遗憾和欠缺，没有对不起任何人的地方，心里能够宁静、安详，那还有什么可忧可惧的呢？”

【别裁大义】

司马牛问孔子怎样才够得上做一个君子。孔子道：“不忧不惧。”我们听了这四个字，回想一下自己，长住在忧烦中，没有一样不担心的，总是怕自己生活过不好、怕工作没有了，大而言之，忧烦时代怎么变？小而言之，自己的孩子怎么样？一切都在忧中，一切也都在怕中。透过了“不忧不惧”这四个字的反面，就了解了人生，始终在忧愁恐惧中度过，能修养到无忧无惧，那真是了不起的修养，也就是“克己复礼”的功夫之一。司马牛一听，觉得这个道理很简单。他说，只要没有忧愁，也没有恐惧，这就是君子？以现在社会来说，街上这样的人太多了，到那些较低级的纯吃茶的地方去看看，那里的人既不担心又不害怕，没有钱用就抢一点，那都是君子吗？孔子知道他弄错了，告诉他不忧不惧是不容易的，要随时反省自己，内心没有欠缺的地方，没有遗憾的地方，心里非常安详，等于俗话说的：“平生不做亏心事，夜半敲门心不惊。”内心光明磊落，没有什么可怕的，有如大光明的境界，那时一片清净、祥和。孔子所讲的不忧不惧是这个道理，并不是普通的不忧不惧。

【本经】

司马牛忧曰：“人皆有兄弟，我独亡！”子夏曰：“商闻之矣：‘死生有命，富贵在天。’君子敬而无失，与人恭而有礼，四海之内，皆兄弟也。君子何患乎无兄弟也？”

【注释】

独：单独，孤单。

商闻之矣：我听说过这样的话。“商”，子夏名商，字子夏。“闻”，听说。

死生有命，富贵在天：“命”和“天”是中国哲学中的大问题。这里的“命”不是宿命论的那个“命”，儒家观念中的“命”，是宇宙之间那个主宰的东西，哲学家称之为“第一因”。“富贵”，中国人讲“小富由勤，大富由命”，真正的“富贵”不可向外强求，人要“安身立命”。孟子讲：“存其心，养其性，所以事天也。夭寿不贰，修身以俟之，所以立命也。”所以，“富贵在天”就要存仁心，长养人性善良的的一面，“存心养性，所以事天”；“死生有命”就要“修身以俟之，所以立命”。

亡：音“无”。

患：忧虑，担心。

【译文】

司马牛忧伤地说：“别人都有兄弟，而我孤单一人，没有兄弟了！”子夏说：“我听说过这样的话：‘死生有命，富贵在天。’要放开心胸，不要担心忧虑。作为一个君子，做事情严肃认真不出差错，对待人态度真诚，恭而有礼。这样，四海之内，到处都是好兄弟！一个君子为什么要担心自己没有兄弟呢？”

【别裁大义】

四海之内皆兄弟

这里的答话是子夏说的，不是孔子说的。但我们常常看到有人写文章，说“四海之内皆兄弟也”“死生有命，富贵在天”是孔子说的，这又弄错了。近几十年来，大家攻击中国文化几千年来受这两句话的影响太大，说中国人喜欢讲宿命论，受了这种思想的阻碍，所以没有进步。实际上这是中国文化、东方文化，人生哲学中最高的哲学。

“命”是什么？“天”又是什么？在中国哲学中是大问题。后世的观念，对于所谓“命”，以为就是算八字的那个“命”、看相的那个“命”、宿命论的那个“命”，这就弄错了。这些都不是儒家观念的“命”，而是儒家观念中的“命”，是宇宙之间那个主宰的东西，宗教家称之为上帝、神，或为佛，哲学家称之为“第一因”，而我们中国儒家强调之称为“命”。这样说来，不就简单了吗？所以这“命”与“天”两个东西，可以讨论一生的，也许一生还找不到它们的结论。

关于富贵，孔子也说过，大家都想发财，但发财很难。中国人的话“小富由勤，大富由命”，可见财不可强求。这里子夏劝司马牛不必过分悲哀。因为司马牛有两兄——向魋、向巢，他们在宋国作乱，司马牛想劝阻也没有用，所以才有这样的感叹。于是子夏就劝他放开胸怀，冥冥中自有命运的安排，不要为两个亲兄弟担心。即使没有兄弟，朋友就是兄弟，朋友同学们相处融洽，无异亲的兄弟。但交朋友要敬而无失，在上论中孔子也曾说的“久而敬之”这句话，就是交朋友的大原则。朋友交得越久，越亲近了，就要越诚敬；相互间要保持一段恰当的距离，同时相处时要尽量避免过失。这样一来，到处都是好朋友、亲兄弟，哪怕没有兄弟。不但个人关系如此，领导部下同事，也是同样的道理。

【本经】

子张问明。子曰：“浸润之谮，肤受之愬，不行焉，可谓明也已矣。浸润之谮，肤受之愬，不行焉，可谓远也已矣。”

【注释】

浸润之谮：“谮(zèn)”，诬陷、中伤。像水那样渐渐浸润的谗言，说人坏话，诬陷别人。

肤受之愬：“肤受”，皮肤上的一点点小伤。“愬(sù)”，同“诉”，意为进谗言、诬陷。像皮肤上的小伤那样无关痛痒的谗言。

远：远离，离开，离去。

【译文】

子张问怎样才可成为明白人，孔子说：“渐渐渗透的坏话和切肤般的人身攻击，这样的事情自己不做，那你就可以算是有自知之明了！同时，这些小话对你都不起作用，这样的事在你面前行不通，你就可以远离了过失。真正做到这些了，你才能算是一个明白人。”

【别裁大义】

自知者明

子张问什么是“明”？孔子就答复他上面的两句话，这是我们要注意的。尤其是年轻朋友们前途无量，更要注意“浸润之谮，肤受之愬”这八个字。将来领导别人，乃至与朋友同事之间的相处，是很难避免的。

“浸润”就是“渗透”手段。“谮”是讲人家的坏话。“肤受”就是皮肤表面上的一点点伤害。“愬”是心理上的埋怨、攻击。“远”，就远离错失了。

我们看历史上和社会上的许多现象，尤其是当过主管的，更体会得到，许多人攻击的手段非常高明。一点一滴地来，有时讲一句毫不相干的话，而使人对被攻击者的印象大大改变。而身受攻击的人，只觉得好像皮肤上轻轻被抓了一下而已。所以这八个字，特别要注意。自己千万不要这样对人，同时自己也不要听这些小话进来，尤其是当长官的，对于这些小话不听进来，是真正的明白人。但做明白人很难，尤其做主管，容易受蒙蔽，受人的蒙蔽，要“浸润之谮，肤受之诉”在你面前行不通，你才是明白人，这是孔子对于“明白人”的定义。做到这一步，才会远离错失。至于老子所讲的“明白人”又进一步了，老子说：“知人者智，自知者明。”能够知人，能够了解任何一个人的人，才是有大智慧的人；能够认识自己的，才是明白人。人都不大了解自己，对别人反而知道得清楚。因此在老子的观念中，“明白人”并不多。

上面都是讲个人“仁”的修养，包括了内在的和外用的，下面又转了一个气势。

【本经】

子贡问政。子曰：“足食、足兵，民信之矣。”子贡曰：“必不得已而去，于斯三者何先？”曰：“去兵。”子贡曰：“必不得已而去，于斯二者何先？”曰：“去食。自古皆有死，民无信不立。”

【译文】

子贡问领导政治的道理。孔子说：“让人民安居乐业，发展生产，丰衣足食；加强军备建设，增强国防力量；重视文化教育，继承文化传统，发扬民族精神，树立人的信念。”

子贡说：“如果迫不得已要减少一样的时候，这三件事之间应该减少哪一样？”孔子说：“先减少军备开支。”子贡又说：“如果迫不得已还要减少一样的时候，这两件事之间应该减少哪一样呢？”孔子说：“宁可缩减物质消费。自古以来，人生都有一死。经济贫穷一点，乃至没有饭吃都不可怕，就怕人没有精神信念。如果人民没有了信念，失去了思想精神和道德标准，即使其他方面再好，也是不稳固的，还是不能真正站立起来。”

【别裁大义】

众志成城

这是孔子的政治哲学，能不能绝对奉行得通，就要斟酌时代与环境的情势。

儒家政治道德的理想非常高，是对的，但是懂了以后用起来，还是要知道权宜、变通，不能太迂腐。

子贡问领导政治的道理。孔子的观念有三个：第一“足食”，包括经济、政治、社会的安定；大家有饭吃、有衣穿、生活好。第二“足兵”，国防的建立。能够做到“足食足兵”，还要使人民对他信赖，即第三点“立信”。这几件事做起来很难，以现在的观念看，牵涉的范围太广太广。子贡就说，假使时代的环境，到了没有办法完全做到的趋势，要在这三件事之间少做一件的时候，应该先去掉哪一样？孔子说，先去了军事经费，缩减人事预算。子贡说，万一碰到这时代中，一个国家非常贫穷困苦，把军事经费撤销了，还不能维持，对于足食与立信这两点，又应先去哪一项？孔子说，那宁可牺牲经济建设，大家穷，乃至没有饭吃都可以，唯有一个政治大原则中的“信”，必须坚守。人民对政府的信心坚定，然后才能产生力量。

下面一节，讲到文质之辨。

【本经】

棘子成曰：“君子质而已矣，何以文为？”子贡曰：“惜乎！夫子之说君子也，驷不及舌。文犹质也，质犹文也。虎豹之鞟，犹犬羊之鞟？”

【注释】

棘子成：卫国大夫。当时大夫可尊称为夫子。

质：本质，朴素的质地。

文：指文化，文采，文饰，外表，形式等。

犹：通“由”，从，自，行，由于；同，相同，如同，好像。

驷（sì）：古代同驾一辆车的四匹马。

鞟（kuò）：去了毛的兽皮。

【译文】

棘子成说：“做一个君子，只要有先天禀赋的能力就可以了，何必要学习文化呢！”子贡说：“可惜呀，您关于君子的说法是不对的！语言和思想观念的传播非常快，驷马难追。（做为领导和公众人物不可以随便讲话，影响后果太大呀！）文化思想的意义和价值源自于人内在本质，而人内在本质的价值还得靠文化和思想精神去发扬光大。虎豹的皮和犬羊的皮，在本质上不都同样是兽皮吗？但由于毛色和花纹的不同，它们的价值和作用是不同的。”

【别裁大义】

内外兼修之谓美

棘子成是卫国的大夫，也是所谓当权派的人物。他的理论，认为一个人只要天性好，有才能，何必要受教育、求知识，学习文化思想呢？子贡反对这个意见。他说，非常抱歉，可惜你这个见解不对，你对于“君子”所下的定义不对。“驷不及舌”，“驷”就是四匹马驾的车子，在当时是最快的交通工具。像这样快的车子，还不及舌头。用现代观念来讲，就是文化宣传和思想传播的重要，它的影响力远大而且快速。所以不能随便讲话，影响后果太大。

子贡又说，文化思想的修养与人的资质，本来就是一个东西（古人的解释：“质者直也。”犹如一条直线、很纯洁朴素的，就是本质）。文化思想的保留及传达要靠“用”，既然有用，那就要靠“文”了，所以“文与质”同样的重要。接下来打比方，“虎豹之鞟，犹犬羊之鞟”，刚从兽类身上剥下来，还没有经过加工精制，带有毛的皮叫作“鞟”。他说，虎豹的皮和犬羊的皮，在本质上都同样是兽皮，没有两样。但表面上的花纹有好看与不好看的分别。这里是子贡强调文与质有同等的价值，也就是在上论中孔子所谓“文质彬彬，然后君子”的发挥。

讲到这里，如继续引申，可以从历史文化与人两方面来看。

先从历史文化方面来说，世界各国的历史发展都有一个通例：凡是有高度文化的国家，它的文与质双方面都是并重的。如果偏向于文，这个国家一定会发生问题。我们知道，过去世界各民族搞哲学思想，最有兴趣、最有成就的，要算是印度和希腊。

印度人自上古以来哲学思想就很发达，因此形成了佛教思想。印度的气候不比中国，在南印度到中印度一带，天气很热，生活简单，一年四季都只穿一件衣服就够了。我们过去讲“天衣无缝”，这个“天”原来的意思就是“天竺”。汉代翻译的音与现在不同，唐以后翻成“印度”。当时印度衣服的大概式样，现在到泰国边境还看得见，就是一块布，身上一围，就是“天衣”。不需要像我们一样用针线缝起来，当然无缝。更热的地方甚至可以不穿。肚子饿了，香蕉等野生水果，什么都可以吃。吃饱了以后躺下睡觉，醒来以后坐在那里静静地寻思，想些神秘难解的问题。所以印度哲学的发展，受地理因素的影响很大。

希腊的哲学思想也很发达。我们讲到文化史时，心目中对希腊这个地方，充满景仰之心。如果到了那里一看，没有什么了不起，只是一个比较苦寒的地方。这种苦寒的地方，人生的问题也多，譬如一个人遭遇了困难，会想到自己为什么这样命苦？再想命苦是什么原因？这样慢慢想下去，哲学问题就出来了。

这两个地方，哲学思想那么高，他们为什么不能建立一个富强的大国？那就是文质不相称的必然现象。我们再看西方的文化，像罗马，无论雕刻、建筑等都很高明，但是它的文化在文学境界、艺术境界到达了最高峰的时候，就开始衰落了。这差不多是世界文化发展史上一个必然的道理。只有我们中华民族的国家、民族、文化、政治、历史是一体的、整体的。全世界也只有我们中国是如此。这就要注意，文化历史与国家民族之间的关系如此深厚。只有中国不受这个影响。

历代兴衰的趋势

回转来看中国每一个朝代文与质的问题。我们提过夏尚质，殷尚忠，周尚文，这三代各有不同。夏禹时代开始建立一个大的农业国家，一切都是质直的、朴素的。到了殷朝的时候，人还是很老实，但是宗教色彩比较浓厚。我们文化整体的建立、完成在周代，因为周尚文。但是周朝的文化，仍是根据夏商文化损益而成，是文化传统的总汇。

后来历史的演变，一代一代看得很清楚。

秦纪太短，等于是战国时代的余波，不去谈它。到了汉朝的建立，四百年刘家政权，早期也非常质朴，慢慢国家社会安定了，文风就开始兴盛了。到东汉时文风特别盛，历史的趋势也开始走下坡路了。

汉以后是魏晋南北朝，我们知道魏晋以曹操、司马懿为宗祖。如果说到文学的境界与质作比较：魏晋的文风，包括了哲学思想，实在是了不起。第一个了不起的人就是曹操，他们父子三人在文学发展史上贡献非常大，的确是第一流的文人，所以影响整个魏晋时代的文风都很盛，但缺乏尚忠的质朴。一直到了南北朝，这几百年都很乱，不是没有文，而是没有质朴的气息。

后来唐代统一了天下，他们李家的血统中，有西北边陲民族的血液，所以唐代开国之初，文风也好，政治风气也好，社会风气也好，非常朴实。我们今天讲中国文化的诗，都推崇唐诗为代表，别代的诗虽然都很好，为什么不足以代表，而推崇到唐诗？说起来好像唐诗没有什么了不起，不外歌颂月亮好，花开得好，风吹得舒服，风花雪月而已。可是唐代的诗，咏颂风花雪月，就是有那股质朴的美。到了中唐和晚唐时期，文风越来越盛，而民族的质朴、粗野与宏伟的气魄便衰落了、没有了。

经历了五代，到了宋赵匡胤统一中国，一开始文风非常发达。讲文学、讲学问，谁提倡的？就是赵匡胤他俩兄弟。赵匡胤在马上二十年，手不释卷，一边打仗，还爱读书。乃至于带部队去前方打仗的时候，后面几十匹马跟着驮的也是书。我们读历史读到这里，问题就来了。我们看到有宋立国的天子，是军事家而兼文人，以致宋代的统一，只统一了一半，北方幽云十六州根本就没有统一过。因为赵匡胤是军人，上过战场，打过仗，晓得战争的可怕。同时他又是爱好读书的学者，不愿意打仗。再者，也觉得没有把握。所以宋代一开国，等于是半个中国。而宋代的文风非常盛，开国的气魄则始终不像汉、唐那样壮观。

再下来，元朝不必谈了，八十年匆匆而过。到了明朝三百多年来继承宋朝的文学，学术的气势、格局就不大。我们要注意，在元朝以前的西方人，哪里知道有今天，那时他们根本还落后得很。所以当时在中国做过官的意大利人马可·波罗，回去写了一篇游记，报道中国的文化。欧洲人看了根本还不相信，认为世界上哪里有这样美丽的天堂。到了明朝中叶以后，西方文化才抬头，所谓西方文艺复兴，就是这个阶段。

至于清朝，我们推开民族问题不谈，在前一百五十年中，的确是文与质都很可观的。从这些历史上看，我们了解了一个国家民族的建立，文质两方面万万不能有所偏废。

再回到现代，今日整个世界，危机很重。而且还不是政治、军事这些因素，乃是没有文化了。尤其我们目前所面对的整个世界，经济失调，又导致文化衰乱，这是很严重的。目前世界各国，经济上都有赤字，只有德国例外。研究结果，二十多年来，世界各国受了凯恩斯经济学理论——“消费刺激生产”的影响，大家吃亏很大，像英国人连糖都吃不起了。一种思想，一种学说，对世界人类社会的影响，就有这样严重。美国这几年来之所以如此通货膨胀，就是一直运用凯恩斯经济思想的结果。现在晓得后果不佳，已经没有办法了，短时间之内无法纠正。德国之所以能立于不败，就是经济恐慌后没有死守凯恩斯的经济理论，而用古典的经济思想，也就是中国人的“省吃俭用，量入为出”的思想。很简单，“生之者众，用之者寡”，自然经济稳固。证明用古老的思想对了，这就是时代的考验，这都是学说文化，我们不要把它分割，认为这是经济学，与孔孟之学有什么相干？总之，文化是整体的。

继绝传薪

由此引申出来，我们看到，国家民族的兴衰，端赖于文质的均衡发展。现在我们文化的危机当然很严重，以后我们自己以及我们的下一代，如何在继绝存亡之间，去挑起文化传统的责任来。现在的年轻学生，学位很容易拿到，学士、硕士、博士那么多。老实讲，学位尽管拿，是否确实能挑担子，却是个问题。对于文化的存亡继绝，要青年们将这个火把点下去、火种留下去，最怕青年们没有这个本事，目前就有这样一个危机，这是讲大的方面。

书画琴棋诗酒花

讲小的方面，是个人的文与质的关系。

有些人有天才，本质很好，可惜学识不够，乃至于写一封信也写不好。民国建立以后，在政治上、经济上、社会上各方面有许多人都了不起。讲才具也很大，对社会国家蛮有贡献，文字虽然差点，可是也没有关系，他有气魄、有修养。

另一些人文章作得好，书读得好，诸如文人、学者之流。但有时候会让人觉得他们不通人情世故，令人啼笑皆非。反不如有些人，学问并不高，文学也不懂，但是非常了不起，他们很聪明，一点就透，这是“质”。

再说学问好的文人，不一定本质是好的。举个前辈刻薄的例子，像蒋士铨骂陈眉公的一首诗，一看就知道了，这首诗说：“装点山林大架子，附庸风雅小名家。终南捷径无心走，处士虚声尽力夸。獭祭诗书充著作，蝇营钟鼎润烟霞。翩然一只云间鹤，飞去飞来宰相衙。”陈眉公是明末清初的一个名士，也就是所谓才子、文人。文章写得好，社会上下，乃至朝廷宰相，各阶层对他印象都很好。可是有人写诗专门骂他：“装点山林大架子”，所谓装点山林是装成不想出来做官，政府大员请他出来做官，他不干。真正的原因是嫌官太小了不愿做，摆大架子，口头上是优游山林，对功名富贵没有兴趣。“附庸风雅小名家”，会写字、会吟诗，文学方面样样会，附庸风雅的事，还有点小名气。“终南捷径无心走”，朝廷请他出来做官都不要做，真的不要吗？想得很！“处士虚声尽力夸”，处士就是隐士，他自己在那里拼命吹牛，要做隐士。“獭祭诗书充著作”，獭是一种专门吃鱼的水陆两栖动物，有点像猫的样子。它抓到鱼不会马上吃，先放在地上玩弄，而且一条一条摆得很整齐，它在鱼旁边走来走去玩弄，看起来好像是在对鱼祭拜，所以称作“獭祭”，它玩弄够了再把鱼吃下去。这里的借喻，是说一个人写诗做文章，由这里抄几句、那里抄几句然后组合一下，整齐地编排在一起，就说是自己的著作了。骂他抄袭别人的文章据为己有。“蝇营钟鼎润烟霞”，这是说他爱好古董，希望人家送他，想办法去搜罗。“蝇营”，是像苍蝇逐臭一样去钻营，人家家里唐伯虎的画、赵松雪的字等，想办法弄来，收藏据有。“翩然一只云间鹤”，这是形容他的生活方式，看看多美！“翩然”，自由自在的，功名富贵都不要，很清高，飞翔在高空中的白鹤一样。“飞去飞来宰相衙”，这完了！当时的宰相很喜欢他，既然是那么清高的云间鹤，又在宰相家飞来飞去，所为何事？可见所谓当处士，不想功名富贵等都是假的。所谓文章学问都是为了功名富贵，如此而已！

这一首诗，就表明了一个人对于文与质修养的重要。人不能没有学问，不能没有知识，但是仅为了学问而钻到牛角尖里去，又有什么用？像这样的学问，我们不大赞成。这样的人，文才好是好，知识是了不起，但是请他出来做事没有不乱的，这就是文好质不好的弊病。一定要文质彬彬，然后君子。就是这个道理。

【本经】

哀公问于有若曰：“年饥，用不足，如之何？”有若对曰：“盍彻乎？”曰：“二，吾犹不足，如之何其彻也？”对曰：“百姓足，君孰与不足？百姓不足，君孰与足？”

【译文】

鲁哀公问有若道：“年成不好，国家用度不足，怎么办？”

有若回答说：“为什么不实行十成抽一的彻法呢？”

哀公说：“十成抽二，我还感到不足，怎么能用十成抽一的彻法呢？”

有若回答说：“如果百姓富足了，国君怎能不富足呢？如果百姓不富足，国君又怎么会富足呢？”

【别裁大义】

吃饭大如天

这一段是有关于国家的财政思想，古时候，国家政府的支用，都靠老百姓纳税而来。古代的赋税有个名称叫“彻”，大概是收十分之一的田赋。所取的很合理。后来到了春秋战国时，因为社会的不安、政治的动荡，政府的财用不足，税收就加了很多。现在鲁哀公问孔子的学生有若说，年饥——农业社会收成不好，社会经济衰落不景气，都可称年饥——国家财政，入不敷出，你看怎么办？有若就说要减税。他不但不主张加税，还主张减税。鲁哀公听了说，你不要说减为十取一的税，就是征两成都还不够，怎么能减？减了以后国家的财政怎么办呢？接着，有若说了一个大原则，所谓财经一定要与政策配合，也就是讲政治的大道理。他说，你减税以后，使国民的生活安定，社会增加了生产能力，老百姓富足了，还怕国家不富足？国家当然会富足。假使加重税收，老百姓越来越吃不消，经济只有越萧条，那时民众离心离德，到哪里去征税？

以中国历史来说，几乎每一次到了变乱的时代，都会发生这种问题。外国也一样，现在美国福特上台，恐怕最困难的也是这个问题。每一个国家，财经都很重要，所以大家想对国家有所贡献，财政经济的书要多看看。任何大小事情，财经的知识是不能缺少的。乃至自己创个事业，开个公司，会计把账拿来都不会看，就糟糕了，被蒙蔽了都不知道。何况每一变乱时代，都会发生这类问题。明朝末年最严重，当时这个税，那个税，历史记载着弄到“民怨沸腾”。我们读历史的时候，这四个字马马虎虎过去了，但仔细研究一下，老百姓对政府没有感情了，怨恨的程度，像开水一样翻翻滚滚，到了这种程度，实在难以收拾，明末就到了这个地步。宋代一位文学家范石湖的诗写道：“采菱辛苦废犁锄，血指流丹鬼质枯。无力买田聊种水，近来湖面亦收租。”范石湖和陆放翁、苏东坡这些人都是宋代著名的文学家，在政治上也是了不起的能臣。范石湖出使过金国，办过政治上的大交涉，在政治上贡献很大。他的诗词文章，被誉为宋朝四大家之一，堪称为文质彬彬。他这首诗讲乱世的税捐状况，政治上的根本问题。他描写种田的人，辛辛苦苦地去采菱，犁锄也无用。因为没有田可以耕种，“血指流丹”采菱采到十指鲜血直流，“鬼质枯”，采菱的辛苦劳累使人憔悴得不成人形，可是收入还不够缴纳繁重的赋税，这从下面两句话中可以看出来。他说农民没有钱去买田来耕作，只好在水上种点香菱，在水上谋生活。可是下面一句“近来湖面亦收租”，连种水也要缴税了。这是范石湖，是文学家也是政治家对那个时事的感叹！这几句有名的诗句，代表了那个时代的心声。几乎每个朝代末期，都会出现这种代表老百姓的心声的作品。

回转来看有若的答复，财经税收，离不开政治哲学的大原则。百姓富足，每个人生活安定，社会安定，政府自然会富足。如果老百姓贫穷了，则这个国家社会就难以维持了。

【本经】

子张问崇德、辨惑。子曰：“主忠信，徙义，崇德也。爱之欲其生，恶之欲其死；既欲其生，又欲其死，是惑也！‘诚不以富，亦祗以异。’”

【注释】

崇德：修养自己的心理和精神，把内在的气质和人格培养到崇高的境界。

辨惑：能真正具有明辨善恶、是非的智慧，以不至于糊涂和迷惑。

主忠信：“主”，灯中的火炷，主意，主张。“忠”，从心，从中，找到内在的“自己”，尽心尽力。“信”，诚也，从人，从言，有了信念和智慧才能够真正做到自信、信他。这句话的意思是说，首先要尽心知性，找到“自己”，发现事物的本质，建立起自己内在的信念和人格，进而才能真正做到言而有信、自信、信他和威信。

徙（xǐ）：迁移。

诚不以富，亦祇以异:《诗经·小雅·我行其野》中的句子，这里的意思是，拥有崇高的人格修养和自己内心的安详，才是真正富有的大业，只不过，不同于财物的富有而已。“富”，财产多，福。“祇”，作“只”的异体字。“异”，与众不同的。

【译文】

子张问怎样是“崇德”？怎样是“辨惑”？孔子说:“要认识‘自己’，有智慧能看清事物的本质，建立起自己人格:一方面要忠，内心有中心思想，对人对事能尽心尽力;另一方面要有诚信，有坚定的信念，自信、信人。以此修养，义所当然该做的就会去做，这做就是‘崇德’。相反，当喜欢一个人的时候，不管对方怎样都喜欢，还心甘情愿讨对方开心;但当讨厌这个人的时候，不管对方怎样好都会厌烦，甚至会恨对方死。这两个绝对矛盾的心理，是人类最大的心理毛病，像这样的心理，就是惑。(所以我们做人处事，如果能不受自己的蒙蔽，头脑清楚，就是‘辨惑’。)正可谓‘拥有崇高的人格修养和自己内心的安详，才是真正富有的大业。只不过，不同于财物的富有而已。’”

【别裁大义】

知人易　自知难

这是一个大问题。既关系到个人的修养(内圣)，也关系到领导人的修养(外用)。“崇德”是个名词，“辨惑”也是一个名词。这两个名词的并用，是由《论语》开始的，后世成为儒家思想的专有名词。子张问怎样叫“崇德”?怎样叫“辨惑”？崇德是个人的修养，现在新的名词是“心理卫生”，就是熏陶、改善自己的思想，使自己的德性慢慢崇高伟大起来。换句话说，就是要如何修养自己的人格。“辨惑”这惑包括了两方面，一是怀疑，二是糊涂。一般人的人生，一辈子多半是糊涂，没有思考，没有辨别的能力。即使有，也搞不清楚。说有经历，经历包括范围太广，如要相信经历，就先要辨一辨什么是经历？就要思考。所以辨惑就是真正的智慧、真正的见解。子张提出这两个问题问孔子，孔子的答复说，使自己的人格升华，主要在心理修养。一为忠、一为信。“忠”的意义是直心直肠，心境很直，对人对事绝没有歪曲。另一意义就是非常尽心，不论对自己或对别人，当国家大事也好，为个人私事也好，绝对尽我的心、尽我的力，乃至赔上自己的性命，都在所不惜。譬如对于思想的信仰绝对忠实，也就是“忠”。“信”，我们解释过了，就是自信、信人。对自己要有自信。对人能够厚道，因此人与人之间建立一个“言而有信”的关系。为了使自己的人格更见崇高，没有别的方法，只有“忠”“信”。“徙义”是应该做的事就去做。“义”者宜也，合情合理应做的去做，就是徙义。

下面问题来了：譬如领导人对部下，或者丈夫对太太，都容易犯一个毛病。尤其是当领导人的，对张三非常喜爱欣赏，一步一步提拔上来，对他非常好，等到有一天恨他的时候，想办法硬要把他杀掉。男女之间也有这种情形，在爱他的时候，他骂你都觉得对，还说打是亲骂是爱，感到非常舒服。当不爱的时候，他对你好，你反而觉得厌恶，恨不得他死了才好。这就是“爱之欲其生，恶之欲其死”。爱之欲其生的事有很多，汉文帝是历史上一个了不起的皇帝，他也有偏爱。邓通是侍候他管理私事的，汉文帝很喜欢他。当时有一个叫许负的女人很会看相，她为邓通看相，说邓通将来要饿死。这句话传给汉文帝听到了，就把四川的铜山赐给邓通，并准他铸钱（自己印钞票）。这就是汉文帝对邓通“爱之欲其生”。但邓通最后还是饿死的。当爱的时候，什么都是对的，人人都容易犯这个毛病，尤其领导人要特别注意。孔子说：“既欲其生，又欲其死，是惑也。”这两个绝对矛盾的心理，人们经常会有，这是人类最大的心理毛病。我们看这两句书，匆匆一眼过去，文字上的意义很容易懂。但详细研究起来，就大有问题。所以我们做人处理事情，要真正做到明白，不受别人的蒙蔽并不难，最难的是不要受自己的蒙蔽。所以创任何事业，最怕的是自己的毛病；以现在的话来说，不要受自己的蒙蔽，头脑要绝对清楚，这就是“辨惑”。譬如有人说“我客观地说一句”，我说对不起，我们搞哲学的没有这一套，世界上没有绝对的客观，你这一句话就是主观的，因为你说“我”，哪有绝对的客观？这就要自己有智慧才能看清楚。这些地方，不管是道德上的修养，还是行政上的领导，都要特别注意。“爱之欲其生，恶之欲其死”是人类最大的缺点、最大的愚蠢。

下面这两句话“诚不以富，亦祇以异”，宋朝的大儒们研究，认为古代是竹简，摆来摆去把位置摆错了，应该摆在十六篇“齐景公有马千驷”之上，因为这两句话是《诗经·小雅·我行其野》中的句子。他们解释这两句话的意思是“这不是富有，不过和富有也差不多了”，放在这里不伦不类。

现在我们的看法，宋儒说摆错了位置也对。假如说并没有摆错，也有道理。因为“富”不限于财物的富有，道德学问的修养是无形、无价的财富。所以“诚不以富，亦祇以异”等于说，虽不是有形的富有，其实是真正的富有。因为你拥有崇高的人格修养和自己内心的安详，这正是极富有的大业。不过，不同于财物的富有而已。

【本经】

齐景公问政于孔子。孔子对曰：“君君、臣臣、父父、子子。”公曰：“善哉！信如君不君、臣不臣、父不父、子不子，虽有粟，吾得而食诸？”

【译文】

齐景公向孔子问政治的道理。孔子说：“君主要真正做到一个君主该做的，臣也要真正做到一个臣该做的，父母要真正做到一个父母该做的，子女也要真正做到一个子女该做的。”景公说：“好，我懂了。一个国家，君主如果不站在君主的本位，尽君主的本分，那么臣也就不像臣了；一个家庭，父母如果不站在父母的本位，尽父母的本分，那么儿女也就不像儿女了。如果一个国家，政治和社会的伦理秩序到了这个程度的话，国家虽有粮食，也必将大乱，我还能享用得到吗？”

【别裁大义】

相对的人为政治

这就是中国政治哲学了，自古中国的政治哲学就是建立在伦常文化的基础上。就是孔子所讲的“君君、臣臣、父父、子子”这四点。现代的青年看起来会认为这种书落后到极点，实在应该烧掉。如果我们真了解了，就觉得非常深刻，非常有味道。这八个字上面的君臣父子四字是名词，下面的君臣父子四字是借用来作动词。“君君”就是说领导人做到自己真正是一个领导人，领导人有领导人的道德。（就这“君君”两个字，就可以写一部叫《领导人的道德修养及其哲学》的大书，或者作为政治系或哲学系同学写博士论文的题目。）君是君，领导人就是一个领导人。臣是臣，做干部的有干部的立场，规规矩矩是个好干部，好的宰相，好的辅助人。这个话连起来讲，如果君不君，领导人不是一个领导人，违反了领导人应有的道德，这时臣也不臣了。“父父、子子”，做父亲的是一个父亲，如果父亲做得不合一个父亲的标准，但是却要儿女孝顺，尽儿女的本分，怎么可能呢？所以父母是父母，子女就是子女，这才是所谓的父慈子孝。古代的文字很简略，但包括的意义很多。孔子答复了这一点，齐景公非常聪明，他说，好，我懂了。一个领导人自己不站在领导人的本位，越出范围，那么臣也不臣；一个家庭中，父母不像父母，儿女就不像儿女。如果一个国家，政治、社会的风气到了这个程度的话，国家的财富虽充足，我也用不到了，必定要失败的。这一点就是中国政治哲学的中心思想。

有人说，民主社会没有这个“君”，我们研究过三民主义——孙中山先生的思想，关于这个问题都讲过，不用再讲了，是一样的道理。过去是一人领导万人，现在是万人领导所有的人。“民主”政体下每个人都是“君”。谈到民主，中国的民主思想和美国的两样。中国过去是帝王制度，没有民主自由的口号。而美国坏就坏在“民主”上，现在“美国式”的民主政治很成问题。国际上美国到处去“帮忙”，而没有一个受到“帮忙”的国家感谢美国，问题就在“美国式”的民主。我们过去的政治思想，尽管是君主制度，但是中国历史政治的精神，是以民主为基础，君主是一个执行的形态。现在“美国式”的民主，老实说是以君主独裁为基础，而以民主为形态。美国是什么民主？所有的领导人，乃至于总统，后面都有老板的。他们被操纵于资本家手中，说穿了，美国的民主就是这样。我们过去的君主，是真正的民主精神。譬如在明末崇祯时期，骆养性任大金吾之职。所谓大金吾是沿用汉朝的官名，近似于现代的首都卫戍司令，清朝的九门提督，权很大。当时熊鱼山、姜如农两位言官——近似现代的监察委员，在历史上称作言官。皇帝在政治上的错误，言官都是要提出来指摘的，这是中国过去监察御史的精神。纵然是皇帝错了，他照样提出来，错了就是错了。这两位御史很了不起，当时对皇帝有所批评。朝中的太监权臣，因为党派的关系，把他们关在刑部大牢——清朝所谓的天牢里。到了半夜里，皇帝亲笔下了一个条子，命令大金吾连夜把这两个监察御史提出去杀掉。这位大金吾接到了皇帝这个条子，并不执行，坐下来写了一篇奏章。大意说天下言官犯了罪，如果要杀他，因为他是代表全国老百姓讲话的，所以应该明告天下，公布他的罪状，使全国老百姓都知道，然后再规定时间杀他。现在凭你这张条子，而且偷偷摸摸地半夜里叫小太监送来，要我夜里去杀他，我是不敢执行的。换言之，无形中是说皇帝没有经过行政程序，是错误的，不可以这样做的。第二天他就把皇帝下的条子同奏本，一并送给皇帝，结果皇帝看了他的奏本反而笑了，这件事也就算了，这两个人的命也保住了。（至于骆养性的晚节好不好，是另外一回事，在此不加讨论。）

事实上中国历史上并不止这一件事，类似的事件很多。不过现在我们读的历史太少了，只靠学校的历史课本、中国史大纲，就认为懂了中国历史。这样认为就太简单了。中国历史中有很多宝贵的东西，可惜一般人都没有好好注意它。尤其说到政治哲学，还是我们中国文化中儒家、道家的这许多原则是对的。为政到底在人，并不一定在法。立法、制度固然重要，但执法的还是在人，立法的也是人，所以还是人政重要。

下面是对于政治、立身处世、做人做事有关的个人修养。

【本经】

子曰:“片言可以折狱者，其由也与！”子路无宿诺。

【译文】

孔子说:“一句话就可以把人家的纠纷解决了，只有子路做得到啊！”子路答应了事情，说到做到，绝不会搁在那里不办的。

【别裁大义】

能平不平的子路

在尺牍中常常可以看到“片言折狱”这句话。“片言”的来源，就是出自《论语》中孔子的这句话。现代语就是“一句话”的意思。“狱”就是打官司。孔子说，要讲一句话，就可以把人家的纠纷解决了，只有子路做得到。那么子路是很懂法律，大概是个大律师了，但律师并不能片言折狱。这里就值得研究了。我们读遍了四书和传记，所提到的子路，并没有那么大的本事，可是孔子的确说他片言可以折狱的。就前面所提到的子路，简直像张飞一样，一个粗暴得很的人，既不是大政治家，又不是搞司法的，孔子怎么说他可以片言折狱呢？这就是子路有侠义精神。

所以孔子提出来，一句话可以替人解决问题的，只有子路做得到。正如某些问题找读书人来解决，也许一年也解决不了，找这些有侠义精神的朋友一来，三言两语，把一切咎责替人挑起，来代人道歉赔礼，几句话就把问题解决了。下面说子路做得到的理由，是“子路无宿诺”，这就是侠义的精神，他今天答应了事情，说话算话，绝对办了结，不会搁在那里不办的。过去这一类的人蛮多的，但在最近二十年来则少得很，这样的人，往往使人敬佩，信任得过。一个人要做到任何朋友都信任他，很不容易。这不能用手段，要绝对的真诚、绝对的信实，子路有这个精神，所以可以片言折狱。

由片言折狱，就谈到彼此意见的相争了。

【本经】

子曰："听讼，吾犹人也。必也，使无讼乎！"

【译文】

孔子说："裁断讼事时不要有主观。在听原告的话时，自己就站在原告的立场；在听被告的话时，自己就站在被告的立场，然后再来判断是非。因为我们判断是非的人，最主要的目的，是公平合理地解决问题，使大家没有纷争！"

【别裁大义】

理难清

原告被告两方的打官司，这是法律上的常事，是普通的讼事。两方朋友有问题，听双方争执的意见，这也是讼事。孔子说"听讼，吾犹人也"，听谁的话，就"吾犹人也"，变成了谁，很难严格地说谁对谁不对。

在禅宗里有这样一个笑话：一个老和尚，有三个徒弟，有天老和尚叫他们来报告心得。首先老和尚听了大徒弟的报告说你的对。二徒弟的报告，刚好和大徒弟说的相反，老和尚听了说你的也对。最小的徒弟感到奇怪，就问老和尚，大师兄这样说，你说对，二师兄那样说，你也说对，究竟谁的对呢？老和尚对小徒弟说，你的更对。

佛家从形而上的观点泯除是非。天下没有绝对的是与非，是根据时间、空间而断定的。儒家则从形而下着手，有是非，主张要明辨是非。至于道家，则认为要调和是非。这是三家文化的着眼点不同，各有千秋，各有不同的用处。所以绝对的是非在哪里呢？

孔子说：“听讼，吾犹人也。”这句话要注意了，真正的意思是不要有主观，听原告的话时，自己就站在原告的立场。听被告的话时，自己就站在被告的立场。以现在哲学的观念，这才是绝对的客观。然后再来判断是非。但是我们往往最容易犯的错误，是自己先有成见，所以要为任何一个人设身处地。“必也，使无讼乎！”为什么要做到那么客观，因为我们判断是非的人，最主要的目的是使大家没有纷争，都能心气平和，心安理得，使官司合理地得到解决。

在我国描述清官的小说中，如包公案、彭公案、施公案等，对诉讼，都脱离不了微服私访。当然历史上这些人是否确有其人，其政绩如何，这是另一个话题，暂且搁置。但这一私访的观念对我们的影响很大，甚至在民国初年还有这样的现象。我们要知道，地方上的恶势力，中外古今都无法完全消灭。不要以为私访可以得知真正的内情，有人就布置好圈套，使私访者正好掉在这个奸谋圈套里。上论中说过：“齐之以刑，民免而无耻。”也就是这道理。

【本经】

子张问政。子曰：“居之无倦，行之以忠。”

子曰：“博学于文，约之以礼，亦可以弗畔矣夫。”

子曰：“君子成人之美，不成人之恶。小人反是。”

【译文】

子张问政事。孔子说：“对自己的职业诚敬热爱，不厌倦；做事恭敬忠实，尽心竭力。”

孔子说："君子要广泛地学习一切知识，做到博学多闻，做人处事依礼而行，这样就可以不离经叛道了。"

孔子说："君子帮助人做好事，阻止人做坏事。而小人却与此相反。"

【别裁大义】

完美之不易

子张问个人去从政，担任公家的职务，要具备一些什么条件？孔子说："居之无倦，行之以忠。"这八个字表面上看起来很容易，但认真地想还真不容易。对自己的职务绝对诚敬而不厌倦，这是很成问题的。许多地方都可以看到工作服务态度差的人，有人说是因为待遇不好，所以工作情绪不好。这也不见得，有的地方，登报征求人才，只有一千五百元月薪的待遇，而应征的达六百多人，其中还有的是大学研究所毕业的。可见并不完全是待遇问题，而是教养的问题。学问、学位和职业三个东西分不开，尤其是从政，要"居之无倦"，全部精力放进去，如果厌倦，换个工作好了，这是从政的精神。但是我们看到许多人服务态度不好，都是由于对职业的厌倦，正如老古话说的"做一行，怨一行"。如果做一个心理测验，人们到底做哪一行不厌倦？大概没有这一行。就是拿钱吃饭不做事，该是舒服了，久了也会厌倦。还有"行之以忠"，从政则一切尽心尽力，为国家、团体、职务尽心尽力而忘记了自己，是很不容易的，怎样才能做到这八个字的精神？还是要学问，还是要修养。

所以下面孔子说："博学于文，约之以礼，亦可以弗畔矣夫。"要靠学问，这又牵涉到文与质的问题。学问精通了的人可以做到；绝对没有知识的人，普通的人，本质很好的人也做得到。最怕是半吊子。所以要"博学于文，约之以礼"。一切渊博以后，选定一点；这也是现在专家教育的精神，先求渊博，以后再求专一。做人的道理也是一样，一切通透了，然后选择人生专一的道路，这样大概差不多，也不至于离经叛道了。

下面再说到个人的修养："君子成人之美，不成人之恶；小人反是。"一个君子人，看到朋友、同事以及任何的好事，都愿意帮助他完成，坏事则要设法阻难使他无法完成。从政、做人都一样要做到这个程度。而小人却正好相反，就喜欢帮忙人家做坏事。

再引申来讲“君子成人之美，不成人之恶;小人反是”这句话。我们把“成人之美”这句话，用成了口头语，例如替人家做媒，就常说“君子成人之美”，但是这句话是不负责任的。因为男女双方谈恋爱，已经成熟了，不过是到时候在结婚证书上帮忙盖一个图章而已，这就美其名为“成人之美”。而事实上这又究竟算不算“成人之美”？有时候很难断定。以前老规矩结婚，没有证婚人，而要请有福气、子孙多的老夫妇为新人铺床，以沾福气。当然这是旧俗，真正的道理，是“成人之美”的“美”，到底什么是美？

讲到这里，我们就联想到西方文化进来以后，大家喜欢用的“真、善、美”。这三个字不过是西方文化特别注意、特别提出的，并不是中国文化中没有。但在学哲学的人的观念来看，对世界上究竟哪件事是真的或假的，善的或恶的，美的或丑的，没有办法下定论。因为有许多人行为、观念、道德、善恶标准，是由于时间、空间不同而有区别的，例如到了西藏，与人见了面，要伸出舌头来，还要发出“哧！哧！”的声音，形态并不美观，算是行礼，这就是善吗？又如在印度遇见人，最高的礼貌是在地上打个滚，这就是善吗？可是在那里又非这样不行。这些还是表面的事情。所以真正的善恶，在哲学的范围，是很难说的。我们在路上看见一个人很痛苦，在做人的道理上一定要去救他。但常常会在救了人以后，而后悔是做了一件坏事，因为所救的竟是一个坏人。不救他反而干脆，以后少些人受害，而他自己也可少做几件坏事。可是救活了这坏人以后，对于社会的后果，反而不堪设想。因此对于善或恶，在哲学范围中，没有办法下一个严格的定论。美与丑也是一样，男女之间，热恋的时候，在别人看起来蛮丑的人，而他们觉得对方很美。有人认为最丑的，而其他的人会认为是最美的。也有的人，太太很漂亮，感情闹得不好，而在外面交上一个大家都认为很丑的女朋友。所以美与丑，都是主观的、唯心的，没有标准。这正如乡下人的话“臭猪头自有烂鼻子的菩萨要吃”，这句话的意义实在很深长了。

美丑既然没有标准，怎样才是“成人之美”就更难说了。下面说“不成人之恶”是反面的说法。做好事，本来是很难的，像帮助孤儿办孤儿院就很难。一方面，如经济不充足，收容了一百人，到一百零一人时，还是没有办法。最好是不出名，不挂招牌，而想办法将孤儿分散给人领养，或送去当学徒、进夜校。这样才踏实，较完美。在孤儿院的孤儿，一百人中，九十五人是对孤儿院抱怨的。怎么才能让这些身心受到过伤害的孩子健康起来，并不那么简单。另一方面，从事孤儿院工作的人，更是满腹的怨言。双方都会埋怨，到底错又在谁呢？所以做一件善事，想“成人之美”是很难做到的，不那么简单。因为进孤儿院的孩子，心理容易不健全。自己感到是一个孤儿，别人的善意，他也会怀疑的。等于对后娘一样，后娘好，他认为是手段；后娘不好，他认为后娘不是亲娘。后娘难做也就在此，因此，有些孤儿院的工作，等于是失败的。由此看来，孤儿出身的人，最后必然会走上两条路，一条是对穷苦孤儿非常同情，一生都做好事。另一条路是相反的，对社会仇恨。他的想法是认为自己困难时，没有人来相助，现在为什么要对别人好？养老院也如此，不容易办得好。主事人难于做到像上面说的“居之无倦，行之以忠”，最后成了形式化。因此“君子成人之美”这句话，我们不能随便引用。这美是善的美，不助别人的坏。可是这两句话反面意思的错误，我们经常会犯。往往自认为做了好事，结果成了坏事，无形中的犯了很多错。最初的动机蛮好，为“成人之美”，事情的结果却不好，变成了“成人之恶”。所以成人之美的道理易懂，但身体力行起来，就非常困难。

【本经】

季康子问政于孔子，孔子对曰：“政者，正也。子帅以正，孰敢不正？”

【译文】

季康子向孔子请教政事。孔子说：“政，就是‘正’。只要你做领导的带头做得正了，走上正道，下面的风气就自然会正了，谁还敢不端正呢？”

【别裁大义】

上不正　下便歪

这个话大家都很熟，这是我们中国人对“政”这个名称的解释。政就是“正”，所谓政治的道理，就是领导社会走上一个正道。刚才我们讲到真、善、美的哲学观点，现在引用哲学观点来说，什么叫正？什么叫邪？也很难讲。这就牵涉到人生的道德行为观念，以及社会的、历史的道德观念等，都受时间、空间的影响，而改变了观念的标准。以前的社会形态并不适于现在的社会形态，过去历史的标准，并不一定完全可以适用于现在。所以怎样才算是正或邪，也是对某一时间、某一地区而言。但无论如何，政治的原则，就是“正己而正人”，自己先求得端正，然后方可正人。譬如一个教育家、宗教家，以感化的教育，转移社会风气，也可以说是“政者正也”的一个范例。帅之以正，这是孔子的定义，也是千古以来中国政治思想的一句名言。季康子是一个当权的人，所以孔子对他说“子帅以正，孰敢不正”，只要你领导人自己做得正，下面的风气就自然正了，这是偏重于为政、偏重于领导而言的。

【本经】

季康子患盗，问于孔子。孔子对曰：“苟子之不欲，虽赏之不窃。”

【译文】

季康子苦于盗贼的猖獗，于是向孔子求教怎么办。孔子回答说：“如果你所不要的东西，丢在路上，人家也不会要，更不会偷。”

【别裁大义】

“季康子患盗”，这是说他那里强盗土匪太多了。这是一个大问题，和政治问题、经济问题，都有连带关系。季康子问孔子，强盗土匪这样多，该怎么办？孔子说很简单，你所不要的，赏给他，他都不要。在文字上就是这样，很简单明了，但在《易经》系传上说：“谩藏诲盗，冶容诲淫。”“诲”就是教的意思。这句话是说，金银财宝，不好好保藏起来，等于教人家来偷；把自己打扮得漂亮、妖艳，就等于教人家来揩油。有的女同学，晚上回来很生气，说外面社会如何乱，男孩子如何不好。因此还是少打扮的好。所以孔子对季康子说：“你所不要的，丢在路上，人家也不要，更不会偷，不会抢。”

这个话很简单，但引申出去，政治、经济、社会什么问题都包括在内了。我们先谈一个哲学的笑话，佛家有个名词“颠倒”。在佛经上经常有“众生颠倒”这句话，这“颠倒”两字很有道理，人都在颠颠倒倒的。刚才也提到，孔子说的“子帅以正”，正就是不颠倒。但以哲学立场看，世界上哪一个事物是正的？下不了定义，就人的颠倒来说，随便举例：人身最尊贵的是头部，脸孔、眼视、耳听、口言，多么重要？双手能为我们做许多事，可是却和头脸一样，任它露在外面，风吹日晒。而一双脚，除了走路以外，很少再有什么用途，却要鞋、袜、裤，给它重重包裹，如此保护，岂不很颠倒？田里的稻麦是人类不可少的粮食，何等重要？可是任它在田地上，谁都不去看管。而钞票不过一张纸而已，既不能当饭吃，又不能当衣穿，连作卫生纸用都不行，可是却绳扎，纸包，放到钱柜，铁柜还要摆到严密的库房，上了锁，另外再由人执枪守住，这岂非颠倒？这类事可多了，仔细想想，人生真的很奇妙，究竟哪样才是对？颠倒！对黄金钻石也是如此，本来无用之物，可是大家竞相以为宝物，因此形成了社会上抢购这些东西的风气。说盗窃心理，我们又想到庄子所谓“窃钩者诛，窃国者侯”的话。庄子这一句话的意思是说，一般人将黄金珠宝，隐藏妥当，只能防止小偷小盗。至于那些大盗，就怕你不把黄金珠宝等财物集中隐藏起来，你越是装得牢、锁得紧，大盗来了才拿得方便。甚至明目张胆地抢劫，还要失主自己代他搬去。至于占领了人家的国土，那么就变成了英雄、侯王。所以庄子说“窃钩者诛，窃国者侯，诸侯之门而仁义存焉”。这就是历史哲学。

因此儒家思想，始终教人过俭朴的生活，走朴实无华的路子。大家如此，社会就安定，盗窃也少了。如上位的人偏好某一事物，则下面会跟着偏好得更厉害。爱好而得不到，于是就行窃了。这个“窃”，是广义的窃，凡以损人利己的方法获取即称为窃。今日全世界经济危机，就是受凯恩斯“消费刺激生产”理论所害的，前面也提到过这点，大家不肯节俭，尽量消费所致。昨天还对一个美国学生谈起，现在美国一般人几乎永远是穷的，因为什么都是分期付款，而生活永远也在分期付款中度过。这就想起孔子的话，“苟子之不欲，虽赏之不窃”。现在全世界的“欲望”、风气都趋向这方面，所以大家就都想尽方法来占有，来获取。得不到了，只好去窃。又如女人的打扮，过去仿效宫廷，现在仿电影明星。事实上是一样的，过去看帝王的宫廷，现在看社会整个风气。所以要想不窃不盗，只有改正风气才是。

下面仍是季康子问政治方面的一个道理，当然这不是在一天之内问的，而是编书的把它连在了一起。

【本经】

季康子问政于孔子曰：“如杀无道，以就有道。何如？”孔子对曰：“子为政，焉用杀？子欲善，而民善矣！君子之德风，小人之德草。草上之风，必偃。”

【译文】

季康子向孔子请教政治的道理，他说：“如果把坏人都杀掉，让人们归到正道上去，怎么样？”孔子回答说：“为政之道，怎么能靠杀人呢？应该以道德来领导，你自己用善心来行事，下面的风气自然跟着行善。君子之德行像风一样，普通人的德行像草一样。如果有一阵风吹过，草一定会跟着风的方向倒，因此政治的领导，应该靠社会的道德风气的感化和引导。”

【别裁大义】

风吹草动

季康子又问孔子说，用以杀止杀的方法，把坏人杀掉，“以就有道”，归到正道那里去，怎么样？孔子说，为政之道，并不是靠杀人而能够成功的。我们知道，老子也说过：“民不畏死，奈何以死惧之。”人并不是绝对怕死的，为政不用道德来感化，只用杀戮来威胁，是绝对压不住的。所以孔子对季康子说，用杀人来做手段是不对的，应该以自己的道德来做领导。你自己用善心来行事，下面的风气自然跟着善化了。所以他就说出一节名言：“君子之德风，小人之德草。草上之风必偃。”我们中国文字中的“风气”二字，就是由于这个观念而来的。这两句话中的“德”是一个总称，它包括行为、心理、思想等。他说君子之德像风一样，普通人的德像草一样。如果有一阵风吹过，草一定会跟着风的方向倒。风的力量越大，草倾向的力量也越大。因此一个大政治家的领导，应该造成一种风气。这都是讲政治的领导。但我们不要把它看呆了，凡是学问书本都要活用。假使做一单位主管，下面只有三个人，同样的，只要主管品德超然，下面的风气自然会好。但在政治上要造成一个时代社会的风气并不太容易，也等于在军事上构成一个“气势”，是很不容易的事。

下面讲到社会思想了。

【本经】

子张问：“士何如斯可谓之达矣？”子曰：“何哉，尔所谓达者？”子张对曰：“在邦必闻，在家必闻。”子曰：“是闻也，非达也。夫达也者：质直而好义，察言而观色，虑以下人，在邦必达，在家必达。夫闻也者：色取仁而行违，居之不疑，在邦必闻，在家必闻。”

【译文】

子张问道：“一个知识分子，要怎样才可称得上是达呢？”孔子说：“你所谓‘达’是什么意思？”子张回答说：“我所说的达的意思，是让全国上下大家都知道，让家乡也都知道。”孔子说：“一个人到处知道他的名，那叫作有名气，有名气的人叫作‘闻人’，不是‘达人’。所谓达人，就是品性正直、道德高尚、慷慨好义，有学识和先见之明，对人谦虚不傲慢，像这样在社会上众望所归的人，才能算是贤达的人。所谓闻人，往往只做些表面工作，外表借用仁的名誉，而实际上的行为却背离仁，这样久而久之，自己也不怀疑对或不对了，甚至，认为是应该如此的。像这样的闻人，无论是在全国，还是在家乡，也都可能会骗取一定的虚名。”

【别裁大义】

闻人与贤达

在这里，第一个要解决的问题是上古文化中“士”的观念。过去已经讲过，用现代语来说，“士”就是代表知识分子。子张问孔子，一个知识分子，要怎样才能在社会上站起来，才够得上称为通达、豁达？孔子听了子张的问题，先反问子张的观念当中，所说的“达”，是个什么样子。子张说，我所说的达的意思，是全国上下大家都知道他，名闻天下，在家乡也是各个都知道。像现代民选政治的社会，更要做到如此。子张认为的“达”就是这样。子张的这个观点很值得注意，许多人都有这种心理。几十年来看到有一些朋友就是如此，尤其是一些比较活动的分子，人家一提到某某达官显宦豪商巨贾，他总说认识，或攀上些关系。记得抗战时期，曾有一位四川朋友对这样而求闻达的人开了一个很难堪的玩笑。当某人正在大庭广众中自称与某某要人有瓜葛时，他便故意问说：“喂，老兄！这两天斯福兄有消息给你吗？”这位先生一时不解，问：“哪位斯福？”那人便说：“罗斯福嘛！”这句话一出来，大家哈哈一笑，这位老兄却为之默然无语。社会上确有不少这一类型的人。

现在回转来看孔子的观念，我们要注意了，孔子听了子张对于“达”的观念所下的定义之后，便说，你对“达”的观念搞错了。一个人到处知道他的名，那叫作有名气。这个名气是不是好的，就成问题。有名气的人叫作“闻人”，不是“达人”。孔子为“达人”下的定义是“质直而好义，察言而观色，虑以下人”。这样的达人，在中国历史上有很多，他们不一定出来做官。现在有一个名称叫“社会贤达”，就是有道德、有学识，的确在社会上众望所归，可是只想做事，不想做官。当然，他也有条件不去做官：饭是吃得饱的，生活也不愁，有丰富的正义感，这种人就是达人。

依据孔子对达人的定义，第一是本质的正直，没有歪曲的心思；做人做事，不用手段，不用权术。第二是好义，这个义字的解释，近乎墨子的义，所谓慷慨好义。第三是“察言而观色”。这句话被后世误解为很坏的意思，而本来的意思是有眼光，看得清楚，有先见之明；听了一些理论，根据一些资料，加以智慧判断，就可以看出态势来。例如对于国际大事，时代的趋势，许多事情，都可以在事前看出来。第四“虑以下人”，“虑”就是智虑，包括了思想与学问，“下人”是对人谦虚，绝不傲慢，自己并不以为自己了不起。要具备这样几个条件，才能算是贤达的人。

孔子又告诉子张，他所说的只是闻人——出名的人，往往只做些表面工作。以前某名都有一位先生，非常非常有名，凡是各项募捐，一定请他去。而他拿起笔在捐簿上第一个写，每次一写，就是一笔很大很大的数字，至少等于现在的几十万元，每次都如此大手笔。可是真去向他收捐款，他说：“我写这样多，是为你作个倡导，别人看我写了这样多，自然都会多写一点。”此人也确是某名都当年的闻人之一，他这个做法就是“色取仁而行违”。表面上做的都是善事，态度取的是仁，而真正的行为不是那么回事。而且“居之不疑”，他这样搞久了，自己也觉得这样没有什么不对。犹如许多说谎话的人，说成了习惯，就不觉得自己在说谎，对自己这样说，一点也不怀疑对或不对，甚至，认为是应该如此的。像这一类人，虽然也会出大名，但到底不算是达人。成为达人要有达人的条件、达人的道德。

【本经】

樊迟从游于舞雩之下，曰：“敢问崇德、修慝、辨惑？”子曰：“善哉问！先事后得，非崇德与？攻其恶，无攻人之恶，非修慝与？一朝之忿，忘其身，以及其亲，非惑与？”

【注释】

崇德：修养自己的心理和精神，把内在的气质和人格培养到崇高的境界。

修慝（tè）：“修”，治，指改正。“慝”，邪恶，恶念。

辨惑：能真正具有明辨善恶、是非的智慧，以不至于糊涂和迷惑。

【译文】

樊迟跟随孔子出游于舞雩台下，樊迟问孔子说：“请问老师，怎样才能做到崇德、修慝、辨惑呢？”孔子说：“这个问题问得太好了，也太大了！做人做事先不要考虑自己个人的利益，认为是善的就先做了再说，最后自然会有结果的，这样不就是在培养崇德的气质和人格吗？只反省自己的错误，不挑别人的毛病，这样做不就是在修慝吗？忍不住一时的气愤情绪，忘了自己的生命安危，甚至也牵连到自己的亲人，这不是糊涂迷惑吗？”

【别裁大义】

修养上的三岔路口

樊迟是孔子的学生。“舞雩”，犹如现代的交谊厅，有一次，他跟孔子在“舞雩之下”，向孔子请教三个问题。一个是如何“崇德”，充实自己的修养。这个“德”字不一定作道德讲。以现代观念说，如何使自己的心理、精神、修养到达高深的程度。第二“修匿”，就是如何改进自己内心思想、情绪。第三“辨惑”，怎样才不至于糊涂，怎样才是真正的有眼光、有智慧，看得清楚。这是人生哲学的大问题了，这三句话如果严格发挥起来，非常费事，现在我们先研究它的意义。

第一点崇德。这个德，旧的观念就是德业，以现在来说，怎样养成很有教养的气质。说到气质、风度这些名称，在前面也多次说过，经常没有办法做确切的说明。但有没有“气质”这个东西？它又的确是有，这是从内心发出来的。有如何的教养，就会形成如何的气质。也有人天生就具有特殊的本质，不过还要加以力学的培养。所谓崇就是推崇。崇德就是如何把内在的气质培养到崇高的境界。兹事体大，可不简单。

举一个唐人笔记小说的事例来说：如唐初李靖、红拂女、虬髯客等风尘三侠的戏剧故事。那正是南北朝到隋唐之间，天下大乱的时代。当时想起来革命，创功立业的人很多。红拂女不过是隋朝一位大臣杨素家中的一名家伎，而李靖这位唐代的开国大将，在这时只是一个默默无闻的青年，还很倒霉，投奔到杨素那里，希望当一个职员而已。可是小说中描写武功很好的侠女红拂，一见到李靖气宇非凡，就认为是了不起的人物，而与李靖私奔。有一天，他们两人住在旅途客栈中，红拂女正在化妆梳头，长发及于地，被虬髯客看到。虬髯客也是想起来革命，而且财富多，武功高，不愿作第二的人物。他看见红拂女的长发，认为是极贵之相，不禁在窗外瞪眼看。被李靖发现了，正要拔剑相向，这时红拂女也在镜中发现了虬髯客，于是目止李靖的愤怒动作。由李靖出来询问，接谈以后做了朋友。李靖说明要去投太原公子李世民，后来虬髯客也到太原访李世民，由李靖为两人介绍。笔记上记载当时李世民是“不衫不履”与虬髯客相见，一见面后，虬髯客见到李世民的气度，心里冷了，认为天下第一人该属于他而不是自己，就不多谈。转托李靖再约李世民，第二天在太原郊外一个名胜区凉亭中，和虬髯客的师兄一起见面。李靖如约陪李世民前往，虬髯客正和一位道士在亭子里专心下棋，李世民和李靖也不打扰，只在旁边看棋。那位道士就推开棋盘说：“师弟，这一招，我们输了。”起来就陪虬髯客走了。后来虬髯客把自己的兵器、财富，全部送给李靖夫妇去帮助李世民统一天下，作开国功臣。并且告诉李靖，十年后海外如有大事，就是自己成功的一天。果然唐太宗统一天下，有一天接到扶余国（有说是吉林）来的情报，扶余的领土被一个虬髯客征服了。唐太宗、李靖，彼此都会心地一笑，那位朋友也成功了。我们引用这个小说，便是用来说明崇德的意义。一个人德业的成就，和一个人的风格、品行、风度、气质都有关系。有了这样的成就，在外表上是可以一望而知的。

第二点修慝。所谓慝，是一种心理作用，所以这个字从心。以心理状态来说，人的理智情感，是没有办法压制下去的。有许多人讲究静坐，但第一步，内心乱七八糟，思想就没有办法平静。譬如遇到一件令人生气的事情，表面虽强作无事，若能把那种愤怒的心放开，那就更好！更美！但是这种不平之气往往是压不住的，这是内心修养很重要的一步。如果这种内心的修养做不到，外在的崇德就不会真正完备。所以修慝是内心真正的修养，在现代心理学上讲，就是把自己矛盾的心理——理智与情感的矛盾，求得平和与安详。

第三点辨惑，就是做到有真正明辨的智慧，对于善恶、是非、情势都了如指掌，没有迷惑了。樊迟问了这三点以后，孔子说你这个问题提得太好了，也太大了。这三点如果都做好了，就入于圣人的境界，在孔子学生中，樊迟并不是第一流学生，但是他非常勤奋。所以孔子告诉樊迟的不是深远的理论，而是平实可行的道理。孔子说做人做事只要先去做，不问自己的结果利益，以后自然会有好的成果，这便是“先事后得”的道理。

这四个字看来很容易，做到很难。尤其现代社会的风气，大家每做一件事，先要考虑有没有价值。所谓价值，就是问后果对自己的利益，这是通常的心理。可是孔子告诉樊迟，首先，做人做事先不要考虑自己个人的利益与价值，认为是善的就先做了再说，后来自然会有成果的，这就是德业。其次，专门反省自己的错误，不挑别人的毛病，这也是做起来很难的。因为人都喜欢挑剔别人的毛病，很少反省自己的错误。现在要反过来，专找自己的错误，不挑别人的毛病，就很难做到了。而儒家、佛家、道家的修养，都严格地讲究这一点，做到这一点就是“修慝”。有些人为了一点小事，生起气来，把自己身体生命都忘记了，要与人拼命。犯了法弄出纰漏来，连带父母、妻子、儿女都受了罪，这不是最笨、最糊涂的事吗？

这三点孔子在这里是这样解释的。我们要特别注意，下面一篇当中，还要提到这个问题。这里是孔子针对樊迟的程度，所作“崇德”“修慝”“辨惑”的解释。实际上这三点所包括的内容有很多很多。不过这里虽是引述孔子对樊迟说的道理，也就是一般人很容易犯的毛病。

【本经】

樊迟问仁。子曰：“爱人。”问知。子曰：“知人。”樊迟未达。子曰：“举直错诸枉，能使枉者直。”樊迟退，见子夏曰：“乡也，吾见于夫子而问知。子曰：‘举直错诸枉，能使枉者直。’何谓也？”子夏曰：“富哉言乎！舜有天下，选于众，举皋陶，不仁者远矣；汤有天下，选于众，举伊尹，不仁者远矣。”

【译文】

樊迟问什么是行仁道，孔子说：“能够爱一切人就是行仁道。”樊迟又问什么是智慧，孔子说：“善于了解人就是智慧。”

樊迟没有想通这番话。孔子便说：“假如做一个领导人，把正直的人提拔起来，而对邪曲的人先搁置起来，这样直道而行，就可使原来邪曲的人也变成为直道之人了，坏人也会变成好人了。”

樊迟退出来，见到子夏说：“刚才我见到老师，问什么是智，老师说‘举直错诸枉，能使枉者直’，这是什么意思？”

子夏说：“老师所讲的这两句话，内容太丰富了，包含的意义太大了！舜有了天下，在众人中选拔了皋陶，天下便没有冤枉的事了，不仁者都远离了，变好了，大家都心存厚道了。汤有了天下，在众人中选拔了伊尹，那些不仁的人也远离了，变好了。”

【别裁大义】

樊迟问“知”“仁”

樊迟问什么叫仁。孔子说，能够爱一切人就是仁。樊迟再问什么叫智慧。孔子说，能够了解任何人就是智。但是这是针对樊迟的程度而言。结果，樊迟对于孔子的答复，还没有通达，未曾彻底了解。孔子便更引申地说，你还不大了解，我再告诉你，假如做一个领导人，把正直的人提拔起来，而对邪曲的人先搁置起来，这样直道而行，就可使原来邪曲的人也变成为直道之人了，坏人也会变成好人了。

可是樊迟还是没有懂，退出之后，便来看子夏。子夏在孔子的学生中，也是较为突出的一个，孔子死后他在西河讲学。战国后其中很多人物，都是子夏的学生，所以樊迟不懂，又去向这位孔门的高材生讨教。“乡也”的乡，后来写作“向”，是“刚才”“前些时”的意思。樊迟说，我刚才问老师什么是知，老师说“举直错诸枉，能使枉者直”，这是什么意思？子夏一听樊迟的话，就说，老师所讲的这两句话，内容太丰富了，包含的意义太大了。子夏为了使这位同学有更具体的了解，就举历史的故事来讲给他听。他说舜当了皇帝的时候，在许多人中间，选拔了皋陶做助手，管理行政、司法。皋陶一做了他的助手以后，天下便没有冤枉的事，坏人都远离了，变好了，大家都心存厚道了。

子夏举的第二个历史例子是说，到了商汤的时候，举用伊尹。我们都知道伊尹是古代的名宰相，与后来周朝的姜尚齐名。伊尹被商汤提拔时，还正在当厨师。因为有伊尹，所以有商汤的天下。在上古历史中，第一流的大臣，并不是靠学历年资慢慢升上来，然后到六十多岁退休。只要是人才，一下子就上去了。当然后世法治社会又是另外一回事，与创业时用人的原则是要有所不同的。从古今中外的历史，我们可以看出，做事业是要人才去做的，而人才并不是学历资历可以限制的。所以商汤举伊尹出来，则“不仁者远矣”。他举这些例子，就是告诉樊迟什么叫作“举直错诸枉”。换句话说，是子夏引申孔子这两句话，告诉樊迟，无论如何，做人处事要用正人，用品格、才能、道德好的人，提拔这样的人，自然就行了。

【本经】

子贡问友。子曰：“忠告而善道之；不可则止，毋自辱焉。”

【注释】

道：通“导”，引导。

【译文】

有一天，子贡问孔子交友之道。孔子说：“朋友的真正价值是，有错误相互纠正，彼此向好的方向勉励。如果发现了朋友的错误，我们就该尽心尽力地劝勉他，巧妙地引导他；如果他实在不听，就该适可而止，不要过分勉强，以免自取其辱。”

【别裁大义】

交友的艺术

有一天，子贡问孔子交友之道，应该如何？我们知道，有时候交朋友也是一件很难的事。上论《里仁》篇中子游曾说：“事君数，斯辱矣。朋友数，斯疏矣。”对上位者如有不对的地方，做干部的，为了尽忠心，有劝告的责任。但劝告多次以后，上位者都不听，再勉强去说，自己就会招来侮辱了。对朋友也是这样，过分地要求或劝告，次数多了，交情就疏远了。这里，孔子告诉子贡，交朋友之道，在“忠告而善道之”。尽我们的忠心，劝勉他，好好诱导他，实在没有办法的时候，“不可则止”，就不再勉强。假如过分了，那就不行；“毋自辱焉”，朋友的交情就没有了，变成冤家了。从表面上看起来，孔子教学生的交朋友之道，好像蛮滑头的样子，适可而止，不要过分。实际上，加上我们自己的经验，就知道孔子的话并不滑头。中国文化中友道的精神，在于“规过劝善”，这是朋友的真正价值所在，有错误相互纠正，彼此向好的方向勉励，这就是真朋友，但规过劝善，也要有一定的限度。尤其是共事业的朋友，更要注意。我们在历史上看到很多，知道实不可为，只好拂袖而去，走了以后，还保持朋友的感情。

我们举一件近代的故事来说，曾国藩下面一位幕友王湘绮（壬秋），当时他是湖南的才子，也是近代以来有名的大儒。他著有《湘军志》，对曾国藩有褒贬之处。曾国藩所领的湘军，在前方和洪秀全作战，开始露败象的时候，王湘绮就要请假回家。曾国藩知道他读书人胆小，如果这仗败下来就不得了。所以也想让他回去。不过事情很忙，没有立即批这件公文。有一天晚上，曾国藩因为有事去找他。看见他正坐在房里专心看书，就站在后面不打扰他。差不多半个时辰，王湘绮还不知道，曾国藩又悄悄地退回去了。第二天早上，曾国藩就送了很多钱，诚恳地安慰一番，让王湘绮立刻回家。有人问曾国藩，为什么突然决定让王湘绮回去？曾国藩说，王先生去志已坚，无法挽留了，朋友之道，不能勉强。尤其是打仗的时候，胜败自己都没有把握，如何能保住别人？再问曾国藩何以知道王湘绮去志已坚？曾国藩说，那天晚上去王湘绮那里，他正在看书，并不知道曾国藩就站在他身后。而且有半个时辰，王湘绮没有翻过书。可见他不在看书，在想心思，也就是想回去，所以还是让他回去的好。

这个故事就说明长官对部下或者朋友相处，都要恰到好处。如果过分，那么朋友都变成冤家了。人生中交一个朋友是很难的，所以孔子告诉子贡，交朋友要适可而止，不是滑头。

【本经】

曾子曰：“君子以文会友，以友辅仁。”

【译文】

曾子说：“君子要通过思想文化交流汇聚志同道合的朋友，以相互辅助，培养仁的境界。”

【别裁大义】

这一篇最后以曾子的话来作结论，也是讲朋友之道，在讲朋友的积极意义在什么地方。“君子以文会友”，这个“文”包括了文化思想。结交志同道合的朋友，目的在哪里？在于彼此辅助，达到行仁的境界。

这篇书一开始，颜渊问的是仁。到这里最后的结论，提到曾子讲的朋友之道，同时再度表明做人也就是仁的用。所谓仁就是爱人，也是人与人之间相处和自处的高度修养，也可以说是做人的艺术。

子路第十三

【本经】

子路问政。子曰："先之，劳之。"请益。曰："无倦。"

【译文】

子路问从政的道理。孔子说："作为领导人，要身体力行做好表率；要勤于实践，崇尚劳动。"子路进一步请教，孔子说："不倦怠。"

【别裁大义】

先天下之忧而忧

现在讲《子路第十三》篇，以连贯的观念来看，这篇文章是对上论《为政》篇以后所作的发挥。就是说一个人学问的内在修养与外用，当然包括了过去所谓做官的学养，乃至做人与做事的道理。

这一节文字非常简单。子路问从政的道理，孔子告诉他两个观念：一个是"先"，一个是"劳"。这两个观念，发挥起来蛮多。

所谓"先"，就是在"为政"的原则上做领导人，一切要为人之先。关于先，大家都读过宋儒范仲淹的《岳阳楼记》，其中有句名言："先天下之忧而忧，后天下之乐而乐。"这个"先"的观念，即是从《论语》这里来的。中国政治哲学解释"先"字，多半用老子的话"外其身而后身存"。为政做主管的，尤其是作战带兵的，都是这样：自己站在前面，有艰难困苦与辛劳，我领先担负了；利益方面也是先让人家，自己不要，这是“外其身”，而实际上最后的成功还是自己，这是领导“先之”的道理。

“劳之”，也是处事领导的原则。左丘明的《国语》一书中，有一篇敬姜论劳逸，叙述鲁大夫公父文伯的母亲——敬姜，对儿子的一番教训，政治思想非常高。她说人必须要接受劳苦的磨练：“劳则思，思则善心生；逸则淫，淫则忘善，忘善则恶心生。”一个人环境好，什么都安逸，就非常容易堕落。民族、国家也是这样。所谓“忧患兴邦”，艰难困苦中的民族，往往是站得起来的。所以古代许多懂得为政的人，都善于运用“劳之”的原则，使得官吏、百姓没有机会耽于逸乐。“劳”包括了勤劳、劳动、运动许多意义。所谓“君子劳心，小人劳力”，人在辛劳困苦的时候，对人生的体会较多，良善的心性容易发挥出来。不过这是好的一面的看法。另一方面，也有把这个原则反用了的。所以同样一个学问，正反两面如何去用，在乎个人的道德。这个“劳”同时也包括自己。在个人修养中，一个领导人宁可有困难时自己先来，有劳苦的事自己先做；绝不能自己坐着享受，有困难都让别人去。这样永远带不好人，尤其带部队，打起仗来，就看得更明显。

孔子说了这两点，子路请益，要求老师多告诉他一点。孔子又说了一个“无倦”，这两个字在文字表面上看起来就是不疲劳，一切要更努力；用现代语来说，就是责任的观念要加重，自己没有“懒得做”的感觉。从历史上严格体会，做一个政治上成功的领导人的确是很苦的。如果恪守这种原则，即使是看公文这件工作，也会令人觉得很苦。因为真正负起责任来，往往就没有私生活，难免有时会厌倦。在前面也说到过，历史上像周公那样忙碌辛劳，“一沐三握发，一饭三吐哺”的故事。周朝的政权，存亡绝续之际，维持八百年之久，可归功于周公一手所建立的典制。而且我国文化集中整理成一系统性，也是由周公开始的。当时周公的身份、地位，用“一人之下，万人之上”还不够形容。实际上，他与武王是亲兄弟，是成王的叔叔。可是他对人如此谦虚、如此负责任、如此勤劳而无倦，这种修养实在难得。一个人在自己负到那样的重责，达到那样的地位时去体会它，才更亲切。

上面是孔子告诉子路的三大原则。孔子为什么对子路作这样的答复？这需要我们用头脑去思索一下了。假使子贡、子夏问从政的问题，孔子也许不是这样答复。我们知道子路的个性很有侠气，脾气一来，动辄“算了”或者“干了”。这一类的个性，容易偾事。有些人是慢吞吞的个性，就容易误事。所以孔子严格告诉他这三个原则。但是，我们每人自己反省，个性上有这种成分没有？学问修养的道理，就可在这三个重点上去体会了。

【本经】

仲弓为季氏宰，问政。子曰：“先有司，赦小过，举贤才。”曰：“焉知贤才而举之？”曰：“举尔所知，尔所不知，人其舍诸！”

【译文】

仲弓做季氏的家臣。他向孔子问怎样从政。孔子说：“先要把制度建立起来，每个人的权责要分清楚；要能够宽容人的小过错，帮助人；提拔优秀的人才。”

仲弓说：“怎么才能知道哪里有优秀的人才来选用呢？”孔子说：“就在你所能了解到的人中选用，那些你不了解的，难道不会有人去发掘他们吗？”

【别裁大义】

才难

仲弓出去做鲁国权臣季家的管事，来问孔子从政的原则。孔子告诉他在行政上领导政治的道理“先有司”，有司是职务代称，也就是管事的，读古书时经常看到它。孔子是说，首先重视每个人的职权，要制度化，不要乱来。在古代专制政治的时代，尤其是在春秋战国的时期，一个领导人，一个帝王，本身就是法制。尽管中国过去也是讲法治的精神，但在君主专治体制下，往往有“言出法随”的情形，他的话就是法律，他要怎样做就是法令。所以孔子告诉他不可犯这毛病，先要把权责分清楚，把制度建立起来。

其次，领导人对人要“赦小过”。谁都难免会犯错误，尤其当领导人，要能原谅人。一个领导人，不单是主管，还要兼作老师，所谓“作之君，作之师，作之亲”。领导人同时是老师，也是父兄，对部属小小的错误，马马虎虎让他过去，充其量喊到房间里告诫他。在历史上看到的名臣，遇到部下犯了错误，当众不说，召到房间里，关起门来责备一顿。出了房门当主管的自己背了过，宣称是自己的错，不关那个部属的事。古代许多大臣都有这种器度，不是用手段，而是一种厚道的修养，这是爱人。

再次，要能够“举贤才”，就是提拔有才能的人。这里发生一个问题了，仲弓提出来问，他说有那么多部下，怎么知道哪一个是人才？人才的选拔不易，在历史上经常看到有人“拔于稠人之中”。这句话的意思是说，有很多人才，当他没有机会表现的时候，永远默默无闻而埋没终生。譬如带一师的部队，这一师人当中，一定有人才，但却没有办法发现。有了发现，就在稠人之中——在很多人之中把他提拔起来，给他机会，随时培养出来。历史上许多前辈提拔后辈，都是这样。

但贤才到底是难得，所以仲弓就说，无法知道谁是贤才，怎样去分别呢？孔子说，你可以就你所看到的、所知道的去选。如果你并不知道，那就是他没有表现的机会，只好等待别人去发掘了。所谓：“博施济众，尧舜犹病诸！”

【本经】

子路曰：“卫君待子而为政，子将奚先？”子曰：“必也正名乎！”子路曰：“有是哉？子之迂也。奚其正？”子曰：“野哉，由也！君子于其所不知，盖阙如也。名不正，则言不顺；言不顺，则事不成；事不成，则礼乐不兴；礼乐不兴，则刑罚不中；刑罚不中，则民无所措手足。故君子名之必可言也，言之必可行也。君子于其言，无所苟而已矣！”

【注释】

正名：就是指确定思想观念，包括纠正礼乐文化上思想观念混乱不正的现象。

【译文】

子路说：“假使卫君准备让您去主持政事，您打算先做什么呢？”

孔子说：“假定有这个事，那一定是要先正名！”

子路说：“正名有这样重要吗？老师，您这真是迂腐啊！为什么要正名呢？”

孔子说：“仲由，你真是太简单粗野啦！一个求学问的君子，对一件事情，懂就是懂，不懂不要勉强说懂，宁可保留这个缺陷。如果名不正，名与事实不相符，道理上就说不过去。如果道理上说不过去，事情就不会真正成功。做普通的事尚且如此，何况是作为君子所推行的国家礼乐教化之事。对于一个国家来说，如果不确定自己的文化中心和思想观念，那么思想路线和理论就不通顺；思想路线和理论不通顺，就不能成就继往开来的事业；不能成就继往开来的事业，那么礼乐文化就不能兴起；礼乐文化不能兴起，法治没有正确的思想精神基础，那么刑罚也就不会得当；刑罚不得当，老百姓就无所适从了，这就是社会的大问题。因此，弘扬中国传统文化思想，是有理论并讲求实践的，不是空洞的，而且理论在日常生活实践中也都是可以做到的。传统文化的中心思想和理论路线，是非常严谨合理的，不是可有可无的，是不可以随意马虎的呀！”

【别裁大义】

孔子要正什么名

有一天，子路和孔子在讨论一个为政的问题。孔子周游列国都很失意，比较好的是在卫国那些年，而且卫灵公对他也的确很重视。所以看孔子的传记，当时许多地方使大家怀疑，有人以为孔子可能在卫国要当宰相；有的怀疑孔子想把卫国的政权整个拿过来。这段讨论的背景就可以反映出当时的情况。子路有一天问道，看卫灵公的样子，非常重视老师，假使他希望你出来从政，有意把政权交给你，“子将奚先？”（我们要注意这个“将”字，表示当然不会成为事实，假设语气）老师你看为政之道，第一步是什么？第一个重点先开始做什么？孔子说，假定有这个事，第一件事是正名。子路说：“有是哉？”这是非常怀疑的口气，意思是说，正名有这样重要吗？因为正名是一个非常抽象的东西，所以子路不相信。并且说，老师，人家说你是个迂夫子，你真是迂啊！名正不正有什么关系呢？

现在我们注意，先讨论这个“名”。中国文化中过去的名，包括了些什么呢？我们都知道后世有一门学问叫“名学”，就是逻辑、思想的研究。严格讲，正名就是指确定思想的观念。以现代的语汇来说，“文化思想的中心”即为正名的重点。也可以说，在逻辑思想上分别得清清楚楚，就叫作正名。

现在“正名”的意义懂了，再说本文。孔子说，如果要谈为政，先要把思想领导清楚。把文化思想的路线作正确的领导，非常重要。子路一听，认为文化思想是空洞的东西，这个何必管它呢？孔子就骂他说，你这个家伙，真是野蛮、胡扯。一个真有学问的君子，对一件事情不了解，不要乱下断语。知之为知之，不知为不知，懂就是懂，不懂不要勉强说懂，就告诉人家我不懂，这才是君子的风度与修养。“盖阙如也”，宁可保留这个缺陷，对人说这一门我不懂，没有研究。孔子教子路这一点做人的道理后，继续告诉他“必也正名”的道理，一气呵成地说明了中心思想的重要性。

政治的重心，“名不正，则言不顺”。言包括了文字及理论。在理论上讲不过去的事，就是不合理的事，一定不会成功的。有时我们读历史，看政治的演变，都离不了“名正言顺”的原则。“事不成则礼乐不兴”，没有文化的政权，就没有文化的社会，那么立法的制度就建立不好，法治没有良好的基础，一般老百姓就无所适从了。所以领导的重点，还是思想的领导、文化的领导。这在表面上看起来并不重要，其实影响非常深远。

说到这里，我们若以思想问题来讲，人类的全部历史，可以说就是一部思想战争史。一直到今天这个阶段，站在哲学的立场来看，全世界人类文化的思想，正陷落在瘫痪状态，空虚贫乏。讲好听点是物质文明在发达；讲难听点是物质的欲望在扩张，蒙蔽了人类的智慧。也许目前感觉不到，再过十年、二十年就可以感到的。因此我们现在对于自己的文化复兴，要作承先启后融贯中西的工作，这是刻不容缓的重大使命。从事文化工作的人，要晓得自己这神圣而艰巨的责任。是谁给的责任？是自己要自己挑的，挑起继往开来的重任，才能搞思想。如果以现实的环境来看，搞思想的人常是穷苦一生，默默无闻。但每个历史的演变，都要受这种潦倒一生的人思想的影响。在他本人死后，领导了世界人类。以个人的现实生活来讲，搞思想、搞文化的穷苦一生，对他有什么用？可是他精神生命的价值就是如此伟大和长远！这就看个人的认识，自己选择要走什么路。

现在引申孔子提到的“正名”问题与思想文化的重要性，如果到了“民无所措手足”的状况，一般人无所适从，不晓得走哪条路好，那问题就大了。我们不要忽略了这个问题。有些事看来毫不相干，但影响的后果非常大，这就叫作文化思想了。文化思想看来毫不相干，但形成时代潮流，对国家命运的影响非常大。我们甚至可以说文化思想左右了历史，所以在政治哲学的观点上就更要注意了。一个政治领导人，对于许多看起来毫不相干的事情，譬如路上丢一个香烟头，是毫不相干的，但你丢一个，他丢一个，人人都丢一个，就形成了都市污染，积微成渐，不相干的事成了大问题。就是孔子讲的，名不正，思想就不纯正，“则民无所措手足”。这个时代，老百姓不知哪个思想是对的。

所以孔子的结论：“故君子名之必可言也。”这个“名”字包括了思想文化的内涵。同时由此可见，思想文化在政治哲学中的重要性。而且我们真正的传统思想，事无不可对人言。在理论上、逻辑上绝对站得住，不是空洞的理论，一定可以做得到的。现在思想的风气，都是讲“应用”的思想，不是基本的哲学思想。因此人心愈乱，民风日下。

孔子所以说为政的道理，首先是思想文化的问题。我们传统文化中对于思想文化和言语行为的原则，就是讲究实践的，说得到一定做得到，而且很容易平实地做到。这就是中国政治哲学最高的原则：不谈虚无高深的理论，要平实可行。总之，孔子告诉我们：思想是最重要的，这个思想就归于“正名”的内涵，缩小范围，就是名称与观念的重要。所以我们平常做宣传的人，用一句标语，一句小标题，也必须要经过仔细研究，搞错了，也可说就是“正名”的偏差。

下面大体讲做人的道理。

【本经】

樊迟请学稼，子曰：“吾不如老农。”请学为圃，曰：“吾不如老圃。”樊迟出。子曰：“小人哉，樊须也！上好礼，则民莫敢不敬；上好义，则民莫敢不服；上好信，则民莫敢不用情。夫如是，则四方之民，襁负其子而至矣。焉用稼？”

【注释】

小人哉：这里的“小人”，不是褒贬之辞，是指种五谷、治园圃种菜蔬而言，这些都是老农和老圃的农技之事。

【译文】

樊迟向孔子请教如何种庄稼，孔子说：“这方面，我不如老农有经验。”樊迟又请教如何种菜种花，孔子说：“这方面，我不如老圃有经验。”

樊迟退出去了以后，孔子就对学生们说：“樊迟呀！他问的这些问题都是普通的农业技术问题。其实，这些技术是很容易学会的。作为从政的领导，如果他本身能做到诚敬好礼，下面就自然会敬业乐群了；作为从政的领导，如果他能做到仁义，下面的群众就没有不心悦诚服的；作为从政的领导，如果他能做到诚信，下面就会真诚爱戴的。果真能做到这些的话，人心归向，贤才汇集，百姓就会携家带眷跟随而来。作为一个从政的领导，他的作用怎么能是只在学耕稼的问题上呢？”

【别裁大义】

问舍求田

樊迟有一次向孔子请教农业的技术问题，稻子要怎样才能种得好。孔子说，那你不要问我，不如去问有种田经验的老农。樊迟又问如何种菜种花。孔子说，这些事你问我，我不是不懂，但只懂一点，不如去问老经验的种菜、种花的人。樊迟退出去了以后，孔子就对学生们幽默地说，樊迟这个小子，竟来问我这些农业技术问题。其实，我只教你们做人做事的大原则，并没有教种菜的技术。如果身居上位，做一个领导人，本身好礼、诚敬，下面就自然敬业乐群了。这点我们应当要注意，在任何地方，领导人的意向，有一点偏向于某一方面，不久之后，整个风气都会偏向某一方面。不但是坏的偏向会出毛病，好的偏向如果不善加引导，也会出问题。所以道家、儒家都讲无为而治，由此知道领导人的学养，是要很注意的。孔子现在是讲好的偏向，他说上面的人处处好礼，讲究文化思想，下面的人就诚敬严肃，成为风气了；上面的人如处处爱人，牺牲自己，帮助别人，那么下面的人心受上面的影响，当然人人都会服从你。尤其带兵，所谓“先之，劳之”，在艰难困苦中，先替下面的人想办法，只有一餐饭可吃，让大家先吃，有剩的自己再吃，不然自己就饿肚子。当然不能为了手段才如此做，要真诚地这样做，那么人民没有不心悦诚服的。“上好信”的信，不但指有信用，讲了的话兑现，还包括了信人、信己，要做到疑人不用，用人不疑。那么下面对你就没有不付出真感情的。人能做到这一点，人心归向，贤才毕集，百姓感戴，携家带眷，前来依附，还怕没有人来替你种田吗？

但话说回来，后世儒家的知识分子，因此都不肯自力谋生，只想做领导人——做官的毒素也种因于这种思想流弊了。实因误解孔子的教学生主旨所致。

【本经】

子曰：“诵《诗》三百，授之以政，不达；使于四方，不能专对；虽多，亦奚以为？”

【译文】

孔子说：“熟读了《诗经》三百篇，交给他政务处理，却不能通达；派他出使历练，又不能独自随机应对，达成使命；像这样学识和才具不配合，即使诗书读得再多，又有什么用处呢？”

【别裁大义】

孔子说，学识的修养基本，要先读诗。并不是要政治家成为一个诗人，因为春秋战国以上的文化思想，直到孔子删诗书、定礼乐时代的《诗经》，可以说是包括了一切知识的通才之学，所谓虫鱼鸟兽的名称，以及人情风土的知识，由诗的内涵中都可以了解。培养一个政治人才，必须先使他有充分学识，成为通才，样样都会。在古代知识范围，比现在简单。读诗读得好，学识渊博，不一定做事做得好。所以读诗以后，要授之以政、给予经验了。

如果所学与行政配合不起来，不能得心应手，不能通情达理，那就要外放出去，使于四方，各处去多经验、多历练。这就和后来司马迁“读万卷书，行万里路”的道理一样，经验不够，就使于四方，到处去增加人生的经历，然后再回来考察他，如果处理事情还是不能专精、深入，那么再培养、训练也没有用。这种人才，只能成为书呆子，从唐代以后，多半是打入翰林院。明清两代，进士出身进翰林院的有很多，进了翰林院，就是进入研究院去研究研究，有很高的名望，很高的待遇，可是难得外放做官。在过去有许多人一辈子都待在翰林院里，如果经翰林院出身，而能再从事地方行政的，我们从清朝两百多年的史实来看，多半成为双料大员，纵不能成为国家了不起的能臣，至少也不太错。看看清朝翰林院的制度，是非常妙的，仅仅书读得好的人，就只好翰他一笔在此林中了。所以孔子说，书读好了的人，从政经验不够，就派他到外面多经历人情世故。回来还不能深入，就不是从政的大才，书读得再多也没有用。由此可见人的才具与学识，不一定能够完全配合得起来。

【本经】

子曰：“其身正，不令而行。其身不正，虽令不从。”

【注释】

身正：指自己本身为人正派，做事恰当，品行端正。“正”字包括的意义很多，如思想的纯正、行为的中正等。

【译文】

孔子说：“作为领导人，如果本身品行端正，即使不用法令约束，风气也自然会跟着转化；如果本身不正，风气就会变坏，即使有严厉的法令约束，人们也不会真心服从。”

【别裁大义】

孔子讲到为政的道理，始终认为个人的修养非常重要，任何一种制度，到底还是人为的。领导人本身端正，就是一个良好政治的开端，用不着严厉的法令，社会风气自然会随着转化而归于端正。如果本身不正，仅以下达命令来要求别人，结果是没有用的。

【本经】

子曰：“鲁、卫之政，兄弟也。”

【译文】

孔子说：“周代封建当初，鲁国是周公的封国，卫国是康叔的封国，周公和康叔是亲兄弟，这两个国家的文化和政治亦如兄弟一样。”

【别裁大义】

这是孔子对当时历史文化的一个批判。他生长在鲁国，也继承了鲁国的文化，鲁国文化要保存周朝文化和周公流风遗政的精神。后来孔子多半在卫国，在卫国住得比较久。由卫国回来以后，才正式从事著作，删诗书，定礼乐。他认为卫国的文化、政治，基本上还是不错的，还能始终保存着周代封建当初的“兄弟之邦”的精神。孔子这句话是感叹，也是赞美。总之，言下之意，颇多感慨！

【本经】

子谓卫公子荆：“善居室。始有，曰：‘苟合矣。’少有，曰：‘苟完矣。’富有，曰：‘苟美矣。’”

【译文】

孔子谈到卫国公子荆时说：“他对生活知足常乐。譬如他修缮自己的家室住房，开始有一个可以住的地方时，他便说：‘能住就好啊！’后来有了积蓄，需要再修缮好一点时，他又说：‘这已经够好了！’当他条件富裕，需要再扩大时，他又说：‘这已经是尽善尽美了！’”

【别裁大义】

斗屋升基之争

孔子在卫国看到一位世家公子，并不是近代语所谓的公子哥儿。古代的公子是世袭的，大体上都由长子继承。除非这个家族犯了罪，否则是代代相传下去的。例如孟尝君、信陵君、平原君等，这些都是公子。他在卫国看到一个世家公子名字叫荆，这个人对于生活的态度，包括他的思想观念和修养，都很值得推崇。譬如在修缮房屋这件事上来说，刚刚开始有一点可住时，他便说，将就可以住了，不必要求过高吧！好比有一幢配给的房子，虽然小了点，人口多住不下来，将就在走廊前加一小间，马马虎虎够了就好。后来又扩大一点，修好一点，他就说，已经相当完备了，比以前好多了，不必再奢求了！等于原来配的房子只有十二个榻榻米，现在改了第一期的国民住宅，好了一点。他说好了，已经很受用了。后来又扩充一点，他又说，够了！够了！太好了。

孔子讲这件事，在我们初看起来，没有什么了不起。岂但卫公子做得到，我们大家都做得到。所以有时候读《论语》，觉得把这些话都记载进去，好像圣人的经典，并没有什么了不起。这就是读书要与生活经验，以及年龄的增长相互配合。我们要知道，古代一个世家公子，可不那么简单。所谓“由俭入奢易，由奢入俭难”，一个穷小子出身，渐渐环境好了，自然会奢侈起来，这种习惯容易养成；用惯了以后，一旦穷了，再想要俭省，就困难了。

所以孔子提出卫公子荆的这个观念，是非常有道理的。我们的“四书五经”，教年轻人去读，在他们看来是一件痛苦的事，实在难懂，像这些必须要配合人生的经验去体会。如果在学校里教这些书，仅从文字上讲解，学生听了自然会反感的。这也实在难怪学生，只好责怪“人生”了。

其次说到盖房子，讲几个故事：

第一个讲到郭子仪：唐明皇时候，安禄山作乱，唐室将垮的政权，等于他一个人打回来的。在历史上，唐代将军能富贵寿考的，只有郭子仪一个人。他退休以后，皇帝赐他一个汾阳王府。在兴工建筑的时候，他闲来无事，拄一支手杖，到工地上去监工。吩咐一个正在砌墙的泥工说，墙基要筑得坚固。这名泥水匠对郭子仪说，请王爷放心，我家祖孙三代在长安，都是做泥水匠的，不知盖了多少府第，可是只见过房屋换主人，还未见过哪栋房屋倒塌了的。郭子仪听了他这番话，拄着杖走了，再也不去监工。这个泥水匠讲的，是祖孙三代的实际经验，而郭子仪听了以后，就想透了人生的一个道理，不是消沉，而是更通达了。

第二个故事，唐末杨玢在尚书任内，快要告老退休的时候，他在故乡的旧屋地产，有些被邻居侵占了。于是他的家人们要去告状打官司，把拟好的起诉书送给他看。杨玢看了，便在后面批说：“四邻侵我我从伊，毕竟须思未有时。试上含元殿基望，秋风秋草正离离。”他的家人看了就不去告状了。

第三个故事，和杨玢的类似，据说出在清代康熙、雍正间的桐城人张廷玉。他是清代入关后，父子入阁拜相的汉人。据桐城朋友说，桐城有一条巷子名为“六尺巷”。张廷玉当年在家乡盖相府时，邻居与他家争三尺地，官司打到县衙里，张家总管便立刻把这件事写信到京里报告相爷，希望写封信给县令关照一下。张廷玉看后，在原信上批了一首诗寄回来，这首诗说：“千里求书为道墙，让他三尺又何妨？长城万里今犹在，不见当年秦始皇。”张家的总管于是立即吩咐让了三尺地出来，那个邻居看到张家居然退让了三尺，他也让了三尺出来，于是留下了六尺空地，成为人人都能通行的一条巷道。

从这几个故事中，我们就可了解孔子之所以讲到一个世家公子的生活，能够修养到“知足常乐”，只求温饱，实在是很难得的。像这样修养的人，如果从政，就不会受外界环境的诱惑了。

刚才提到郭子仪的起建汾阳王府，我们再看看唐人的两首诗：

> 门前不改旧山河，破虏曾轻马伏波。
> 今日独经歌舞地，古槐疏冷夕阳多。
>
> ——赵嘏《经汾阳旧宅》
>
> 汾阳旧宅今为寺，犹有当年歌舞楼。
> 四十年来车马绝，古槐深巷暮蝉愁。
>
> ——张籍《法雄寺东楼》

上面两首诗的词句都很简单，但包含的意味却发人深省；比起“长城万里今犹在，不见当年秦始皇”，如何？

【本经】

子适卫，冉有仆。子曰：“庶矣哉！”冉有曰：“既庶矣，又何加焉？”曰：“富之。”曰：“既富矣，又何加焉？”曰：“教之。”

【注释】

适：动词，到，往。

仆：动词，驾车。

庶（shù）：众多。意谓人多繁荣。

【译文】

有一次孔子到卫国去，冉有随从驾车。到了卫国，孔子说“好繁荣啊！”冉有就问：“已经繁荣了，再进一步该怎样做？”孔子说：“要使国民经济基础稳固，人民富有。”冉有又问：“如果人民富有了，那么再进一步又该做什么呢？”孔子说：“那就应该是文化教育了。如果只是繁荣和富有，而文化教育没有跟上，那么这个社会就会堕落和沉沦啦！”

【别裁大义】

政治、经济、文化

有一次孔子又到卫国去，他的学生冉有跟着去服务，到了卫国一看，政治很清明，社会进步了，繁荣起来了。于是孔子说，好呀！好繁荣呀！冉有就问，像这样繁荣了，再进一步该怎样做？孔子说，使社会繁荣，是为政的原则。繁荣了还不算，还要使国民经济基础稳固，人人富有。冉有又问，社会繁荣了，国民收入也提高了，那么再进一步又该做什么呢？孔子说，那就是文化与教育了。仅是繁荣了，如不加上文化教育，这个社会，这个国家民族，会堕落、沉沦的，这是很严重的。繁荣、富有、文化教育，是政治发展的三阶段。

【本经】

子曰：“苟有用我者，期月而已可也，三年有成。”

【译文】

孔子说：“如果照我的政治理想去做，一年时间就可以见到变化，三年时间就会见出成果。”

【别裁大义】

这是孔子平常的感叹。他感叹自己的政治理想不能实行。孔子在这里说，假定真正有人相信我，“期月而已可也”，期月就差不多了。如果照我的政治理想去做，三年的时间，这个国家就有大成果，可以变成一个富强康乐的国家。

【本经】

子曰：“‘善人为邦百年，亦可以胜残去杀矣。’诚哉是言也！”

【注释】

善人：孔子祖述王道遗制的精神，保留兼备师儒为一的教化，作为后世的准则。所以这里的“善人”是指治理国家的人，具有中国传统文化师儒之道精神的人，有道德，有学问，既有经世济民之能，又有安邦定国之才。

【译文】

孔子说：“王道政治要经过上百年几代人的努力，国家社会的文化风气才能真正形成。‘善人治理国家百年，才可以化去残暴，除去杀伐。’这两句话的确说得有道理啊！”

【别裁大义】

看这一节书，首先要了解，孔子是引用古人的话。其中“善人为邦百年，亦可以胜残去杀矣”这两句话，是孔子以前的古人说的，只有下面一句“诚哉是言也”是孔子自己的话，也就是孔子对于古人那两句话的感想、评语。以现在的话来解释，孔子说，这两句话的确说得不错，真有道理！

这一节书是连接上面政治发展的三个阶段：繁荣、富强、文化教育的振兴一直下来的。讲到繁荣与富强，我们想到现代的情况，像全世界都在谈发展观光，观光就是社会繁荣的前奏。现在是这样，过去历史也是这样。所谓观光，不免要连带有许多对社会风气不好的事，中国如此，世界各国也如此。

管子的政治道理说："仓廪实而知礼节，衣食足而知荣辱。"可见，为政最后是文化教育，真正的文化教育。古代中国政治，为王道的道德政治；后来讲事功，是来自霸道的思想，不是王道。王道政治的代表，在三代以下是周朝。经过好几百年祖孙几代的努力，它的文化风气才养成。所以周朝的政权，在中国历史上，就有那么久远，乃至变成中国文化的渊源。这就是所谓"善人为邦百年"，急进是不行的。一个理想的政治风气，最后孕育成一股文化的力量，不是简单的。但这种不以事功取胜，必以道德为先，才可胜残止杀，化解人们彼此斗争、仇恨、残杀的心理。但是一个社会、国家，要达到这个程度，必须有百年的教育、百年的文化，不可能在短时间内完成，要经过三四世（一世三十年）才行。孔子年纪大了以后，有了丰富的经验，所以这两句，说得非常切实。换句话说，文化历史的成果，不是一下子做得到的，起码要百把年，好几代才能做到。所以急求事功，往往没有好的结果。因此接下来：

【本经】

子曰："如有王者，必世而后仁。"

【译文】

孔子说："即使有一个能实行王道的人来治理天下，但要亲眼看见成功，也是很难做到的，必须要加以时间的培养，经过隔世的努力，使人民身心安定，才能真正显现仁政的道理。"

【别裁大义】

仁德须加累积成

对于王道仁政的推行，孔子在这里，再作一个原则性的定论。他说要实行王道的仁政，亲眼看见成功，是很难做得到的。必须要加以时间的培养，经过隔世或隔代的努力；有了安定的社会基础，有了根深蒂固的文化教育，然后才能“世而后仁”。我们看历史，先不管王道不王道，每一个朝代真正的安定，都要开国以来百把年的根基才行。从近代史来说，就看清朝一代，他们由孤儿寡妇带了三百万人入关，统治了四万万人，经过康熙、雍正、乾隆三朝百把年来的努力，才开始有真正的安定。可是在乾隆的末期就又开始变了，马上又走下坡。再回溯上去看明代、宋代、唐代，甚至汉代，都是如此。每个朝代开始，社会在大变乱之后，真正过安定生活，走上轨道，大体上都要百年的时间。当然恢复很容易，长治久安比较难。

我们要注意“必世而后仁”这句话，它说明了经过一世才能行其仁政的道理。例如一个家庭，为了培养一个孩子，希望后代优秀，也要“必世而后仁”。培养自己的孩子，希望自己的儿女有所成，还不大可靠；儿女如果照你的教育，再教育下去，到孙子这一代，才有希望。相反的“世而后败”，试看社会上富豪之家，也几乎没有超过三代的殊荣。做父母的很辛苦，白手成家；第二代做儿子的虽然不太过分，总比老子会花钱；到孙子一代出手可大了，完全是纨绔子弟的作风，甚至有些马上败掉了；因此又轮到第四代曾孙在闹穷。穷了又再俭省成家，如此循环往复，永远像一个轮子在转。

所以说作为新一代年轻人，再好也有问题存在；主要的，他们在此时此地长大，安安定定，由小学读到大学，父兄尽管穷，他们的学费和零用钱总有得用的，他们哪里真能晓得世事艰难？所以说要在痛苦的环境中施予教育，必要时置之死地而后生，他才能真正知道人生、社会、国家、民族的重要，将来也许他会有远大的成就。由此理扩而充之，讲到国家天下，使它合于王道仁政的原则，“必世而后仁”，这是不易的定论。

【本经】

子曰：“苟正其身矣，于从政乎何有？不能正其身，如正人何？”

【译文】

孔子说：“假使让自己的品行端正了，那么处理政事又有什么困难呢？假如不能使自己品行端正，那又如何能正人呢？”

【别裁大义】

正己而后正人

这是中国政治思想重点所在，也是孔子所说名言——“政者正也”的引申，主要是要求于领导人的。我们都知道中国文化中有一句“《春秋》责备贤者”的惯用语。这是说明孔子作《春秋》的主要宗旨，是因为时代的衰颓，社会风气的败坏，尽他对历史的责任。他并不苛责一般人，因一般人大都是盲从的、听命的；他责备的是领导者，当权者，或者有道德学问而负这种责任的贤者。倘使这些人搞错了方向，会导致历史的重大罪过，因此《春秋》以中正责备贤者。《论语》中这里的观念也是如此，解释为政的道理在于先求自正，后来曾子《大学》的正心诚意等一系列思想，也是孔子这一观念的引申、演绎。到了唐代，真德秀著《大学衍义》《心经》（儒家的心经）、《政经》等书，就是强调这个重心给帝王和领导者看的，所以唐代以后，用《大学》《中庸》的正心诚意思想，作为领导人必然的修养，也是根据孔子这里的思想。

这里在文字上的解释很简单，政就是正，“苟正其身矣，于从政乎何有”，这句话译成现在的白话文就是：假如本身公正，去从政，不必讲，当然是好的。“不能正其身，如正人何”，政者正也，要正己才能正人。假使自己不能端正作榜样，那怎么可以辅正别人呢？

【本经】

冉子退朝，子曰：“何晏也？”对曰：“有政。”子曰：“其事也，如有政，虽不吾以，吾其与闻之！”

【译文】

有一天，冉有退朝回来。孔子问道：“怎么回来这么晚呢？”冉有回答说：“因为有政事要商讨。”孔子说：“是季氏的家事吧？如果有国家政事的话，即使与我无关，我也会听说的。”

【别裁大义】

这一段记载很妙，也是孔子的幽默处。孔子的学生冉有，当时在鲁国的权臣季家做事，职位很重要。在鲁国的历史上，季家当时很糟糕，想争夺政权，不臣的迹象都显露出来了。在上论《八佾篇》中就曾记载，季氏旅于泰山，孔子曾找冉有，问他能不能想办法救季家，纠正他的思想。冉有说不能，可是冉有还在季家做事，有一天冉有退朝后，见到了孔子。

说到这里，说到退朝，宕开一笔说说古代的临朝听政制度。在古代，皇帝都是早朝，非常辛苦。就以清朝的皇帝而论，承继中国五千年文化的正面，专权到了极点，事无巨细都要过问，以致皇帝从来不能睡得舒服。凌晨四五点钟就要起床，如果贪睡起不来，就有一个老太监跪下来叫；如果叫不起来，就由另一太监，打一铜盆热水，绞一条热热的面巾，覆到仍在睡梦中的皇帝脸上，替他擦一把脸，硬把他拖起来，替他穿上龙袍，拉着去主持早朝。吃饭也没有人陪，孤家寡人一个人吃。清代先祖的法制：不能由皇后陪，最多下命令找一个喜欢的妃子陪他吃。人到了这个地步，权力固然可爱，可是有许多事情就没有味道了。我们顺便讲到这些，是要大家了解早朝制度。

闲话一句

几千年来，一切国家大事，都决定在早上，乃至个人的处理政事也是如此。如曾国藩当年理政，就不大开会，而是找部属们一起吃早饭。有一个人不到齐，他就不动筷子，利用吃早饭的时间，讨论了事情。所以对于过去的早朝和现在的会议，我们可以好好对比研究一下。

这里是说，一天冉有退朝回来，孔子问他为什么今天回来这么迟？冉有告诉孔子，因为有政务需要商量。孔子说，我清楚得很，看起来好像是国家的大事，虽然我没有参加，不过就好像亲自听见一样。孔子这个话非常幽默，想来，他说此话时，一定作了一个幽默的微笑，等于打冉有一棒。

【本经】

定公问："一言而可以兴邦，有诸？"孔子对曰："言不可以若是其几也！人之言曰：'为君难，为臣不易。'如知为君之难也，不几乎一言而兴邦乎？"曰："一言而丧邦，有诸？"孔子对曰："言不可以若是其几也！人之言曰：'予无乐乎为君，唯其言而莫予违也。'如其善而莫之违也，不亦善乎？如不善而莫之违也，不几乎一言而丧邦乎？"

【译文】

鲁定公问孔子说："一句话就可以使国家兴盛，有这样的事吗？"

孔子回答说："这话可不这么简单！有人说：'为君难，为臣不易。'如果知道做君主的艰难，自然就会认真谨慎地做事，那不近乎于一句话就可以使国家兴盛了吗？”

定公又问：“一句话就可以丧失国家，有这样的事吗？”

孔子回答说：“这话可不这么简单！有人说：‘做国君并没有乐趣，只是谁都不能违抗我说的话，我完全可以随意做事。’如果说的话正确没人违背，不也算是很好吗？如果说的话是错误的，却也没有人违背，这不近乎于一句话就可以丧失国家吗？”

【别裁大义】

一天，鲁定公问孔子，他说一般人都说，不要随便说话，尤其是从政的人，在上面领导的人，只要一句话，就可以“兴邦”，有这个道理吗？孔子说，话并不是那样说法。“一言而可以兴邦”，这句话是一个原则，譬如说有一句一般人都知道的话“为君难，为臣不易”，这不就是一句话吗！做领导人困难，做干部也不容易。

这也就是孔子的机会教育，他对自己的国君，不好意思直接教训。可是趁这个机会，举出这句话来做例子，无形中教育了他。鲁定公本人就是领导人，所以他说假使一个人懂了“为君难，为臣不易”这句话，就可以兴邦了，事业前途无量了。这段文字很简单，如以历史的事实来讲，一言可以兴邦的史实很多，试举两个例子：

一个例子是唐太宗与侍臣那场著名的讨论：创业与守成孰难。点明的就是这个道理，不但国家天下事如此，个人也是如此。一个人由贫穷而变成富有，是创业难，至于子孙的守成，又是一个大问题。究竟哪一个难？在中国古代政治思想上，素来认为两皆不易。另一个例子，是《淮南子·厚道训》记载的春秋战国时，卫国的蘧伯玉“年五十而知四十九年非”。人由于年龄的增加，经验的累积，回过头一看，才发现过去的错误。这些都是“一言兴邦”的实例。

引申到下面的“一言丧邦”，一句话而亡国的，又可以举很多例子了。历史上楚汉之争，刘邦的长处，是听从别人的话，他之所以成功，是对于别人的好意见马上接受。如果我们研究历史上一些成功和失败人物的性格，会发现很有趣的对比。有些人的性格是喜欢接受别人更好的意见；不过，能立刻改变、马上收回自己的意见，改用别人更好意见的人太少。刘邦是这少数人中的一个。而项羽对于自己的主意就绝对不会改变，绝对不接受别人的意见。对于这一点，在个人修养上是要注意的，尤其作为一个单位主管，往往容易犯一种心理上的毛病，明明知道别人的意见更对、更高明，可是为了“面子”，为了“下不了台”而不接受。这种心理，大而言之是修养不够，小而言之是个性问题，自己转不过弯来。我们不妨看看项羽在历史上一个重要的决定：当项羽打到咸阳的时候，有人（据《楚汉春秋》的记载是蔡生，而《汉书》的记载是韩生）对他说：“关中险阻，山河四塞，地肥饶，可都以霸。”劝他定都咸阳，天下就可大定。

关于这一点，我们中国历史上曾有很多研究，国都应该定在哪里？历代都有讨论。宋元以前，首都多半在陕西的长安，宋代因为国势非常弱，定都汴梁。当时也曾有人认为洛阳是四战之地，不宜为首都。往下元、明、清八百多年来，首都则在北京；民国成立以后，对于定都的争议，当时也有许多主张。一派主张定都北京，一派主张定都南京，还有人主张定都到咸阳；又有人主张定都北京或南京都可以，但是应该在长安、武汉等地设四个陪都。这一派人看到了将来国家的大势，要与国际的局势相配合的。一个国家究竟定都在哪里，政治、军事、经济、外交各方面的配合都很重要，这是一个大问题。我们现在为了配合将来时代，预为国家的大计研究，这些历史，乃至于近代史、国际现势，都要研究。这是题外闲话了。

风头主义的英雄

我们再回来讲，项羽对这个定都的建议不采用。他有一句答话很有趣，也是他的名言：“富贵不归故乡，如衣锦夜行，谁知之者？”就凭了这句话，他和汉高祖两人之间器度的差别，就完全表现出来了。项羽的胸襟，只在富贵以后，给江东故乡的人们看看他的威风，否则等于穿了漂亮的衣服，在晚上走路，给谁看？他这样的思想，岂不完蛋！所以项羽注定了是要失败的。而同样的事发生在刘邦的身上又是怎样呢？

刘邦大定天下以后，他自己的意思要定都在洛阳。但齐人娄敬去看他，问他定都洛阳，是不是想和周朝媲美。汉高祖说是呀！娄敬说，洛阳是天下的中心，有德者，在这里定都易于王；无德则易被攻击。周朝自后稷封邰（tái），到文王、武王，中间经过了十几世积德累善，所以可在这里定都。现在你的天下是用武力打出来的，战后余灾，疮痍满目，情形完全两样，怎么可与周朝相比？不如定都关中。娄敬的话当然有一番理由，张良也同意，刘邦立即收回自己的意见，采纳娄敬的建议，并赏给其五百斤黄金，封他的官，赐姓刘。

以这一件强烈对比的史实，清代嘉道年间，有个与龚定庵齐名的文人王昙，写了四首悼项羽的名诗，其中有一首还说道：“秦人天下楚人弓，枉把头颅赠马童。天意何曾袒刘季，大王失计恋江东。早摧函谷称西帝，何必鸿门杀沛公？徒纵咸阳三月火，让他娄敬说关中。”这是王昙悼项羽有名的四首诗之一。“秦人天下楚人弓”，典故出在春秋战国时，楚王的一张宝弓遗失了的时候，人家向他报告，这位皇帝说：“楚人失弓，楚人得之。”意思是说皇家保存与百姓拿到，都是一样，不要太追究。王昙引用这个典故，说秦始皇死了以后，中国人的天下，凡是中国人都可以出来统治。“枉把头颅赠马童”，指项羽在垓下最后一仗，被汉军将领四面围困的时候，他回头看见追杀他的，正是他一个投降了刘邦的老部下，名叫马童。马童见他回头，侧过脸去。项羽说，你不要怕，你不是我的故人马童吗？听说刘邦下令，凡得我头颅的可赏千金、封万户侯。你既是我的故人，就把这颗头送给你。于是项羽自刎了，这也就是项羽的气魄。“天意何曾袒刘季”，刘季是刘邦的名字，这是说项羽“非战之罪，天亡项羽”那句话的错误，而项羽的错在哪里呢？“大王失计恋江东。早摧函谷称西帝，何必鸿门杀沛公？徒纵咸阳三月火，让他娄敬说关中”。这就是项羽失败的关键。

这里再插一段闲话。说到历史很妙，大家都知道秦始皇烧书，对中国文化来说是一个大罪行。但是他的罪过，也只能负责一半。因为秦始皇不准民间有书看，把全国的书籍集中起来了，放在咸阳宫，后来项羽放一把火烧咸阳宫，这把火连续不断地烧了三个月，有多少书籍、多少国家的财富，由他这把火烧掉了。所以严格说来，中国文化根基的中断，这位项老兄负有很大的责任。但后世却把这一责任，全往前面秦始皇的身上推了。至于项羽的责任，由于对失败英雄的同情，就少提了。

我们由“一言而可以兴邦”的思想见解，所以又牵引出许多闲话。现在我们的国家，东方的国家，全世界的国家，都受了美国一句话的害，也就是一个政策的害。美国的什么政策？世界上史无前例的所谓“不准打胜利的仗，打有限度的仗”。我们这一代的历史，大家对这句话并没有什么很显著的感觉，正是“不识庐山真面目，只缘身在此山中”。我们都在这个时代中，就没有感觉到，假使我们退后一百年，或超前一百年来看这段历史，看看美国人这一政策的结果，害死了多少人？破坏了多少国家？这个想做世界盟主的决策有多么滑稽！多么悲惨！“一言丧邦，一言兴邦”就是这个道理。我们由历史上的故事，比类引申体会，必定更为亲切。同时，我们身为现代人，再由现代丑陋的一面去看看，更可了解这道理。

下面也是一样，鲁定公问，有人说一句话就可以亡国，有没有这种事？孔子说，这个也一样的，不是如此随便解释就可以的。接着下面孔子讲的这句话就很妙了，他说有人说，我并不乐意做君主，只是为了言出法随，谁都不能违背，可以完全依照我的意思，达到我的理想，这样才过瘾。孔子为什么对鲁定公说这个话呢？其实这情形也不止是鲁定公一人犯的错误，一般人都有他同样的毛病。试想为什么人总喜欢抓权呢？因为有权力的人才能够随心所欲，才能够控制别人听自己的命令。所以归纳起来，孔子的意思是如果以这种心理来从政，那就错了。下面的人不反对，并不见得你个人的意见就是对的。问题在思想的本身，在于领导人的意见本身对与不对。如果意见是对的，应该绝对信仰，不能违抗；如果领导人的思想不对，而要人们一定都服从他，这就要丧邦了。“一言兴邦”与“一言丧邦”，连起来就是这个意思。

我们大概地举了过去的历史，以及我们自己在这个时代的风暴中，所亲身体会的经验，希望大家对这一节能有更深的体会。

【本经】

叶公问政。子曰:“近者悦，远者来。”

【译文】

叶公问为政之道。孔子说:“使近在国内的百姓高兴，使远在国外的百姓前来归附。”

【别裁大义】

画龙点睛

这里另外提到一个人叶公，他也是春秋时代的一个诸侯，用我们的口头语讲起来是一个小皇帝。历史上有名的故事“叶公好龙”，就是有关于他的典故。前面曾经提到过，此人在宫廷中墙上、梁上、柱上，到处画的、雕的都是龙。因之感动了真龙来，他却又吓死了。后人对于好讲道德，而真要他行德时又不干了；又如好交朋友，而朋友有困难时又不帮助了，这一类事情，便引用叶公的故事，说此人讲德道、好交友，如“叶公之好龙”。

春秋时，人口少，土地辽阔，很需要老百姓，所以孔子说，能够做到近者悦，远者来，就是最大的成功了。在领导人来说，跟随的人，不愿离开；在外面的人都想回来；别处的人都想来投效，这就成功了。相反的，在你身边的人想离开，在外面的人没有向心力，这就有问题。孔子这两句话，后世更引申到外交上。能够与邻近的国家相处得敦睦，而距离远的国家也愿意来交往，这就算做得很成功。

【本经】

子夏为莒父宰，问政。子曰："无欲速，无见小利；欲速则不达，见小利则大事不成。"

【译文】

子夏做了莒父这个地方的长官，他来请教政事。孔子说："为政就要高瞻远瞩，不可急功近利，更不可为了贪图眼前的小利，而损害后世子孙长远的利益。求快速，反而会事与愿违，达不到应有的目的；图小利，成就不了大事，则会影响百年大计。"

【别裁大义】

子夏一度在莒父做地方首长，他来见孔子问政，孔子告诉他做地方官的为政大原则。这就是前面提到过的，要有远大的眼光，百年大计。做一个地方首长，行政、建设等一切制度，要顾全到后果，为百年的大计，不要急功好利，不要想很快地就拿成果来表现。也不要为一些小利益花费太多心力，要顾全到整体大局。

接着，"欲速则不达，见小利则大事不成"两句名言，大家都懂得，不须多说了。

下面举的一个例子，是法治思想与法理的重点，同时也与社会的道德观念有关。

【本经】

叶公语孔子曰：“吾党有直躬者，其父攘羊，而子证之。”孔子曰：“吾党之直者异于是，父为子隐，子为父隐，直在其中矣！”

【注释】

语（yù）：对……说，告诉。

直躬：坦白直爽。

攘（rǎng）：偷窃。

隐：隐瞒，避讳，私下，忧患，痛苦，怜悯。

【译文】

叶公对孔子说：“我们那里有个人很正直，他的父亲偷了别人的羊，他便出来告发。”

孔子说：“我们那里正直的人在这点上跟你们的不同。如果儿子做错了事，父亲会为儿子忧虑，并替儿子有所隐瞒；如果父亲做错了事，儿子也会为父亲忧虑，并替父亲有所隐瞒。也许你会觉得这样不够诚实正直，而他们正直的道理自在其中了。”

【别裁大义】

叶公告诉孔子说，在我们家乡，老百姓的思想、性格都很直爽，不狡诈。一个父亲偷了别人的羊，他的儿子会挺身而出，做证人。我们这个社会风气有多好！叶公这个话，我们要注意。无论是研究法律的，研究社会制度的，研究政治的，尽管只看到这么几句话，要领会出，对于社会心理、政治心理、法律的最高法理、犯罪心理，都有关系。

孔子听了他这几句话，答复说，我们那边社会的情形，与你们这里就不同了。如果儿子做错事，当然父亲为了亲情，会为儿子隐瞒一点；父亲做错了事，儿子也当然会替父亲隐瞒一番，这是人情之常。也许你看来这样不够诚实，不够直爽，可是所谓直的道理也就自然在其中了。这就是中国后世所谓法律不外乎人情的意思。假如讲法治的道理，父亲偷了东西，儿子告密，并没有错，在法律的观点上看，是合理的行为。从人情上看，做心理研究，这一对父子之间，早就有问题存在了。人与人之间，不要说是父子，即使朋友之间，也不免有这一点感情。如果人没有这点感情，而认为一定要直接告发才是对的，这个问题很大。所以这一段，做深入的研究，就有很多道理可以贯串了。

接着转了一个气势，上面是谈为政有关的问题，下面则谈学问修养方面。

【本经】

樊迟问仁。子曰:“居处恭，执事敬，与人忠。虽之夷狄，不可弃也。”

【译文】

樊迟问仁。孔子说:“平常的言行态度诚恳恭敬；做事的态度恭敬严谨负责任；做人有自己的人格和中心思想，待人以忠，有智慧做到尽心尽力。恭、敬、忠，这三点为人之道，即使到了毫无文化的野蛮地区，也不可以舍弃，不管到哪里都一样重要。”

【别裁大义】

讲到这里我们要注意：孔子的整体思想都在谈仁，究竟对“仁”下的定义是什么？千余年来，对于孔子的仁，敢下一个定义的很少。《里仁》全篇讲仁，那都是讲仁的用、仁的行为。《颜渊》这一篇，孔子讲到仁，他下一个定义，“克己复礼”为仁，这是仁的体。颜渊再问方法，孔子告诉他，“非礼勿视，非礼勿听，非礼勿言，非礼勿动”，就是修养到仁的方法。

现在《论语》已讲了一半，如果明辨一下，孔子的“仁”究竟是什么？我的感想只可引佛学上一句话：“众盲摸象，各执一端。”从《论语》上所看到的孔子思想，都是讲仁的用。如勉强抓住其中某一点，就认为是仁的全体，就等于“众盲摸象，各执一端”。仁在孔子的思想中代表了很多，从形而上的本体，到形而下万事万物的用，都归到仁。

现在樊迟问仁，孔子讲的是对个人修养的仁，他说自己平常的言行恭敬而诚恳，做事尽心负责任，对长官、朋友、部下，对任何人无有不尽心的。恭、敬、忠，这三个要点具备了的人，即使到了毫无文化的野蛮地区，也是了不起的。这是仁的用，他希望学生们在内圣外王的修养上，都能做到这个重点。

【本经】

子贡问曰：“何如斯可谓之士矣？”子曰：“行己有耻，使于四方，不辱君命，可谓士矣。”曰：“敢问其次？”曰：“宗族称孝焉，乡党称弟焉。”曰：“敢问其次？”曰：“言必信，行必果，硁硁然，小人哉，抑亦可以为次矣。”曰：“今之从政者何如？”子曰：“噫！斗筲之人，何足算也？”

【注释】

辱：辱没，辜负。

弟：通“悌”，尊敬兄长。

硁（kēng）：敲打石头的声音。“硁硁然”，形容固执的样子。

斗筲之人：求俸禄的人。“斗”，古代量粮食的量器，容量单位。“筲”（shāo），古代的饭筐，能容五升。

【译文】

子贡问:“怎样才可以算是一个士呢?”孔子说:“有羞耻心,能严格约束自己的思想和言行;出使外交,能完成任务不辱使命。这就可以称得上是士了。”

子贡又问:“请问次一等的士该是怎样的呢?”孔子说:“宗族的人称他是孝子,邻里的人称他友爱兄弟、敬重尊长。”

子贡又说:“请问再次一等的士又该是怎样的呢?”孔子说:“说话讲诚信,做事善始善终有结果,这对于普通人来说已经是了不起了,这也可以称是再次一等的士了。”

子贡问:“现在执政的这些人怎样呢?”孔子说:“唉!那些都是求俸禄的人,哪还值得一提啊!”

【别裁大义】

是不是“士”

上面曾经讲过“士”的观念,从一般的习惯,认为古代所讲的“士”就是知识分子,这个话实际上很笼统。古代的士,必须内在的道德、外在的学识,两方面都很好,才能称作“士”。子贡这里请教孔子,怎么样才叫士。

孔子说,第一是“行己有耻”。“有耻”包括了很多意义,最基本的是自己的人格道德没有污点,这是对于自己的要求。我们每人几十年交来了许多朋友,其中的确有些人非常有耻,怕做错了事,怕难为情,自己没面子,不好意思。

真正爱好面子这一点心思,培养起来,就是最高的道德。

然后“使于四方”。“使于四方”,也可作社会关系来解释。强调一点来说,这里可以认为是偏重于外交。孔子有许多国民外交的工作,乃至代表政府的外交工作,都是子贡去做。所以狭义来说,做外交要“行己有耻”,是非常重要的。除了外交官以外的人,一样用得到。如果“行己有耻”,当外交官到外国去,对于职责、任务都能胜任愉快，这就叫士。孔子为什么作偏重外交的答复？我们要了解，孔子所处的春秋战国时代，非常混乱，并不统一，各国诸侯各自为政，处处用得到外交，和我们现在所处的时代一样。我常说，读《春秋左传》，就可以了解现在这个时代，现在就是春秋战国时代的放大。

讲到这一点，又涉及历史哲学了，曾有人说历史是重演的，也有人持反对的意见，认为历史绝对不会重演的。这就成了历史哲学上的争论。而事实上历史会不会重演呢？我们可先读唐代窦巩的一首诗：“伤心欲问前朝事，惟见江流去不回。日暮东风春草绿，鹧鸪飞上越王台。”这首诗全部都是哲学思想。东流的江水是一去不回的，但江水永远在东流，历史的原则是不会变，所以也可以说历史是反复的。因此认为要了解今日的国际大势，要读历史，尤其要读《春秋左传》，大原则不会错的，不过要自己去领悟。

因此我们读了这段书，知道孔子在春秋战国那个时代，认为“士”——有才能的人，在外交上能达成任务，办得成功，是了不起的。子贡又问，这太高了，士也有各种各样的，其次又该怎样？孔子说，在宗族之间都称他为孝子，在邻里之中，地方人士都说他友爱，这也可称为士了。

子贡又问，再次一点该如何才是士？孔子说，到处要讲信用，要守信。我们研究儒家思想，这一点要搞清楚，中国文化中的儒家思想，有些人要打倒它，实在不晓得活用。我们过去读书，总是问这个孩子读书读通了没有？不会问拿到文凭没有；学问要读“通”，要晓得活用的。孔子这里说的，一个人“言必信”，讲了的话一定要兑现。“行必果”，做事一定有结果，有始有终。这种人该不错吧！可是孔子说“小人哉”，这样是不错，可以用在自己做人方面，但并不一定可以处理国家大事，这也可以叫作“士”。这是三种人才的分类。

子贡于是再问，现在一般从政的人，老师以为他们怎样？孔子说，那些都是为了领几斗米、拿点薪水的人，不必谈了。“斗筲之人”，这句话有两个观念：一是只为了找个工作吃饭的人，哪里把国家天下事摆在心上，这种人算不了什么；二是可以解释为车载斗量的普通人物太多了，不必谈。

【本经】

子曰："不得中行而与之，必也狂狷乎！狂者进取，狷者有所不为也。"

【译文】

孔子说："找不到言行合乎中庸之道的人与他们交往，那也必定会有狂狷之士吧！所谓狂者，是豪放进取而有道德标准的人；所谓狷者，是有独立人格而不随便苟同的人。"

【别裁大义】

上面讲了人才的分类、人格的看法，下面就引用孔子的评语，中行的人，就是行中庸之道的人，自己有中心的思想，而能调和、中和矛盾的思想或感情。孔子认为这种人才还是太少，不易得到。

其次孔子欣赏两种人，就是狂、狷之士，这种人往往是中流砥柱的人。就对交朋友而言，平常无所谓，到了真有困难时，能来帮忙的朋友，不是狂之士，就是狷之士。如何是狂？如何是狷？以前解说过，不必再重复了。

【本经】

子曰："南人有言曰：'人而无恒，不可以作巫医。'善夫！""不恒其德，或承之羞。"子曰："不占而已矣。"

【注释】

南人：南方人。

巫医：这里巫医，是古代巫与医并称。古代的记载，巫为巫祝，后来医学有一科名“祝由科”。古代把医和巫放在一起的巫术，包括了符咒，这些都是神秘学，涉及精神力量的问题。

不恒其德，或承之羞：此二句引自《易经·恒卦·九三》的爻（yáo）辞，意思是三心二意、没有恒心，就常会有羞辱随后而来。

占（zhān）：占卦。

【译文】

孔子说：“南方人有句话说：‘人如果没有恒心，是做不了巫医的。’这话非常对啊！”

《易经》上说：“做事情，修德行，如没有恒心，做做停停，终归没有结果，就会承受羞辱。”

孔子说：“这虽然是卜卦用的话，但真正懂得有恒的道理，并以此处事，就不必去求神问卜了。”

【别裁大义】

有恒为成功之本

这一路下来，都是讨论人的问题，以现代来说，包括了人才的分类、人格的类别、人性的研究，这些都与为政有关系。到这里孔子引用南方人的话。春秋战国时的南方，像楚国，在长江以南，道家的思想比较发达。事实上现在也是如此，如湖南、贵州、四川，一直到西藏，现代所谓的神秘学都比较发达。印度也是这样，在南方神秘学比较发达，任何国家都是南方神秘学比较发达。北方的人个性坚强，行动果断；南方人比较优柔，也比较聪明。不但中国如此，外国也一样。这是什么道理？扩大问题来研究，是因地质影响人的个性，前面提过，顾祖禹著的《读史方舆纪要》这本书也写到，各地人的性格，都有其地方性的特点。

古代把医和巫放在一起的巫术，包括了符咒，这些都是神秘学，涉及精神力量的问题。说到这里，问题又大了，这里的巫医，是古代巫与医并称。古代的记载，巫为巫祝，后来医学有一科名“祝由科”，可也真灵。这些证明了人的精神可以控制物质、转变物质，物质的根本在精神。如湖南辰洲派的符箓，怪事很多。

古代认为巫事虽是很浅薄的事，可是没有恒心，就学不会。孔子在这里引用南方人这个观念来说“善夫”，认为这话非常对，是真理。为什么？任何人做事没有决心，没有恒心，都做不成。常听人说中国功夫，什么是功夫？我说，方法加上时间，加上实验，就等于功夫。有方法没有用时间练习，怎么会有功夫？任何一种功夫都要有恒。下面孔子引用的两句话，“不恒其德，或承之羞”，是《易经》上恒卦九三爻辞，卜卦用的。意思是说做事情、修德行，如没有恒心，做做停停，终归没有结果，很难为情。这虽然是卜卦用的话，但真正懂了有恒的道理，用来处事，就不必去求神问卜，只有“自求多福”了。这和后来荀子解说的“善于易者不卜”是同一意义。

【本经】

子曰：“君子和而不同，小人同而不和。”

【译文】

孔子说：“作为君子，有做人处世的原则思想，既能与人和谐相处，又能保持独立不依的人格；小人则不同，容易受别人的影响而附和，但由于各自利害的冲突，自然就同而不和了。”

【别裁大义】

这两句话用来解说前面所提到的“中行”的意义，最恰当不过了。

和而不同，就是自己要有中心的思想，能够调和左右矛盾的意见，而自己的中心思想还是独立而不移。小人就不一样了，容易受别人的影响，别人纵然影响了他，然而人各有志，到了利害关头，意见冲突，相处就不会融洽，自然而然变成同而不和了。

【本经】

子贡问曰:“乡人皆好之，何如？”子曰:“未可也。”“乡人皆恶之，何如？”子曰:“未可也。不如乡人之善者好之，其不善者恶之。”

【译文】

子贡问孔子道:“假如有人，邻里乡党的人都说他好，都欢喜他，像这样的人，您认为他怎么样？”孔子回答说:“不可以绝对认可。”

子贡又问:“假如大家都说他坏，您认为他怎么样？”孔子回答说:“也不可以如此随便附和。如果邻里乡党中的好人喜欢他，坏人都讨厌他，才能断定他的好坏。”

【别裁大义】

乡愿之见

子贡问孔子，假如有人，乡党社会中的人都说他好，都欢喜他，像这样的人，怎么样？孔子说，不可以绝对认可。子贡又说，假如大家都说他坏，又怎么样？孔子说，也不可以如此随便附和。不如乡党中的好人都喜欢他，坏人都讨厌他，才能断定他的好坏。

孔子这个道理，说明了一件事，就是我们现代说的“群众心理是盲目的”。

所以一个人对于善恶之间，很难判断。办地方选举或在司法上判案子，就要注意，有时候群众认为不对的，不一定真的不对；群众认为好的，也不一定是好的。由此可见为政之难。

【本经】

子曰："君子易事而难说也！说之不以道，不说也。及其使人也，器之。小人难事而易说也！说之虽不以道，说也。及其使人也，求备焉。"

【注释】

易事而难说：易事，易于共事，易于服侍。"说"，通"悦"，取悦。

器之：量才任用他们。

求备：求全责备。

【译文】

孔子说："在君子手下做事很容易，但是要想做些什么事讨好他，就很难了。至于说不以光明正当的途径，想来讨好他，那更是不可能的事。但是君子之人对于部下，会信任、体谅、因才起用的。在小人手下做事很难，然而讨他的喜欢却很容易，即使用不正当的方式去讨他的喜欢，他也会高兴的，等到他要使用人的时候，会百般挑剔，求全责备。"

【别裁大义】

孔子说，君子之人，与他共事，容易得很。因为君子多半爱人，多半平易近人，比任何人好相处；但是要想做些什么事讨好他，就很难了。从历史上看，许多好的大臣、好的领袖，都是这样，向一个好的主管提供一个意见，只要差不多，他就会接纳，准予酌情照办；但要想使他真的心里很高兴，就很难做到了。至于说不以光明正当的途径，而想讨好他，那更是不可能的事。但是君子对于部下，信任、体谅、因才起用。因此，作为一个主管，对部下的建议，认为可行就采纳，不必问这人本身的学识够与不够。倘希望自己得到百分之百的满意，对部下的品德、才能、知识各方面都要求第一流，则不易得。当主管的不必什么事都要自己计划，要量才而用，舍掉部下的缺点，用他的长处，下面一定能达成任务，这就是“使人也，器之”。

至于小人就很难共事。但是摸到他的心理，稍稍迎合一下，他就高兴了；乃至骗他一下，他都高兴。可是小人用人的时候，要求完备，样样要好，这就让做部下的很难了。

孔子这些话，都是从政的经验，这就是圣人，对于人情世故，透彻到极点。因此我们知道做领导人的，用人不要过分要求，世上没有样样都好的人，爱打牌的劝他少打一点，爱喝酒的劝他少喝一点。办好了事，让他去，不要求备。希望每一个部下都是孔子，道德又好，才能又好，太不可能了。如果孔子来做自己的部下，自己又是一个什么“子”才能承当呢？

【本经】

子曰：“君子泰而不骄，小人骄而不泰。”

【译文】

孔子说：“君子安详坦然，而不骄纵；小人骄纵，却不安详坦然。”

【别裁大义】

这又是君子与小人的对比。君子之人很舒泰，这个泰字，包括了很多意义：度量宽宏，胸襟开阔，光明爽朗，这就是泰。君子虽然很舒泰，态度却绝不骄傲。小人既骄傲，又自卑，心里像猫抓一样，到处都是毛病，心境就不泰然了。

【本经】

子曰:“刚、毅、木讷,近仁。”

【译文】

孔子说:“刚强、果决、朴实厚道,这都是近于仁的表现。”

【别裁大义】

这一句话,包括一个人的三种个性。刚,很刚强,换句话说有脾气,而且是很明显的有脾气,不对就是不对,绝不愿放在肚子里不响,教他做不合理的事情,他绝不干。毅,是果敢,有决断。木讷,是看起来好像笨笨的,但很厚道、朴实。如这三个因素具备的人就太好了,再不然有其中的一点,也都是近于仁道的人物。

【本经】

子路问曰:“何如斯可谓之士矣?”子曰:“切切偲偲,怡怡如也,可谓士矣。朋友切切偲偲,兄弟怡怡。”

【译文】

子路问道:“怎样才可以算一个士呢?”孔子说:“对人能够勉励、督促,而又恳切、敬重,大家和睦共处,能做到这样也就算是士了。朋友之间是互相切磋、督促,而又诚恳、敬重;兄弟之间和睦共处。”

【别裁大义】

子路也来问，怎样才算一个士，孔子这里和回答子贡的，有所不同了。孔子拿四个字来形容，他说一个人“切切偲偲，怡怡如也”，总是对人笑眯眯，不是假笑，是内心愉快，这就是士。对朋友切切偲偲，很亲切，有感情，当然这个感情并不是每天请吃牛肉面，而是在朋友有困难时，伸出援手。在兄弟之间，非常愉快，不是冤家，真如骨肉，这样就是士。这几句话看起来好像教条，反省起来，我们每天与朋友、同事、兄弟都能愉快相处，和蔼相亲，就不易办到，尤其对子路的个性正好下一针砭。

【本经】

子曰：“善人教民七年，亦可以即戎矣。”

【注释】

善人教民：“善人”，孔子祖述王道遗制的精神，保留兼备师儒为一的教化，做为后世的准则。所以这里的“善人”是指治理国家的人，具有中国传统文化师儒之道精神的人，有道德，有学问，既有经世济民之能，又有安邦定国之才。“教”，教育，教化。“师以德行教民”，是以注重全民的道德教育为基础；“儒以六艺教民”，是以全民自治、文武合一和生产技术相结合为根本。此句的意思是，“善人”以传统文化师儒之道的精神治理国家，教化百姓。

即戎（róng）：当兵，上战场。“即”，就，往。“戎”，军事，战争。

【译文】

孔子说：“善人以传统文化师儒之道的精神治理国家，经过七年的时间教化百姓，如果一旦有外敌入侵，人民则可以当兵杀敌、保卫国家了。”

【别裁大义】

国防第一

到这里，这一篇快作结论了。这篇开头说“世而后仁”，又说“善人为邦百年”才可以建立一个国家文化的基础。我们知道周公、孔子，都在身死百年之后才慢慢弘扬出他的文化思想，然后影响了后世几千年。

至于军备武功，一个有学问有道德的善人来领导，只要七年时间，就可以保家卫国了。“即戎”，指把军事上的国防建设做好，可以用兵应敌。但要有上面的重点——善人。善人并不只是做做好事，拿点衣服去送送人，做做冬令救济。这个善的意义很大，包括了道德、学问、才能。这样的人领导人民七年，就可以富国强兵了。

【本经】

子曰：“以不教民战，是谓弃之。”

【译文】

孔子说：“一个国家无论如何也不能忘记国防，不能忘记军事，时刻做好为捍卫国家和平而战。如果不教人民军事知识和技能，不巩固国防战备，就等于是把自己的国家民族的命运和人民的生命遗弃了。”

【别裁大义】

这是本篇的最后一段。我们翻开这篇第一段，是子路问政。现在把孔子这句话放在《子路》这篇的最后作结论更妙。因为子路的个性比较冲动，喜欢用武力解决问题。孔子骂过子路，“暴虎冯河”，只晓得用武力、用军事，偏向于武功，而不懂得为政之道。可是在这里的结论，却主张一个国家无论如何不能忘记国防，不能忘记军事。如果不教人民军事的知识和技能，不巩固自己国防上的战备，等于自己要把国家丢掉，是不可以的。孔子在许多地方，表面上看起来，不大赞成用武力解决问题，但对于国防的战备，他认为非常重要。个人的修养也是如此，要有随时准备战斗的精神，但不轻易用兵。中国武功的道理也是一样，练拳、练刀、练剑的人，要练到最高的武功，可不是为了轻易杀害别人，而主要在于求得和平的自卫。

宪问第十四

【本经】

宪问耻。子曰："邦有道，谷；邦无道，谷，耻也。"

【注释】

宪：姓原，名宪，字子思，孔子的弟子，孔门七十二贤之一。原宪个性狷介，一生安贫乐道，不肯与世俗合流。孔子为鲁司寇时，曾做过孔子的管家。孔子死后，原宪便隐居。

邦有道，谷：当国家治道清明，社会上了正轨时，就应该尽职尽责，尽忠职守。"邦有道"，国家治道清明，社会上了正轨。"谷"，指俸禄，古代以谷物为俸禄，此处意为尽职尽责，尽忠职守。

【译文】

原宪问什么是可耻的。孔子说："做为一个读书人的士，当国家治道清明，社会上了正轨时，就应该尽职尽责，尽忠职守，如果光拿俸禄，而碌碌无为，那是可耻的；当国家社会还没有上轨道时，如果站在位置上只拿俸禄，却没有担当，不能真正报效国家，那也是可耻的。"

【别裁大义】

侠隐中人——原宪

现在讲《宪问第十四》篇。这一篇是上论《里仁》篇的发挥与引申。

首先，在这个题目里，就有一个有趣的问题，就是原宪这个人，是孔子学生中，所谓“七十二贤”里很有名的人物。在上论中谈到过，他曾替孔子管过总务方面的事情，用现代观念随便来比，可能在孔子当司寇的时候，他担任过总务长一类的职务，但究竟合于什么官阶，无法明确地定论。孔子死了以后，他退隐于山泽布衣之间，走半隐侠的路线，等于在过去的社会中，领袖清流。所以司马迁著《史记》，在《游侠列传》中，曾提到他和季次。

司马迁赞成游侠，认为游侠是很需要的；但是有人认为不需要，如法家的韩非子说：“儒以文乱法，侠以武犯禁。”认为当时读书的知识分子，对于法制的实行是有妨碍的，于是法家的思想，影响了后世，秦始皇时代的政策都与它有关。韩非子的理由是儒者知识多，嘴会说，手会写，有许多意见提出来，思想不同，使法令不能推行，难于执法。而侠义道中人，是慷慨好义的，好用武力，又容易形成恶势力，也是使法令不能推行的障碍。所以韩非子反对这两种人。司马迁写《游侠列传》，一开始也提到韩非子这两句话，不过他又认为世界上有许多事，用道德、政治、法律都解决不了，只有“老子拳头大”的办法，一下就解决了，所以他认为游侠有游侠的好处。而且他认为古代的游侠，一诺千金，对朋友讲义气，帮助贫弱的人，这些都是最了不起的，其中提到古代侠义中的佼佼者，有季次、原宪。

原宪在孔子死了以后，再没有出来做事，就退隐于草泽之中，现在来说就是退隐到下层社会中，和平民一起生活。后来子贡非常想念他，有一天排场很大去探望他，大有所谓“结驷连骑”的派头，好像现代带了几部汽车的随从侍卫。原宪却穿了一件破旧衣服，好像现代的穿件破衣服，衣冠不整，纽扣不扣，便出来和子贡见面。子贡见他这个样子，就关心地问他是不是生病了。子贡的意思本来想接济这位老同学一下，不料原宪说，“无财谓之贫，学道而不能行者谓之病，今宪贫也，非病也”。他这番话，无形中也骂了子贡，等于说当年在老师那里学习，老师教我们该如何做事做人，我们今天对这个时代、国家、天下没有贡献，有什么资格摆你那样的派头？子贡被他骂了这一顿，一直放在心里，始终很难过。

由原宪这个人，可知孔子的学生中，什么样的人都有。高行的如原宪一类，也可以说是逃名遁世的隐士，他知道所处的社会太乱，无法有所贡献，因此远走山林，韬光养晦。

“谷”的意思是代表当时的俸禄。原宪问什么是可耻的事情，孔子说，国家社会上了轨道，像我们这一类的人，就用不着了，我们不必去占住那个职位，可以让别人去做了。如果仍旧恋栈，占住那个位置，光拿俸禄，无所建树，就是可耻的。另外，社会国家没有上轨道，而站在位置上，对于社会国家没有贡献，也是可耻的。总结下来就是说，一个知识分子应该明白为了什么读书，不是为了自己吃饭，是为了对社会、对国家能有所贡献，假如没有贡献，无论安定的社会或动乱的社会，都是可耻的。

从孔子教原宪的这两句话，可知做人之难。社会、国家上了轨道，干拿薪水，没有什么事可做，不必出力，这不可以；社会、国家没有上轨道，拿了薪水而没有贡献，也不可以，都是可耻的。那么到底怎样做好？他的重心就是告诉我们，一个知识分子有知识分子的责任，对于社会、国家要有贡献，不管在安定的时代或变乱的时代，如果没有贡献，没有尽到知识分子应尽的责任，就是可耻的。

【本经】

“克、伐、怨、欲不行焉，可以为仁矣？”子曰：“可以为难矣。仁则吾不知也。”

【译文】

原宪又问道：“好胜、傲慢、怨恨和贪欲这四种毛病都没有，也不这样做，这算不算是仁的境界呢？”孔子说：“这可以算是难能可贵了。至于这是不是仁的境界，我就不知道了。”

【别裁大义】

草泽中自有经纶

原宪还问了这第二个问题。这个问题显示出，原宪之所以为原宪，后来退隐在草泽之中，并不简单。他的修养相当高，从他的第二个问题，就看得出来。

“伐”在古书里经常代表自负、自高、自大、骄傲、自满的意思。原宪说，一个人自己的反省功夫，能够克服了自满，做到没有骄傲，非常谦虚；也无怨恨，不怨天，不尤人；而且没有大的欲望，不作过分的希求，清心、寡欲，这是不是仁的境界呢？原宪这个问题并不是偶然提出的，而是他自己的体验心得。他后来退隐草泽之间，可以说这几点都做到了。现在问孔子，这种样子，算不算是仁的境界？孔子还不承认这是仁的境界。他说这是难得的，至于是不是仁的境界，那就不知道了。由此可知孔子所称的仁，中国文化所标榜的仁的道体，就像道家、佛家所谓“得道”那样，不可知、不可测，是非常高，不可思议的一个境界。

【本经】

子曰：“士而怀居，不足以为士矣！”

【注释】

怀居：留恋安逸的生活。“怀”，留恋。“居”，安居、住所，这里引申的意思是安逸的生活。

【译文】

孔子说："作为一个读书人，如果只为个人的生活打算，贪恋安逸的生活，那就不配称为士了。"

【别裁大义】

怀居，等于所谓"问舍求田，原无大志"的问舍。一个人每天问问房子的价钱；有了三十坪，又想扩充到一百坪；买了一层楼，又想变八层楼，这样的人就没有什么大志。所谓"掀天揭地，方是奇才"，这是引用《幼学琼林》上的四句话，我们老的这一代，从小就念这本书，接受了这种思想，到现在还背诵得出来，这种观念依然故我，这是中国文化根深蒂固的东西。孔子这句话是说，一个人只为个人的生活打算，还不够成为一个士。这句话放在《宪问》这一篇中，可以说原宪在孔子死后，不管功名富贵，而退隐于下层社会，绝不简单，他一定替下层社会，替人家解决了很多问题，做了很多大众福利的事情。而原宪之所以甘心放弃功名富贵，可以说受孔子教育思想的影响很大，因此他硬是要责备子贡"学道而不能行者谓之病"，等于对子贡的不满意，指摘他没有做到老师所教的学问道理，光是摆那么大的排场而已。

又如汉高祖刘邦，在前方打仗的时候，后方仅靠萧何一个人。刘邦和项羽打了七十多回仗，都是打败仗，可是兵源、后勤的补给，从来没有缺少过，这就是因为萧何在后方，政治、经济都做得好，社会非常安定。而刘邦在前方，每见到后方来的人，都要问萧何在做些什么。萧何觉得奇怪，就和宾客——智囊团、幕僚们——谈起这件事。其中有一个人告诉萧何，老板有所怀疑了。因为刘邦在前方作战，整个国家的政治权力，都在萧何的手上，假如萧何随便左右摆一下，就不得了的。这位幕僚就建议萧何做些问舍求田的事。后来有人向汉高祖密告萧何敛财侵占民田，霸占民房，汉高祖看到密告，才对萧何放心，反而一笑了之。这可从反面道理，了解正面人生。

【本经】

子曰：“邦有道，危言危行；邦无道，危行言孙。”

【译文】

孔子说：“当国家治道清明、社会已经上正轨时，便可说话正直，行为端正；但当国家治道昏乱、社会还没有上正轨时，行为要端正，而说话便要倍加谦逊谨慎了。”

【别裁大义】

狼虎丛中安身

这个“危”字就是正的意思。“孙”字古代与“逊”字通用，逊者退也，就是谦退的意思。孔子说，社会、国家上了轨道，要正言正行；遇到国家社会乱的时候，自己的行为要端正，说话要谦虚。字面意思解释了，我们再研究一下孔子。

这看来好像他很滑头，教学生们几种态度。其实不是滑头，在这里是教人处世的臣道，做干部的基本原则，也可以说是做人的基本原则。天下太平，国家社会都上了轨道的时代，一个正人君子，行为要端正，说话要正直，没有关系，无所顾虑，也不会有斗争。但当处在动乱的社会中，第一个原则：行为要端正，如当公务员，不贪污，不犯法，规规矩矩，方方正正。可是在言语上，少发牢骚，不要得罪人。因为乱世里没有章法，否则的话，往往出问题。从历史的记录、生活的经验，都可以看到。

前面曾经说过，大家说盖棺论定，而在人生经验中，有许多人、许多事，盖棺不足以论定，有许多人硬是把冤枉带到棺材里去的。看穿了这个道理，又何必怨天尤人？

第一个就说到岳飞，他所处的正是一个动乱的时代，他要北伐，完全对，所以岳飞的人品行为，是危言危行、正言正行，结果蒙冤死了。他没有做到《论语》这一段的“危行言孙”，怎么说他言不逊？“直捣黄龙，迎回二圣”是他要北伐的口号。二圣是宋高宗的父亲和哥哥（过去帝王时代，称皇帝为圣人，非常有趣），岳飞当时的口号，就是非打不可，准备一定要打到东北去，把太上皇、皇兄两个人请回来。他这个话说得也对，是正言，但二圣回来，高宗怎么办？所以秦桧要杀岳飞，不过是拍高宗的马屁。因为高宗自己的意思，认为岳飞真可爱，可是打尽管打，迎回二圣来，教我这个现任皇帝怎么办呢？而这个话，高宗又无法告诉岳飞，所以岳飞的死，就在于他自己不能做到“危行言孙”！

第二个说到冯道，这个人前面曾提过的。在唐宋之间，五代十国几十年间，他历仕后唐、后晋、后汉、后周四朝十位皇帝，其间还向辽太宗称臣。他活了七十三岁死了，晚年号为“长乐老人”。可以想象得到，此人第一是“危言危行”，生活非常严谨，本身一点漏洞、毛病都没有，既不贪财，又不好色。他家里一口放生池，养了一些鱼，他儿子抓了一条鱼吃了，也被他责打了一顿。可是历史上批评他没有气节，有奶便是娘。欧阳修论历史，直骂他“不知廉耻”。可是在冯道的诗中，发现他的思想，认为只要立身端正，在狼虎丛中，都可以站得住。他认为在当时那个时代中，都是豺狼当道，不须向谁尽忠。只是要保存中国文化的精神、中华民族的命脉，等待自己国家有真正的人才出来领导，用不着为胡人尽忠。他等了好几十年，直到他死后才出了一个赵匡胤。这个故事说明冯道在当时那么乱的时代，对“危行言孙”是做到了。他本身的行为非常端正纯良，而态度上、言语上，绝对有分寸，不发牢骚。与欧阳修相反的意见，有王安石、苏东坡等人，他们都认为冯道是菩萨位中的人。由此可见是非之难定论。

【本经】

子曰：“有德者必有言，有言者不必有德。仁者必有勇，勇者不必有仁。”

【译文】

孔子说：“一个德行好的人，必定会说出有道理的话；但是能说出有道理的话的人，却不一定真的就具有好的德行。一个仁者，必定会有大勇；可是一个有勇的人，却不一定是个仁者。”

【别裁大义】

这又是孔子对于人的才德的分类。他认为真正有道德、有修养的人，一定有文字著作，或者有名言留给后世。如尧、舜、禹、汤、文、武、周公这些人，都有德又有言。但是有些有著作的人，文章写得很好，理论上讲修养、讲道德，也说得蛮像样的，却不一定有很好的修养德行。一个仁者一定有大勇，这个勇并不是会打架的好勇斗狠；而一个勇者，不一定有仁。这里要注意的是“不必”两个字，这表示不一定。当然，有言又有德，有勇又有仁更好。

下面讲到有德有言、有仁有勇的具体事实。

【本经】

南宫适问于孔子曰：“羿善射，奡荡舟，俱不得其死然。禹、稷躬稼而有天下。”夫子不答。南宫适出。子曰：“君子哉若人！尚德哉若人！”

【译文】

南宫适向孔子问道：“羿善于射箭，奡勇力过人善于水战又能在陆地行舟，但他们都不得好死。禹善于治水，促进农业文明，他受舜禅位而为夏王；稷教民稼穑，发展农业生产，他的后代子孙建立了周朝。因此，禹和稷都得到了天下。”孔子没有答话。

南宫适退出去后，孔子说道：“这个人确实是个君子呀！这个人确实是个崇尚道德修养的人呀！”

【别裁大义】

度德不量力

南宫适就是南容，前面上论和下论都提到过他。我曾说过，孔子不会那么简单，仅仅是听南容唱了白圭之歌，就把侄女嫁给他，现在在这里，我们就可知道南容是怎样一个人。

他请教孔子的问题，提到后羿。古代传说，当时天上有十个太阳，被后羿用箭射下了九个，只剩下现在的一个太阳。他也会法术，有些丹药，吃了能长生不死。奔月的嫦娥就是他的太太，因为偷吃了他的丹药，就飞到月宫去了。这是中国古代的神话，要研究中国古代史，就要透过这些神话。中国的神话中有很多问题、很多道理，我们现在暂且不去管它。后羿凭他的射箭技术和武勇，为有穷国君，想称王而最后不得好死，被他的臣子寒浞杀掉了。奡又是寒浞的儿子，力气很大。所谓荡舟，就是可以把在江海里航行的船，一手抓起来在陆上拖着走。后来也不得好死，为少康所诛。南容说这两个人，一个射箭技术那么好，一个力气那么大，而后来都不得好死。他举这两个例子，说明靠自己的武力去侵略别人，而想有好结果，反而都不得好死。

另外他举出禹王、后稷的例子：后稷是唐尧的农师，对于我国农业社会的建立，他的功劳最大；他也是周朝的祖先。南容说禹和后稷，没有羿、奡那么大的雄心和本事，自己规规矩矩去种田，很平凡老实的人，最后都得到了天下。禹是自己得天下，后稷是他的子孙得了周朝天下。南容举出两种人，一种人不择手段而成功，了不起。（我们经常碰到一些年轻人感慨很多：某某人不择手段地发了财，在社会上就很神气、很吃得开。我为什么要讲道德呢？现在这种思想，很迷惑人。）但南容认为这些并没有用，最终还是要倒下来。另一种人则是踏踏实实地做他分内的工作。这两种人到底哪一种对？他只提了这个问题。孔子听了以后，并没有答复他，因为南容的见解非常高明，这个问题不需要答复。所以他一退出去了，孔子就告诉其他同学，这个人思想这样正确纯正，真是了不起的君子，这才是最高的品德。

【本经】

子曰：“君子而不仁者有矣夫！未有小人而仁者也！”

【译文】

孔子说：“一个追求仁的君子之人，在人生修养的过程中，也常常会有不尽仁义之处，但是因为自己有仁的信念和目标，所以就会不断反省和改进，以修养自己仁的境界；但是对于一个普通人来说，由于没有仁的信念和追求，所以常常会受欲望和感性的影响，而在迷惑中是非不明，利害颠倒，所以也就谈不上仁了。”

【别裁大义】

这都是与上面连贯的。孔子说，一个君子不仁，是有的；但是一个小人能仁，这种事是不会有的。以现在的话来说，一个好人不仁慈，有这个道理，如果说一个坏人能仁慈，那是不可能的。

我们知道孔孟的思想，都是“《春秋》责备贤者”的作风，孔子所要求的对象，主要是知识分子。在古代教育不普及，知识分子少，一个君子当然要仁慈。但是人非圣贤，谁能无过？有时不仁也是难免的事。至于坏人当然没有仁慈的心，坏人如果有了仁心，就不是坏人，有句俗语“强盗发善心”，这是不大可能的。如真的强盗发了善心，他就不做强盗而改做好人了。

【本经】

子曰:“爱之,能勿劳乎?忠焉,能勿诲乎?”

【注释】

劳:勤劳。这里指劝勉他变得勤劳,懂得辛苦。

忠焉,能勿诲乎:如果以忠心对待一个人,必然要对他的不善之处加以规正,使他走正道。“诲”,教诲使其归正。

【译文】

孔子说:“如果真的爱他,能不让他勤劳吗?如果真的忠于他,能不教诲他吗?”

【别裁大义】

爱里生害

这句话有关于教育,也有关于个人修养。首先,真爱一个人,如爱自己的孩子,不能溺爱,太宠爱了就害了他。要使他“劳”,这个劳并不一定使他去劳动,要使他知道人生的困苦艰难。在一个富裕家庭中,生活环境太舒服了,弄不好会害了这孩子的一生。教育和《孙子兵法》一样,“置之死地而后生”,硬要想办法使他受苦,使他知道困苦艰难。以这种道理,就能理解“爱之,能勿劳乎”这句话,也可以理解人生。其次,不管部下或朋友,即使对自己很忠实,但不要仅仅喜欢他的忠实,还要教育他、培养他。

下面转了一个气势,是孔子批评当时的一些人物及政治作风,以切磋为学的外用。

【本经】

子曰：“为命，裨谌草创之，世叔讨论之，行人子羽修饰之，东里子产润色之。”

【注释】

为命：“命”，诰命，文告。拟定国家的诰命。

裨谌（bì chén）：人名，郑国大夫。

世叔：名游吉，郑国的大夫。

行人：主掌外交的官名。

子羽：名公孙挥，字子羽，郑国大夫。

东里：地名，子产居住的地方，在今郑州市。

子产：郑国的大夫，曾主持郑国政治，使郑国富强。

【译文】

孔子说：“郑国对外颁布的诰命非常慎重，先由裨谌起草，然后由世叔来讨论研究，再由外交官子羽来修改，最后还要经过首相子产加以润色。”

【别裁大义】

这段话孤零零吊在这里。所说到的四个人，当时都是郑国的大夫。为什么？我们知道上古王道讲道德，后世霸道讲事功。春秋战国时的五霸，第一个霸主，就是由郑国开始的，所以郑国在春秋战国初期，相当有力量。可是到了孔子的时代等于现在的英国，没落了。虽然没落了，但对国际政治的影响，还是蛮大，因为郑国出了不少政治上的人才。这里所提的四个人，都是郑国政治上的要人。

孔子这句话所说的“命”，就是古代非常重视的“诰命”。诰是诰，命是命，两种文件都是政府的公告。比如现在一国的元首，到另一国家访问过后，发表联合公报。这种公告，起稿的人非常费心，每一个字都要斟酌，这种文件不但影响当时的整个国际关系，将来历史还要留下来的。对与不对，都将作为历史批判是非善恶的依据。我国五经中《尚书》的记载，就是中国上古政府的文献资料。透过这些资料，可以了解过去的历史。诰命就是这些文件。我们现在一般人称它为"大文章"，不止于某一朝代，而是永远留在历史上的大文章。

孔子说，郑国的诰命颁布出来，非常慎重，先由裨谌起草，然后由世叔来讨论、检查、研究。"行人"是外交官名，"子羽"是人名。再由外交官子羽来修改，最后还要经过首相子产，在文采辞藻方面，加以润色。以现在的程序来说，好像是由秘书起稿，送给有关单位会稿，然后经过外交部改正。这还不够，最后经过首相修改文章的辞句，增加文字美。

这段话的意思是说，郑国在那么混乱的时代始终人才济济，发出来的文告，都那么慎重，经过这几个大手笔的考虑才拿出来。这是孔子告诫从政的学生，一个从政的人，一下笔乃至写一个条子都要当心，尤其是有关政治大问题的决定，一写下去，就在历史上留下一个模子，不能草率。所以孔子提到"为命"之难，告诉学生们，不要疏忽。

【本经】

或问子产。子曰："惠人也。"问子西。曰："彼哉！彼哉！"问管仲。曰："人也，夺伯氏骈邑三百，饭疏食，没齿无怨言。"

【译文】

有人问孔子子产这个人怎么样？孔子说："子产是郑国的大政治家，对于社会贡献很大，对老百姓是有恩惠的人。"

又问到楚国的宰相子西。孔子说："他呀！他呀！"

又问管仲怎样，孔子说：“那是一个了不起的人！他在当政的时候，能够把齐国大夫伯氏骈邑的三百户的封地没为公有，而伯氏一家人因此穷困，只有青菜淡饭可吃，但终生都没有怨言。”

【别裁大义】

为政难 做人更难

有人问孔子，郑国的子产这个人怎么样？孔子答复他，子产是大政治家，了不起的人物。子产当政的时候，对于社会贡献很大，对国家的老百姓，是有恩惠的人。

再问楚国的子西怎样？子西是楚国的宰相，孔子到楚国时，他怕孔子会把他的位置挤掉。而孔子答复，只是说，“他啊，他啊”，就没有再说什么了。这就是孔子的厚道，假使现在的人，就非要攻击子西不可了，孔子没有这样做。当然他不同意子西这个人，历史上的记录，子西这个人并不高明，而孔子只是“他啊，他啊”两句，不作批评。

此人又问管仲怎样？管仲比孔子早，齐桓公称霸的时候，他功劳很大。每次讲到管仲，孔子都很佩服，这次他好像伸出大拇指来称赞他，那才够得上是一个人，真了不起！管仲在当政的时候，能够把齐国另一大夫伯氏，连着的好田三百，没为公有，而伯氏一家人因此穷困，只有青菜淡饭可吃，但一直到死，没有怨恨管仲，心服口服。所以孔子说他能够称为一个人，了不起！他没有说他是一个大政治家，政治家也并没有什么了不起，不过是官位上的功勋，而能做到称为一个“人”，这才了不起。管仲将别人的财产拿过来，别人因此终身穷困，而对他毫无怨恨，认为处理得很公平。一个当政的人能做到这样，的确是了不起，历史上没有几人能做到这样。可见他对于社会国家的贡献，对于其他的人所还报的，一定有他处理的政策与方法，所以孔子要对他连连赞叹了。

【本经】

子曰："贫而无怨，难；富而无骄，易。"

【译文】

孔子说："人要做到贫而无怨，比较难；要做到富而无骄，相对比较起来还是容易的。"

【别裁大义】

不学谓之贫

现在开始讨论的，可以说是中国旧文化中所讲的"知人论世"的道理。从这里可以看到历史上的人物，也可以了解自己、认识自己。站在人文哲学的立场来说，一个人要认识别人困难，认识自己更难，尤其年龄大了，经验多了，接触的人广了，就感觉到认识自己太难了。

"富而无骄"，有地位、有财富，成功了不骄傲。本来这个修养很难，并不是很容易，但是比较起来还是容易。古今中外有些人因为地位高了，风度蛮好；风度好是外形的，外形过得去，看不出骄傲来，已经了不起，但是内心到底还有一点觉得自己了不起。

有许多人想不骄傲，很难做到。富贵了，地位高了会骄傲；有钱会骄傲；年龄大了也会骄傲，认为自己多吃了几十年饭，年轻小伙子就不行，其实多吃了几十年饭，不一定吃得对；学问高了也会骄傲。所以要修养到"无骄"，实在不容易。不过比较而言，富而无骄和贫而无怨，两者之间，还是无骄容易一点。

"贫而无怨"的贫并不一定是经济环境的穷，不得志也是贫；没有知识的人看到有知识的人，就觉得有知识的人富有，"才"也是财产，有很多人是知识的贫穷。庄子就曾经提到，眼睛看不见的瞎子，耳朵听不见的聋子，只是外在生理的；知识上的瞎子，知识上的聋子，就不可救药。所以贫并不一定指没有钱，各种贫乏都包括在内。人贫了就会有怨，所谓怨天尤人，就牢骚多，人穷气大，所以教人做到“安贫乐道”很不容易。这是中国文化中，一个知识分子的基本大原则。但是真正的贫而能安，太不容易。

现在有人拿“安贫乐道，知足常乐”这两句话，批评中国文化，说中国的不进步，就受了这种思想的影响。这种批评不一定对，“安贫乐道”与“知足常乐”，是个人的修养，而且也少有人真正修养到。我们当然更不能说中国这个民族，因为这两项修养就不图进取。事实上这两句话并没这个意思，况且中国文化还有“天行健，君子以自强不息”等鼓舞的名言，我们不可只抓到一点，就犯以偏概全的错误。这两句话，是对自己做人做事的一个尺码，一个考验。

【本经】

子曰：“孟公绰为赵魏老则优，不可以为滕薛大夫。”

【译文】

孔子说：“孟公绰这个人，如果让他做赵、魏这样大国的国老之臣，则才能有余，可以算得上是优等的了；但是如果让他做滕、薛这样小国家的大夫，则会不能称职。”

【别裁大义】

识人难　识己更难

先解释原文文字：孟公绰是鲁国的大夫，后世朱熹的注解，说他很清廉，是安贫乐道、知足常乐的人。赵、魏是大国，对下面滕、薛两个国家而言，赵、魏比较大，滕、薛比较小。

关于“老”，过去的官名有“三老”，也有“三公”。古代三公的地位很高，但在秦汉以后，就很少有明文规定这个官衔了。他们学问道德崇高，没有实际行政，所谓“坐而论道”，着重在建议和指导，和近代西方政治制度的不管部大臣差不多，什么都不管，可是样样都要问。越是国家大事，越是很重要的决定，越要请他们参加意见。往往他们的一句话就可以推翻整个政策，或者制定新的政策。至于“老”，也是如此，在古代是很清要的职务，本身要学问好，人品好。凡是清要的官，只要说一句话，就影响很大，皇帝都非常重视。到了现在，学术界以及政界，对所尊重的人，常称某公，或尊称为“老”，就有“国之大老”的意思。

孔子这里说，孟公绰这个人，要他做赵、魏大国中的大老——顾问，则是第一等的好人才；他的才能、学问、道德，担任这个职务好得很，没有错。但是如果滕、薛两个小国家请他做大夫，要他在实际政务上从政，当部长或院长，那就不行，会当不好。

孔子以这个问题，与学生讨论。孔子论人，认为有许多人，担任某一种大位置、大要职，蛮好;但是要他改做实际工作，去执行一个任务，就完了。平常看他，学问好，见解也好，写的文章、建议、办法都对。可是，让他去实际从事行政工作，就不行。有些人，要他从事实际行政工作，执行任务，会办得很好，如果这样认为他很了不起，把他提拔到太高的清要地位，那他又完了。所以做领导的人，对人才的认识很难，对自己的认识也难，要晓得自己能做什么，可真不容易。

过去在私塾中，一位老先生曾有一首评论历史的诗，讲得非常好:“隋炀不幸为天子，安石可怜作相公。若使二人穷到老，一为名士一文雄。”这意思是说，隋炀帝运气不好，当了皇帝；而王安石很可怜，做了宰相。这两个人若是不得志，王安石将成为大文豪，他的文章那么好，恐怕当时和后世对他的敬仰，还要更高，隋炀帝如果当时不做皇帝，就是一个很好的名士，一个才子。

我们再说李后主，真是好的文学家。那么好的文学，真好，过去找不出来，以后恐怕也难找到这么好的文学家，实在太好了，可惜当了皇帝。宋朝徽宗等人也是如此。不过话得说回来，文学又谈何容易？《红楼梦》之后，再也写不出第二部《红楼梦》，没有像曹雪芹那样的家庭，没有像曹雪芹一样，整天和一些女孩子在一起打滚，没有那个经验，换一个人怎么也写不出来。施耐庵的《水浒传》，没有跑过江湖，没有和那些动辄拔刀的江湖朋友混在一起，也写不出来。文学是这样培养出来的。李后主的词好，前面曾说过，他花的本钱大，也是当了皇帝，江山又在他手里丢掉，然后才有那种文学的境界出来。可是拿人生的立场来看，这些人都是不幸的。因此我们又想起另外一个人的哲学，人生得意的事，有时并不是幸福；而有时候失意的事，并不是倒楣。如在明末清初的时候，有一个人作了一首诗：“眼前乔木尽儿孙，曾见吴宫几度春。若使当时成大厦，亦应随例作灰尘。”这首诗是说失意并不见得坏。第一句他感慨眼前的国家栋梁，都是他的后辈。第二句是讲自己，像山上的大木、神木一样，自己年纪大了，看到朝代的更替、兴衰、成败多少次，假使自己当时也成为其中的栋梁，早就被烧光了。所以人生得意的事，虽不一定是坏，也不一定就是好，有时失意也不一定是差。

这些道理可使我们了解孔子讲“孟公绰为赵魏老则优，不可以为滕薛大夫”的话，的确是意义深长。所以刚才提出来用人难，不但对人才的选拔、安置困难，而每个人自己认识自己更难。我们了解了历史的往事，将来自己做事业时，对于人才，对于用人，的确要能知己知彼才对。

下面讲到怎样才算是人才与全才。

【本经】

子路问成人。子曰：“若臧武仲之知，公绰之不欲，卞庄子之勇，冉求之艺，文之以礼乐，亦可以为成人矣！”曰：“今之成人者，何必然？见利思义，见危授命，久要不忘平生之言，亦可以为成人矣！”

【译文】

子路问怎样才是一个全才的人？孔子说：“像臧武仲那样智慧过人，像孟公绰那样清心寡欲，像卞庄子那样果敢无畏，像冉求那样多才多艺，再用礼乐修养来增加其文化，这样也就可以说是一个全才的人了。”又说：“现在我们说完美的人，怎么一定要这样呢？在看见利益时，就想到道义上该不该做；在关键时刻，要敢于担当，担负使命，为完成任务，宁可牺牲自己；自己的信念和诺言，不管到什么时候都不能忘记，言行一致说到做到。能做到这些，就可以算是一个完美的人了。”

【别裁大义】

全才——智、清、勇、艺、礼

这里孔子所说的“成人”，可以解释为全人，也可以说是人世间的全才。子路问怎样才是全才，孔子说，要求一个全才太难：首先是智慧，像臧武仲，这位鲁国的大夫，智慧高，知识渊博；其次要像孟公绰清心寡欲，什么都不要，本身非常清高、廉洁；光是有清廉的德操、智慧的修养，还是不够，还要有勇，如卞庄子，卞庄刺虎，是我们中国历史上有名的故事，当然不只是打老虎的勇敢，主要在有决心、决断，有着需要牺牲的时候就敢于牺牲的大勇；就是有了智慧、清廉、勇敢还不够，还要有冉求之艺，也就是有文学艺术的境界，样样才能都会。

这四个人的优点可概括为：高度的智慧，道德的涵养，没有私欲，没有火气，心气平和；品德好的人，往往有点像废人一样，所以又要加上勇敢、决断、侠义的精神；这样还不能算是全才或全人，还要加上文艺境界与高度的礼教修养。这样几个条件合拢来，就可以为成人了。这该多难！但是要注意，原文“亦”字用在这里的重要意义，孔子说了如此等等，还是用了一个“亦可以为成人矣”的“亦”字。由此可知，他认为这些还并没有完全到达理想中“成人”的那个程度。

读到这段书我们要记住，这一段孔子所提出的，可说是讲国家大才的标准，也可说是讲中国文化，讲人格教育修养的标准。

但是孔子所要求的太高了，然后自己转了一个弯，对子路说，时代不同了，不一定要把我这个观念拿来作标准。现在只要做到“见利思义”，看见对自己有利的事，能多考虑一下义的方面。义就是宜——看看这个利是不是合理、合情、合法。“见危授命”，既然身为负责人，为大家做事，要能做到临危时接受命令，为达成任务，宁可牺牲自己，甚至交朋友也能如此。还有平时所说出的话，不管经过多少时间的考验，何等环境的考验，纵然过了很久很久，都能言行一致，说得到的一定做得到。有了这几点，在这个时代里，已经是了不起的人才了，何必要求太高呢！

我们拿“久要不忘平生之言”这句话，看现在的社会，有时很好笑。许多政客在发表任何政见时，总说上台后要如何如何，一旦到那个位置以后，所说的话都不见得兑现了，哪里能够做到“久要不忘平生之言”。看现代可以证历史，看历史可以懂现代，如孔子说的“温故而知新”。我们说现在社会风气不好，孔子当时社会风气也一样不好。有些人到外国留学回来，开口就是外国如何如何好。其实古今中外都是一例，没有外国如何好、中国如何坏。以贪污来说，美国有许多地方，贪污得更厉害。外国人也是人，人同此心，心同此理。

所以我们处理一件事，要注意到古今中外，包括未来的时代，人情世故是一样的。纵然观念两样，其实原则还是一样，换一个角度讲就通了。譬如说某件事在道德上不通，有些外国人不会理解；说成没有价值，他马上赞同这句话。不过把“道德”与“价值”两个名词换用了一下而已。因此，我们教育子弟，不管什么时代，中国文化的人格标准，绝对是高的，绝对是对的。我们现代的人格教育，如果能够使每一个人，做到像孔子所讲的第二条“见利思义，见危授命，久要不忘平生之言”就很了不起。再进一步，如果能够做到像孔子所讲的第一条，集智慧、人品、胆识、才艺于一身的人，那就太难得了。

【本经】

子问公叔文子于公明贾，曰："信乎？夫子不言，不笑，不取乎？"公明贾对曰："以告者过也！夫子时然后言，人不厌其言；乐然后笑，人不厌其笑；义然后取，人不厌其取。"子曰："其然？岂其然乎？"

【译文】

孔子向公明贾问到公叔文子，说："他老先生很有声望，但有一点不知可不可信？公孙先生平常不随便说话，不轻易笑，不贪，这是真的吗？"

公明贾回答说："这是传话的人传错了。他老人家是到该说话时才说话，能恰到好处，因此人家不讨厌他的话；他高兴了就笑，没有虚情，所以人家不讨厌他的笑；对于财物，合于义的才取，所以别人不厌恶他取。"

孔子听了他的解释说："是这样吗？难道真的是这样吗？"

【别裁大义】

疑假疑真

公叔文子，文子是他的谥号。朱熹的考证是公孙枝，别的考证叫公孙拔。究竟谁对，暂时不去管他，不过都知道这个人是卫国的大夫。孔子除了对他自己的国家鲁国以外，对卫国的感情最深厚。公叔文子在当时名气很大，影响力也很大。孔子问公明贾——公明贾也是卫国人。孔子问他说，夫子（我们后世拿"夫子"为对孔子的尊称。孔子当时"夫子"两字，等于我们现在以"先生"称人，这里就是指公叔文子）是卫国的闻人，在社会上很有声望，在政治上很有影响力，大家都说他很好，但有一点不知可不可信？公叔先生平常不随便说话，也不轻易笑，也不贪。

公明贾就说，别人对你所讲的，把他描写得过分好了。其实他讲话能把握时间、要领，不讲废话，恰到好处，因此人家听了，不讨厌他的话。他高兴了、痛快了就笑，笑得恰到好处，所以人家不讨厌他的笑。譬如下雨天在街上见人跌倒而哈哈大笑，这个笑，不得其时。人家已经跌得很痛，很狼狈了，这不应该笑的，偏要笑，岂不让人讨厌？

关于取，合理地送他礼物，适可而取，不故意标榜清高。

他这样一解释非常好，但是公叔文子这个人在历史上有点问题，所以孔子听了他的解释说："是吗？真的吗？"是表示怀疑的口气。是否这个人徒有虚名，很难断定，如白居易的诗："周公恐惧流言日，王莽谦恭未篡时。向使当初身便死，一生真伪复谁知？"周公辅助成王的时候，有人造他的谣，说他企图把侄子杀掉，自己当皇帝，使周公也怕起来了。而王莽在没有叛国以前好得很，满朝文武，全国老百姓，没有人说王莽是坏的。假使这两个人在这个时候就死掉了，那么他们一生中的真假又有谁知道？这是白居易的一首大家熟知的诗，他给了我们一个启示，使我们知道，有些人运气不好，把冤枉带到棺材里去了，可知人生定论很难。所以对于公叔文子，在公明贾替他作解释以后，孔子说："是吗？难道真的是这样吗？"存疑是可以的。

【本经】

子曰："臧武仲以防，求为后于鲁，虽曰不要君，吾不信也。"

【译文】

孔子说："臧武仲在防区上整兵振武，向鲁君要求封他的儿孙永远在这个地方世袭，虽然是说他并没有要挟国君的意思，我是不相信的！"

【别裁大义】

挟兵自重

臧武仲是鲁国的大夫，犯了罪自己逃出去。可是不肯放下权力，在防区上整兵振武，向鲁君要求，封他的儿孙永远做这个地方的首长。他用这个方法，取得这个位置。孔子说，他这样做，表面上虽然说是提出退让的要求，不说要挟，但是这不必骗人了，我是不相信的，他分明是用要挟取得富贵功名与政权。中国历史的藩镇祸国，都是同此一例的办法。

【本经】

子曰：“晋文公谲而不正，齐桓公正而不谲。”

【注释】

晋文公：姓姬，名重耳，晋国的国君，春秋著名五霸之一。

谲（jué）：欺诈，玩弄手段。

齐桓公：姓姜，名小白，齐国的国君，春秋著名五霸之一。

【译文】

孔子说：“晋文公擅用权谋而不正派，齐桓公行事正派而不耍权谋。”

【别裁大义】

由此而引出孔子对历史的批评。自周朝王道式微以后，就是霸业的开始，各诸侯国“挟天子以令诸侯”，表面上虽然拥护中央，而中央政府的皇帝，还是听他们的摆布，这是春秋战国时候的霸业。如果以中国历史文化来分王道与霸业，则春秋战国以后的汉、唐、宋、元、明、清在儒家思想的看法中，并不能称为王道，统统都是霸道。真正达到三代以上，以道德维系的政治，那才是王道。以权术取得而讲事功的则是霸道。所以在春秋战国五霸的阶段，仁义道德，也只是霸主的手段而已，变成口号了。

但在五霸中比较起来，也有好坏，所以孔子说晋文公谲而不正，他对晋文公的为人，不以为然。谲就是用诡道、手段。孔子为什么说晋文公谲而不正？因为晋文公家庭遭遇变故，流亡在外十九年，他的高级部下，智囊团之一的舅父，断定他一定能复国：“重耳（晋文公的名字）在外十九年矣，险阻艰难，备尝之矣。民之情伪，备知之矣。”因为他吃尽流亡的痛苦，深深了解人心的险恶，所以便懂得如何运用权术。齐桓公就不是这样，孔子认为他不需权谋比较好，而齐桓公与晋文公两个人的遭遇也大有不同。根据孔子这两句话，研究历史上帝王、领导人的心理，与少年时代的遭遇、环境的培养都大有关系。

因为孔子讲到对晋文公和齐桓公的比较，而且加以评论，子路就来插话。

【本经】

子路曰：“桓公杀公子纠，召忽死之，管仲不死，曰未仁乎？”子曰：“桓公九合诸侯，不以兵车，管仲之力也。如其仁！如其仁！”

【译文】

子路说：“齐桓公杀了他哥哥公子纠，召忽追随公子纠自杀尽忠，管仲却没有跟着殉节。管仲该不算仁吧？”孔子说：“春秋时代开始的时候，齐桓公虽然是霸主，但是把周朝中央政权的威信重新整顿，多次召集了诸侯共商会盟，不用武力，安定了国家社会，这些都是管仲之力。这就是管仲行的仁道了！这就是管仲行的仁道了！”

【别裁大义】

管鲍之交难

子路说，老师说齐桓公好，但是我想起一件事。齐桓公和公子纠，是兄弟也是政敌。管仲没有得志的时候，原来是帮助公子纠的，那时另外还有一个大臣名召忽，当时公子纠死了，召忽也拼命作战，为公子纠而死，但管仲并没有殉节。这样说来，管仲的人格还是有问题。这是历史上有名的故事。当时帮助齐桓公成功的有名臣鲍叔牙。桓公问鲍叔牙，如果想成霸业，把齐国治好，谁是好的人才。鲍叔牙就推荐了管仲。但管仲曾经在作战的时候，用箭射过齐桓公，幸好没有将齐桓公射死，而射中了衣带钩。所以齐桓公听了鲍叔牙的推荐后说，管仲这个人曾经助过公子纠，而且用箭射过我，幸好只中衣带钩，我没有杀他，已经够宽大了，你还要推荐他？鲍叔牙就说，你要振兴国家，还是要报私仇？你如果想成霸业，就不要记私仇。因为他是人才，当他帮助公子纠的时候，应该射你的。各为其主，立场不同嘛！齐桓公也有汉高祖那样的气度，因此用了管仲。

大家交朋友，常引用历史上管鲍之交，把管仲与鲍叔牙的交情，来比拟知己之交，但要真正达到那个程度太难了。中国五伦之道，朋友一伦是很重要的，也很难的。像管仲与鲍叔牙这种知己的朋友，在历史上只这么一个例子。任何人一辈子都难得有这样的知己，管仲最穷的时候，生活一切都依赖鲍叔牙。共同做生意赚了钱，管仲自己就多分了红利，鲍叔牙也不在乎。这还不算太难。齐桓公成功了，鲍叔牙推荐管仲当宰相，这也还不算难。管仲晚年就说，“生我者父母，知我者鲍叔”。人生得一知己太难。知己到什么程度呢？管仲临终以前，齐桓公问他，鲍叔牙可不可以接替他的职位。管仲说不可以让鲍叔牙当宰相。鲍叔牙一生都照应管仲，照一般情理讲，管仲临死了，应该将这个职位交给鲍叔牙，以为报答。现在由齐桓公提出这个意见来，他还说不可以，好像管仲不够朋友。其实他有他的道理。管仲对齐桓公说，你不要害鲍叔牙了，他这个人的人品实在了不起，气度也非常大，可是嫉恶如仇。一个当首相、当主管的，要能藏垢纳污，肮脏的东西也要包涵一点，完全要求清高是做不到的。鲍叔牙的第一个毛病就是太好、太清了，不能包容坏的一面。如把政权交给他，害了你齐桓公，也害了鲍叔牙。这样鲍叔牙也很高兴，认为只有管仲懂得他。

所以我们同事之间、朋友之间相处，都晓得讲历史上这件事情。我们文化深厚，就是历史上的故事太多，前辈的经验太多了。我们读书也是为了吸收这些做人做事的经验。

这里子路提出来说管仲这个人的做法，恐怕不仁吧？孔子说，春秋时代开始的时候，齐桓公虽然是霸主，但是把周朝中央政权的威信重新整顿，多次召集了诸侯开联合会议，安定了国家社会，从来没有用武力威胁人，固然霸业是权术，可是他的权术的最高原则还是道德，致使周朝的历史能够再延续下去。这些都是管仲的力量，这已经很好了，也就是仁义之道了。何必求之太过呢？

讨论到这里，子贡就起来辩论了。

【本经】

子贡曰：“管仲非仁者与？桓公杀公子纠，不能死，又相之。”子曰：“管仲相桓公，霸诸侯，一匡天下，民到于今受其赐。微管仲，吾其被发左衽矣！岂若匹夫匹妇之为谅也？自经于沟渎，而莫之知也！”

【注释】

微：没有。

被：通“披”。

左衽（rèn）：衣襟向左边开，这是夷狄的打扮，这是形容落后的少数民族。

谅：料想，体谅，谅解。

自经：自缢，上吊自杀。

渎（dú）：小沟渠。

【译文】

子贡说："管仲不该算是仁人吧？齐桓公杀了公子纠，管仲本来追随公子纠的，照理也应该殉节，他却不能以死尽忠，反而还辅佐桓公做了宰相。"孔子说："管仲辅佐齐桓公成为诸侯的盟主，号召诸侯，尊重周天子，匡正天下，使天下安定。他对国家、民族和社会的贡献太大了，老百姓到今天所享受的好处，都是他的功德所赐。假使当时没有管仲的贡献，天下就会变乱，那我们就会倒退变成野蛮民族了。这种情形，又怎么能像普通人所料想的那样呢？事出有因！如果他要是像普通人所料想的那样，自杀死于沟渠之中，那又有什么价值和意义呢？那是不会被人理解的！"

【别裁大义】

死生亦大矣

子贡拿个人的人格来看管仲，可以说他是不仁不义。齐桓公杀了公子纠，管仲本来追随公子纠的，照理也应该殉死，他却不能以死尽忠，后来反而更进一步，投降齐桓公，居然贪富贵做宰相，就更不对了。孔子说，政治道德、人生道德，很难评论得公平中肯。管仲投降了齐桓公以后，帮助齐桓公在诸侯中称霸，把当时那么乱的社会辅正过来，对历史的贡献，对国家民族社会的贡献太大了。到现在管仲已经死了，可是我们这些人都受了他的好处，今天社会能够安定，各个诸侯的国家能够安定，都是他们的功德所赐，假使当时没有管仲，那我们即已变成野蛮民族了。"被发左衽"就是野蛮民族。中国古代男女的头发都是梳起来的，我们现在都披发，是外国文化。"左衽"，都是左肩披着衣服，右肩臂露在外面，这是文化野蛮落后的象征。可是现在我们的装束，也都是被发左衽，向原始文化投降了，好在不止我们，整个世界都在被发左衽。讲到这一点，我想我们的民族文化，总有一天会站起来。

孔子告诉子贡，管仲对历史的贡献如此的大，没有管仲，我们的文化都可能灭绝了。这种情形，又怎么是普通男女，认为他怎么不为公子纠而死的观念可比呢？公子纠对管仲并不好，不听管仲的意见；如听管仲的意见，就不会有齐桓公，而是公子纠起来了。公子纠不以管仲为国士，管仲也不必要为公子纠殉死。这就不能拿一般人的情形来责备管仲了。普通人一碰到失败就自杀，毫无价值，好像倒在污水沟里，这样一死了之，又有什么意义？所以他不轻易为公子纠而死，以致后来有这么大的贡献。那么这生死之间的价值取舍，就另是一番评估了。

【本经】

公叔文子之臣大夫僎，与文子同升诸公。子闻之，曰：“可以为文矣！”

【译文】

公叔文子的家臣大夫僎，由于公叔文子的推荐，与文子一样成为卫国的大臣。孔子听到这事，说：“公叔文子真可以谥号称作‘文’了。”

【别裁大义】

公叔文子，就是刚才提到过的公孙拔或公孙枝，文子是他的谥号。我们先要了解，春秋战国时代，依照中国的封建制度，平民很难上来做官，但不是绝对不能。在这种制度下，公叔文子的部下僎由公叔文子提拔，从平民而提升保荐到与自己同等的地位。孔子说，公叔文子真够得上称“文”。中国古代谥法称“文”是很难的，根据《逸周书·谥法解》的记载，称文的有下面几种：一、经纬天地，二、道德博闻，三、勤学好问，四、慈惠爱民，五、愍（mǐn）民惠礼，六、赐民爵位六种。如明代的王文成，清代的曾文正，就是这个“文”。

【本经】

子言卫灵公之无道也。康子曰:“夫如是,奚而不丧?”孔子曰:“仲叔圉治宾客,祝鮀治宗庙,王孙贾治军旅,夫如是,奚其丧?”

【译文】

孔子谈论到卫灵公政治上的不足和问题,季康子问道:“既然这样,卫国为什么还没亡国呢?”孔子说:“卫灵公很会用人。他任用仲叔圉管外交,祝鮀管宗庙事务,王孙贾管军事国防,像这样的用人安排,卫国怎么会亡呢?”

【别裁大义】

人尽其才

孔子在卫国很久,当时的卫灵公对孔子非常敬重,但却没有起用孔子。卫灵公好像是个活宝,他宠信的妃子就是有名的南子,政治不算好,也不见得太坏,可是卫国上下对孔子都很敬重。但在一般舆论上,对卫灵公颇多不满。季康子就说,卫国的这位领导人既然这么坏,怎么卫国不会亡国?孔子说,卫灵公尽管不好,但他会用人,他的部下了不起的人才很多。

这一点我们又要看历史了。翻开古今中外的历史,一个主管,是不是善于用人,非常重要。就是在商业上,一个做老板的,善于用职员,也是很重要的成功因素。如果职员用得好,公司到了危急的时候,都不会垮台。一个机构如此,一个国家的政治也是一样。人才要安排得好,而且人才处处都有,看你怎样安排,有的人这方面不行,而另一方面有所长。

所以孔子谈到卫国的时候，季康子问这样一个领导人怎么不亡国。孔子就指出，卫灵公用了最好的外交家仲叔圉治宾客，就是办外交。在国际动荡的时候，外交最重要，而他用到了好的外交家。还有祝鮀治宗庙，在宗法社会宗庙也是政治的中心，以现在制度来说，包括了教育、文化、内政，都属于宗庙的事，上论曾经提到，所谓“祝鮀之佞”是指这个人很会说话，是一个理论家、政论家，他还办过一次成功的外交。另外又有王孙贾主持国防、军事。一个国家外交、内政、文教、国防有这样三个人才主持，卫国怎么会亡？只是卫灵公本人活宝一点，不过虽然活宝，他会用人。在历史上，汉、唐、宋、元、明、清各代中期时，有些职业皇帝都蛮活宝的，但是他会用大臣，干部用得好，而且绝对可以信任，就行了。缩小范围，一个单位主管，一个家庭，对家人子女，也是一样的道理。但从后世认定属于伪书的《庄子·杂篇》中，却有推重卫灵公之所以称灵的道理，并不如此简单。

【本经】

子曰：“其言之不怍，则为之也难。”

【译文】

孔子说：“有些人说起话来大言不惭，能说大话，然而做起事来却很难做到。”

【别裁大义】

孔子说这话的意思，指有些人吹牛脸都不红，这还不算，最怕是吹了牛不兑现。真做到了，就不算是吹牛了。所以我们做事、说话时要慎重考虑，大言不惭很容易，要看自己能不能做到。

讲解《论语》到现在，已经十四篇了，每篇都有高潮起伏，一点也不呆板。到这里又转了一个方向。

【本经】

陈成子弑简公。孔子沐浴而朝，告于哀公曰："陈恒弑其君，请讨之。"公曰："告夫三子！"孔子曰："以吾从大夫之后，不敢不告也！君曰'告夫三子'者。"之三子告，不可。孔子曰："以吾从大夫之后，不敢不告也！"

【注释】

陈成子：齐国大夫陈恒。

简公：齐国国君姜壬（rén）。

沐浴：洗头洗澡，指斋戒。

三子：指鲁国最有权势的三家大夫季孙、孟孙、叔孙，他们主宰鲁国的政治。

【译文】

陈成子杀了齐简公。孔子知道消息后，沐浴斋戒上朝报告鲁哀公说："陈恒杀了他的君主，请君上出兵讨伐他。"哀公说："你去向季孙、叔孙、孟孙三家大夫报告吧！"

孔子退朝后说："因为我曾经做过大夫，责任所在，所以不敢不把这是报告君上。君上竟说'去向三家大夫报告'这样的话！"

孔子于是又去向三家大夫报告了，三家大夫都不同意出兵讨伐。孔子说："因为我曾经做过大夫，责任所在，所以不敢不来报告啊。"

【别裁大义】

为正义而言

这一段是孔子在鲁国的时候，国际上发生大事，齐国的部下叛变，杀了齐国的国君，这个叛变的人叫陈成子。（下面杀了上面为“弑”，这是《春秋》笔法。）孔子听到这个消息，看得非常严重，像是参与国家大典一样，沐浴斋戒，穿上礼服去朝见鲁哀公。他说齐国的内政发生了叛变。陈恒杀了他的国君，我们鲁国要出兵去讨伐叛逆。

这就是中国文化，自古以来，都是世界大同的政治思想，所谓“兴灭国，继绝世”的主要精神，就是在国际间，碰到任何一个国家出了事，出兵帮忙，替别人消灭了祸乱，然后还是把政权交还给该国。我们只需要他年年进贡，岁岁来朝。而事实上年年进贡，岁岁来朝，是吃亏赔本的事。譬如过去历史的记载，海外的属国进贡了一头长颈鹿，或者外邦进贡了一头老虎，我们还要招待他的使者好几个月，皇帝还要给他赏赐。我们绝对没有土地侵略、经济侵略的野心，中国人只有爱别人，不会侵略别人。自古以来，我们中国传统文化的军事思想，有时出兵打仗，只是为了正义，不是为了利益。

孔子请哀公出兵讨伐陈恒，就是为了正义。而且孔子这个时候，他从大司寇位置已经下了台，可以不管国事，可能顾问的名义都没有，只是可以在皇帝面前讲话而已。他为了要实行中国文化的精神，就去报告，请求出兵。但是当时鲁哀公很可怜，所有的权力都在季家三兄弟的手里，哀公不能说孔子的主张不对，帮助邻国平乱是应该的，可是没有办法，就要孔子去和季氏三家讲。孔子说，因为我自从是大夫之后，是国家有地位的人，职责所在，道义所在，不能不向你报告。鲁哀公听完了还是要他去告诉季家，于是孔子退回来，告诉季家三兄弟。可是季家三兄弟不同意，认为不要管这个闲事。孔子说，因为我是鲁国的人，所以我不能不说，将来不要说我没有讲过这个话，我已经告诉过你们，也向国君报告过，我的个人责任、国家责任、历史责任都尽到了，做不做是你们的事。

这一段，很明显地可以看到中国文化的精神，中国的政治哲学也在这里。我常和外国留华的同学们说笑，就以留学生来说，现在我们的留学生，在外国打工、端盘子洗碗。但是由唐代开始历史上可以看到，当时外国来华的留学生达数万余人，我们的政府，在长安建筑了几千间房屋，招待吃、招待住，让他们读书，学习中国文化，够漂亮！哪像现在你们驻华的领事馆，办起签证来，还再三考虑，深恐会占了你们的工作机会。话说回来，历史时代的环境不同，当然不可一概而论。只是在这一段里，对于中国的政治思想、军事思想、文化思想、民族精神的重心，可以有个概要的认识。

【本经】

子路问事君。子曰：“勿欺也，而犯之。”

【译文】

子路问怎样侍奉君主。孔子说：“事君之道，不能欺君，应尽到自己的责任。如果君主有不对的地方，做臣下的也可以犯颜直谏。”

【别裁大义】

风云际会

这里的“事”字是动词，和服侍、侍候的侍同义。子路问做一个国君的高级干部，应该怎么才对。孔子说，既然做人家的干部，就要绝对忠心，不可欺骗上司，不骗他就要说直话。但说直话也很难，所谓“忠言逆耳”，可是要对领导人尽其忠，不妨冒犯他一下。

讲到这方面，在我们中国历史上，常看到大臣与皇帝政见冲突的事，旁注便有“拂其龙鳞”的话，以前对皇帝以龙作为表征，据说龙的个性，能柔能刚，随便怎样碰它的鳞甲，都不会生气，只有龙的颔下三寸处生的是逆鳞，倒的，那是致命所在，绝对不能碰，否则龙就会发怒而毁人的。这就说明为领导人的，度量要大，对有理取闹的，能够包容原谅。但在最要紧的关键上，千万不可以碰。譬如我们对朋友也尽管说直话，但对于朋友某一要命的缺点，则不能随便说了。以现代的行为道德讲，适当的限度，保持别人的自尊心，是必要的。所以历史上有些大臣“犯颜谏净”，就是说领导人已经很生气了，可是忠心的部下为了他好，不管他怎样生气，应该说的话，还是要讲。我们读《宋史》，赵普对宋太祖，就做到了“勿欺也，而犯之”。

有一次，赵普推荐某人做官，宋太祖不答应。第二天，赵普又上奏推荐这个人，宋太祖还是不答应。第三天赵普又上奏推荐，宋太祖这一下可忍不住了，气得大发雷霆，把奏折撕碎了扔到地上。赵普面不改色地跪着，把这些碎片拾起来，带回去。过些天，把这撕碎了的奏章补贴好，又带上朝去推荐。宋太祖这一次总算醒悟了，终于任用了这个人。又有一次，有个大臣应该升官，但是宋太祖一向讨厌那个人，不准他升。赵普极力奏请太祖批准，宋太祖又被赵普惹火了，气呼呼地说：“我就是不让他升，你又能怎么样？”赵普说：“刑赏，有天下刑赏的准则，陛下怎么能以个人的喜怒来左右刑赏？”太祖气得离座而起，回到内宫。赵普就跟着站在宫门口，久久不肯离去。宋太祖后来也就答应了。我们从这两个故事就可想见赵普处事的刚毅果断，但是他也有缺点，心胸不宽，容易记恨。他常会挑剔那些当他贫贱时，对他不好的人们。每逢这种情况，宋太祖就说：“若尘埃中可识天子、宰相，则人皆物色之矣。”劝赵普度量放大，不要计较这些小节。更何况天子宰相之才，哪里是社会一般人所能鉴识的。后来，赵普就不敢再提这一类的事了。

这种类似的故事，在《贞观政要》这部书里，记载得很多。唐太宗、魏征也是一对好搭档。不过话说回来，魏征这个伙计固然好，也要有唐太宗那样的好老板。照《贞观政要》的记载，长孙皇后也很好，所以还要老板娘也好。不然的话，就变成上论中所讲的“事君数，斯辱矣”。

【本经】

子曰：“君子上达，小人下达。”

【译文】

孔子说：“君子务求自己通达道德的修养和深层的学问；而小人却只是追求现实的名利和肤浅的知识。”

【别裁大义】

这两句话，大家都知道，经常引用，已变成成语了。自古以来，对于上达与下达的解释各有各的观点。综合一般的观点来解释，所谓“上达”，以现在思想的习惯而言，就是比较形而上的、升华的。所谓“下达”，就是比较现实的、卑下的。深入一点说，君子与小人，在春秋战国时代，尤其在孔子言论中，经常提出来作为一个对比的名称。因为真正研究学问，真正搞思想是少数人的事。有许多人尽管在读书，但并不一定在研究学问，而只是在求知识；尽管有人在搞思想，但并不一定在研究思想本身，不是研究哲学的问题。研究思想怎么来的，牵涉到形而上哲学的问题。形而上可以说是上达；形而下、现实的、浅近的就是下达。“达”就是通达，这是我们前面提到过的，过去习惯问人读书的情形，不问他读了什么书，有没有文凭学位，只问读通达了没。再说，“上达”，也可以解释为有高明的远见。“下达”，便是比较浅近，只重于现实的低视。

【本经】

子曰：“古之学者为己，今之学者为人。”

【译文】

孔子说：“古时的学者，依照个人性向和爱好，为了自己的修养而做学问，所以往往能达到很高的境界；现在的学者，根据个人和社会的现实需要，为别人研究学问，因而效果自然不同。现在的读书人，如果能把个人求学问的目的，融入到为国家、民族和人类文化之中，那也就不简单了。”

【别裁大义】

为谁读书

这两句话我们有几方面值得注意。

第一点应注意，这是孔子对中国文化发展史的看法。第二点，研究这两句话，何为为己，何为为人。一般说为己就是自私，为人就是为大家，也可强调说是为公。“古之学者为己”，古人为自己研究学问。“今之学者为人”，现在人为别人研究学问。这个问题就来了，从文字表面上看，可以说后世的人求学问，好像比古人更好，因为是不为自己而为人家，这是一种观点。

刚好昨天有一位同学，讨论到这个问题。他写一篇博士论文，中间有一段引用了这两句话，作东西文化的比较，就是持这种观点。我告诉他，这一观点可以成立，但是有一个事实，我们中国人过去读书，的确有大部分人还保持了传统的作风。这一传统的作风，类似于现代大学中最新的教育，或者西方最新的小学教育，所谓注重“性向教育”。就是依照个性的趋向，就个人所爱好的，加以培养教育，不必勉强。一个喜欢工程的人，硬要他去学文学，是做不到的。有许多孩子，自小喜欢玩破表、拆玩具，做父母的一定责罚他不该破坏东西。在教育家的眼光中，这孩子是有机械的天才，应该在这方面培养他。我们中国人过去读书，老实说不为别人求学问。而现在一般人求学问，的确是为别人求学问。一个普通现象，大专学生为了社会读书，如果考不取，做父母的都好像感到失面子，对朋友也无法交代。读书往往为了父母的面子、社会的压力，不是为自己。目前在大学里，有些重要的科系，男生人数还不到三分之一，几乎满堂都是女生。譬如哲学系的课，学生有七八十人，他们真的喜欢哲学吗？天知道！连什么叫哲学都不懂，为什么考到这一系？将来毕业了，出去教书都没人要。社会上听到哲学系，认为不是算命看相的，就是神经。可是为了什么？凭良心说，只是为了文凭。有的女孩子，学了哲学干什么？当然也可以成哲学家，不过没有家庭的好日子过，既不能做贤妻，又不能为良母，那就惨了。可是现在的教育，任何一系，都少有为自己的意志而研究的。那么今天的人读书，从文字表面上看，“今之学者为人”，为别人读书，至少是为社会读书。社会上需要，自己觉得前途有此必要而已。说是自己对于某一项学问真是有了兴趣，想深入研究追求，在今日的社会中，这种人不太多。

照目前的状况，如果缺乏远见，二三十年后，我们国家民族，会感觉到问题非常严重。因为文化思想越来越没人理会，越来越低落了。大家只顾到现实，对后一代的教育，只希望他们将来在社会有前途，能赚更多的钱，都向商业、工程、医药这个方向去挤。如物理、化学等理论科学都走下坡了，学数学的人已经惨得很。在美国，数学博士找不到饭吃，只好到酒馆里去当酒保，替人调酒，还可赚美元七八百一个月。

放大点说，这不仅是中国的问题，全世界文化都如此没落。二三十年后，文化衰落下去，那时就感到问题严重。

从过去的历史经验来看，时代到了没落的时候，人类文明碰壁了，就要走回头路。所以今日讲承先启后，的确需要准备。可是全世界的文化，目前还没办法回头，叫不醒、打不醒的，非要等到人类吃了大亏才行。没有人文思想，人类成了机械，将来会痛苦的。所以这两句话也可解释为，“以前的人读书是为了自私，现在的人读书是为公”，不过这种解释是错误的。

另外一个观点，我们中国文化里，宋代大儒张载——横渠先生说的：“为天地立心，为生民立命，为往圣继绝学，为万世开太平。”这四句名言已成为宋代以后，中国知识分子共同的目标。学者为这目的而学，应该如此。

谈到这位先生，是孔孟以后的儒家，宋明理学家中影响力很大的一位。他年轻时等于是一个“太保”，意气非常盛，身体棒，思想开拓，喜欢闹事。后来范仲淹带兵在陕西经营边陲的时候，张横渠才二十多岁，年纪很轻，奔往前线，要投军参加作战。范仲淹见他一表人才，约他谈话，劝他回去读书，告诉他将来报效国家的机会很多，等到书读好，慢慢再来，同时将一本《大学》交给他。那时他应该已经读过这本书了，可是范仲淹要他再读，告诉他其中自有他的千秋事业，自有他的天地。张横渠听了范仲淹的话，回去再读《大学》，从此放下一切，专心求学问了，后来成为一代名儒。宋代几位大儒，事实上受范仲淹的影响都很大。范仲淹在前方，出将入相，以文人当统帅，他难道不希望培养好的军事人才？但他一看张载这个人才不是将才，是对后世思想有贡献的人，不能这样埋没，就马上用这个教育方法培养他。果然张载后来影响了中国文化思想那么大，尤其他所标榜的那四句话，意义非常深远。今天我们要谈中国文化的中心思想，可以以他这四句话为主。我们如果以这四句话来研究，学者又应该是为人；不止为自己求学，同时也为人求学。这个“人”扩而充之，为国家、为社会、为整个人类文化。

下面讲到学问的外用。

【本经】

蘧伯玉使人于孔子。孔子与之坐而问焉，曰：“夫子何为？”对曰：“夫子欲寡其过而未能也。”使者出。子曰：“使乎！使乎！”

【译文】

蘧伯玉派了一位使者来看望孔子。孔子让使者坐下，然后问道：“蘧先生在家里做些什么事呀？”使者回答说：“我们蘧先生天天在家做修养的学问，希望自己做到每天少些错误。但是他总感觉还做得不够好，没有达到这个标准。”

使者告辞出去后，孔子说：“真是一位使者！真是一位使者！”

【别裁大义】

称职的使者

蘧伯玉是卫国有名的贤大夫，而卫国是孔子对它比较有感情的国家。孔子到卫国时，就住在蘧伯玉的家里，孔子和许多弟子的生活，都是蘧伯玉供应的。

孔子回到鲁国以后，蘧伯玉派了一个私人代表来看孔子。孔子就陪这位远道来客，坐在一起谈话。孔子问他，蘧先生在家里做些什么事？这位使者就说，我们蘧先生天天在家做修养的学问，希望自己做到每天少些错误。（这就是儒家讲究的每天都要自己反省，在《论语》第一篇就提到过“吾日三省吾身”。每天对自己的思想、行为，加以检点，能够做到少错寡过，就是了不起。）但是他感觉还做不到，没有达到这个标准。

看了这节对话，被人问到长官的事时，替自己主管应对得那么谦虚，那么得体，所以等到他离开以后，孔子就立刻告诉他一些学生，这个人够得上当代表，够得上当大使，他替派他出来的主管所答的话，谦虚而不失体，非常恰当。换句话说，也看出这个使臣本身的修养学问。

这一点我们要注意，假使在自己国家以内，出去为朋友作代表，或被主管派出去办一件事，要把立场先站好，这是很难的。有的人把主管捧得太过分了；有的发主管牢骚，先骂起自己的主管来了。如果到国外当大使，更严重了，那就要看修养的风度了。所以外交人才难得，尤其贫弱国家的外交，说话的立场，不易把握。

透过这段文字的记载，第一了解的，是蘧伯玉晚年退休以后的修养，确有大臣退居林下的风度，的确不同。第二，表示了蘧伯玉用的干部，代表他出使的人，应对才能之高明。第三，可见主管与干部之间，本身修养的配合。第四，孔子借此教育的机会，告诉学生们，这样的人，说话得体，谦虚而包含的意思很多，才有资格做使者、当代表。假使孔子要责备蘧伯玉，或责备卫国的什么缺点，当这位使者说出这句话时，已经把孔子封住了口，使孔子不好意思再说出责备的话来，所以孔子极力称道他。

因此引出孔子平日的理论，说明这个道理。

【本经】

子曰:“不在其位,不谋其政。”

【译文】

孔子说:“不在那个位置上,不能真知道它的详情,就不要随便下断语,也不要随便批评。”

【别裁大义】

宿将还山不论兵

这是很重要的,《泰伯第八》提到过,这里又重复出现,一个干部,对于臣道的修养,乃至学者自己本身的修养,都要守住这个原则。这和政治思想也有关。譬如站在政治学的立场,有人说国家的事,是大家共有的,所以人是政治的动物,都是政治的分子。中国人说“天下兴亡,匹夫有责”,人人都应该关心国家大事。但是,有个原则是“不在其位,不谋其政。”不在那个位置,不轻易谈那个位置上的事。

知识分子应该少谈政治为妙。因为我们所谈,都是纸上谈兵,我们看到这六十年来,都是知识分子先在这一方面闹开了动乱的先声,很严重。有些学科学得更喜欢谈政治,如果将来由科学家专政,人类可能更要糟糕。因为政治要通才,而科学家的头脑是“专”的,容易犯以偏概全的错误。

所以孔子这两句话,是为政的基本修养,表面上看来,好像帝王可以利用这两句话实行专制,要人少管闲事。事实上有道理在其中,因为自己不处在那个位置上,对那个位置上的事情,就没有体验,而且所知的资料也不够,不可能洞悉内情。因此，我们发现历史上许多大臣下来以后，不问政治。像南宋有名的大将韩世忠，因秦桧当权，把他的兵权取消以后，每天骑一匹驴子，在西湖喝酒游赏风景，绝口不谈国家大事，真如后人有两句名诗所说："英雄到老皆皈佛，宿将还山不论兵。"这也就是"不在其位，不谋其政"道理的写照，并不是说把政治交给当权者去做，我们大家根本不要管，这并非孔子此语的内涵。

另外还有一层意思，孔子和蘧伯玉曾经分别在鲁、卫两国当过政的，现在都退休了，虽然还住在自己的国家里，但已退休，就不必再问国家大事了。所以从这一段话里，轻描淡写地衬托了鲁、卫两国当时的政治，的确是不大高明。因此孔子在无可奈何之中，只好说"不在其位，不谋其政"了。

接下来是以曾子的话作补充。

【本经】

曾子曰："君子思不出其位。"

【译文】

曾子说："一个人，要认清自己的定位，安守本分，不要心存非分无益的妄想，更不要过分干预别人的事情。"

【别裁大义】

思无邪

这句话也可以用来解释上论第二篇《为政》中"《诗》三百，一以言蔽之，曰：思无邪"那句话，同时也是上面"不在其位，不谋其政"的注解。一个人，尤其关于现实的思想，不要太不守本分。不守本分就是幻想、妄想，是徒劳而无益的。当然，这个话我们可以站在社会文化的立场反对。研究科学，不怕人有幻想。强调一点来说，历史也是幻想创造出来的，科学的发明，开始也由幻想而创造出来。真正的科学家，很少有个性不古怪的，环境影响了他。每天在实验室里，生活没有情调，如果研究到深入的时候，他手上拿着正在吃的面包，换上块腐肉给他，他都不知道，照拿照吃。但是他如不这样研究得发疯，就绝不会成为一个真正的科学家。做学问也是这样，要想学问有成就，一定要钻进去，像发了疯一样，然后跳出来，这就成功了。不到发疯的程度，就没有成功的希望。搞通才的，样样搞又样样搞不好，就犯了太聪明的毛病。科学有成就的人，可以说是笨的人，也是世界上最聪明的人，这就不能说“思不出其位”了。所以现在年轻人来读这些书，都是反感的，往往加上“统制思想”“控制思想”等许多罪名。

事实上，话并不是这么说，曾子并没有谈到这些问题，他只是说人的基本修养。这句话编在这里，等于说是从政者本身人格的基本修养，不是自己的职掌范围，不必过分去干预职权。以现在的政治思想来解释这句话的意义，就是“不要违反思想的法则”。如果用在做事方面，也可以说，不要乱替别人出主意。由这样去理解，这句话的意思就通了。

【本经】

子曰：“君子耻其言而过其行。”

【译文】

孔子说：“人说出的话就要兑现。君子觉得，如果自己说出了大话，而做不到，是可耻的。”

【别裁大义】

智、仁、勇

很多话都是意义相同的。不过这个地方，孔子以不同的语句讲出来。就是说要言而有信，讲话要兑现；牛吹大了，事实上做不到，这是君子引为可耻的。不要把话讲得超过了自己的表现，做不到的，绝不吹牛。

【本经】

子曰："君子道者三，我无能焉：仁者不忧，知者不惑，勇者不惧。"子贡曰："夫子自道也！"

【译文】

孔子说："君子之道有三项标准，我都没能做到：真正的仁者没有忧虑；真正的智者没有迷惑；真正的勇者，是仁义所在，心胸坦荡，人生没有恐惧。"

子贡道："这正是老师自己的真实写照呀！"

【别裁大义】

这等于一个小结论。有一天孔子感叹说，学问修养合于君子的标准，有三个必要条件。孔子很谦虚地说，这三点我一点都没有做到。

第一是"仁者不忧"。有仁德的人没有忧烦，只有快乐。大而言之，国家天下事，都做到无忧，都有办法解决，纵然没有办法解决，也能坦然处之。个人的事更多了，人生都在忧患中，人每天都在忧愁当中。而仁者的修养可以超越物质环境的羁绊，而达于"乐天知命"的不忧境界。

第二是“智者不惑”。真正有高度智慧的人，没有什么难题不得开解，没有迷惑怀疑之处，上自宇宙问题，下至个人问题，都了然于心。像我们没有真的智慧，明天的事，今天绝不知道。乃至此刻的事，也常自作聪明，自以为是。

第三是“勇者不惧”。只要公义之所在，心胸昭然坦荡，人生没有什么恐惧。

孔子在这里说的词句，字里行间，写出他的谦虚，表示自己的学问修养，没有做到君子的境界。可是子贡对同学们说，不要弄错了，这三点老师都做到了，我们要这样学习才对，他只是自我谦虚，不肯自我标榜而已。

【本经】

子贡方人。子曰：“赐也，贤乎哉？夫我则不暇！”

【译文】

子贡比较直爽，爱当面批评别人的过失。孔子说：“子贡啊！你要求别人不要过高了，不要希望别人都是贤人啊！假如是我，就没这个闲暇去批评别人。”

【别裁大义】

子贡有时比较直爽，看见不顺眼的人，当面就说人家，得罪人，当面就方你。这个“方”字在四川、鄂西一带的方言中，常常听到人说。如说“方一方他”，就是不妨得罪他一下。有时候说某人个性太直，也说某人是方人，这种人很直爽，常常容易得罪人，子贡就是这样。所以孔子说，子贡啊！“贤乎哉？”你要求别人，不要过于高了，不要希望别人都是贤人啊！有时候要马虎一点，（这与古人对“贤乎哉”的解释，稍稍有点出入。）而且老是得罪人，也不太好。假如是我，就没这个工夫去批评别人。

【本经】

子曰："不患人之不已知，患其不能也。"

【译文】

孔子说："一个人，不用担心别人不了解自己，就怕自己没有真正的学问和才能。"

【别裁大义】

这两句话，在上论第一篇的最后结论已说过。虽然最后一句文字不同，但是同样的意思。这里是说，一个人不怕别人不了解自己，就怕自己没有真本事，没有真学问，没有真才能，否则终有所成。这句话安置在子贡方人一节下，也是非常有味。

【本经】

子曰："不逆诈、不亿、不信，抑亦先觉者，是贤乎！"

【译文】

孔子说："不预先揭穿别人欺诈，不随意凭想象推测别人，也不靠主观相信别人。然而对这一切都能有智慧及时觉知、裁断，这就是贤人了吧！"

【别裁大义】

待人接物

这里是孔子所说，为人处世、交友之间的一个信条。

明明别人来骗自己，可是不给人当面难堪，这是“不逆诈”。以平生经验，的确碰到过许多这样的事，明知道对方满口都是谎言，但是姑且就让他骗。他讲完了以后，他所期望的、所要求的目的，也让他达到。但是我们自己心里有数，知道他在骗。同时还发现有些人，他完全在骗人，但是他自己已经不觉得在骗人，他骗成了习惯以后，连自己都不觉得在说假话骗人，而变成了他正常的生活方式，甚至对他自己说的假话，也觉得是真的。“不逆诈”就是不揭穿有些人的欺诈。当然，这也要用得好，如果用得不好，我们就犯了很大的罪过，很容易成为“姑息养奸”了，这也不可以的。有的人是真的有困难，不得不骗一点钱，不抢不偷，已经算是好的，明知道骗，不妨给他骗一次，不过要设法感化他，这是“不逆诈”。也可以把这个道理扩充到大的方面，但要恰到好处，该揭穿的时候，就要加以教育了。“不亿”就是不随便估计、推测。凭了想象，随便估计推测，认为大概是这样，就犯了主观的毛病，不大好。“不信”就是怀疑。“不亿”“不信”，等于说不要主观地相信，也不要太客观地不相信。人如果有这样的胸襟、修养，就够得上是有智慧的先觉者，也可以说是一个贤达的人了。

【本经】

微生亩谓孔子曰:“丘，何为是栖栖者与? 无乃为佞乎?” 孔子曰:“非敢为佞也，疾固也。”

【译文】

微生亩对孔子说:“丘，你总是忙忙碌碌地周游列国，到处游说，究竟是为了什么呢? 这莫非是为了显示自己的口才?” 孔子答复说:“怎么敢为了显示自己的口才呢! 那实在是我的老毛病太顽固了，不得不这样罢了。”

【别裁大义】

夫子何为者

现在开始，是另一个高潮。

微生亩是道家人物的隐士。讲到这里我们先要搞清楚一点，就是道家与儒家的思想，有两种不同的基本态度。儒家的基本思想是要中流砥柱。而在道家看来，中流砥柱抵得了什么? 譬如今天石门水库放水，在中间放块石头，能挡得住流水吗? 不过石头自己站住了，没被水冲走，可是水流照样往下冲，挡不住。道家绝不走这个路子。道家思想的基本态度，始终是走“因应”的路子——顺应自然。一个时代形成了一个趋势，挽不回来，所谓“江水东流去不回”，不可能把历史拉回来。道家思想是讲先知，一件事从它的前因，知道它一定的后果。如石门水库放水时，没有办法把水势挽回，但计算水流到某一地段时，轻轻开好一条水沟，就可以把水流疏散了。这就是现在流行的道家的太极原理，四两拨千斤的道理; 也是军事谋略，以寡击众的要点。所以中国历史上，出来因应时势、拨乱反正的，都是道家的人物。

这里我们讲一个思想问题：我们中国几个“子”，实在了不起。除了现在讲的孔子，《老子》这本书，到现在为止，在国外已有好几十种译本。早在三十多年前，在成都有一位女医生告诉我，她在德国留学时去跳舞，召来一名舞男，居然知道中国的《老子》，而且可以用我们的国语背诵，她说好在自己在国内是读这些旧书出身，否则还在外国人面前丢脸了。《孙子兵法》这部书，许多国家，包括苏联的陆军大学在内，列为必修课。现在孔子也出国去了，未来世界的文化趋势如何，可想而知。

说到《孙子兵法》，想到《孙子》有名的《势篇》，讲形势。这个名词很难解释，现在世界的军事思想不讲势，而讲力的对比。每个国家都注意有多少兵源、多少物质、多少武器，力的统计。如果只讲这些，只是力的对比，不稀奇。中国的拳术，也反映出中国的军事思想，不讲力，讲劲道。一拳一个劲道，就把对方打倒了。劲不是力。中国人主要讲势，道家说“知其力，用其势”，所以能四两拨千斤，以弱敌强，以寡击众。一个三期肺病的人，能把世界的大力士打倒，那才是本事。十个人可以消灭上千上万敌人，就是运用势。

什么是“势”？《孙子兵法·势篇》最后一句话的结论说：“转圜石于千仞之山。”这就是“势”。一块圆的石头，在一两万尺的高空上转，就是“势”。假使一个四斤重的石头，在我们台北市上空，就仅五千尺的高空转，全台北市的人都要躲起来了，因为每个人都有被击中打死的可能，这一情形就是势。等到这块石头落下地以后，不但是我们，小孩子都可以欺负它，上去小便，它也毫无办法。不过四斤重的石头，谁都搬得动，丢了也就丢了。懂了这个道理，在处世上就可以运用，尤其战略、战术思想，都是根据这个道理来的。在势没有形成的时候，对敌人政治的、军事的战斗，就无法稳操胜算。孙子也很巧妙，写到这里，再没有继续写下去了。就是要读他书的人，自己去体会、运用。

透过一个故事也可以了解“势”的道理。据说大蟒要吃东西的时候，不像其他的蛇要咬住东西，它只要将口张开，可以把一定距离以内的东西，吸到它的口中，吞入腹内。它的攻势一出，尾巴一摆，可以把直径尺把粗的大树扫断，厉害得不得了。可是有一只小蜘蛛和一条这样大的蟒是世仇，要对大蟒进行报复。就在蛇洞口的树上悬了一根丝下来，等待大蟒出洞觅食的时候，急落下来，打在大蟒致命的头部七寸部位。每当大蟒刚把头伸出来，蜘蛛就急速下降，大蟒就立即缩回洞里，不敢出来。这么厉害的一条大蟒，就这样被一只脆弱的小蜘蛛制住了。反过来，如果这条大蟒能够冲出洞，躲过头部七寸上的一击，只要一张口，也就可以轻易地把这只小蜘蛛吸进腹中消化掉了。可是当大蟒没办法施展它吸物的毒气时，这样一个脆弱的小蜘蛛，就可要大蟒的命，也就是兵法的原则、战略的道理。历史上，子书上，很多这类故事，在政略上都可供我们活用。

因为这里与孔子讨论问题的微生亩，是一位隐士，属于道家人物，所以在了解这一段书之前，我们先概略地介绍一下两家思想上的差别处。孔子当时碰到几位隐士都吃瘪了。在中国古代文化历史上，隐士们的影响力很大。尤其以经济观点看，春秋战国以后，一般人都趋于现实，每逢乱世，经济的现实性一定变得很重要；物质的崇拜越来越高，这也是政治哲学、历史哲学的大问题。可是有少部分人，如道家的隐士，现实的欲望、富贵功名，对他都毫无诱惑的作用；他能够吃蔬菜、喝稀饭，硬是“不同流”，屹然而独立。而他们本身是人格高尚、学问渊博、才具高超的。如我们提到过汉高祖敬畏商山四皓的故事，可见中国隐士思想影响力之大。过去几千年来的政治，受这个思想的影响一直很大。再从另一角度看，这一派人好像对现实不热心，其实也很热心。因为他们站在旁边，使当道者非常注意。他们似乎袖手旁观，又似乎在护航。

微生亩就是这样一位隐士，有一天他对孔子说，你一天到晚凄凄惶惶（唐玄宗咏孔子的名诗，开头两句“夫子何为者？栖栖一代中”就是从《论语》这一节脱换而来的），忙忙碌碌，周游列国，到处宣传讲学，究竟是为了什么？到处去讲学、宣传，又有什么用？你是为了显示自己口才好吗？孔子答复他说，我并不是好说讨人喜欢的话，实在是自己的毛病太深了，用现代话说就是毛病大。这样的解释，和古人的解释不一样。古人将“疾固”两字解释为“讨厌这种固执己见，不肯出来用世的病态”。我觉得这样的解释太牵强。这是因为后代的儒家思想，反对道家，反对隐士，就借用孔子这句话骂人，责备这些人不肯出来为国家社会尽力。其实，这只是他们想做官的门面话。可是孔子绝不是这种态度，他对隐士很尊重。在此，他只是一番自我表白，这句话翻译成白话等于说，你老兄劝我不要为时代担忧，是很对的。我之所以一天到晚奔走呼号，那是我的毛病。这是他对隐士们一种谦虚、幽默的态度。真正的心意是，反正你们不出来做事，我出来做事，各走各的路，我为社会国家尽心而已，就算是我的毛病吧！

【本经】

子曰：“骥不称其力，称其德也。”

【译文】

孔子说：“对于真正的千里马，并不是称赞它的力量，而是要称赞它的德行。”

【别裁大义】

骥是古代的名马、良马、千里马的名称。孔子说真正的千里马，并不是说它的力量有多大，而是说它的德行好。中国古代的千里马是了不起的。我们看西方赛马，马跑的时候，一跳一蹦的，骑在上面实在不好受。中国的良马跑的时候，左右腿交替奔驰，快得像风一样，人骑在上面，有如在平稳的水面上行船，一点都没有颠簸的感觉。良马如遇主人坠鞍，它立刻站住，等主人起来，绝不会践踏到主人或拖着主人跑。如果肚带没有系紧，马鞍不完整，就是骑上去了，它也不走，用鞭子打它也不走。又如老马识途等，都是良马的德行。这种良马，要有天才才能训练得出来。劣马则会打滚、会擦墙，使骑它的人受伤，甚至送命。

这两句话编在这里，等于是答复了微生亩问孔子的问题。意思是说，一个为人类、国家、社会的人，不问眼前的效果，只问自己应该不应该做。甚至今天下的种子，哪一天发芽，哪一天结果，都不知道。下了种子，终有一天会有成果的。从这里我们想到，孔子的思想，几千年以来，始终成为国家民族文化的中心，的确是有它千古不灭的价值的。

【本经】

或曰："以德报怨，何如？"子曰："何以报德？以直报怨，以德报德。"

【译文】

有人说："用恩德来回报仇怨，你看怎么样？"孔子说："那用什么来回报恩德呢？要明辨是非、善恶。对待仇怨，要直道而行，用公平正义来回应怨恨；对待恩德，要以德报德。"

【别裁大义】

报怨与报德

最近日本《产经新闻》发表的《蒋总统秘录》一文，这位日本记者引用了"以德报怨"这句话，说是孔子思想，这是一个错误。"以德报怨"是道家思想，这句话出在《老子》。孔子思想是"以直报怨"。

儒家思想有一点侠义的精神，你打我一拳，我踢回你一脚；你对我不好，我不理你，这很直嘛！难不成你对我不好，我还要对你好，就如基督教《圣经》上说，你在我左脸打了一个耳光，我再送上右脸让你打一个耳光？或者像唐朝的娄师德，告诉他弟弟，要唾面自干一样。但对于娄师德这句话，我们要了解，这是中唐以后的修养。当时天下太平、社会安定，而娄师德是世家公子，历代都做大官，声望很高，他自己在京里做大官。他的弟弟到代州去当太守，上任以前，向他辞行。娄师德说，我们娄家受国家、朝廷的恩惠太大，我两兄弟现在都在做官，一般人会批评我们世家公子比较骄傲，你出去做官，千万要认清这一点，多多忍耐，不要为我们娄家丢人。他弟弟说，这点我知道，就是有人向我脸上吐口水，我就自己擦掉算了。娄师德说这样做并不好啊！你把它擦掉，还是违其怨，给人家难堪哪！弟弟说，我懂了，就让它在脸上自己干了。娄师德才说，这就对了。假使所有中国人都是这种修养，那还得了！所以话说回来，做学问不要断章取义，不管上下文，只抓中间一句两句去做，那就要出问题。每个思想，要作整体的研究才行。刚才已经声明了，娄师德出身在中唐以后，国家社会已经有了两百多年的安定，而他家里又历代做官，他本身又在中央政府当相职。这样的时代背景，这样的家庭背景，他弟弟在这样环境中所处的立场、位置，就与一般人不同。由穷小子经过考试出来做官，就可以傲慢一点。如果娄师德的弟弟有一丝傲慢，人家就会批评，说靠世家的势力欺负人，所以娄师德对他弟弟的这个教训才没有错，并不是说在乱世之中，拔刀而起的时候也要如此。在这样的时代，不要说口水吐到我们脸上，如有外国人不礼貌地瞪我两眼，我也要打他两拳。时代不同、环境不同，对事情的处理态度就有所不同。所以做学问不能断章取义。

这里有人问孔子“以德报怨，何如”，等于提到道家的思想。孔子的答复，也没有直接反对，只是在逻辑上做一个论辩。他说，别人对我不起，我对他好；那么人家对我好，我又该怎样报答呢？所以他下面就主张“以直报怨”，以直道而行。是是非非，善善恶恶，对我好的当然对他好，对我不好的当然不理他，这是孔子的思想。他是主张明辨是非的。

【本经】

子曰：“莫我知也夫！”子贡曰：“何为其莫知子也？”子曰：“不怨天，不尤人，下学而上达。知我者，其天乎！”

【译文】

孔子感慨道：“没有人能够了解我呀！”子贡说：“老师，为什么说没有人了解您呢？”孔子说：“我这一生，不抱怨天，不责怪人，从下层最艰苦的人生经验起步，但不为现实所困，能够升华，进而通达了形而上天道的境界。因此也不要求别人的了解，大概了解我的只有上天了！”

【别裁大义】

存心自有天知

孔子有一天感叹没有人了解他。子贡听见就说，老师何必这样悲观！怎会没人了解你？孔子说，我这一生，“不怨天、不尤人”，从基层的学识、艰苦的人生经验起步，但不为现实所困，能够升华，走入形而上的境界。这是孔子的自我描述，因为孔子出身穷苦，在艰难困苦环境下，体会到人生哲理，成就智慧的德业，升华上达，超越世俗，因此对人世间也不要求别人的了解，存心自有天知。

上面等于结束了自微生亩以后的一段话，下面又转入另一波澜。

【本经】

公伯寮愬子路于季孙。子服景伯以告，曰：“夫子固有惑志于公伯寮，吾力犹能肆诸市朝。”子曰：“道之将行也与，命也；道之将废也与，命也。公伯寮其如命何？”

【注释】

公伯寮（liáo）：姓公伯，名寮，字子周，鲁国人，与子路同做季氏的家臣。

愬（sù）：同“诉”，诽谤，告发。

子服景伯：姓子服名何，字伯，景是其谥号，鲁国的大夫。

夫子固有惑志于公伯寮：季孙虽然已经被公伯寮迷惑了。“夫子”，指季氏。“固有”，本来就有。“惑志”，疑心，祸乱之心。

肆诸市朝：把尸体陈列于街头示众，意思是除掉公伯寮。“肆”，动词，陈列尸体。“诸”，“之于”的合音，其中的“之”指公伯寮。“市朝”，古人把罪犯尸体示众，或者在朝廷，或者在市集，笼统地称为市朝。

【译文】

公伯寮在季孙面前讲子路的坏话。子服景伯把这件事告诉了孔子，并说：“季孙虽然已被公伯寮迷惑了，但凭我在朝中的力量还是可以把公伯寮除掉，把他陈尸于市。”孔子说：“不可以这样做！我们行的是为国家和民族未来的正道，能够走得通，是国家、民族、时代的命运使然。倘若上天真要让这个文化命脉断了，那也是命运。公伯寮他又怎能改变这个命运呢？”

【别裁大义】

公伯寮是鲁国政治上、社会上有地位的人，当时鲁国政权在季家三兄弟手中，公伯寮就暗地挑拨是非，在季孙面前，讲孔子学生子路的坏话，这也是间接地攻讦了孔子。当时有一个孔子的学生姓子服，名何，字伯，后来谥号景，当时是鲁国大夫。有一天来告诉孔子，公伯寮在捣乱，到处造谣和老师作对，并且在季孙家说子路的坏话，增加老师的麻烦，今天我在官府中的权力可以左右一切，可以放手去做，这种害群之马，我有力量除掉他。意思是向老师请示，要怎样处置这样一个坏人。孔子说，不要那样冲动，不可以这样，我走的是为国家民族、为人类、为天地行正道的路，能够走得通，是命。倘使这个文化命脉真的要中断了，也是民族、国家、时代的命运。公伯寮这样捣乱，影响不了什么。又有什么关系？

这一段书，第一点是看出孔子思想、意志的坚定，第二点说明了孔子的人品道德。在他学生里有这样有权力的人，而且不止一个，但是他始终不运用。他认为这种现实力量，对于文运世风的兴衰，没有什么影响，所以他否决了子服景伯用权力对付公伯寮的建议。由此再引出下文的另一章。

一些人说孔子思想与隐士相对，其实一点都不相反，甚至孔子也有避世隐遁的观念。

【本经】

子曰："贤者辟世，其次辟地，其次辟色，其次辟言。"

【译文】

孔子说："高明的贤人，在时代混乱的时候，脱离现实社会而避世隐居；其次，离开这个地方到另一个地方去居住；再其次，对人对事、言论思想端正谨慎，态度上避免傲慢、鄙薄；再其次，不发牢骚，避免恶言恶语。"

【别裁大义】

入山未必安心

这好像是孔子告诉了我们很多做事的权谋。我们知道“不学无术”这句成语，反过来说，就是除了学问要好，把握住原则以外，还要懂得处世之方。孔子所讲的这些话都是术，也就是方法。这里的“辟”就是“避”的古写。“贤者辟世”，时代混乱的时候，不与现实发生关系，脱离这现实社会，和隐士一样修道去。再其次是“辟地”，一个地方太混浊，不认同这环境，就离开这个地方。再其次“辟色”，处世的态度上要注意，在乱世动荡的社会中，对人对事、言论思想要端正谨严，对任何人的态度都要和善，能够包容别人，不要有傲慢、鄙薄的态度。相对地说，看着风头不对，他大概与我合不来了，那自己就早一点离开吧！再其次“辟言”，不发牢骚。这是孔子告诉我们的“四辟”。由此看来，孔子对于隐士思想，何尝不赞成！他教弟子们的四辟，已经走上隐士的路子了。

根据这四辟，可以看到从前知识分子的处世方针。不过讨论起来，涉及个人思想的问题，有点类似于西方讲的个人自由主义。例如“辟世、辟地、辟色、辟言”，这是中国过去知识分子处乱世，在“邦无德”的情形下，所采用的个人自由主义，宁可退守自清，不愿同流合污，隐士路线就是如此。但是在拨乱反正，能够对国家社会有所贡献的时候，他所采用的原则是“成仁取义”的路线。这两个路线，不但是中国知识分子的思想问题，全世界的人都是这样。研究西方的政治思想、文化，包括了欧洲各国，一直到美国，都是如此。所谓个人主义、自由思想，到了最高度，就是绝对的个人自由，这是必然的发展。所以古旧的自由思想，必须要法治，要人人能够守法，才能谈自由。可是现在到了中国来，年轻人搞不清楚东西文化这个思想潮流的精神所在，学西化，动辄讲自由，又不懂西方自由主义的真精神，而完全变成个人的自私主义。

这一段表面上看，孔子反对隐士，实际上这一段包含着浓厚的隐士思想。“贤者辟世”，时代不对了，觉得无能为力，挽回不了的时候，只有避世。那么避世干什么呢？就是保持有用之身，等待机会，做更大的贡献。讲不好听一点，也就是消极的自全其身。不但在这一段，《论语》里有许多地方，孔子都提出过这种主张：如“邦有道危言危行，邦无道危行言孙”；乃至对南容的奖评如“邦有道不废，邦无道免于刑戮”。可见孔子的观念中，何尝完全抹煞隐士思想！所以严格地研究起来问题很大。至少几千年来，一直到近五六十年前，中国知识分子，书读好了的人，就缺乏一股冲劲。我们大家也是一样，理论会讲，冲劲不足。有冲劲的时候，往往学识又太欠缺，不能成事。一般人等到知识比较丰富、头脑思想比较完备的时候，由于年龄的增进，勇气就消退了。历史上无论中外的人物，往往是老年人的智慧比较成熟，如配合了年轻人荣誉感的冲劲勇气，就会开创出新的历史境界。

【本经】

子曰：“作者七人矣。”

【译文】

孔子说：“据我所知，这样避世的隐士就有七个人。”

【别裁大义】

这句话是紧接上面而成一段。总共有七个人已经避世了。这七个人究竟是谁？没有指名明说，我们也不必乱加牵强罗织。讲到这里，我想起古人一首绝句很好：“十年橐（tuó）笔走神京，一遇钟离盖便倾。未必无心唐社稷，金丹一粒误先生。”这首诗是指吕纯阳而作。以诗论诗，其中“未必无心唐社谡”一句，正好借用来说明孔子所说“作者七人矣”的苦心。其实，人未必真肯为金丹所误，只是“英雄退路做神仙”。自求千秋事业，另玩一套花招而已。你求上天堂，他求极乐国，无非所求另有不同，谁又真肯甘于寂寞，除非大圣。

上面孔子说到避世的圣人已经有七个了。这七个人，可能就是《论语》中提到的一些人。孔子经常被这班人骂得很难堪。事实上，不是骂，是他们之间的互相幽默。其中之一的楚狂，就是楚国的一个狂人。所谓“狂”，并不是疯子，而是满不在乎，不受拘束。这一类的隐士，孔子提到很多个，一般的注解，不敢确定是哪七个。在《论语》中记载的有楚狂、长沮、桀溺、荷蓧丈人，乃至荷蒉者、晨门都是。晨门是一个人，就是守城门的，为古代的一个小官，相当于现在的公务人员，在此以他的职务代替他的名字。现在就讲到这位先生了。

【本经】

子路宿于石门。晨门曰：“奚自？”子路曰：“自孔氏。”曰：“是知其不可而为之者与？”

【注释】

石门：地名，鲁国都城的外门。

晨门：执掌早晨开启城门的人，大概是一个贤人隐士。

【译文】

有一天，子路在石门住了一夜，第二天清晨起来，有一个晨门问他：“你是从哪里来的？”子路说：“是从孔先生那里来的。”这个晨门说：“就是那个明知做不到却还要去做的孔丘吗？”

【别裁大义】

大隐市朝

有一天，子路在石门这个地方过夜，早晨起来，有一个晨门问子路，从哪里来的？子路说是从孔先生那儿来的。这个晨门说，就是那个姓孔的孔丘？那个明知道做不到，硬要做的人吗？这个晨门就是隐士，他学问很好，道德很好，可是隐居在一群下级干部当中。古代有所谓“小隐在山林，大隐于市朝”之说，当隐士跑到山林中是小隐，是消极的，是孔子所谓的辟世、辟地。有些人一生做官，而在最后临死时，才知他在当隐士。此即“大隐于市朝”。这就是大隐法，如苏东坡的诗所说“万人如海一身藏”，非常妙。现代是工业社会，当隐士与农业社会不同，只要有一点生活费，租一个公寓式的房间，在里面读书也好，静坐也好，不与人往来，死在里面烂了，别人都不会知道，所以现在当隐士，更可以隐于市朝。

上面讲隐士的路线。但为什么要当隐士？因为对时代没有办法。晨门这位隐士，就说孔子并不是不知道做不了，他明知道做不到却硬要做。这位晨门老兄，批评得很恰当，没有骂孔子不对，也没有说孔子对，只对子路说，就是那个“知其不可而为之”的姓孔的吗？在《论语》中，这里又出现了一个隐士。

孔子为圣人，重心就在这个地方。而孔子的难学之处也在这里。另如老子、庄子等很多学问高超、修养深邃的人，知道面前这个时代无可挽回，他们就退隐了。后来唐代有位知名的文中子（本名王通，写《滕王阁序》的王勃，就是他的孙子），儒、释、道三家的学问都通。在隋炀帝的时候他还年轻，有志于天下，但到处碰壁行不通，看到当前的时代不宜施展才学，于是退下来讲学，培养下一代，教化年轻的学生，传播种子。后来唐太宗的开国名臣，如房玄龄、杜如晦这一班人，都是他的学生，他的目的达到了。所以他死后，门人尊谥他为“文中子”。

【本经】

子击磬于卫。有荷蒉而过孔氏之门者，曰:“有心哉，击磬乎！”既而曰:“鄙哉，硁硁乎！莫己知也，斯己而已矣！‘深则厉，浅则揭。’”子曰:“果哉！末之难矣！”

【注释】

深则厉，浅则揭：涉水过河时，在浅的地方，可以拉起衣服；水深的地方，再怎么拉衣服也还是会弄湿，干脆就这么走过去。这句话引自《诗经·邶风·匏有苦叶》。“厉”，不脱衣服涉水。“揭”，掀起衣服渡水。

【译文】

孔子在卫国，一天正在击磬。正好有一个挑草器的人，走过孔子门前。一听到孔子敲出的磬声，他说:“这里面敲磬的人，是一个有心人呀！”听了一会儿，他又说:“这个人太固执了，这磬声里充满了不肯放手的固执，太自信！他太不自量了，明知道做不到，却硬要去做。《诗》里有说:‘涉水过河时，在浅的地方，可以拉起衣服；水深的地方，再怎么拉衣服也还是会弄湿，干脆就这么走过去。’”

孔子说:“真的如此呀！演奏一首曲子最后的余音是很难处理的呀！人生处世，能在深浅之间做得恰到好处，不容易啊！”

【别裁大义】

收场不易

磬，是古代用玉石之类制成的敲击乐器。后世庙中敲的，铜制圆形的磬，下面不是石字而是缶字。有一次孔子敲磬，正好一个挑草器的人走过孔子门前。一听到孔子敲出的磬声，他说这里面敲磬的人，可不是一个泛泛之辈，是一个有心人。我们后世朋友之间谈话，对于一个忧世忧时的人，就每每说："老兄！你是个有心人。"这句话就是从《论语》里来的，有心于天下国事，志在济世救人，就是有心人。这个人就说孔子，不是普通为音乐而音乐，而是把满腹济世救人的挚诚深心，寄托在音乐上发挥出来。

他讲了这句话，又在那里听，然后说，这个人太固执了。"鄙哉"并不是骂人，而是上面"知其不可而为之"的意思。因为他听出来，孔子的磬声里充满了不肯放手的，那种硬骨头的风格。他觉得孔子自己太不自量力，明知道做不到，却硬要去做。太肯定！太自信！"斯己而已矣"，是说这个时代已经这个样子了，你拉不回来的。"深则厉，浅则揭"这两句话，是出自《诗经·邶风·匏有苦叶》。这个荷蒉者在这里引用，意思是说，如果时代可以挽救，那你就应尽力去做；如果时代到了回天乏术的地步，那么最好退隐去韬光养晦，省得惹人讨厌。就好比涉水过河，在浅的地方，可以拉起衣服；水深的地方，再怎么拉衣服也还是会弄湿，干脆就这么走过去。

这位荷蒉者在门口作这样的批评，被孔子的学生们听到了，告诉老师。孔子说，真的吗？"末之难矣"，"末"是"最后"的意思。孔子说人生最后的定论实在很难下，我们做一辈子人，尤其断气的时候，自己这篇文章的末章最难下笔。无论大小事情，都是"末之难矣"。同时孔子这里也在讲乐理，最后的余音是很难处理。演奏停止了以后，乐音仍绕梁三日，使人回味无穷，这是很难的。如果认为孔子说，天下事没有什么困难的，那这个孔子就太粗率了。

我们知道孔子是圣人，非常伟大，一个真正的大圣人，绝不会自己当教主，绝不会把自己的言行、态度，做成教主一样，那就不足以成为一个圣人。不必说孔子，就像普通的人，所谓"学问深时意气平"，自己真到了那一步学问修养的时候，就觉得自己非常平淡，没有什么了不起。如果心中还有一个观念，认为自己很了不起，比别人都高明，那就完了。所以这种观念要去掉，去掉了这种观念以后，再看这位荷蒉者的隐士，引用"深则厉，浅则揭"这两句《诗经》的话，真正的意思就是指人处世之难而言。人处在社会里，许多事情要随宜权变，不但是动乱的时代要如此，有时候对朋友，乃至在家里对配偶、儿女也是一样，深不得，浅不得。能在深浅之间恰到好处，就是最大的本事。

不合时宜

除了荷蒉者引用的《诗经·邶风·匏有苦叶》这句话，唐代朱庆馀的名诗：“洞房昨夜停红烛，待晓堂前拜舅姑。妆罢低声问夫婿，画眉深浅入时无？”表述的也是这个意思。唐人的诗，很多喜欢用男女相悦，尤其以女孩子的感情作比喻，来表达自己的思想感慨。诸如功名富贵的得意，坎坷落拓的失意，往往都用女孩子的情感来形容。这首诗就是表示功名考取了，非常高兴得意，马上就要去见长官了，见长官之前，自己精心地“化妆”，希望自己能够使长官在“第一印象”中，产生良好的观感。一切都准备好了以后，环境还摸不清楚，只有在师友同事之间，悄悄地打听，是不是合长官的意？我们一辈子做事，每到一个新的环境，究竟要浓妆或淡抹，可还真难恰到好处。“画眉深浅入时无”，得思忖能不能合于时代？若不合时宜，就没有用。

古人还有两句名诗说“早知不入时人眼，多买胭脂画牡丹”，表面上看起来是题画的，其实这是牢骚的诗，他说若早知人是势利的，这样喜欢攀着富贵（在中国牡丹花是代表富贵的花），对于清高的格调看不惯，那我就率性俗气一点，多用一些胭脂画富贵花好了。我们不懂诗的，只把它当文学作品看，所以有人说，写诗的是无病呻吟。实际上，许多是政治哲学、人生哲学，整个摆在诗里，我们做一辈子人，就是不知道如何能“画眉深浅入时无”，这就是人生哲学。所以中国哲学难研究，因为必须同时通文学。又如秦韬玉咏贫女诗：“蓬门未识绮罗香，拟托良媒益自伤。谁爱风流高格调，共怜时世俭梳妆。敢将十指夸偏巧，不把双眉斗画长。苦恨年年压金线，为他人作嫁衣裳。”

为什么今日谈这些诗与哲学关系？我们中国从前一些读书人，到了晚年退休在家，写字、作诗、填词，一天到晚忙得不得了，好像时间不够用。而现在的人，退休下来，或者是老伴不在身边了，儿女长大飞了，感到非常空虚落寞。所以中国这个作诗的修养很有用。而且不会见人就发牢骚，有牢骚也发在诗上面，在白纸上写下了黑字，自己看看，就把牢骚发完了，心中还能有所得。

就像这首咏贫女的诗，表面上是描述穷人家的女儿，但实际是影射一个人学问很好，但不得志，所谓“怀才不遇”的人，就像有的公务员，学问很好，但是特考、高考都考不取，这里碰壁，那里行不通，就只有做个小公务员。而这首诗，描写一个住茅屋的贫家女，对那些高贵华丽衣服的香味，闻都没有闻过，本来想托媒人找个婆家，但自己很伤心，不愿意这样折节自荐。比喻一个有学问才具的人，不愿意托朋友为自己吹牛找工作。而在这个时代中，一般人都很现实，很低俗，绝不欣赏青松明月一样的格调。虽然时代如此，可是觉得这些人太可怜了，自己还是保持固有的俭朴纯真，并不跟着世俗走。这也就代表了作者自己。大家很现实，要人家介绍、吹嘘，或者上电视，登登报出了名就有办法，社会风气不太对，何必那样呢？这些路都不走，还是保持自己的朴素。这就可见他的修养，他也很自负，如贫家女一样，敢于夸称自己的女红比任何人都精巧，这岂不自负自己的学问本事，比任何人都要高？可是不合时宜，苦恨自己在这样的时代里，永远不能得志，没有机会对国家社会有直接的贡献。这也是牢骚。中国的诗文，微言大义，往往就在一个字，“不把双眉斗画长”的一个“斗”字，就是点睛的。所谓斗就是和人家竞争，你打扮得这样漂亮，我就打扮得比你更漂亮，就这样出锋头，找机会。说到画眉，古人描写这一类事的诗很多，也是一些文人吃饱了饭，真的看了女人化妆等而作的，但那些是所谓“香艳体”。像贫女这一类的诗，则不属于香艳体，而有寄托的涵义。回过来说，这个荷蒉者引用诗经“深则厉，浅则揭”这两句话来说孔子，和“画眉深浅入时无”有异曲同工之妙。从孔子所奏的音乐当中，他听出了孔子济世救人的心太切了，一般人不能接受，时代是挽回不了的。虽说袖手旁观的话，就辜负了人生的责任，但是做起来深不得浅不得，何苦做这种徒劳无功的事？“果哉！末之难矣”，故而孔子说，结论难，人生的最后一章很难下笔。

【本经】

子张曰:“《书》云:‘高宗谅阴，三年不言。’何谓也？”子曰:“何必高宗？古之人皆然。君薨，百官总己，以听于冢宰，三年。”

【译文】

子张说:“《尚书》上说:‘殷高宗守孝，三年不议政。’这是什么意思？”孔子说:“不只是高宗这样，古人都是这样。皇帝驾崩了，继位的皇帝此时守孝，不必直接过问政事，朝廷百官都能恪尽职守，各自处理好自己的事务且报告给宰相，这种情况大约是三年。”

【别裁大义】

这是一个疑案，高宗是殷商时代非常贤明的皇帝，名武丁。“谅阴”，几千年来的解释，皇帝的父母死了，守制居丧，称作“谅阴”。不过这一点颇有怀疑，谅阴到底是不是守制中，无法彻底考证。我们现在就沿用以前的解释，认为高宗在守制中，三年当中没有说话。这是什么意思？实在有点过分得不近人情。比起宋孝宗的愚情，尤其过分。孔子说，你何必问高宗，实际上中国古代文化，以孝道立国，大家都是一样。如果皇帝死了，每个人都各守岗位。“百官总己”就是百官各守岗位，每个问题，自己都知道负责处理。有的解释认为，这句书是说把事情都交给首相处理。事实上，“总己”是每个人自己负起责任来。以现在的体制讲，就是希望每个公务员都负起责任来。很多小问题，不需要开会就可以解决，倘使怕负本分的责任，就是没有总己。“百官总己，以听于冢宰”是大家负起责任，处理事情，解决了问题，报告给首相知道，不必报告新皇，因为他这时很悲痛，没有心情问事。“不言”也很可能是三年当中，不敢讲到先王的丧事；或是指对某些事不忍再说，这种沉重的心情，大约要持续三年。

【本经】

子曰:“上好礼,则民易使也。”

【译文】

孔子说:“作为在上位的领导人,如果能诚心遵照礼的精神,下面的人受到影响感化,也就很容易领导了。”

【别裁大义】

这里的重点,我们要把握住。所谓“《春秋》责备贤者”,就是要求当领导的人、当主管的人,以仁爱待人,能够好礼,下面容易受感化,慢慢被主管教育过来了,就容易领导。孔子这句话的精神,还是专责在上位的人,所以对于社会上有声望、政治上有地位的人,孔子要求特别严格。普通人还可以马虎,因为他是普通人,没有责任,就不必苛求了。

【本经】

子路问君子。子曰:“修己以敬。”

曰:“如斯而已乎?”曰:“修己以安人。”

曰:“如斯而已乎?”曰:“修己以安百姓。修己以安百姓,尧舜其犹病诸。”

【译文】

子路问,人究竟做到怎样,才合乎一个君子的标准呢?孔子说:“作为君子,要以真诚恭敬的态度修身。”

子路说:“只是这样就可以了吗？”孔子说:“作为君子，自己的修养做到了，才能做到齐家安人。”

子路又问:“像这样就够了吗？”孔子说:“这些都做到了，还要进一步利益百姓，乃至国家天下，这才是真正的君子。如果自己的修养真达到了仁的境界，能做到利益所有百姓，乃至国家天下，即使是尧、舜都不容易做到啊！”

【别裁大义】

圣人头痛的事

子路问，人究竟做到怎样，才合乎一个君子的标准？儒家对学问、道德到了相当标准的人，有一个名称叫“君子”。你能以非常严肃、庄重、恭敬的态度，修正自己心里的思想和外表的行为，这就是君子。子路说，只是这样就可以了吗？孔子说还有，你自己的修养做好了，随时能够庄严、恭敬以后，进一步要利人、利社会。子路又说，这样就对了吧？孔子说，这不过是第二步，还要利天下、利百姓;（以现在的话来讲，就是人民再扩大就是人类）利益所有的人，这才是君子。不过孔子又补充了一句说，如果自己的修养做到了，能再把这种修养，在行为上表现出来，可以利社会、利国家、利世界、利天下，以安百姓。就在尧舜做起来，也不能说完全没有缺憾，还是可以挑毛病，总难做到十全十美的，何况我们？！

【本经】

原壤夷俟。子曰：“幼而不孙弟，长而无述焉，老而不死，是为贼。”以杖叩其胫。

【注释】

老而不死：指原壤人生到老了，还是习性不改，糊涂不清，像从前一样懒散不恭敬，脚跟不踏实。“死”，指的是习性不改，坏的习惯不改掉。

贼：伤害。

【译文】

孔子来看原壤，原壤漫不经心地箕踞在地上等着孔子。孔子看到原壤这副懒散样子，说道：“你这个家伙，自幼就不谦逊恭敬，对兄弟姐妹也不友爱，长大了又没有值得称道的事，人生到老糊涂不清，脚跟不踏实。这种习性影响太坏了，真是害人啊！”说到这里，孔子就用手杖轻轻地敲了敲原壤的小腿。

【别裁大义】

这是孔子有名的故事。原壤是一个人名，根据《孔子家语》的记载，这个人是孔子的老朋友。

讲起老朋友来，常听到一些人说，张三当官了，架子也大了。其实，不是张三架子大，是你李四不懂事、糊涂。一般人都骂朱元璋不够朋友，当了皇帝以后，把过去贫贱时的一些老朋友，都一个个杀掉。试翻开历史看看，到底是怎么回事？朱元璋当了皇帝，实际上很想念那些当年光着脚板种田，脸上涂了泥巴打架的朋友。他下个命令把这些朋友找来，还给他们官做。这些乡巴佬到了朝廷，开了会（上朝）下来，和一些大官们摆龙门阵：“这个皇帝算什么？想当年我还把他屁股哩！”专门瞎扯这些事。朱元璋听了，自然受不了。从这里可知朱元璋对他们好，可是这些乡巴佬自己不知道所处的是什么位置。老实说，他们这些人关起来和朱元璋再打一架玩儿，不给别的人看见，也可以啊！但当着许多大臣面前，摆这些龙门阵，朱元璋怎么受得了！不得已只有杀了他们。人生本来就是唱戏，他上了台扮皇帝，你在他后面做鬼脸，他的戏还能演？你扮臣子，你只好跪下来“吾皇万岁！万万岁”，还要叫得好！下面还有很多观众在看这台戏，也要为观众着想。这也就是朋友之道。

同事也好，同学也好，同乡也好，位置不同，做法就两样。尤其要公私分明，谈公事，阶级分明，科长就是科长，科员就是科员，该行礼的就行礼，尽管一肚子牢骚、委屈，下了班找一个地方单独谈，没别人在，这时候恢复老朋友立场，打一架都可以。

这里就是说原壤在孔子的旁边，不知道有一个什么动作，总之是不大像样的。孔子就骂他说，你这个家伙，年轻时对兄弟姐妹不好，没有友爱，一生之中，又没有值得称道的事，人生的成果何在？对人生含糊一世，对自己没有交代，年纪活得这么大了毫无作为。说到这里，孔子就用手杖轻轻敲他的后腿，当然不是狠狠地打，妙就妙在敲他的后腿。是老朋友，没有打他的必要，只是打他人生不踏实，腿跟没有落地，做了一辈子人，只是好比无根的草，与土壤同腐而已。这一段是很有名的，后来常被人们所引用。可是有些年轻人不明道理，就抓住中间“老而不死，是为贼”这句话骂起老年人来了。

下面是结论。

【本经】

阙党童子将命。或问之曰:“益者与?”子曰:“吾见其居于位也,见其与先生并行也。非求益者也,欲速成者也。”

【译文】

阙党的一个年轻人奉命来向孔子传话。有人问孔子说:“这个年轻人是一个求上进的人吗?”孔子说:“我只看到他在这个位置上,担任这个职务;同时我也看到他在前辈旁边走来走去。认真地讲,我看他不是在踏实求学上进,而是想急于求成。”

【别裁大义】

急功近利之徒

阙党是一个地方团体的名称,童子是一个年轻人,并不一定是小孩子,将命的“将”是带来,“命”是命令,就是衔命而来。古人的注解是说,孔子叫年轻人去传达命令。我现在的意思和古人不同,认为应该是他来传命令。(后面也还是这两个字,可对照。)无论是衔命而来,或是传令而去,不是这段主题所在,没有多大关系,不必多去谈它。主题在有人问孔子,这个年轻人很不错吧?小小年纪就负了那么大的任务,来传达命令,一定是个能求上进的人吧!孔子答得很妙,他没有说这个意见不对,而只是说,我只看到他在这个位置上,担任这个职务;同时我也只看到他在那位老前辈的旁边走来走去,是个侍从或助手。我只看到这两点,他有没有学问,是不是人才,我不知道。如果认真讲,他并不是求上进的,而是想尽办法,找一个出头的机会,并不是想在人生中求学问，职务上求经验的人。

孔子这一番话，和这篇一开始的“邦有道，谷。邦无道，谷，耻也”的话相呼应。这其中许多观念连起来，就是任何时代中，求急进的很多。急进成功了，居于位也，就得到这个位置。不过从历史上研究，全部二十五史，其中凡是少年得志的人，到了中年或晚年，都“其末之难矣”。最后结论是好的很少。所以年轻人，多经过一番挫折、一番磨练、一番努力，到了中年上来，晚年成就比较多。这成就并不一定是官做得大，财发得多，而是在历史、在人生有所交代的成就。历史上的先生、大人们都是如此，这就与前期的困苦奋斗有关。年轻人容易有求急进的毛病，我们都有这个经验，年轻时都喜欢挤在老前辈前出头。而前辈说我们年轻人如何，就一肚子不高兴。到了中年以上，人家说我们是老先生，也很不高兴，想退回年轻，做不到了。

卫灵公第十五

【本经】

卫灵公问陈于孔子。孔子对曰："俎豆之事，则尝闻之矣；军旅之事，未之学也。"明日遂行。

在陈绝粮，从者病，莫能兴。子路愠见曰："君子亦有穷乎？"子曰："君子固穷，小人穷斯滥矣！"

【译文】

卫灵公向孔子询问排兵布阵的方法。孔子回答说："祭祀礼仪方面的事情，我听说过；用兵打仗方面的事情，我还没有学过。"第二天，孔子就离开了卫国。

孔子到陈国的时候断绝了粮食，跟随的弟子病倒了很多，不能起来。子路很不高兴地来见孔子，说道："为什么做君子也会穷成这样呢？"孔子说："作为君子，即使是在穷困的时候，仍然能始终坚定信仰，不动摇；如果是小人，一旦遇到穷困，就会什么事情都可能干得出来。"

【别裁大义】

孔子周游列国到了卫国，卫灵公就向孔子请教军事作战的事。孔子并不是不懂，但提问题的是卫灵公这个人，孔子就不答复他。孔子希望他不要发动战争。对侵略的战争，孔子是反对的。所以孔子说对于俎豆之事——俎豆就是行大礼的祭器，以现在的观念讲，代表礼乐文化的真精神——我还懂；军事学我还没学过，对不起，我不懂。第二天就离开卫国到了陈国，结果挨饿，粮食断了，还带了一大批学生。绝粮的种因就在这里。

跟着他的学生，因此病得躺下，起不来的很多。这时子路很不高兴，颇有怨言，脸色很难看，跑去对孔子说，老师你天天讲道德、学问，讲了半天，结果怎样？现在同学们都快饿死了。君子！君子竟然穷得这么倒楣？孔子说，君子才能够守穷，换句话说，要看什么人才有资格穷，只有君子才有受穷的资格，虽然处在贫困中，还是能够信仰坚定，不动摇。如果是小人，则相反，一穷了什么事情都可以干了。受不了穷就不算君子。

讲到穷与不穷，也是很妙的，有些境界是需要修养才能达到的，这也是中国文化与西方文化不同点之一。古代历史上这类的人很多。像明朝一位名士，是大画家，诗文也非常好，穷得不得了，第二天没有米下锅了，头天晚上还坐在树下赏月吟诗。太太唠叨他：“明天没有米，还作诗！”他看看天上的月亮说：“时间距明天早晨还有好几个时辰哩！明天的事明天管，现在还是看月亮吧，风景太好了。”这是文人的修养，但是这种文人修养的胸襟、器度，又谈何容易。总而言之，一个人要在心理上构成一个中心思想，自己要有个境界。假使内在没有一个东西，人生是相当空虚的。有事情做，忙的时候不觉得，如果一个人把事放下来，处在清灵当中，就要受不了啦！这个穷还不只是指经济环境穷，人到了穷途末路，上了年纪，万事俱空，儿女离开了身边，老伴也去了，冷清清一个人，的确不好受。这个时候，必须自己有自己天地中的“性天风月”，自己有自己的修养才行。有了这个境界，才能做到“君子固穷”。

下面等于注解了上面一段。

【本经】

子曰："赐也，女以予为多学而识之者与？"对曰："然，非与？"曰："非也！予一以贯之。"

【译文】

孔子说："赐呀！你以为我的学问就是从博闻强记的知识中来的吗？"子贡答道："对呀！我是这样想的！难道不是吗？"孔子说："不是的！我的学问是找到自己人性本源的那一个东西，就是那个'一'，懂了以后，就豁然贯通，一通百通了。"

【别裁大义】

又说一贯

在讲上论时，孔子对曾参所说的那一段"一以贯之"，我们曾经花了很长的时间，讨论了三、四个小时。现在这四个字，不加以申论了。这一段是孔子对子贡讲的。在文字上先解决"识"这个字的意义，是"志"，也是"记"的意思；"记下来"，"记得"的意思。我们提出来研究的，一再说孔门所讲的学问不是知识，再三强调学问是做人做事；文学、科学、哲学等才是知识。从孔子这里的话，也可证明我们这个观念是对的。

孔子告诉子贡说，你以为我的学问，是从多方面的学习而记闻来的吗？（后世所谓"博闻强记"则只是知识。）子贡说，对呀！我们认为你是这样来的，难道我们的观念错了？孔子则说，我的学问是得到一个东西，懂了以后，一通百通。孔子这个话是事实，这个东西，这个"一"是很难解释的，不容易讲出来的。过去我们已经讨论了很多，宋儒解释为“静”，要在静中养其端倪。所以后来打坐，儒家、道家、佛家都是这样，静坐中间慢慢涵养，而以明心见性为宗旨标的。什么是明心见性？像上午刚有人问起，什么是佛？我告诉他，佛只是一个代号，实际上就是人性的本源。儒家讲善与恶，是人性作用的两个现象。作用不是善就是恶，不是好的就是坏的。那个能使你善，能使你恶的，不属于善、恶范围中的东西，如果我们找到了，就是它，佛家叫作佛，道家叫作道，儒家叫作仁。用什么方法去找？儒、释、道三家都是从所谓打坐着手，在静中慢慢体认，回转来找自己本性的那个东西，就叫作“一”。老子也叫它作“一”。再讨论下去就很多了，就属于纯粹的哲学范围了。

这里孔子就说自己的学问不是靠知识来的。这是一个大问题。要研究什么是孔子的学问，这个地方就是中心了。我们讲来讲去，讲死了也没有办法说出来的。举一个例子来说，老子说：“为学日益，为道日损，损之又损，以至于无为。”什么是学？普通的知识，一天天累积起来，每天知识累积增加起来就是学。为道呢？是损，要丢掉，到最后连“丢掉”都要丢掉；到了空灵自在的境界，这还不够。连空灵自在都要丢掉。最后到了无，就自然发现真正人性的本源了。

孔子这里就是说，不要以为我的学问是“益”，一点点累积起来的知识，而是找到了这个“一”，豁然贯通，什么都懂了。的的确确有“一”这么个东西。从我们的经验知道“读万卷书，行万里路”，就是要增加人生的经验，其实这还是不够的，必须加一句“交万个友”，还要交一万个朋友，各色人等都接触了，这样学问就差不多了。由学问中再超脱、升华，可以达到“本源自性”的地步了。

【本经】

子曰:“由,知德者鲜矣!”

【译文】

孔子说:“仲由啊!现在,真正懂得由道的体而起德业作用的人,实在是太少了。”

【别裁大义】

孔子告诉子路,他说仲由啊!时代变了。德是用,道是体。现在的人,知道由道的基本起德业作用的很少了。

【本经】

子曰:“无为而治者,其舜也与!夫何为哉?恭己正南面而已矣。”

【译文】

孔子说:“真正能依道而行,做到‘无为而治’的,大概只有舜才能做到吧!他怎么做到的呢?他做到了帝王的本分,恭敬严谨地修正自己的道德,天下为公,用这样的风气影响和教化天下的臣民罢了。”

【别裁大义】

一般人说儒家的人反对道家，说道家所提倡的“无为而治”，就是让当领袖的，万事都不要管，交给几个部下去管就是。这样解释道家的“无为”，是错误的。实际上道家的“无为”，也就是“无不为”，以道家的精神做事做人，做到外表看来不着痕迹，不费周章。譬如盖一栋屋子，在最初就把这栋房子将来可能发生的毛病，都逐次弥补好了。所以在盖完了以后，看起来轻而易举，不费什么气力，而事实上把可能发生的漏洞，事先都弥补了，没有了，这就叫“无为”。换句话说，说是现在已经看到，某一件事在将来某一个时候可能发生问题，而现在先把问题解决了，不再出毛病，这就是道家的“无为而治”，这是很难做到的。并不是不做事、不管事叫作“无为”。

孔子在这里也提到，无为而治，使天下大治是不容易的，只有上古时代的尧舜才做得到。怎样无为？对自己恭敬严肃，正南面而已矣。中国古礼，当皇帝，坐国家领导人的位置，一定是坐北向南。这里的意思是自己道德修正好，以这个风气影响部下一层一层地负责。

【本经】

子张问行。子曰:“言忠信，行笃敬，虽蛮貊之邦行矣。言不忠信，行不笃敬，虽州里行乎哉？立，则见其参于前也；在舆，则见其倚于衡也。夫然后行。”子张书诸绅。

【注释】

行：官名，做外交使节工作的“行人”。这里指外交工作。

言忠信：有人格内心的中心思想和信念，有智慧看清事物内在的本质，做到真正的诚信，说到办到，讲信用。即说话忠实诚信。

行笃敬：行为处事忠厚诚敬，以礼相待。“笃”，忠诚，厚，专心。“敬”，诚敬，礼敬。

蛮貊（mò）：“蛮”，南蛮，指南方的少数民族。“貊”，北狄，指北方的少数民族。

州里：古代以五家为邻，五邻为里，二千五百家为州，此指本乡本土。

参：参见，参拜，此处尤指行为举止恭敬严谨的态度。

衡：通“横”，车辕前的横木。

夫然后行：像这样，“言忠信，行笃敬”都做到了，身心修养能做到言行一致，才可以担当外交任务。“夫”，作代词，这样。

书诸绅：写在了衣服的衣带上。“书”，写。“诸”，之于。“绅”，古代士大夫束在腰间的大带子，也指其下垂的部分。

【译文】

子张请教孔子要怎样做外交工作。孔子说：“说话要忠实诚信，行为要忠厚诚敬。果真这样，虽到蛮貊之国，也能行得通。反之，如果说话不忠实诚信，行为处事不忠厚诚敬，即使在自己的乡里，能行得通吗？在态度上，站就规规矩矩站在那里，随时好像面对长辈那样恭敬；坐在车上，就规规矩矩端正坐好。像这样，身心修养能做到言行一致了，才可以担当外交任务。”子张听了孔子这些话，马上就写在了衣服的衣带上。

【别裁大义】

使节的信条

这个“行”，包括两种意义，一个是指行为；一个是指古代“行人之言”的行，也就是外交工作。大家都知道苏武的故事，他当时的出使，便是行。后来，他回到汉朝，封的官是典属国，等于是现在的侨务委员会的委员长，或外交部司长，管理附属的国家。所以很多人替苏武不平，认为汉朝待人并不厚，苏武那么辛苦，那么忠毅，回来只封这个官，太小了。古代的“行人”就是派出去办外交的专使、大使。

这位在上论中学干禄的子张老兄，这时正在做行人，办外交的事，请教孔子要怎样办外交。孔子告诉了他千古名言。中国文化中的这位圣人实在是了不起，他对官式外交和国民外交的原则早已说了。我们现在的国民外交更普遍，但待人接物的原则，古今如一。第一，对人绝对诚恳，不要玩手段，正直坦率，这是最高的礼貌。第二，和不同文化、不同风俗习惯的人相处，不要表现得太关心，过分的关心，也许被认为干涉他们的自由，他们没有互相关心的习惯，反而感到麻烦。这不是说外国人不对，我们才对，这是文化基础不同。了解这一点，和任何一国人的交往都差不多。这里孔子告诉子张，言语要“忠信”。忠，就是直心；信，讲出的话一定兑现。行为态度上要“笃敬”，忠厚而诚敬。做到了这样，就是野蛮的人也可和他往来。“蛮貊”在中国古代，是指边疆的落后地区。

讲到边疆，问题又来了，中国的安定，先看边疆。试看几百年来所发生的问题，都是边疆问题，边疆影响了国防问题。所以我们要教育我们的子孙，对边疆问题多多留意，要做到“言忠信，行笃敬”。“言不忠信，行不笃敬，虽州里行乎哉”，这句话的“虽”字很重要，如果“言不忠信，行不笃敬”，就是自己的邻居中，本州本里都走不通。在态度上，站就规规矩矩站在那里，随时好像面对长辈那样恭敬；坐在车上，就规规矩矩坐，身心修养，做到言行一致，就可以担当行人的任务了。子张听了孔子这些话，就写在衣服的衣带上，准备随时警惕自己，加以注意。

从这里开始，编排方式略有变化，看起来一条一条，都是为人处世的道理，但同上论的第五篇互相呼应，便很切实。

【本经】

子曰："直哉史鱼！邦有道，如矢；邦无道，如矢。君子哉蘧伯玉！邦有道，则仕；邦无道，则可卷而怀之。"

【译文】

孔子说："史鱼这个人真是正直啊！国家治道清明时，他的言行就像箭一样，直言直行；可是当国家治道昏暗时，他还是像箭一样，直言直行。蘧伯玉这个人，真是个有修养的君子啊！国家治道清明时，他就出来从政；当国家治道昏暗时，他就把自己的本领收藏起来退隐。"

【别裁大义】

矢就是拉弓射箭的箭。史鱼是卫国的大夫。孔子说他非常直，不管在哪种环境之下，不论国家社会混乱或者安定，他的行为、言谈像射出去的箭一样，都是直的，不转弯的。在现在的社会上，仍然有很多这一类的人，但他们处世是落落寡合的，常会受到打击，遭遇种种痛苦。可是这种人天生个性就是走直道，直到不管什么环境，平时也好，乱世也好，邦有道也好，邦无道也好，他的言行永远像一支箭一样。同时"矢"字也代表了尖锐的意思。有些人心肠非常好，做朋友好极了，因为他能说直话，可是有时候嘴巴太厉害，说的话如割人的肉一样，使人受不了。但我们要了解他心地是善良的，出发点是善意的。当然这就牵涉到修养问题，尤其领导人有这样的部下，往往很难受的，因此做领导人的要有涵容的胸襟。有时碰到这种讲直话的人，一次、两次、三次能够接受，到了四次、五次、六次实在受不了。但是这一类人如果是自己的朋友或干部，就必须放过他的尖锐直言，先要有准备哈哈大笑的容量，否则就不行。

孔子接着就说蘧伯玉（前面再三提到蘧伯玉，称赞他的行谊），这个人了不起，国家社会有道时，出来做事，担当大任务，但在邦无道，国家社会紊乱的时候，他就卷而怀之，不发牢骚，也没有什么怨言。他认为时代转变如无法挽回时，可以把自己像一幅画一样，卷起来怀之，收藏起来，就不说话了，没有表现了。

这两个人，也是典型的对照。一种人是无论什么时间、什么地区，都宁可直道而行，不转弯，这是干部中很好的。一种是像蘧伯玉这样的人，才具比较大，而且有一个基本修养，本身的名利心很淡泊，如孟子说的“达则兼济天下，穷则独善其身”。这个话我们都晓得讲，但等到真穷、真困难的时候，退下来“卷而怀之”，“独善其身”，往往心有不甘，这是很难的基本修养。

【本经】

子曰：“可与言，而不与之言，失人；不可与言，而与之言，失言。知者不失人，亦不失言。”

【译文】

孔子说：“依于仁的智慧，应该讲出自己见解的时候，但却不肯讲，这样做就是‘失人’；不应该讲的时候，却不合时宜地讲，这样做对人对事都无益，这就是‘失言’。所以一个真正有智慧的人，该讲出自己见解的时候就直讲，不该讲的时候就不讲，这样做既不失人，也不失言。”

【别裁大义】

这是讲为人处世的道理很难。孔子说：一个人可以和他讲直话，但自己怕得罪人，不像史鱼一样肯对他讲直话，这就对不起人，是不对的。是自己的朋友，如看到他发生错误，宁可下一个警告，乃至他现在因此对自己不谅解都可以，自己还认他是朋友，他可以怨恨我，等到他失败了，会想到自己的话是对的，那就对得起人。所以在可以和他讲直话的情形下，而不和他讲直话，是对不起人，不应该的。有时候有些人，无法和他讲直话，如果对他讲直话，不但浪费语言，而且得罪人。所以一个真正有智慧的人，应说的时候直说。既不失人，也不失言。这个道理使我们想到历史上范雎见秦昭王的故事。

秦昭王向他请教一次、两次，他都不说话，使推荐他的人很难堪。范雎说我提出来的计划，贡献出来，可以使秦国马上富强，国家间称霸，可是秦昭王心不在焉，没有专心一意来听我的计划，所以不能讲。推荐的人后来再向秦王报告。因此第三次见面，秦昭王推掉了一切公事，摒退了左右的人，单独和范雎见面，很客气地求教。范雎一篇话就把秦昭王说动了，立即宣布他为相。在战国的时候，这一类的事情很多，这就说明了“说难”。

从人生经验中知道，朋友之间这样，乃至在家庭中父母、夫妻之间也是这样，正在对方不如意的时候，去提出问题来谈，当然倒楣，这是时机不对。我们看到许多年轻朋友，做人家的干部，在长官那里碰了大钉，回来一肚子牢骚。其实那个长官今天也许有件别的事情，心里正在烦，做干部的跑进去，报告不相干的事，乃至与他心里的事有关联，就正好触上了霉头。所谓：“薄言往诉，逢彼之怒。”所以人与人之间，人与事之间，说话真难。这是要有许多人生经验累积起来，才会了解的。学校里同学之间相处，社会上同事之间相处，经常会碰到这种事情，说得不是时候，结果意见相左了。

【本经】

子曰：“志士仁人，无求生以害仁，有杀身以成仁。”

【译文】

孔子说：“一个真正有智慧的志士仁人，绝不会为了求生而损害仁德的信念，而是宁可舍掉自己的生命，也会成就仁德的坚定信念。”

【别裁大义】

我们惯用“杀身成仁”这句话，就是出自《论语》这一篇，是孔子说的。这个仁在这里我不作解释了，从上论一直讲下来，都是说“仁”是孔门学问的中心。以现在的话来说，就是中心思想，所谓志士仁人无求生以害仁，譬如有许多宗教家，有时碰到与他的信仰抵触的事，他宁可舍掉性命，所谓以身殉道。为卫道而死的，宗教徒中特别多，历史上的忠臣孝子，也就是这个观念，宁可牺牲，绝不为了生命而妨碍了自己的中心思想或信仰，宁可杀身以成仁。反面的意思，当然不会为了生命的安全，而去做违背仁义的事了。这就关系到个人的修养以及对生命价值的看法了。

讲到这里，孔子就提出“仁”在用的方面的一个问题。

【本经】

子贡问为仁。子曰："工欲善其事，必先利其器。居是邦也，事其大夫之贤者，友其士之仁者。"

【译文】

子贡向孔子请教怎样实行仁道。孔子说："一个工匠，要想完成他的工作，必须先要准备专业有用的工具。住在这个国家，想对这个国家有所贡献，就应该敬奉那里官员中的贤明之人，结交那里的仁德之士。只有真正了解这个国家的内情，有了良好的关系，才会有贡献的机会，实现仁道的目的。"

【别裁大义】

长安居大不易

"工欲善其事，必先利其器"，这也是两句名言，我们常常引用，就是出自《论语》这个地方，孔子说的话。孔子告诉子贡，一个做手工或工艺的人，要想把工作完成，做得完善，应该先把工具准备好。那么为仁是用什么工具呢？住在这个国家，想对这个国家有所贡献，必须结交上流社会，乃至政坛上的大员、政府的中坚；和这个国家社会上各种贤达的人，都要交成朋友。换句话说，就是要先了解这个国家的内情，有了良好的关系，然后才能得到有所贡献的机会，完成仁的目的。

我们看了这一段话，再从相反的角度看，历史上多半把孔子描写得像塑像那么呆板可怕，并不是温、良、恭、俭、让。如果照那个样子，假如今日孔子是我的老师，我一定对他远离一点，怕跟他面对面讲话。

现在由这句话看起来，好像孔子很厉害，他晓得利用关系。他说，要到某一国家去，达到某一个目的，先要和这个国家的上流社会、政府首长的关系，都搞得非常好，同时把社会关系搞好，然后才可以有所作为，达到仁的境界。孔子这些地方，看起来是教人使用手段，多厉害！事实上任何人、任何时代，都是如此。但最重要的一点，这里是为仁，目的是做到仁，在救人。

最近大专学生中兴起一股歪风，喜欢讲谋略学，研究鬼谷子等学说。这是个很严重的问题，那些年轻人给鬼谷子迷住了干什么？对于谋略，应该学，不应该用。因为用谋略有如玩刀，玩得不好，一定伤害自己，只有高度道德的人、高度智慧的人，才会善于利用。我们前面也曾引用过西方宗教革命家马丁·路德说的话：“不择手段，完成最高道德。”但一般人往往把马丁·路德的话，只用了上半截，讲究“不择手段”，忘记了下面的“完成最高道德”。马丁·路德是为了完成最高道德，所以起来进行宗教革命，推翻旧的宗教，兴起新的宗教——现在的基督教。而现在的人，只讲不择手段，忘了要完成最高道德。

这里孔子是因为子贡问为仁，他才这样告诉子贡，如果是别人问为仁，孔子就不会这样讲了。我们从历史上看到，子贡的确做了很多事情，够得上是一个大政治家、大外交家、大经济家和工商业巨子，所以他这样告诉子贡。换句话说，孔子本身周游列国，见七十二位国君，也是这样做的，像卫国的蘧伯玉等都是他的朋友，但是他的运气不好，始终上不了台，大家怕他。他如果不择手段，则可以很轻易拿到政权，但是他讲仁，始终守着最高的道德原则。他告诉子贡的，也是这样。

再看历史上成名的，尤其唐代士大夫的风气，那时尽管是考试取士，但不像清朝考功名的规定，而是要先靠有名气的前辈栽培，就如韩愈的上书之类。有些人经常写了文章，等在门口递上去，一等到自己的文章被上面看中了之后，就起步了。像白居易在首都长安的时候，最初很落魄，诗文虽好，没有出路——没有人保荐——连考试都没有办法参加。后来白居易去看一位老前辈顾况，将自己的作品给他看，这位老前辈接见了白居易，先不看作品，问他：你住在长安啊？长安居大不易！这句有名的话，代表一个国家的首都，生活高，消费大，他对白居易讲这话，包含有教训的意思。但看到白居易的“离离原上草，一岁一枯荣，野火烧不尽，春风吹又生”这首诗，非常欣赏，认为这个年轻人，有资格住在长安。于是为白居易向中央保荐，参加了考试，然后一帆风顺。再看李白上韩朝宗的信，都是年轻人靠前辈提拔的例子。所以在唐代以后，前辈专门提拔后辈，为国家取士。

现在讲到这种文化的精神，我们老一辈的人应该留意后辈青年，培养他们，提拔出来，等他们有了功业、学问和表现，自己坐在一边，好像在欣赏自己灌溉出来的花，心满意足，该多高兴。这种情形，历史上非常多，也充分表露自古以来我们老一辈文人的风范。这些史实都说明了孔子这里告诉子贡的话，任何一个时代都是如此。

所以现在有许多留学生，自美国回来，大谈起美国的政情。其实，不管你住在加州或别处，生活只限于大学文化圈中，别说只住了六年，就是住了六十年也没有用。你要了解美国，你和华盛顿那些政治首要，是不是朋友？你知道这个时代张仪式的基辛格脑子里，是要生鸡，还是要生蛋？基辛格的影子都没见过，只看到报纸上的照片，这样就懂美国了吗？等于外国人到我们中国来，晃荡三年然后回去，就说懂了中国，但他知道我们今天在这里做了些什么？连影子都不知。所以真要懂天下事，要“事其大夫之贤者”。这几句话我们引而申之，扩而充之，大家一生受用无穷，就是任何一件事，不能孤陋寡闻，多交游，多了解，处处都是学问。

【本经】

颜渊问为邦。子曰：“行夏之时，乘殷之辂，服周之冕，乐则韶舞。放郑声，远佞人。郑声淫，佞人殆。”

【注释】

行夏之时：施行夏朝时的历法。“时”，这里指的是历法。

辂（lù）：古代车名。

放：放弃，排斥。

殆（dài）：危险。

【译文】

颜渊问如何建国理政。孔子说：“一个国家，要继承历史的文化传统，并吸取不同时代的文化精华。施行夏朝时的历法，依循自然的时序；使用和发展殷商时期交通科技；使用周朝制定的衣冠文物，实行周朝建立的礼制；重视礼乐的教化作用，音乐艺术倡导虞舜时代的乐风。尤其要遏止郑国音乐那种靡靡之音，同时还要远离奸佞的小人。因为郑国的音乐淫靡，会使人性放纵迷乱；奸佞的小人邪曲不正，会给国家社会带来危险。”

【别裁大义】

我们读这段书，不要被文字把自己骗得死死的。汉儒搞训诂学——小学，尤其对四书五经的研究，对一个字的写法、来源、涵义等，写上十多万字，加之讨论研究，认为这是学问。在国家太平的时候，拿学位、拿功名的就是这些人，这样读书也真不容易。吴稚晖先生骂宋儒理学家“酸得连狗都不喜欢吃的”。例如什么叫“为邦”？就是如何好好地建国。古书并不难读，千万不要被骗住了。

夏历与过年

孔子告诉颜回，国家政治要干得好，就必须“行夏之时”。

这个“时”，就是指的历法。讲到历法，感慨很多了：现在我们所用的“夏历”，就是在夏朝时候创立的历法。在上古史上，中国的天文非常发达，这是中国文化中最了不起的地方，在世界科学史上也是很有名的。谈到科学，天文是第一位，世界科学的发展，最早是先发展天文，如要了解天文，必先研究数学。

恰恰因为这两门科学，中国的天文发展得最早；数学也是最早发展的，尤其发展到像《易经》的数理哲学，实在是精深幽远。可是到了我们这一代最惨了。我们中国的童子军，参加世界童军露营，到了晚上还不知道用星星辨方向，外国人觉得很惊愕。

我们过去每一代都很注重历法，只要多看历史上的史实便知道了。像清兵入关，明朝亡国了，很多人还是不投降，历史上对这种行为，就叫作“不奉正朔”。什么叫正朔？就是历法为中心的朝代名号。历代的皇帝，对历法修整过很多次，到清朝康熙手里，又经过大整理。康熙皇帝实在了不起，他通西藏文，通梵文，而且还通西班牙文。总之，无学不窥，在那时他就先接受了西方的文化。利玛窦以后的意大利人南怀仁来中国，康熙跟他学天文、学数学，几乎没有一门学问不会的。他十几岁上台当皇帝，六十年的天下，奠定清朝三百年的基础，头脑之聪明，学问之渊博，无以复加。在这个地方，我们看到，创造一个事业，是要真学问的。康熙的学问真是了不起，到他手里，中国的历法已经加入了西洋的观念和方法，与中国的综合起来，是很好的。

我们中国的历法，大家都喜欢用阴历，过正月要拜年，就是夏历的遗风。殷商的正月建丑——以十二月作正月。周朝的正月建子，以十一月作正月。夏朝的正月建寅——就是我们惯用的阴历正月。中国人几千年来都是过的阴历年，这就是“夏之时”。日本在第二次世界大战前过的也是阴历年，越南、朝鲜、缅甸、东南亚各国，统统沿用我们的文化，几千年来他们都是过阴历年。

讲到这里非常感慨，有一件很奇怪的事情，将来历史不知怎样演变。我们推翻清朝，成立民国，实行过阳历年以后，有人写了一副对联，传说是湖南的名士叶德辉写的，这副对联说：“男女平权，公说公有理，婆说婆有理；阴阳合历，你过你的年，我过我的年。”讲文化，牵涉到这些地方要注意，表面上看起来好像都是不相干的地方，但往往关系到国家的命运，也是国家大事最重要的地方。这副对联代表了这个时代，“你过你的年，我过我的年。”就看过年这件事，我们这个时代，几十年来没协调、合作，老百姓内心对这政策始终不能适应配合。不要说民心——老百姓心理，关起门来讲，我们今天在座的这些老古董，凭良心想一想，自己喜欢过阳历年还是阴历年？老实说，都喜欢过阴历年。可是我们偏偏过两个年，加上现代过圣诞节的风气，等于过三个年，自己内心在过阴历年，外在偏偏过一个阳历年，这就代表这个时代，“你过你的年，我过我的年。”搞历史文化，这些地方要特别注意。

还有，到了夏天，为什么要把时钟拨快一个小时呢？只要规定一下，夏天到了，提前一个小时办公，早一个小时下班，早一小时熄灯，很简单的事嘛。可是却像小孩子一样，在钟面上拨快一个小时就算对了，这是很奇怪的事。此风乃是美国来的。再研究美国是怎么来的呢？原来是一个工厂的小孩子开始拨着玩，后来工人看到跟着起哄。美国文化没有深厚的基础，是喜欢闹着玩的；结果美国玩，我们跟着当正经办了。说是为了日光节约，实行夏令时间办公，原来八点上班，十二点下班，改为七点上班，十一点下班，不就成了吗？其实这些是小事情，但问题却很大，往往很多大事，即是因为小的地方没注意到，而使事情变得不成话。等于一栋房子，看见一个小洞，最初以为不重要，慢慢地，整栋房子，垮就垮在这个小洞上。

这里讲“行夏之时”，现在我们究竟采用哪个历法还是一个问题。如孔子的诞辰，定为阳历年的九月二十八日等，究竟对不对？通不通？都是问题。如果讲中国文化，除非中国不强盛，永远如此，我们没有话讲。如果中国强盛起来，非把它变过来不可。这并不是一个纯粹的民族自尊观念，这是一个文化问题。拿中国的土地、中国的历史来比较，中国的文化的确具有世界性的标准。可是现在外国人把它抛弃了，不去说他，我们自己绝对不能抛弃，千万要注意，不可自造悲剧。所以我们今天谈到对自己国家文化的认识，怎样去复兴文化，非常感慨，问题很多，也很难。为自己的国家，为自己的民族，为下一代，都要注意了解这些问题，还是要多读书。这是我们老祖宗，几千年累积起来的智慧结晶。

孔子主张要“行夏之时”，在孔子的研究中，夏历对中国这个民族，在这个土地空间上，是最合理的历法。合理在什么地方？这个问题很深了，要研究天文学和《易经》的阴阳学。譬如《易经》里的八卦，就是说明这个世界上时空的学问，包括了天文、地理、人事。以上主要在说明我们的历法是自夏朝来的，自夏禹以后一直到现在。夏历为什么又叫阴历呢？因为每月的十五日，以月亮自东方出来时是圆的那一天作标准，月亮名太阴，所以叫阴历。那么我们的历法，照不照太阳历？事实上我们一样，五天为一候，三候为一气，六个候为一节。一年十二个月，七十二个候，二十四个节气。什么节气种什么农作物，是呆定的，这是用太阳历法的规律。民间最普通的算命、看风水、选日子等，也都是用太阳历的法则。换句话说，我们几千年的历史，都是用阴阳合历。所以说，几千年前，我们的天文水准，就已经进步得很高了。但是这六七十年来，我们的大学里有过天文系没有？过去中大有过天文系。现在这么多大学没有一个天文系，在教育文化上讲起来是非常遗憾的。过去有个高平子先生，还可以将西方的天文学与中国的天文学配合起来讲，前几年高先生也过世了。现在不要说没有天文系，有了天文系，又有谁能够真正懂得中国自己的天文？中国天文有自己的一套系统。这都是讲起文化来，很悲哀、很可怜的事情。

时空问题

上面是孔子“行夏之时”这句话引发起来，对我们自己文化的感慨。孔子告诉颜回，第一要行夏朝的历法，第二要乘殷之辂。这是说，过去交通并不发达，到了殷商的时候，交通慢慢发达。乘殷商之辂，就是要发展交通的意思。

讲到这个，就是中国文化的交通发展史，又要讲到《易经》了。不但中国，人类文化开始，一条江，一座山，就阻碍了交通。慢慢发明用木头渡过江，江的阻碍没有了；后来几千年发展下来，海洋的阻碍没有了；到了航空事业发达以后，空间阻碍没有了。现在接下来，几十年以后，太空问题来了，外太空的问题来了。我们自己这个国家民族，一方面讲科学，另一方面我们对外太空的东西，还没有基础。将来外太空的政治问题，又是大问题。这就看见人类的悲哀，问题由小而大：由山川的阻碍，变成海洋的阻碍；海洋的阻碍克服了，有空间的阻碍；由空间的阻碍，外太空星际问题来了。这一方面的知识，我们还没有。最近一个学生送来几本有关太空问题的书，认为的确有外太空的世界，有人类、有生命，说得很有道理。不过，在世界科学领域，又是一派，是主张地球中心还有人类独一无二。其实，这些上天入地的杂学，中国古人早就讨论过了，只是大家少研究而已。现在孔子就讲，时间问题，天文用夏的历法；空间问题，交通发展，要用殷商的车子；衣冠文物的完成，用周朝人文的文化；音乐则水准更高了，用虞舜时代的乐风最好了，对于当时郑国的音乐——靡靡之音要遏止，要远小人。用计谋、用手段的人多了，国家社会就很危险。

这一段孔子的思想，很合于时代，而且包容万象，并不限制于哪一点。一个时代有一个时代的政治精神，后来并不一定要效法古人。古人某一地区、某一时代的精华拿来，用这些综合起来，就是一个大文化中新时代的文化的系统。假如孔子生在今日，也许会说，采用欧洲人的民主精神，用中国人的人治制度，如何、如何，又是一套了。由此一点，可以说文化是集中人类文化思想的大成，要取其所长，舍其所短。为邦的道理，就是如此，不是呆板的。这一段有一个精神，就是孔子对于为政，并不是墨守成规，不是落伍保守，而是注意文化历史的发展，采用每个时代的精华而来的。为什么要这样呢？

我们这就要回转来读读自己的历史。懂了历史，在担当重要大事的时候，就受用无穷。看了这些书，就知道每一个时代，都是根据前朝的演变发展而来的。

【本经】

子曰：“人无远虑，必有近忧。”

【译文】

孔子说：“人如果没有长远的考虑，就一定会有眼前的忧患。”

【别裁大义】

《论语》的编排，把这两句话摆在这里，正好作本文的小结论。从事政治、个人做人，都要以这两句话作根据，随时随地要有深虑远见，不要眼光短视，否则很快就会有忧患到来。小而言之，个人是如此；大而言之，国家的前途也是如此。

【本经】

子曰："已矣乎！吾未见好德如好色者也。"

【译文】

孔子说："算了吧！我还没有看到过一个人，好德能像好色那样的呢！"

【别裁大义】

英雄无奈是多情

这句话在上论中已经提到过，这里又再提到。这是说明什么呢？过去都说，孔子讲这句话，是为了卫君而感慨的，因为卫灵公这个了不起的人，迷于一个美丽的妃子南子，所以他虽然尊重孔子，却不能接受孔子的意见。因此孔子对他感慨："算了吧！我没有看到世界上有人，好德如好色一样！"这个话，如果我们到后面连起来讨论，发挥起来，会有很多很多历史上的典故，可以说也包括现代史上的故事。

古今中外所有的政治，没有离开过女人，女人何曾妨害了政治！大体上都是从政的人，自己搞坏了事业，因此连带拖累了女人，让女人背上"祸水"的坏名。例如清代诗人吴梅村的名作《圆圆曲》，有关吴三桂与陈圆圆的名句，如：“妻子岂应关大计，英雄无奈是多情。”“全家白骨成灰土，一代红妆照汗青。”真是话里有话，说明女人不一定就是祸水，恐怕男人自成险山。我们仔细看孔子这一节话，他并没有说女色不好，只是人们没有把好德的心思摆正，像好色那样专心一致追求到底而已。他也不过借题发挥聊当牢骚而已，他老人家何尝不懂，人世间就是这么回事，但是不要走偏路啊，了解之后既不必因此而愤慨，也没必要去学坏。

上面这个“色”字的意义，在上论中已经分析得很清楚，现在不再重复。简单地说，人类追求真理学问的决心，永远比不上对物欲的倾好。

【本经】

子曰：“臧文仲其窃位者与！知柳下惠之贤，而不与立也。”

【译文】

孔子说：“臧文仲是个不称职的官啊！他明知道柳下惠有这样贤良的修养，却不起用他。”

【别裁大义】

大家最熟悉的人——鲁男子柳下惠，他姓展，名获，字子禽，食邑于柳下，谥号惠，是鲁国的大夫。其实像柳下惠这样坐怀不乱的人，世界上也多得是，不过古人取其贤者为标榜。有唱反调的，像年轻人说，什么柳下惠？那只是性无能！或者说，那是阴阳人，没有开刀。这类怪论可多啦！柳下惠的见色不动心，还只是他私德的一面，他真的好处是侠义，是一个济困扶危的人。

孔子这里是在骂臧文仲，就是上论中提到的那个养玳瑁的鲁国大夫，说他是个不称职的人，“窃位”就是俗语说“占住茅坑不拉屎”的人，在高官大位上，不晓得提拔青年，也不晓得提拔贤人，明知道柳下惠是个贤人，而没有起用他。

关于古人如何培养后进的事，我们在前面已经讲过，现在再说宋代二王——王旦、王曾的事迹作为参考。宋真宗时代，寇准与王旦同过事，但寇准常在真宗面前攻击王旦，结果，都受王旦的包涵。后来寇准罢相，转托别人求王旦，想要“使相”的位置。王旦大为惊愕说：国家将相的位置，哪里可以随便要求？我不接受私人的请托。因此寇准对王旦不满意。不久之后，寇准又升任中枢要职，叩见真宗的时候说：“非陛下知臣，安能至此。”真宗告诉他，他的职位，都是出于王旦的极力保荐。寇准才知道个中实情，非常惭愧。真宗也常说：“王旦善处大事，真宰相也。”

王曾，比王旦是后进，但到宋仁宗时期，他也担任宰相的职位了。有一度在王旦休假期间，王曾因政见不合，被罢官了。王旦知道了便说：“王君介然，他日德望勋业甚大，顾予不得见尔。”后来王曾在中央政府执政，平常很少说话，也不轻易说笑，任何人不敢向他私下求事。他提拔别人，也不使人知道。那时候，范仲淹还是后举新进的人物。有一次范仲淹对他说：“明扬大类，宰相任也，公之盛德，独少此尔。”就是说公开提拔起的人才，这是首相的当然责任。你什么都很好，只是不肯说明提拔了些什么人，未免有点欠缺。王曾便对他说：“恩欲归己，怨将谁归耶？”这是说：若是使受提拔的人，私底下对我都是感恩图报，那么，那些没有得到好处的人们的怨恨，又叫谁去承担呢！所谓国家大臣，不能只接受别人的歌功颂德，同时也要有海纳百川的容量容德才行。只要多读历史，便可懂得其中的道理。我们有时处理一件事情不需要考虑，历史上前人的经验，已经早有这些事例了，读书的好处就在此。

【本经】

子曰：“躬自厚，而薄责于人，则远怨矣！”

【译文】

孔子说：“一个人，如果能做到对自身严格反省，而对别人的过错从轻责备，如此就可以避免他人的怨恨了！”

【别裁大义】

这点很重要，也很难。躬就是反躬自问，自厚并不是对自己厚道，而是对自己要求严格；对于别人错了的，责备人家时，不要像对自己那么严肃。这样处世做人，对长官也好，对同事也好，对部下也好，怨恨就少了。相反的，一个社会风气，到了乱的时候，往往是对别人要求重，对自己要求轻；要求别人特别严格，原谅自己轻而易举。所以孔孟之道，都是教我们反身而诚，责备人家要以宽厚存心，要求自己要以严格检点。

【本经】

子曰：“不曰‘如之何，如之何’者，吾末如之何也已矣！”

【注释】

不曰“如之何，如之何”者：指那些遇事从不动脑筋研究分析的人，没有远忧的人。意指人遇事要多思考研究，多问几个“怎么办”。

【译文】

孔子说："人遇事要多用心研究思考，如果一个人遇事不多问几个'怎么办，怎么办'，只图眼前利益，而不考虑事情的前因后果和长远，那我就真不晓得这样的人该怎么办了！"

【别裁大义】

这一段文字乍读之下，有点莫名其妙，把几个相同的句子堆在一起，因此青年读了这个古文，便要打倒它。其实一点都不必打倒，翻成白话，就很容易了解。孔子说，一个不说"怎么办？怎么办"的人，我真不晓得他该怎么办了。意思是，有一些人对任何事情，都不用脑筋，不晓得提问题。当一件事情来了，应该想到怎么办，从而去加以研究。若只是糊里糊涂地过，就真不晓得这样的人该怎么办了。当然，如果完全照字面翻白话，这个白话也不能读的。意思懂了以后，就知道孔子这几句话是说一个人处理任何事情，都要有头脑，要富有研究性。做科学家要提问题，哲学家要提问题，处理公文，拿到手上真正用心处理，也要"如之何？如之何"。究竟这个内容对不对？有没有虚报？实在这样吗？尤其像执法的人，更要鸡蛋里挑骨头，看有没有冤枉的？有没有放纵的？这几句话就是这样。文字很简单，问题很深刻。

【本经】

子曰："群居终日，言不及义，好行小慧。难矣哉！"

【注释】

言不及义：所说的都是一些不合道义的话。"及"，达到，合于。

【译文】

孔子说:“人们整天聚在一起尽讲一些不合道义的话，缺乏文化精神的内涵，只是盛行使用小聪明。如果社会风气到了这个样子，就难办了！”

【别裁大义】

精神失落的病态

社会到了乱的时候，就容易犯这个毛病。大家在一起，讲起话来，没什么内容，无正事可谈，谈闲话，讲些不相干的话，没有真正的人生观，现今社会上这一类的人不少，娱乐场所更多了。大家若都如此，社会精神已经瘫痪，没有文化精神了。可是更严重的是“好行小慧”，喜欢使用小聪明，厉害得很，目前这个社会就是这样，全世界到处都是“好行小慧”，盛行使用小聪明，孔子只有摇头了:“难矣哉！”叹口气，到了这个样子，还有什么办法可以挽救？在明末清初，顾亭林就引用这两句话批评明末的社会风气，他说南方的知识分子“群居终日，言不及义”，北方的知识分子“饱食终日，无所用心”。现在的一般青年，进入社会之后，慢慢地就染上这个习性。不是无所用心，他们所用的心，就是孔子这句话“好行小慧”，使小聪明，没有从大学问、大聪明上着眼。这是时代的悲哀，社会的病态。

【本经】

子曰:“君子义以为质,礼以行之,孙以出之,信以成之。君子哉!”

【注释】

君子义以为质:君子为人处事以道义为根本。“质”,本质、根本。“义以为质”即“以义为质”。

孙以出之:“孙”,通“逊”,不自满、谦逊。“出”,进也,长进,像草木渐渐滋长。这句话的意思是,虚心谦逊以不断长进。

【译文】

孔子说:“君子为人处事以道义为根本,凡事依礼而行,以虚心谦逊的态度来求得进步,以诚信的精神成就人和事。这才是君子的品格啊!”

【别裁大义】

这是对上面几段话的引申。孔子说,一个真正的知识分子,要重视自己人生的责任,注意义、礼、孙、信四个字。本质上要有义。这里的义,一是孟子的观念——义者宜也,也就是适宜、合宜。二是传统的仁义——人格标准。三是指“词章之学”“记闻之学”之外的“义理之学”——现代所谓的哲学、科学也是义理之学,都是探讨人生最高道理——真理。“君子义以为质”的“义”,同时也就是义理的义,用它作为本质。表现在外面的行为是礼,即有高度文化修养的行为。孙就是逊,态度上非常谦虚,不自满,不骄傲。对人对事,处处有信,言而有信,自信而信人。具备了这四个条件,就是君子之行,也就是一个知识分子合于一个模范人格的标准,绝不是“群居终日,言不及义,好行小慧”可比。如果做不到这样,专在小聪明上玩弄,那就完了。

【本经】

子曰：“君子病无能焉，不病人之不己知也。”

【注释】

病：怕，担心。

不己知：即“不知己”，宾语前置句。

【译文】

孔子说：“君子只怕自己无能，没有真才实学，不担心人家不了解自己。”

【别裁大义】

反求诸己

这句话的意义，《论语》中已多次提到。孔子教人的中心，都在这个思想，他说只怕自己无能，没有真才实学，不怕人家不了解自己。换句话说，只要要求自己，充实自己。

【本经】

子曰：“君子疾没世而名不称焉。”

【译文】

孔子说：“（君子最重视的是自己的名节。）一个君子最怕的是，到死的时候，还没能完成自己为社会应尽的责任和贡献，没有留下什么好名声值得世人称道的。”

【别裁大义】

这是一个大问题。司马迁写《史记》，在《伯夷列传》中，特别引用了孔子的这句话。孔子说，一个君子，最大的担忧，是怕死了以后，历史上无名，没没无闻，与草木同朽。但是历史留名，谈何容易？我们研究历史哲学时，常问同学们，脑子里能记得几个皇帝的名字？一个人当了皇帝，就现实来说，那已经很够了吧！死了以后，不必多久，连名字都被别人忘了，人生的价值又何在？历代有那么多宰相，民间又记得几个？历代有许多状元，我们知道了几个？而他们对于历史、对于国家社会贡献了什么？老百姓知道的少数历史人物，还是靠小说捧出来的，其他大多数的，有谁知道？所以，后世留名，谈何容易！孔子、释迦牟尼、耶稣留了名。在功业上的历史人物，文天祥、岳飞，也是少数；至于其他功业上的历史人物，又有几人知道？从这里看人生，多渺小！在目前很短暂的一段当中去争名，上台去镜头前亮一下，有什么用？

伊藤博文的话不错，“求名当求万世名”。人谁不好名？看好在哪里。一个人真想求名，只有一途——对社会真有贡献。要历史留名实在太不容易，可是三代以后，未有不好名者，所以孔子说：“君子疾没世而名不称焉。”但好名要看什么名。遗臭万年也是名，但有什么用？真的大名，要对历史有贡献，就太难了。求利之道也是一样，几十年来，看到那么多朋友，发那样大的财，最后怎样？岂待下文分解。所以名利之道要看通的。真了解了人生，确定自己究竟走哪条路才是最重要的，不然就一生很平实，很本分，该做什么就做什么，不过分地企求。一个真正的君子，都是要求自己，学问也好，一切事业也好，只问自己，具备了多少？充实了多少？努力了多少？一切成就要靠自己的努力，不要依赖别人，不要因人成事。在内省的修养方面，只问自己应对人如何，而不要求别人对自己如何。

【本经】

子曰：“君子求诸己，小人求诸人。”

子曰：“君子矜而不争，群而不党。”

子曰：“君子不以言举人，不以人废言。”

【注释】

矜（jīn）：这里有持重、庄重、自尊之意。

党：朋党，由利害关系结成的集团。这里指为了私利互相勾结。

【译文】

孔子说：“君子凡事要求自己，小人凡事苛求别人。”

孔子说：“君子庄重自尊而不与人争斗，能够敬业乐群而不结党营私。”

孔子说：“君子不因为某人的话说得对了，就认为他全都对，也不因为某人的某一点不好，就否定他的好意见。”

【别裁大义】

这些都是讲君子、知识分子的学问标准。要成为一个君子，必须矜而不争。“矜”是内心的傲（骄傲是两回事。前面说过，没有真本事，看不起别人，是骄；有真本事而自视很高，是傲），傲要傲在骨子里，外面对人不必傲，内在有气节，穷死饿死可以，绝不低头，这是矜。“群”则是敬业乐群，彼此相处融洽，但不营私，不走营私的路，走的是大公之路。对于人的观察，不要听了对方一句话说对了，就认为他统统对了；也不要因为对方某一点不好，而因此不听他的好意见。

上面这些话，都是以“君子疾没世而名不称焉”这句话为中心，而引申出来的。

【本经】

子贡问曰:“有一言而可以终身行之者乎?”子曰:“其恕乎!己所不欲,勿施于人。”

【译文】

子贡问道:“人生修养的道理,有一句话可以终身奉行的吗?”孔子说:“那就是‘恕’吧!推己及人,自己内心不想要的,也不要强加给别人。”

【别裁大义】

多为别人想一想

子贡问孔子,人生修养的道理能不能用一句话来概括?为人处世的道理不要说得那样多,只要有一个重点,终身都可以照此目标去做的,孔子就讲出这个恕道。后世提到孔子教学的精神,每每说儒家忠恕之道。后人研究它所包括的内容,恕道就是推己及人,替自己想也替人家想。拿现在的话来说,就是对任何事情要客观,想到我所要的,他也是要的。有人对于一件事情的处理,常会有对人不痛快、不满意的地方。说老实话,假如是自己去处理,不见得比对方好,问题在于我们人类的心理,有一个自然的要求,都是要求别人能够很圆满;要求朋友、部下或长官,都希望他没有缺点,样样都好。但是不要忘了,对方也是一个人,既然是人就有缺点。再从心理学上研究,这样希望别人好,是绝对的自私,因为所要求对方的圆满无缺点,是以自己的看法和需要为基础。我认为对方的不对处,实际上只是因为违反了我的看法,根据自己的需要或行为产生的观念,才会觉得对方是不对的。社会上都是如此要求别人，尤其是宗教圈子里更严重，政治圈子里也不外此例。一个基督教徒，或天主教徒，或佛教徒，对领导人——牧师、神父或法师们的要求，都很严格。因为宗教徒忘记了领导人也是一个人，而认为牧师、神父、法师就是神。这个心理好不好？好。但是要求别人太高了。从这个例子，就可知恕道之难。后人解释恕道，把这个恕字分开来，解作“如”“心”。就是合于我的心，我的心所要的，别人也要；我所想占的利益，别人也想占。我们分一点利益出来给别人，这就是恕；觉得别人不对，原谅他一点，也就是恕。

恕道对子贡来说，尤其重要。因为他才华很高，孔门弟子中，子贡在事功上的表现，不但生意做得好，是工商业的巨子，他在外交、政治方面也都是杰出之才。才高的人，很容易犯不能饶恕别人的毛病，看到别人的错误会难以容忍。所以孔子对子贡讲这个话，更有深切的意义。他答复子贡说，有一句话可以终身行之而有益，但很难做到的，就是“恕”。“己所不欲，勿施于人”，这就是恕道的注解。

问题又来了，在上论《公冶长》篇中，我们看到子贡说过：“我不欲人之加诸我也，吾亦欲无加诸人。”子曰：“赐也，非尔所及也。”子贡也已经提出他的推己及人之恕道。他说过：“我不希望别人给我的；同样的，我也不想转加给别人。”可见他早已在实行恕道。可是在这里孔子却说，子贡啊！这不是你能做得到的。现在孔子反而教子贡：“己所不欲，勿施于人。”这与子贡的前言，又有什么差别？难道孔子老是摆权威，只有他的对，学生的话对了也是错吗？其实不然，子贡所提出的话，和孔子现在答的，从表面上看，似乎只有文字上的不同，其意义是一样的。事实上，大有立足点的不同。

子贡是说，我所不想别人加给我那些不合理的，我也同样地不想加到别人身上。这是以我为中心，我受到了妨害之后，才想到不要同样地找别人的麻烦。现在孔子说的，只要我自己发现不要的，便不要再施给别人。根本上在严格要求自身的净化，不要靠比较以后才想到别人。这一点要特别注意。

另外，如果把这两节连起来讲，正好互作阐发，那便是："子贡曰：我不欲人之加诸我也，吾亦欲无加诸人。子曰：赐也，非尔所及也。""子贡问曰：有一言可以终身行之者乎？子曰：其恕乎！己所不欲，勿施于人。"这便是孔子教授法的机锋锐利，等于后世禅门中一个故事：唐末诗僧贯休作了两句很得意的诗："得句先呈佛，无人知此心。"他拿给一位禅门的老和尚看，老和尚反问他："如何是此心呢？"贯休反而答不出来了。老和尚便笑说："无人知此心。"这段孔子与子贡的对话，便同此一样隽永有味，值得深思反省。

这八个字的修养，要做到很难很难，"己所不欲，勿施于人"，同时也就是"己所欲，施于人"。后来佛家思想传到中国，翻译为"布施"。施字上加一个"布"字，就是普遍的意思。佛家的布施和儒家这个恕道思想一样，所谓慈悲为本，方便为门，就是布施的精神。人生两样最难舍，一是财，二是命。只要有利于人世，把自己的生命财产都施出来，就是施。这太难了，虽然做不到，也应心向往之。

【本经】

子曰："吾之于人也，谁毁谁誉？如有所誉者，其有所试矣。斯民也！三代之所以直道而行也。"

【译文】

孔子说："我对于人，诋毁过谁，称赞过谁呢？如果说我对谁有所称赞，那也只不过是针对他的某些具体方面，出于启发作用的目的罢了。现在这些人啊！夏、商、周这三代的古人，不听这些毁誉，都是取直道而行的。"

【别裁大义】

毁与誉

孔子说，我对于人，毁誉都不计较，即如说那个人说某人好，那个人说某人坏，很难据以定论。不要轻易攻讦人，也不要轻易恭维人。人很容易上恭维的当。对于自己要看清楚，没有人不遭遇毁的，而且毁遭遇到很多，即使任何一个宗教家，都不能避免毁。像耶稣被钉十字架而死，就是因为被人毁。而且越伟大的人物，被毁得越多，所以说“谤随名高”。一个人名气越大，后面毁谤就跟着来了。

曹操还没有壮大起来的时候，初与袁绍作战，情势岌岌可危，他的部下没有信心，认为会打败仗，很多人都和袁绍有联络，脚踏两边船，以便万一情势不对时，可以倒过袁绍那边去。他们往来的书信资料，曹操都派人查到，掌握在手里，后来仗打下来胜利了，曹操立刻把这些资料全部毁了，看都不看，问更不问。有人对曹操说，这些人都是靠不住的，应该追究，曹操说，跟我的人，谁不是为了家庭儿女，想找一点前途出路的？在当时是胜是败，连我自己都没把握，现在又何必追究他们？我自己信念都动摇，怎能要求他们？如果追究下去，牵连太广了，到最后找不到一个忠贞的人，不必去追问了。这也是曹操反用恕道，故意做到能够宽容人。另外古人的句子曾说：“谁人背后无人说？哪个人前不说人？”人与人相见，三两句话就说起别人来了，这是通常的事，没有什么了不起。不过，如果作为一个单位主管，领导别人的人，要靠自己的智慧与修养管理下属，不随便说人，也不随便相信别人批评人的话，所谓“来说是非者，便是是非人”。两个攻讦人的人，他们之间一定有意见相左，两人间至少有不痛快的地方，这种情形，做主管的，就要把舵掌稳了，否则就没有办法带领部下。另外一些会说人家好话的人，中间也常有问题。李宗吾在他的讽世之作《厚黑学》里，综合社会上的一般心理，有“求官六字真言”“做官六字真言”“办事二妙法”，所谓“补锅法”“锯箭法”，都是指出人类最坏的做法。有些人最会恭维人，但是他的恭维也有作用的。

近代以来，大家都很崇拜曾国藩。其实，他当时所遭遇的环境，毁与誉都是同时并进的。因此他有赠沅浦九弟四十一生辰的一首诗：“左列钟铭右谤书，人间随处有乘除。低头一拜屠羊说，万事浮云过太虚。”这是说他们当时的处境，左边放了一大堆褒扬令、奖状，右边便有许多难听而攻击性的传单。世间的是非谁又完全弄得清楚呢！多了这一头，一定会少了那一边，加减乘除，算不清那些账。你只要翻开《庄子》书中那段屠羊说（人名）的故事一看，人生处世的态度，就应该有屠羊说的胸襟才对，所谓“万事浮云过太虚”。

孔子这里说，听了谁毁人，谁誉人，自己不要立下断语；另一方面也可以说，有人攻讦自己或恭维自己，都不去管。假使有人捧人捧得太厉害，这中间一定有个原因。过分的言词，无论是毁是誉，其中一定有原因，有问题。所以毁誉不是衡量人的绝对标准，听的人必须要清楚。孔子说到这里，不禁感叹：“现在这些人啊！”他感叹了这一句，下面没有讲下去，而包含了许多意思。然后他讲另外一句话：“三代之所以直道而行也。”夏、商、周这三代的古人，不听这些毁誉，人取直道，心直口快。走直道是很难的，假使不走直道，随毁誉而变动，则不能做人；做主管的也不能带人。所以这一点，对于做人、做事、对自己的修养和与人的相处都很重要。

《庄子》也曾经说过：“举世誉之而不加劝，举世毁之而不加沮。”真的大圣人，毁誉不能动摇。全世界的人恭维他，他也不会动心；称誉对他并没有增加劝勉鼓励的作用；本来要做好人，再恭维他也还是做好人。全世界要毁谤他，他也绝不因毁而沮丧，还是要照样做。这就是毁誉不惊，甚而到全世界的毁誉都不管的程度，这是圣人境界、大丈夫气概。

据史书记载，宋代王安石就有这种书呆子气魄。王安石这个人，过去历史上有人说他不好，也有人说他是大政治家，这都很难定论。但是王安石有几点是了不起的，意志的坚定，是一般人所不能。他有过“天变不足畏，祖宗不足法，人言不足恤”的倔劲。没有把祖宗的规矩放在眼里，也不担忧旁人的言论，可见这种人的气象，倔强得多厉害。相反的，说他是魔道呢？但也难下断语。他一辈子穿的都是破旧衣服，甚至他当宰相时候，皇帝都看到他领口上有虱子。眼睛又近视，吃菜只看到面前的一盘，生活那么朴素，可是意志之戆，戆得不得了。他对毁誉动都不动，表面上的确不动，实际上内心还是动的。所以这一段可以作为我们的座右铭，能够做到毁誉都不动心，这种修养是很难的。

【本经】

子曰:“吾犹及史之阙文也，有马者，借人乘之。今亡矣夫！”

【译文】

孔子说:“我还有幸能够看到古代历史残缺的资料。举一例说，古代有马的人，借给别人骑。现在对于这一点资料都很难找到了！”

【别裁大义】

出入无车少马骑

这是孔子对于时代文化在演变中的一个感叹。他当时研究中国上古文化，就说恐怕以后研究更困难了，史料都丧失了。他还很幸运看到古代历史残缺的资料。举一例说，古代有马的人，借给别人骑，现代对于这一点资料都很难找到了。所以今后对于上古史，无法研究。因此孔子当时把中国的历史，暂时斩断了，整理《书经》时便从唐尧开始，事实上尧以前还有史实的。如果照旧的方式研究，尧以前就有两百万年的历史了，至少也有一百多万年。自伏羲、神农下来，从黄帝开始到现在是五千多年，从尧、舜开始到现在是三千多年，中华民族究竟上面已经有多少年历史，这很难讲。

不过最近从外国翻译过来的关于外太空科学的新书，已怀疑的确有外太空人，证明人类不是由猿猴进化而来；而且证明人类文化历史至少有一百多万年。这些资料反而证明中国古代的传说都对了，可惜西方人的研究，都不懂中国这方面的资料。而我们自己的学者，恨不得把自己国家民族的历史越缩短越好。我们拿旧史来读，就晓得有一百多万年。从伏羲画八卦到黄帝这一段，到底有多少年，还不知道，至少有好几万年。孔子删历史，从唐尧作断代的开始，是因有资料可查的，所以才从尧开始，可是后人对于这一部分资料还怀疑不信。现在这几十年来，我们学说上犯一个“疑古”的毛病，把自己文化都破坏了。最近全世界的学说，和我们以前一样“崇古”了，这又看到孔子“述而不作，信而好古”的了不起。现在外太空科学、星际科学的新发现，很多地方值得注意的。

讲到这一段，孔子说从残缺的史料中可以看到“有马者，借人乘之”，可见古代社会，彼此之间的互助精神非常好。换句话说，自己有车子，邻居要用，尽管去用，这是说以前社会的厚道。这是孔子随便举例，不是说以后的人就没有这种厚道了，这意思主要是说，这一点残缺的文字，他还看到了，但当时一般人对上古时代的研究，资料就不够了。如此而已。并不是孔子没有马骑，向朋友借不到，便生气了。

【本经】

子曰：“巧言乱德。小不忍，则乱大谋。”

【注释】

巧言：指吹牛，喜欢说大话，恭维，说空话。

忍：处事的时候，可作“决断”用；对人的时候，可作“忍耐”“包容”“涵养”的意思来用。

【译文】

孔子说：“对于社会来说，巧言是最容易搅乱社会道德的。人的讲话和文章等思想言论，如果中心内容违背道德，便会巧言乱德，对于这种事，如果不果断处理，就会带来严重的社会影响和后果；对一个人来说，为人处事要有智慧，懂忍耐，养德用，如果遇事不冷静，就容易坏了大事，影响人生的前途和命运。”

【别裁大义】

小忍与大谋

这两句话很明白清楚，就是说个人的修养。巧言的内涵，也可以说包括了吹牛，喜欢说大话，乱恭维，说空话。巧言是很好听的，使人听得进去，听的人中了毒、上了圈套还不知道，这种巧言最会搅乱正规的道德。“小不忍，则乱大谋”有两个意义，一个是人要忍耐，凡事要忍耐、包容一点，如果一点小事不能容忍，脾气一来，坏了大事。许多大事失败，常常都是由于小地方搞坏的。另一个意思是，做事要有忍劲，狠得下来，有决断，有时候碰到一件事情，一下子就要决断，坚忍下来，才能成事，否则不当机立断，以后就会很麻烦，姑息养奸，也是小不忍。这个“忍”可以作这两面的解释。

这两句话连在一起的意思就是：一个思想言论，如果认为是小小的事情，无所谓，滥慈悲，滥仁爱，往往误了大事。我们看孔子自己的作为就知道，他在鲁国当司寇的时候，虽只干了三个月，但上台第一件事就是杀少正卯，就是因为他言伪而辩，可以乱正。现在有一派反孔子的人说，孔子杀少正卯是由于自私，因为少正卯思想、学问比他好，学生比他多，他吃醋了，把少正卯杀掉。这些论调，初听似乎很有趣，事实上少正卯是一个很会说话的人，孔子的学生也常常跑去听他讲，当时被他诱惑去了的也很多，所以指孔子为了报复而杀少正卯。这一点我们要注意的，天下写歪文章的人，笔锋都很厉害，很吸引人，有煽动性；而正派的文章，不易吸引人，好东西写成文章不吸引人；但那些歪才对于正派的东西却写不出来，这也是怪事情。写煽动性文章的，都是少正卯这一类的人，这类人不一定站得起来，可是他的文章会鼓动社会风气，乃至影响整个社会。所以人的讲话、文章，如本身没有道德基本修养，便成为巧言乱德。对于这种事，孔子认为一定要处理，否则成为姑息养奸，也就是“小不忍，则乱大谋”。

我们对“小不忍，则乱大谋”作了这两种解释，姑且可以这样分开来运用：处事的时候，“忍”字可作“决断”用；对人的时候，“忍”应该作“忍耐”“包容”的意思来用。

【本经】

子曰：“众恶之，必察焉；众好之，必察焉。”

【译文】

孔子说：“如果大家都讨厌这个人，不要随便相信，必须自己加以考察判断；如果大家都公认这个人好，也不要受蒙蔽，一定要自己再观察他。”

【别裁大义】

这是从毁誉的问题讲下来，一直讲到这里，孔子又说，大家都讨厌这个人，不要随便相信，必须自己加以考察判断；大家都公认为好，都喜欢他，也不要受蒙蔽，一定要自己再观察他。如果我们以这两句话来印证个人的经历，每人都有很多类似的经历感受，有些学者、文人，学问都很高，但也最容易受情感的蒙蔽，容易情感冲动，于是在观察方面、判断方面，往往会错误。这两句话，扩充起来，可以印证很多历史的事实。

现在我们退回来讲个人修养方面，做一个领导人，对于自己的下属，不要完全受别人的影响，自己要观察得清楚，如王莽，当时就是这样一个人。他没有篡位以前，上下左右，没有一个人不说他好，后来哪晓得一变而成这样坏。读这一则历史，就是很好的证明。

【本经】

子曰：“人能弘道，非道弘人。”

【译文】

孔子说：“（人类历史和一切事，都是人的问题，人是关键；道是无时无处不在的本体，是寂然不动的；道需要人去领悟，并以各种方法弘扬出来。）所以人能弘扬道，而不是道能弘扬人。”

【别裁大义】

这是上面这几段中的主干思想——人的问题。一切人事、一切历史，都是人的问题。人才能够弘扬道。所谓道，就是真理，这是一个抽象的名词，呆板的，它不能弘扬人，必须要人去培养真理。这就是重点。所以孔子始终讲的是人文的文化。

【本经】

子曰：“过而不改，是谓过矣！”

【译文】

孔子说：“（人的一生，谁都难免会犯过错，只要能改正就好。）如果明知自己有过错而不肯改，这就是真正的大过错了！”

【别裁大义】

这是孔子对于过错的看法：一个人有过错不要紧，只要能改，能改过就好了。如果有过错而不肯改，这就是大过，真正的过错了。

【本经】

子曰：“吾尝终日不食，终夜不寝，以思，无益，不如学也。”

【译文】

孔子说：“我曾经为了研究问题，整天不吃饭，整夜不睡觉，自己就用这样的功夫思考，结果发现这样没有益处，不如去学习求知。因为知识学问必须要和思想相配合，需要博学多闻。”

【别裁大义】

孔子提供自己的经验，他说他自己曾经为了研究一个问题，因而整天不吃饭，整夜不睡觉，专门自己用思考去研究，结果发现没有用，不如去求知。因为知识必须得配合思想，所以要多读书，多思考。

上论也提到过：思而不学也不对，学而不思也不对。一个有天才、有思想的人，首先要注意多读书、多求学。自己以为自己是天才，聪明了不起，如果多读书以后，自己就会变得非常谦虚了。常常我们自以为是一个大发现，多读了书以后，才知道古人早就讲过了，知道了，原来我们并没有超越古人，而且古人比我们所知道的还更多得多。譬如唯物思想，中国文化里早就有过，不过没有这么多，只一点点原则，经过研究，知道是不能成立的。还有西方很多东西，我们以前都有过，可是都没有加以发挥。现在年轻人搞思想，都想创作，可是就创造不了，所以知识与思想要配合起来。学问思想配合好了以后，接着孔子就说：

【本经】

子曰：“君子谋道不谋食。耕也，馁在其中矣；学也，禄在其中矣。君子忧道不忧贫。”

【注释】

馁（něi）：饥饿。

禄：幸福。从示，录声。《诗》言福禄多不别。《商颂》五篇，两言福，三言禄，大恉（zhǐ）不殊。《释诂》《毛诗》传皆曰：“禄，福也。”

【译文】

孔子说：“一个真正的君子，是立志以天下国家为己任，致力于求道，而不是为了个人的生活。如果一个人每天只为了生活疲于劳作，无论贫富都还免不了烦恼；只有学道，才能寻求到人生真正的幸福大业。一个君子，真正最需要担心的是道，而不在于生活的贫富。”

【别裁大义】

几人忧道不忧贫

我们大家都习惯地会说“君子谋道不谋食”“君子忧道不忧贫”，原文就是孔子说的。说一个真正有学问、以天下国家为己任的君子，只忧道之不行，不考虑生活的问题；比如耕种田地，只问耕耘不问收获。好好地努力，生活总可以过得去，发财不一定。只要努力求学问，有真学问不怕没有前途、没有位置，不怕埋没。“谋道不谋食，忧道不忧贫”是很好的格言，人生的准则。

【本经】

子曰：“知及之，仁不能守之，虽得之，必失之。知及之，仁能守之，不庄以莅之，则民不敬。知及之，仁能守之，庄以莅之，动之不以礼，未善也。”

【注释】

知及之：“知”，通“智”。“及”，至、达到。“之”，一定的标准或程度。智慧和学问足以达到标准。

莅（lì）：临，到。

【译文】

孔子说：“如果有了一定的智慧和学问，但是自己未能遵守仁德，虽然会有所得，也一定会丧失掉的；如果有了一定的智慧和学问，也能遵守仁德，但是内心没有真正的庄敬，缺乏真诚，那么人们也不会真心敬服；如果有了一定的智慧和学问，也能遵守仁德，内心又有真正的庄敬，但是行为做事不依礼，那也还是不完善的。（只有真正做到了这四点，做人处世才能够做得完善，否则总归是有问题的。）”

【别裁大义】

这是讲到学问、修养在处事时的一些标准：有智慧，有眼光，看得准。譬如买股票吧，眼光看到了，买进来，赚了钱，可是又想贪多，这时候不能把握住自己，不知道刹车，最后还是赔本了。人生的一切大小事情，事业前途，做人处世，都是如此。

眼光看得准，创业容易；在春风得意、该刹车的时候也能刹住，则是最高修养。可是在这个时候的人，总是不肯刹车的，只顾向上面冲，结果得到的，必定会失掉。老子告诉我们的“功成、名遂、身退”就是这个道理。要做得恰到好处，至少先稳定在这个阶段。这样好像是手段了，但手段与道德，差别在于内心：走恕道，替别人着想，多为人，少点私心，就是道德。如果智慧够了看得准，“仁能守之”，也拿得稳，但是不“庄以莅之”，内心上没有真正庄敬，口头说为社会、为别人，人家还是不服气的。做到了“知及之，仁能守之，庄以莅之”这三点以后，外在的行为动作，还要处处守礼，有礼貌，有法度，有规矩。做到了这四点，做人、做事、从政、修养、事业，才能尽善尽美，否则总归有问题。如果以这四点，观察工商业的社会，也是一样，不能违背。有些人赤手空拳，本事大得很，当时很发财，但有许多人“仁不能守之”，又看见他掉下去，只这二十年中，就不知有多少实例。

下面又转入因人论事。

【本经】

子曰：“君子不可小知，而可大受也。小人不可大受，而可小知也。”

【译文】

孔子说：“一个君子，不能从小处来评价他，而要从深层本质看到他的大根器，让他担当大事，等他有成就了才可以看出他的伟大。相反的，一个普通的人，不具备这样的条件，不能承担大事，但却可以发现他的小智小慧，并发挥他这方面的长处。”

【别裁大义】

器小易盈

这段话有两方面的意思。我们研究起来就感觉到这则名言的深度。如配合人生的经验，一生用之不尽，受用无穷。头一段“君子不可小知”的“小知”，以客观而言，我们对伟大成功的人物，不能以小处来看他，等他有成就才可以看出他的伟大；相反的，就是小人看不到大的成就，小地方就可以看出他的长处。以主观而言：君子之大，有伟大的学问、深厚的修养、崇高的道德，看事情不看小处而注意大处；小人则不可太得志，如果给他大受，他受不了，小地方他就满足了。

这是两种观点的解释，如果在人生体会上，我们看到过许多的聪明人，年纪轻轻一得志就完了，这就是“小人不可大受，而可小知也”。有许多人有真的智慧，要看大节，在大节处能受，就是大根大器。记得唐人杜荀鹤有一首刻画人生很清楚的《小松》：“自小刺头深草里，而今渐觉出蓬蒿。时人不识凌云木，直待凌云始道高。”这首诗是讲一棵松树的幼苗，当小的时候，和一般的草一样，都埋在深草丛里，谁也想不到，这一片小草里的这株幼苗，几十年、几百年以后，会成为那么高大的树。但它在当时是慢慢地出头，比小草只高一点，当时的人也绝认不出，它将来会变成神木。一般人都等到这棵树长大了，高得看来差不多挨到了天了，才仰头来赞叹：“伟大啊！高呀！好！了不起！”人生也就是这样，当平常在努力的时候，就是那么可怜，没人了解，等到成功以后，各个都叫好了。看透了人生就会懂得，只要自己去努力，到成功了，自然有人赞美、喊伟大。学问也好，事业也好，都是这样。

同样的，另外有首诗：“雨后山中蔓草荣，沿溪漫谷可怜生。寻常岂藉栽培力，自得天机自长成。”这首诗也经常被写来勉励学生。中国诗有些很难读，字面上看来是描写景物，貌似一幅不相干的图画，实际上含有很高的哲学道理。像这首诗说，下雨以后，山里的草，很快地青青翠翠普遍长了起来，沿溪漫谷都是，绿成一片。这样多普通的草，谁去种它？谁给它肥料？都是自得天机自长成的。人生也是如此，对孩子们的教育也是如此，要使他受得艰难，要给他“自得天机自长成”的环境。父母的爱护过分了，恰恰是毁了他。我们看了这两首诗，就可以了解小知大受的道理。取得伟大成就的人，都要从艰难困苦中站起来，不要被小聪明自误，更不要短视。所以《论语》上记载圣人之言了不起的地方，像一具很好的古董放在面前，它不受时间、空间的影响，越看越美，从任何角度看，都觉得有新的发现。现在的工业产品就不一样，初看很漂亮，多摆两天就完了，很讨厌了，非把它毁掉不可。古书就有这个道理，它的含义使我们多方面去发觉、体会。对这几句书，我们有时不必一定说是哪方面看法，要在人生中多加体会才对。

接着由为人处世，再讲到政治的道理。

【本经】

子曰：“民之于仁也，甚于水火。水火，吾见蹈而死者矣，未见蹈仁而死者也。”

【译文】

孔子说：“一般人对仁义的事，那种惧怕的心理比怕水火还厉害。我看见过有人跳到水里死的，也看见过有人跳到火里死的，但却从来没有看见过因为做仁义的事而死的。”

【别裁大义】

烫手的山芋

孔子说，一般人一提到仁义的事，那种惧怕的心理比怕水火还更厉害，水会淹死人，火会烧死人，所以人看到水火会怕。孔子说：我看见过人跳到水里被淹死，跳到火里被烧死。仁义没有这样可怕，真去做的话，不会被饿死的，真仁义还是有好处的。可是人害怕，不肯去做，所以叫人做坏事很容易，叫人做好事反而怕。但没有看见人因为做好事而死，没有做好事的人，倒是死得更惨。

这里孔子是说一般人的心理，讲到仁慈就怕得很，生怕吃亏，孔子就讲了一句幽默话，说没有看到谁跳进仁里被烧死淹死的，这就是说一般人不肯行仁道，道理很会讲，做起来很难。那么要用什么精神来做呢？

【本经】

子曰："当仁，不让于师。"

【译文】

孔子说："人应该有追求真理的态度。对于仁的修养，要不断追求更高的境界，即使面对自己的老师也不必谦让。"

【别裁大义】

这句话又有几个观念。先解释文字：当仁义所在的地方，都可以反对老师，老师错了就是错了，并不见得老师一定对。老师做得不仁，就不对。另一个观点，也可以看到孔子的教育，并不是专制教育。他这句话就是告诉学生，只要认真理、认正义，真理对了，正义对了，就不要考虑我这个老师怎样了。也等于西方哲学家亚里士多德说的："吾爱吾师，吾更爱真理。"这是亚里士多德当时与他的老师柏拉图，发生了相左的意见，这种意见相左，并不是对老师不尊敬。真理所在，对于老师的意见，也没有办法同意的。这就是做学问的精神，哪怕皇帝的意见都把它碰回去。不管是老师或皇帝，正义所在一定要争，这是中国知识分子必守的信条。

但是，下面一点需要强调。

【本经】

子曰:“君子贞而不谅。”

【注释】

贞：卜问。从卜，用贝作为占卜的礼品。这里引申为真正做到内心的诚敬，守正道。

谅：信实。这里指无原则地守信，固执。

【译文】

孔子说：“一个君子，做人做事要真正做到内心的诚敬，坚守中道，不可以无原则地固执承诺，而随便地违反道义。”

【别裁大义】

这个“不谅”不是不原谅，而是说一个君子，要真正的诚敬而不能马虎，不能随便地违反了正义。

【本经】

子曰:“事君，敬其事而后其食。”

【译文】

孔子说：“一个知识分子，对待集体和国家，首先要有恭敬心，敬业爱岗，负得起自己的责任，个人的生活待遇等问题则是后面的事情。”

【别裁大义】

为人下属、为人臣下的时候要敬，就是现在讲的“负责任”，先真正能负了责任，然后再考虑到自己待遇、生活的问题。假使说为了待遇生活而担任这个职务，那是另一观念。一个知识分子做一件事，并不一定为了吃饭。一个人吃饭、生活的方式很多，所以要认识清楚，做事是为了责任问题。

【本经】

子曰：“有教无类。”

【注释】

无类：指没有贫富、地域等区分，对教育对象不加限制。“类”，类别，区别。子曰：“自行束修以上，吾未尝无诲焉。”就是有教无类的事实说明。

【译文】

孔子说：“凡是来求学的人，我都一律平等对待，没有贫富贵贱的区别。”

【别裁大义】

这句话大家都知道，不需要解释，这是孔子的教育精神。他对待学生不分阶级，不分地域，不分智愚，只要肯受教，以人文文化为基础，一律谆谆教诲。

【本经】

子曰：“道不同，不相为谋。”

【译文】

孔子说：“如果思想目的找不到共同点，就不能真正共谋事业。”

【别裁大义】

可是有一点，思想目的不同，没有办法共同相谋。但并没有说一定要排斥。没有办法互相讨论计划一件事，只好各走各的路。

【本经】

子曰：“辞，达而已矣！”

【译文】

孔子说：“写文章或讲话等言辞，主要目的是能真实地表达出自己的思想就好了。”

【别裁大义】

花果枝叶

说话、文章都是辞。当然，写文章要成为一个文学家很难，说话要训练得擅于言词、擅于演讲也很难。虽然不要求太华丽，但是有一个主要的目的，那便是能够真正表达自己的意思。在人生的经验上，有许多人很爱说话，开口就是一大篇，可是讲了半天，不知他讲了些什么。写文章也是一样，许多人面对稿子，心里说“我要写文章”，十分精神中七分在担心写不好，花了半天时间，两行都写不下来。其实不要管这些，心里想到哪里，就写到哪里，写完以后，再增删调整一下就好了。所以孔子说的“辞，达而已矣”说明了一个道理：真正的好文章，是表达意思，好的文章不要“作”的，雕凿起来就不行了。这一句同时呼应上论“行有余力，则以学文”的话，说明文辞不过是学问的枝末。

【本经】

师冕见。及阶，子曰：“阶也。”及席，子曰：“席也。”皆坐，子告之曰：“某在斯，某在斯。”师冕出。子张问曰：“与师言之道与？”子曰：“然，固相师之道也。”

【译文】

师冕来见孔子，走到台阶前，孔子告诉他说：“这里是台阶了。”走到坐席旁，孔子又告诉他说：“这里是坐席了，请坐吧！”等大家坐好后，孔子对师冕说：“某人坐在这边，某人坐在那边。”师冕告辞走后，子张问孔子：“老师，您待他的规矩这样多，处处都要讲一声，这样就是对待乐师之道吗？”孔子说：“正是，这就是对待盲人乐师之道啊。”

【别裁大义】

这段话是结尾了。这一篇开始是卫灵公向孔子问军事，孔子不愿答他的问题。这段结论，就是点出人文之道的重要。

师是古代很重要的文官，管音乐艺术的大乐师。在春秋战国时代，乐师与后来的太史令同样重要，因为古代非常重视礼乐文化。这个名叫冕的大乐师来看孔子。古代的乐师，多半是瞎子，孔子出来接他，扶着他，快要上台阶时，告诉他这里是台阶了。古代没有桌子板凳，席地而坐，就和后世日本的榻榻米一样。到了席位时，孔子又说这里是席位了，请坐吧。等大家坐下来，孔子就说某先生在你左边，某先生在你对面，一一很啰嗦地告诉他。

等师冕走了，子张就问，老师，你待他的规矩这样多，处处都要讲一声，待乐师之道，就要这样吗？孔子说，当然要这样，我们不但是对他的官位要如此；对这样眼睛看不见的人，在我们做人做事的态度上，都应该这样接待他。

从这一点，我们想到，很多伟大的教主们，常做这样的事。佛经里就有这样一个故事：释迦牟尼有一个弟子，眼睛看不见，但还是自己缝衣服。有一天他穿不起针线来，就在那里大声叫，要求同学帮他穿一下针线。但是他的同学，那一班罗汉们，都在打坐入定了，没人理他。释迦牟尼这位老师，就自己下来帮他穿好针线，交给他手上，教他怎样缝。这个学生一听到声音，才知道是释迦牟尼。他说，老师怎么亲自来？释迦牟尼说，这是我应该做的。而且马上对所有的弟子们训了一顿话，上了一课说，人应该做的，就是这种事，为什么不肯帮助残疾的人、穷苦的人？

所以说《论语》是连贯的，这一篇由第一段，孔子不肯答复军事的问题，一直讲到做人处世，结论是要帮助残疾孤苦的人。而且又以孔子接待大乐师的事，烘托出国家的根本在礼乐。可见每篇的编辑、安排都是恰到好处。我们读完全篇以后，再一想，余味无穷，也代表了孔门的思想，孔子的精神——教人学问的道理究竟在什么地方。

另外还有一点关于这一段的附带说明。就是我国古来的大音乐家，差不多全是瞎子。像师旷为了要使自己的音乐素养更上层楼，他觉得眼睛外视容易使精神耗散，所以将自己的双眼刺瞎，结果果然成为中国的一代音乐宗师。这个道理也就是中国道家修持的理论——“绝利一源，用师十倍”。也就是老子所说的“不见可欲，其心不乱”。因为一个人的精神及生理，都是靠食物来补充，但又由思想、九窍消耗。而补充的永远比不上消耗的，所以人才有衰老、死亡。这些都是由大乐师的眼睛而引起的，暂且搁置，以后如有机会，再谈这个理论正确与否。

季氏第十六

【本经】

季氏将伐颛臾。冉有、季路见于孔子曰:“季氏将有事于颛臾。”孔子曰:“求!无乃尔是过与?夫颛臾,昔者先王以为东蒙主,且在邦域之中矣!是社稷之臣也,何以伐为?”

【译文】

季氏准备兴兵攻打颛臾,冉有、季路来见孔子,说:“季氏准备对颛臾用兵了。”孔子说:“冉求!这难道不是你的过错吗?那颛臾,当年周天子曾授权让他主持东蒙山的祭祀,而且其国土在鲁国的疆域之中,也是鲁国的臣属,为什么还要出兵攻打它呢?”

【别裁大义】

兴灭继绝

根据我们研究的方针,这里第十六篇与上论第六篇《雍也》有互相呼应的关系。第六篇讲《冉雍》——仲弓,孔子提到他有王者之气,有帝王之才。现在这篇书,是讲到中国文化、政治哲学的要点。听说现在这篇书的开头一大段,编进了高中的语文课本里,成为很重要的一篇文章。这段书,就有很多个重点:它含有中国文化政治哲学的精神、中国文化的政治观念。我们整个民族的文化道德,是不喜欢侵略人,而且更不主张别人去侵略人。另一个重点是说臣道,一个国家重要的大臣，对大的政治决策，关系非常重大，中间一点都不能马虎。如孟子所讲的义利之辨，要时刻注意。看了历史上的这许多道理与真实的事情，也可帮助我们了解今日世界局势的演变。譬如美国总统尼克松的下台，日本首相田中的下台、三木的上台，这些在一个研究历史文化的人看来，就是活的书本，能使我们对自己古典的书，了解得更深切；也更了解世界的事情；对过去、未来，是一个很好的对照，这是真正的学问所在。假使只在书本上看文字，这种学问没有用，的确只是书呆子，埋没了人才。如果有天赋而不念书，遇到事情要处理的时候，就不知道怎样处理更好，因为他不懂原则。学问与才能要配合起来才行。

全世界的文化、政治思想中，恐怕只有中国人有这个精神，中国民族文化的这个精神叫“兴灭国，继绝世”。孔子著《春秋》的历史精神大义，就在这里，这是我们几千年来的民族文化精神。所谓“兴灭国”，在春秋战国以前，“国”是个地方政治单位，诸侯分封为“国”。到了春秋战国时代，还有上百个国。有些小国不算，大国也有几十个。在过去中国这个制度，就是所谓的“封建”。“封建制度”，中西截然不同。而中国的封建，以宗法社会氏族为中心，就是以血统为基础，并不是西方的封建，以奴役、权势为基础。

封建这个名词，许多人都在乱用，几十年来的学者，在他们的著作中，提到封建这个名词的时候，也好像基本上在针对中西封建之不同，没有正确的认识。这不只是一个笑话，它甚至影响到国家这六十年来所遭受的巨变和痛苦。

过去历史上的这些诸侯之国，当其中一个国家快要灭亡了，乃至已经灭亡绝后了，其他的国还要找到这国家的后人，扶助他起来复国，这就是所谓“兴灭国”。“继绝世”，是这个国家即使绝后，也要想办法使他继续存在，延续下去，这就是中国文化对于国际政治的精神。

例如汉高祖刘邦，在他统一天下以后，又为秦始皇，以及楚、魏、齐等灭国无后的诸侯国想办法使其续绝，《史记·高祖本纪》记载：“十二月，高祖曰：秦始皇帝、楚隐王陈涉、魏安釐王、齐湣王、赵悼襄王，皆绝无后，予守家各十家，秦皇帝二十家，魏公子无忌五家。”以汉高祖的为人来讲，素来具有豁达大度的胸襟，自然便合中国文化精神的大原则，所以刘邦后人，在中国历史的政权上，能够先后达四百年之久。凡我黄帝子孙，固当有此认识才是。

这种精神是其他任何一个国家的文化中所没有的。试看中国历史，除了南北朝、五代某些边疆民族称王称帝乱搞以外，正式的朝代，汉、唐、宋、明、清，中华民族从来没有主动发动过欲图灭亡邻国的子孙、土地，以并入我们版图的侵略战争。即使别的国家出了问题，如过去的附庸国家安南、暹罗（xiān luó）、朝鲜等，发生了变故，我们可以派兵辅助他平定他国家的内乱，但是我们一定撤兵回来，另外替他们选择一个好的国王，政权交回他们自己好好管理，任何其他条件都没有，只要他们俯首称臣，年年进贡，岁岁来朝。我们当时要求这些附属——外藩的国家——进贡，自己是要赔本的，而且赔得相当厉害。还有些地方是重译来朝的，就是过去有一些边远民族，如印度、波斯这些民族来朝，要经过两三种文字的翻译，才能译成中文；中间经过许多国家，都还要到中国来。就如唐代诗人王维的名句中所说“万国衣冠拜冕旒”。汉、唐的文化，就有这样伟大的局面出现。因此直到现在，世界各国的华侨社会都称“唐人街”，就是唐代文化精神的遗响，英文的 China 就是大秦帝国的译音。当年外藩来朝，我们回送的礼物，比他们送来的多得太多了，这是我们中华民族的精神。所以这种“兴灭国，继绝世”的思想，除了我们中国，任何外国都没有的。所以我们不但不想侵略别人的土地，也不想占有人家的土地。目前有一点，许多的强国想控制人家的经济市场，而我们也从来没有。

这个思想，向大的方面演变，成为国际政治哲学。小则个人家族方面也有这种精神。我们中国人，每一姓氏在祠堂中都有一本家谱，又名家乘。家谱中记载着祖宗的来源，有许多追溯到周代，因为周代的子孙分封各国，以地方为姓；有的还远溯到轩辕，以证明自己的确是黄帝的子孙；就以台湾人数最多的林姓来说，他们的家谱中就记载着林姓的始祖——第一个祖先为林坚，是比干的儿子，与纣王是叔伯兄弟，比干是纣王的伯父。

孔孟曾颜的通天谱

但是后世各宗族修家谱，有四姓是所谓“通天谱”的，意思是普天之下只有一种家谱的。这四姓就是孔、孟、曾、颜。这四姓的祖先都分别追溯到孔丘、孟轲、曾参、颜回四大圣贤，而这四家的家谱，所排的字辈——就是辈分命名所用的字——也完全是一样的。这件事看起来好像与国家民族无关，实际上却充分表现了我们这个民族崇高文化，重视血统的精神。

说到字辈，是修家谱的重要工作之一。以前每三十年修一次家谱。即使衰落的家族，最多也不能超过六十年，一定要修一次家谱。在修谱的时候，就要决定排出新的字辈。以蔡家的字辈为例是“世泰家声启，运隆教泽长”十个字。在民国三十三年修谱的时候，就另外决定了新的十个字，作为后十代命名用的，假如本人名“世”信，儿子则名“泰”来，孙子名“家”珍，曾孙名“声”传，玄孙名“启”伟。由名字上一看，就辈分分明，尊卑有序。在同辈中，也有不同字用同一部首的。如启字辈的同胞兄弟姊妹，兄弟名启伟、启仕、启优、启侠，姊妹用启依、启仪、启仙等。这种表明血统的方式，后来更扩而充之，作为表明文化系统、社会关系的方式。如过去北平的科班、今日儿所戏剧学校的学生所用的艺名，王复蓉、李复初，一看便知是复兴剧校复字辈的学生。刘陆和、赵陆锦，不外是陆光的陆字辈学生。又如近代特殊社会的所谓大字辈、通字辈，都是这个精神，其中有很多很多功用。

红蓝画线　鬼哭神号

在家谱中，可以看到祖宗的来源，像比干的旁边注了河南两字。又如，南姓是怎么由河南一带到浙江来的？是南宋的时候南渡到浙江来的，当时随政府到浙江的，然后历代祖先，有谁到哪里去了，都有记录。据说，有一家叶姓人家修家谱发生了怪事，夜里他们祠堂中会鬼哭神号。因为有的人传了几代以后，没有孩子了，在家谱上他的那条直线就要断了。照老规矩，出嫁，就注“适张”“适李”，看得清清楚楚，这是几千年来宗法社会的成规。所以说我们宗法社会的组织，真是非常严密，对于个人的名、字、号、谥法、事业、行状，等于一篇小传，在家谱中都记载得清清楚楚。在家谱族系表的线都是红的，如果中间看见一条蓝线，就是很严重的事情了。因为红线是代表血统；如果是蓝线，就是表示没有生孩子，而是由兄弟的孩子，即侄子过继来承宗祧的（宗祧 tiāo：宗庙，引申指家族世系；宗嗣；嗣续）；如果没有兄弟侄子，由外甥（姊妹的孩子）过继来延接香火的，则加双姓，一般是本姓血统最近的过继（也叫承祧）。其中也有一子双祧的，如兄弟两人，哥哥无子，弟弟也只有一个孩子，那么这个独子，就同时是伯父的孩子。而且除了生父给他娶一个太太外，伯父也给他娶一个太太，称为长房媳妇（当然，弟兄排第几，就是几房）。那么长房媳妇生的孩子，就是伯父的孙子，本房媳妇生的孩子，为生父的孙子。如果没有叔伯兄弟，就从叔伯祖的后代同辈中承祧，一直追溯到五代上去。如果外甥过继承祧，要经过族长的同意才可以，而且过继来的第一代要加双姓。如张家由李家外甥过继而来，在家谱中的蓝线下就写张李某某。所以有的人没有后代的，就叫这一家修谱时修不下去了，晚上就听到鬼哭。负责修谱的人就要想办法，使他的宗祧延续下去。

在人类学的立场看起来，好像红线或蓝线没有多大关系，“民胞物与”的精神，民吾同胞，物吾与也，谁的儿子都是一样；可是站在宗族血统的立场，就绝不敢以开放的思想来做。还有的人声明不是外甥，是“路边妻”生的孩子。所谓“路边妻”是有的地方有租妻的风俗，租一个妇人来，生下孩子以后，将孩子交给男方，各走各的路，没有夫妻关系。但无论是红线或蓝线，有一个最主要的精神，就是“兴灭国，继绝世”的精神，对于没有后代的，一定想办法把他的宗祧继承下去，香火延续起来，这是中国民族思想的精神。

传统历史的资料

家谱不但是为个人，而且是为一家一族的宗法社会观念而存在；它更高的价值，在于其中有很多宝贵的资料。尤其在历史这方面，寻查个人的史料，像岳飞、文天祥这些人的传记，就是从他家乡中的家谱里，找出很多真实的资料与记载，这些资料在历史上很重要。换言之，家谱家乘，就是它这个宗法社会的一个小的历史。我们常说，大家都是黄帝子孙，就是各家循家谱研究，追溯到最后，黄帝是每一家族的根源。发展下来，就表现了“兴灭国，继绝世”的民族观念。

另外，“兴灭国，继绝世”的观念，也可以说是中国人文的侠义道精神。侠义的义，是义气的意思，也是从这个精神来的。在中国文化中，仁义的“仁”字，在世界各国的文字中，有同意义的“同义字”。但是侠义道的“义”字，在世界各国文字中，都没有同义的字，只有我们中国文化讲侠义、义气。这是对朋友的一种精神，为了朋友可以牺牲自己的生命。朋友死了，应该对他的孩子负责教养，培养教育到长大成人，成家立业。甚而有的公私机构，对于员工的遗孤，都还照顾培植。当然，现在社会这种情形比较少了。这种侠义的精神，路见不平的，帮助人的，看到孤苦给予援助，就是根据“兴灭国，继绝世”的精神发展出来的。

我们了解了这个道理以后，由“兴灭国，继绝世”的观念再发挥起来，就构成了我们这个国家民族文化许多与众不同的优点。尽管我们看见现在的这个社会，都感叹世风不古，好像特别势利、讲现实；但是，凡是中国人，先天的在血统里面，下意识中，还是保存了这种“兴灭国，继绝世”的精神。只是因时代不同，教育方法不同，知识范围不同，而有衰微之征。一旦我们的国家民族，恢复到祥和安定，注意礼义教育的时候，我们的这种民族精神，是不会变的。

侵略者的遁词

孔子那个时候，三桓将政权、军权、经济权都掌握在手里，虽然还不敢推翻鲁国的王朝，但鲁国的国君等于是傀儡。这次季家准备去侵略颛臾这个小国家。孔子的学生冉有，在季家等于是文人而兼武职带兵的，是季家的家臣。因此这一天和子路两个人来看孔子，向孔子报告，季家将有事于颛臾。这句话在古人的文章很简单，其实事情并不简单。冉有与季路为什么来的？他们不是不知道季家有侵略这个小国的野心，想并吞颛臾。但是他们两个人受了孔老夫子的影响，又是孔子的高材生，内心的看法，觉得季家这件事不对，而且做出来了，一定要挨老师一顿骂。可是这两个人到底不是孔子，季家这样做，似乎也未尝不可，并没有坚决反对；但又怕孔子知道以后吃不消。于是两个人来试探孔子的意向，两个人很妙，很滑头地联合起来看孔子。当然一开头不敢报告这件事情，先说一些别的事，最后才顺便提起，说季家将对颛臾有事情，有问题。

到底什么事情？什么问题？没有讲，完全外交辞令。

孔子是明白人，一听就懂了，马上告诉冉有，叫他的名字，冉求！这件事情，恐怕你太过分了，要不得的，这是一种很大的罪恶。颛臾这个国家，是五百年前周武王分封诸侯建立的国家。当时在中国东方的边疆，还没有开发的民族，由他管理，而且有四五百年的历史，包括在中国的版图以内，是社稷之臣。（那时所讲“社稷”这个名词，等于现在的国家；那时所讲的“国”，等于现在的地方单位。）这里孔子是说颛臾这个国家，也是周天子所领导的天下的一分子。“何以伐为？”怎么可以出兵去打他，侵略他，企图吞并他的土地呢？这里称“伐”，是因为古代战争的名称，因性质而不同。征与伐是有分别的，所谓伐是对方不对，或者下面叛变，出兵去打他，称为讨伐。所谓伐罪，他有罪才可讨伐。颛臾根本是先王所封，有它的历史背景和地位，是东蒙之主，而且没有错，不过现在衰落了，怎么可以出兵去讨伐它？没有这个道理。

【本经】

冉有曰：“夫子欲之，吾二臣者，皆不欲也。”

【译文】

冉有说：“是季老夫子想要这样做，我们两人都不主张这样做。”

【别裁大义】

这是冉有在推卸责任。他本来是怕挨孔子的骂，先来备案的。他说，这没有办法，我们的老板要这样做，我跟子路两人，实在没有这个意思。我们吃人家的饭，不听人家的怎么办？其实这是冉有推卸责任的话，这里我们有两点可以看出来：

第一，看到孔子的教育精神。当时并没有党派的组织，但是孔子的弟子们，事无大小，对于孔子有宗教性的崇敬；也有现在对于政党组织政治性的尊重。每一件事不敢不向他报告。而孔子是一个平民，既无组织，又无权位，只是一种道德的感召，学生们不敢骗他。但是这件事情，非骗他不可，怕他不同意。第二，孔子与季家之间的关系对季家无所谓；而冉有、季路不同，他们是孔子的学生，同时在季家是家臣。这个举动，等于现在一个具有国际性的举动，他们怕将来的后果会挨骂，将来历史上会怎样批评更不知道，事情很严重，所以来向孔子报告。

而孔子即刻根据历史文化的道理、宗法社会的精神，告诉他们不可以这样，他们两人于是推托了，说是“夫子欲之”，自己并不想这样做。

【本经】

孔子曰：“求，周任有言曰：‘陈力就列，不能者止。’危而不持，颠而不扶，则将焉用彼相矣？且尔言过矣！虎兕出于柙，龟玉毁于椟中，是谁之过与？”

【注释】

周任：古代有名的一个史官。

陈力就列，不能者止：“陈”，摆出来，施展。“陈力”，用尽才力。“就列”，入于官列，充任职位。此句意为有能力并愿意尽心竭力做事，才去就任职位，否则的话就不要去做。

相（xiàng）：官名。

虎兕出于柙，龟玉毁于椟中，是谁之过与：“兕（sì）”，古代犀牛一类的野兽。“柙（xiá）”，关猛兽的笼子。“龟”，占卜用的龟甲。“玉”，祭礼用的玉。“椟（dú）”，用于藏龟玉等宝物的匮或匣子。老虎和犀牛从笼子中跑出来，龟和玉在匣子里毁坏了，这是谁的过失呀！此句意谓事情没有办好跟具体管理人员直接相关。

【译文】

孔子说："冉求！从前周任说过：'既然担任了这个职位，就要尽到自己的责任，否则如果做不到，就干脆不要在这个位置上干了。'一个做辅相的人，应该辅助诸侯做到扶危济困。如果见到一个人在遇到危险的时候，却不去拉他一把，见到一个人跌倒了，却不搀扶他一下。（那我们求学又有什么意义？）用你做这个辅相之臣有什么用呢？况且你的话实在是错了！就像放任凶猛的老虎和犀牛从笼子里跑出来为患，贵重的龟玉毁坏在匣子里一样，这样的结果是谁的过失呢？"

【别裁大义】

老虎出笼　珠宝完蛋

这里是要点，就是中国文化精神的重点了。孔子听了冉求的话，就告诉冉求，根据以前管文化政治的周任的话："陈力就列，不能者止。"这八个字，有几个意义：

第一，一个人做人家的干部，高级的干部也好，基层的干部也好，要把自己的力量尽量贡献出来；否则自己不愿意干的，就趁早不要干。这就是现在讲的责任问题。既然担任了这个职务，就要在这个班次之中，职位上面，贡献出力量。如果所提出来了意见，而结果人家的作为，违反了自己所提意见的真理原则，就宁可算了，可以不干，既然做不到就算了。中国古代许多大臣，认为政策错误了，拼命诤谏。唐、宋时代往往有这种事情，遇到皇帝不听自己的意见时，就把代表官阶的帽子自己摘下来，送还给皇帝，宁可不做这个官了，因为还要对历史、对老百姓有一个交代，既然进谏不听，只好走路。

第二，也可以解释成战争的哲理。就是说准备一个战争，把我们的力量排列开来，战争的行列准备好。在中国古代的军事哲学，与现在不同，对于失去了抵抗能力的国家，失去了抵抗能力的人，是不打的。从旧的武侠小说就可以看到这种精神。习武的人，不肯用飞刀、镖等暗器，不得已一定要用时，也要在出手的同时叫一声“看镖！”就是要偷袭的时候，也通知一声：“你小心我要偷袭你了。”讲明的，所谓明人不做暗事，即使是对仇人，私下整人的事也决不干，就是这样一种讲礼义的风格。过去习武功的人，有五种不打的人，宁可受气，决不打——包括老年人、乞丐、出家人、妇女、有病或残疾的都不打。这流露出我们中国文化，在战斗的行为中，还有许多合于礼义的精神。个人的格斗、国家之间的战争都是如此。

外国文化中也有这些，不过形态稍稍不同而已。二十世纪末叶，东西文化都在大变迁中，虽然在变，但我们似乎赶不上人家。如美国嬉皮，美国认为不能让它形成问题。他们的教育，因为发生了嬉皮，就马上变了。加州有一所大学有两万五千名学生，就有一万五千名老师。一个老师管两个学生还不到，功课是紧得没有办法再紧了。在十年前只要读十本书就够的一门课，现在要读五十本书了。时代不同了，知识在膨胀，人要跟着走，所以现在没有嬉皮了。这是人家值得我们效法的地方。所以我们中国文化中《易经》上讲要变，要适变，要应变。但是我们现在一成不变，自己个人的修养、学问都是一样的。时代在变，我们不能墨守成规。人家的小学教育也在变，运用人盯人的方法，谁错了立刻严格纠正。举例来说，如果有一个小学生上楼梯，步伐不依规定而乱跑，老师一定把这个学生叫下来，训斥一顿，命令他规规矩矩，再走上去。又如教室门口的草地上清洁整齐，假使有一个同学丢了一张废纸，全班都不准放学，处罚整理环境卫生，这就是我们所谓的德育，我们的训导工作。现在人家做得非常严格。他们这种办法是从哪里学来的呢？因为发现嬉皮以后，美国人考察全世界教育，发现苏联的教育，基础扎实得很，受了这个刺激，所以他们统统变，要赶上苏联，胜过他。美国这种地方实在了不起。我们从“陈力就列，不能者止”这八个字，一扯扯到那么远，而道理就在这个原则之下，所以中国文化有许多道理，不要以为西方没有，人家还是有。

孔子引用了周任的话以后，对冉有和季路说，一个当宰相辅助诸侯的人，对外面的国家，应该扶危，像旧小说所讲的侠义道精神，应该“济困扶危”。人在真正困难的时候，是要人协助的。孔子说颛臾这样的小国，它的历史生命正在很危险的时候，像一个东西要倒了，该伸出同情的手，支持他一下，结果你们做不到，没有办法帮助人家。本来要你们去季家当家臣，不但要帮助自己的国家，同时也要帮助别人，而你既然做不到，违反了原则，又用你做宰相干什么呢？这是他在骂冉有。

孔子又说，而且你刚才说，这是季家要这样做，你们并不要这样做，这种话未免错了，毛病大了。我且问你，“虎兕出于柙，龟玉毁于椟中”是谁之过呢？这两句话，是比方当时的时代毛病。虎，大家都知道是猛兽；兕也是一个独角兽，同犀牛一样，很凶猛的。这些猛兽就是应该用笼子关起来的，如果放出来就会吃人。一个国家扩充了兵力，就是要吃人。所谓军国主义的思想，如大战前的日本都是这种思想。像野兽出笼一样，当然要吃人，侵略人家，妨碍别人的生存。

“龟玉毁于椟中”，龟玉是古代经济财富的象征。乌龟的壳是宝贝，玉石等于现在的翡翠钻石，在匣子里整个毁了。换句话说，一个时代，到处充满了战争的武器，经济崩溃，民不聊生，老百姓生活成问题；对外扩充武备想侵略人家，内部自己国民经济崩溃了。这又是谁的过错？这是孔子骂他的学生，你是辅相，季家当然要那样做，而你冉有所受的教育是什么？结果还是做了，这是谁的错？这两句话，代表了那时代的现象。任何一个时代，在变乱的时候，也都是这个现象。

这是孔子对冉有的一顿训话，如要仔细研究起来，每一句话，代表了中国文化的很多要点。配合过去的历史文化，有很多东西可以发挥的。

【本经】

冉有曰：“今夫颛臾，固而近于费。今不取，后世必为子孙忧。”

【译文】

冉有说：“如今的颛臾，城郭坚固又紧靠近费邑，如果现在不夺取它，将来一定会成为后代子孙的隐患。”

【别裁大义】

孔子与冉求政略的论辩

冉有被孔子训得没有办法，只好讲了真话了。他这一套话是谋略家的思想，后来到了战国的时候，谋略家也叫作纵横家，如苏秦、张仪这两位年轻的读书人，基辛格比他们差得远。

所谓纵横，还有个名词叫长短术，也叫作钩距术。将来读到古书上这些名词，都要知道是什么东西，也就是太极拳——四两拨千斤的原理。普通人不懂这个原理，对方一千斤的拳头打过来，自己起码要一千一百斤的力量才能抵得住。如果自己只有九百九十斤的力量，就一定吃瘪了。可是四两拨千斤的原理，一千斤的拳头打过来，自己略略向后闪让，让到距他拳力所到的地方一分远，隔一件衣服就挨不了打。卸去了他的力量，然后自己身子侧一下，让开一条路来，两个手指头帮他一点小忙，牵着他的拳头，顺着他的千斤来势，沿着他的去向轻轻一带一送，变成一千五百斤的力量，向空间里冲，他仆倒了。可是这一闪后，一侧身是很难的，如练到能扭过来、拧过来就行了。否则人家的拳打过来还扭不动，拧不转，那就完了。这些原理就叫长短术、钩距学。用长可以制短，用短可以制长。运用之妙，存乎一心了。这也是谋略家。战国的时候，这些谋略家就是所谓游说之士。基辛格到处跑，在形态上就是实行游说，动之以利害。这一套东西，要熟读《国语》《战国策》，里面全有。可是要注意，学这一套，要以道德为基础，不要乱用，应该知而不用。为了救别人、救国家、救社会，不得已而用之则可。如果经常用这套整人，是不会有好结果的。

现在我们看到冉求完全拿谋略家的姿态出现了，被老师一骂，就被骂出真话来了。他说，老师！话要说回来，颛臾这个国家，紧靠我们鲁国边境的费城，现在如果不把它拿过来，将来对于鲁国的后代子孙，会成为大问题。现在乘它衰弱的时候，正好把它拿过来。这才是冉求的本意，可见冉求参加了季家的军事会议，他到底是一个参谋长。

【本经】

孔子曰："求！君子疾夫，舍曰欲之，而必为之辞。丘也闻有国有家者，不患寡而患不均，不患贫而患不安。盖均无贫，和无寡，安无倾。夫如是，故远人不服，则修文德以来之。既来之，则安之。今由与求也，相夫子，远人不服而不能来也；邦分崩离析而不能守也；而谋动干戈于邦内，吾恐季孙之忧，不在颛臾，而在萧墙之内也。"

【注释】

疾：憎恨，忌讳，讨厌，疾病。

舍曰：避而不谈。

辞：托辞，辩解之词。

服：用也。这里指信服。

远人：指本国以外的人。

干戈：泛指兵器，这里指战争。

萧墙：宫门内当门的照壁。此暗指季家内部。

【译文】

孔子说："冉求！做为君子最讨厌的是，明明自己想要却不说要，而要编出一套借口理由来为自己掩饰。据我所知，作为一个拥有国家或大夫之家的统治者，不怕资源少，就怕分配不均衡；不怕穷，就怕人心不安。资源分配均衡了，就无所谓贫穷；国家社会各方面都能和于道了，财富就不会减少；人心安定了，国家就不会有倾覆的危险。正因为这样，假使有别的国家不信服，就应该反省自己，要从文化基础上着手，重新树立国家的政治德望，发扬自己的文化精神，体现真正的民族性格，这样别的国家才能佩服，也自然会愿意来结交。果真能做到这样，邻邦各国就能和我们友好往来，也就能真正实现国家安定天下太平了。子路、冉求呀！如今你们两个人在季家当辅相，现在的国家政治道德无法使人信服，外国不愿意来结交纳好；国内又离心离德，许多内政问题不能解决，而不能自守；因而你们就图谋在邦域之内用兵发动战争，以转移内部的注意力。在我看来，季孙最大的隐患，不在颛臾这个小国，而是在季家内部呀！”

【别裁大义】

孔子又骂冉求了，他说冉求！我告诉你，一个君子最讨厌的事情，就是明明心里想要这个东西，却装模作样说：“不要！不要！”把这件东西丢开了，然后又另外编一套理由，用很多好听的话，把它拿过来。这种态度是君子人最厌恶的。不但个人的道德不应该，政治的道德更不应该。

孔子说：据我所知，不但是一国，乃至一家人家，不怕少而怕不能均衡。以政治观念来说，不能平等；以经济观念来说，收支不能均衡。不怕穷而怕不安，内部要安定。个人而言，要安贫乐道。安于贫也是一件很难的事。这几句话发挥起来很多了，在我们个人方面，做人也好，做事也好，这几点都很重要。均衡了就无所谓贫。不管均贫也好，均富也好，就无所谓贫富了；和了就没有多少的问题；真正安定了，就没有危险。这是三个大原则。

上面讲了半天，都是内部本身的政治修明、经济安定。国家能够做到这样，国际政治上一定发生影响，其他国家一定信服了。假使还有远人不服，于是用军事去侵略人家，叫人家硬来顺服，那就是霸道；王道不是这样，人家还不服，要反省自己：国家的政治德望，以及个人的德业修养是否还有欠缺？从文化基本上着手；发扬自己的文化，奠定自己的国格、人格，充沛自己的德养，人家受了感化，自然会来。到了那个时候，“既来之，则安之”。全世界和平相处，相安无事，天下太平。这是基本原则。我们要知道这不只是孔子思想的基本原则，也是孔子思想所表现出来的中国文化思想的基本原则。

孔子现在的结论，直骂他的两个学生了。他说，子路、冉求，你们两个人在季家当辅相（等于当时美国的基辛格），远人不服（好像中东一直就不妥协，不服气，到处吃瘪），而不能来也；人家对你不服气，你的政治道德无法使人信服，所以人家没有来结交纳好。在国内则弄得分崩离析、意见分歧，表面上看是整体的，内在很多因素是分裂的。大家离心离德，迟早要崩溃的。这种情形是守不住的，因为内部分崩离析，难以自保，只好向外发展，转移人家的视线，是同样的道理。所以孔子说，你们因为许多内政问题不能解决，于是只好用兵，在外面发动战争来转移内部的注意力。在我看来，你们很危险，季家最大的烦恼、痛苦、忧愁，不在颛臾这个边区的小国家，而是在萧墙之内，在季家自己兄弟之间。孔子说了这个话不久，后来季家兄弟果然发生了问题。所以后世内部发生祸乱，就用“祸起萧墙”这句话，在文学上的典故，就是从孔子这句话来的。

这一段文字的大概已经解释完了。在进入本文之先，我们曾提到过一点：中国文化的精神在“兴灭国，继绝世”。第二点：如何完成一个高级干部幕僚的臣道。综合来说，中国文化政治道德的必备条件，要济困扶危，抑强助弱。所以中山先生的思想，提倡联合弱小民族，确是中国文化的一贯思想。在个人而言，帮助颠沛流离、有艰难、有困苦的人。如果大臣不能帮助君主这样做，孔子认为这是根本不对的。同时也讲道，只晓得扩充军备、发动侵略，而内部民不聊生，国民经济不能安定，是历史的大过错、社会的大毛病，也是政治的大问题。这一段同时还讲到中国传统文化的经济思想，也就是中山先生民生主义思想的根源，讲均衡的道理。

接下来是孔子历史哲学的观点。也是中国政治哲学思想一贯的名言。

【本经】

孔子曰:“天下有道，则礼乐征伐，自天子出。天下无道，则礼乐征伐，自诸侯出。自诸侯出，盖十世希不失矣。自大夫出，五世希不失矣。陪臣执国命，三世希不失矣。天下有道，则政不在大夫。天下有道，则庶人不议。”

孔子曰:“禄之去公室，五世矣，政逮于大夫，四世矣。故夫三桓之子孙微矣。”

【注释】

希:稀疏，少，罕见。

失:失掉，丧失。

陪臣:卿、大夫的家臣。

禄之去公室:“禄之”，授予爵禄。“去”，离开、丧失。“公室”，指鲁国国君。此句意为，鲁君不能自己做主，已经有五代了。

政逮于大夫四世矣:政权到了季孙氏等三家卿大夫的手里已经四代了。“逮（dài）”，到，及。“大夫”，指仲孙、叔孙、季孙三家卿大夫。“四世”，以季氏为首的三桓从开始掌权到孔子说这段话的时候，已经历了文子、武子、平子、桓子四代。

三桓:指仲孙、叔孙、季孙三家卿大夫，他们都是鲁桓公的后代。

【译文】

孔子说:“当天下治道清明时，中央政府能够事权专一，那么一切礼乐征伐都由天子统一决定；当天下治道黑暗时，中央政府没有办法贯彻政令了，地方诸侯就会擅自专权。到了地方诸侯擅自专权的时候，这种情形最多能维持到十代，很少不失掉的；到了由大夫专权的时候，最多维持五代，很少不失掉的；如果在这种情况下，再有大夫的陪臣可以左右国家的命运了，最多维持三代就很少还能继续了。天下治道清明时，国家的政治权力就不会旁落到大夫的身上；天下治道清明，中央政府能够统一贯彻政令，百姓能够安居乐业，也就不会议论朝政了。”

孔子说：“鲁君不能自己做主，已经有五代了；权力旁落到了大夫手中，已经有四代了。所以三桓的子孙现在已经衰微了。”

【别裁大义】

先知的预言

这两节和前面整个是连接的。也可以看出来，春秋战国历史的演变，是社会的演变史，也是政治演变史的资料和原则，不要轻易放过了，研究起来，有很多道理。根据这些道理，把资料找来，用白话文可以写十几万字，又可以拿学位了。

孔子说，天下有道，则礼乐征伐自天子出。这里“天下”两字，和刚才讲到“社稷”两字的意义，是代表全中国整个国家。时代安定，国家上了轨道，不论文化、教育、政治、经济、军事等，中央政府可以事权专一。当时代变了，政权有了问题，地方的势力起来了，不管文化、政治、经济、军事等，中央政府没有办法贯彻命令，由地方势力揽权。用唐代的历史来说，就是藩镇专擅，外藩权力膨胀；以现代史来说，就是军阀的割据专权，妨碍了国家民族的建设进步许多年。

讲到这里，想到中国过去历史上，大家都知道有几种祸乱，是相当厉害的。除藩镇之祸外，有宦官当政、外戚揽权，以及女祸为害。如汉朝、明朝受宦官的影响很大，许多大臣都难得见到皇帝，一切大权操在宦官手里。外戚之患，为后妃娘家人专权。女祸，例如武则天算一个，汉高祖的吕后也算一个，清末的慈禧太后也算一个。历史上其他不成气候的还有，不去说它。历史上这几个因素，差不多轮流在转，几乎在每一变乱的时代，毛病都出在这几个因素上。但不要以为国家大事才有如此现象，其实每个阶层都有，任何人负了重责时，都会有这种可能。以一个公司来说，你是公司的董事长或总经理，分公司的经理就是你的藩镇；凡是左右亲近的人，就可能是宦官；至于外戚，更是每个人都有；再说女祸，今日世界上许多国家，都发生桃色问题，所谓绯闻案，此起彼落。不要以为这几个名词只是历史名称而已。我们要了解，任何文化思想不要被名词限住。时代不同，文字不同；“人”，则古今中外仍然是这个“人”。“人”的毛病，古人有，现在也有，将来也一定有。这个历史、这个世界是人形成的，人的所有毛病，是没有时空差别的。所以做主管也好，当老板也好，被这些东西包围，是必然的，这要注意。

所以孔子说，到了变乱时代，诸侯专权的时候，最多十世——三十年一世——也就是两三百年以内，这个历史没有不转变的。如春秋战国时代，齐桓公、晋文公这些霸主，都是地方藩镇势力，最多维持十世。等而下之像季家这样大夫专权的，顶多五世，一百多年而已，没有不变的。再下来由陪臣执国命，大臣们可以左右国家的命运，主事的人才越来越差了，时代越来越衰微，数十年而已，顶多三世，没有不变的。

不过这个“世”字不要看得呆板，孟子有句话为“君子之泽，五世而斩”。这是活的事实，就是说一般人的起家：第一代辛苦创业，第二代尚能守成，第三代享受了，第四代花得差不多了，第五代忘了上代的辛苦，花光了，第六代又重新开始。所以“君子之泽，五世而斩”，到了第五代就断了。祖宗再有道德、再有好的修持，他的德行，遗留过不了五代。在教育上每代自己要知道进修，不进修就完了。再回到原文，天下有道的时候，政治的权力，就不会落在大夫的身上，中央政府一定能够贯彻它的权力，老百姓也不会有议论，过太平日子，不怨天，不尤人。孔子继续讲当时实例，他说古代分封的禄位，离开公室已五世了，政权旁落到大夫的手里已经有四代了。孔子所以告诉冉有、子路，依据历史演变的道理，三桓的子孙——就是季家三兄弟的问题，马上要出来了，不必等到出兵去打别人，本身就要垮了。

这一段从文字上看，好像不大重要，如果研究历史思想，就非常重要。这一段可作中国哲学史纲来看，是中国过去历史哲学的重要资料之一。中国的历史哲学是唯心史观，《易经》是最重要的一部研究资料，很早就有了。也可以说：我们中国文化讲历史哲学，是讲“变的史观”；不管你唯物也好，唯心也好，社会、人、时间、空间随时都在变；天下没有不变的事物。对于讲“变的历史哲学”，中国文化中最多了。现在孔子这些话，也就是讲“变的历史哲学”。了解了这变的哲学，才能把握时代的变。所以发挥起来，不只是历史哲学的一个大问题，也可以是政治哲学运用上的一个大问题。

懂了真正的变，就晓得如何“适变”，不必等到“变”来了以后才变，而先领导变。我常说第一等人是自己制造机会，领导了变；第二等人机会来的时候，把握了机会，知道如何去应变；第三等人失去机会，被动受变，随物化去了。

除此以外，这一节书还有一个重要的问题，就是孔子的学问智慧，他的确是有先见之明。我们只要多多研究春秋战国时期的历史，再冷静地反省一下，他这些话，都是对历史社会演变史的预言，下的断语，一点都没有错；春秋以后的历史，正如他所说的演变之路。而且，以他这个原则看后来的历史，乃至将来，同样没有错。

下面转入另一个气势，看上去虽在讲普通朋友之道，事实上与本篇的政治哲学和用人行政都有关联。

【本经】

孔子曰：“益者三友，损者三友：友直、友谅、友多闻，益矣；友便辟、友善柔、友便佞，损矣。”

【注释】

直：正直。

谅：诚信，信实，体谅，宽厚。

便辟：“便(pián)”，擅长，熟习。“辟(pì)”，通“僻”。不老实，邪僻，不正，偏离正轨。

便佞（pián nìng）：善于花言巧语。

【译文】

孔子说：“有助益的朋友有三种，有害处的朋友有三种：结交正直的朋友，结交信实宽厚的朋友，结交博学多闻的朋友，是有助益的；如果结交爱玩弄手段的人做朋友，结交爱逢迎附和的人做朋友，结交爱花言巧语的人做朋友，是有害的。”

【别裁大义】

朋友之道

这是我们中国人所熟悉的话，友直、友谅、友多闻，是有助益的朋友。第一种“友直”，是讲直话的朋友；第二种“友谅”，是比较能体谅人，个性宽厚的朋友；第三种“友多闻”，是知识渊博的朋友。孔子将这三种人列为对个人有助益的朋友。另外在朋友中，对自己有害处的也是三种，第一“友便辟”，就是有怪癖脾气的人，有特别的嗜好，或者也可说软硬都不吃，使人觉得有动辄得咎之难的朋友。第二“友善柔”，就是个性非常软弱，依赖性太重。甚至，一味依循迎合于你，你要打牌，他也好，你要下棋，也不错，你要犯法，他虽然感觉不对，也不反对，跟着照做不误。用现代语来说，等于是娇妻型的朋友，可以说是成事不足，败事也不足。第三“友便佞”，这种人更坏，可以说是专门逢迎凑合的拍马屁能手，绝对是成事不足，败事有余的家伙，特别要当心。

从表面文字上看来，这节完全在说友道，其实，扩而充之，以广义来讲，所谓君臣之际，领导人与下属之间，规规矩矩地讲，应该都属于友道相处才对。历史上创业的集团，主从之间，大都是友道相处。等到严格分齐君臣主从的时候，也就是快要走下坡路了。天下事固然如此，个人的事业，又何尝不如此？

皇帝与臣子以朋友相交的例子太多了，像唐太宗与虞世南、魏征等；像宋太祖经常微服夜行，到赵普家去喝酒闲聊。在“友谅”这方面，唐太宗和房玄龄这些人都是这样，不但皇帝谅解他，他也谅解皇帝。在文学上，唐代的诗最好，就因唐太宗的诗好，等于他提倡的。可是当虞世南死后，唐太宗认为已失去诗学上的知己，就不再作诗了。虞世南也是有名的书法家，和唐太宗一同起来的干部，是早年的“秘书长”，后来也是大臣。由此，我们可以看到历史上任何一个新兴时代，领导人与干部之间，几乎都是友道相处。

又如清代的乾隆，我们推开民族观念不讲，只看他的政治作为，在历史上是很可观的。一般史学家，认为清初时代的成就，超过了汉唐。最有名善说笑话的纪晓岚，就是乾隆时代的名臣，他们君臣之间，即友道相处。我们都知道叫“老头子”的故事：有一个大热天，翰林院的人热得受不了，统统脱光衣服聊天，纪晓岚人胖，更赤了膊。这时乾隆突然便服到翰林院找大家聊天，远远被发现，大家一哄而散。纪晓岚有深度的近视眼，一下子摸不到衣服，也没地方躲，就钻到桌底下去。乾隆进了翰林院，看不见人，就到处转，纪晓岚近视眼模模糊糊，看见好像有人在转，躲在桌下闷不住了，就伸出头来问：“老头子走了没有？”这可给乾隆逮到了，叫他出来问道：“你们这样没礼貌，为什么骂我老头子？”纪晓岚解释说：“万岁！万岁！万万岁！乃国之大‘老’，国家元首为‘头’，‘子’是天子，全国百姓都称陛下为‘老头子’，这是尊称。”乾隆也就笑了。由于这个典故，可见他们君臣相处，有时候完全像朋友一样。因为当皇帝也够苦闷的，有大臣与自己谈得来，也很好玩的。就如和珅，非常贪婪，官不很大，后来却包揽大权。在乾隆晚年，大家向皇帝报告，政绩样样都好，就和珅这个人应该去掉。但乾隆始终不动他，后来有人问乾隆为什么偏袒和珅？乾隆说：“我知道和珅坏，但是你们总得留一个人跟我玩呀！”这是做皇帝的真话，一个人到了地位最高处，连一个可以说笑话、可以玩玩的人都没有，就太苦了。譬如想买一个西门町的包子吃，东门市场的绿豆汤哪一家好吃？这些事总不能找大臣、将军去办，像和珅这种人，就会办得使乾隆很惬意，所以乾隆才说要留着他玩玩。等到他儿子嘉庆皇帝上台的时候就除掉了和珅，把他家里的财产全抄了出来。这就说明，交朋友之道，为什么要放在有关政治措施的这一篇书中。所以我们要了解，当了主管，到了某一种地位，所带的人要用友道去相处，当然不要犯了乾隆的毛病，找和珅玩玩。

接下来，就提到生活的幸福。

【本经】

孔子曰：“益者三乐，损者三乐。乐节礼乐，乐道人之善，乐多贤友，益矣；乐骄乐，乐佚游，乐宴乐，损矣。”

【译文】

孔子说：“有益的快乐有三种，有害的快乐也有三种。以适合礼乐精神为乐，以赞扬别人的优点为乐，以多交贤良的朋友为乐，这些是有益的康乐；以骄纵奢侈的享受为乐，以任性放纵的嗜好为乐，以无度饮宴为乐，这些是有害的娱乐，不是康乐。”

【别裁大义】

前面三点，是人生最快乐的，也是说快乐要建在品行上，一个人最快乐的事情，就是研究学问（礼乐），做人规矩，这是与第一篇《学而》有关的。

第二点“乐道人之善”，喜欢讲人家的好处、优点。这是中国文化特有的一点，也很难做到的，有正反面，暂时不去讨论它。一般人喜欢批评人家的坏处，是普遍的现象，尤其中国民族性，喜欢对人问长问短，像调查户口一样，太关心人，很多外国来的同学就不习惯，觉得你在妨碍他的自由。我们讲到中国人这许多习惯，人与人之间一碰到就谈论别人，这就是乐道人之恶，这就要讲到以前我们必读的两本书，一本是《太上感应篇》，一本是《文昌帝君阴骘文》，这两本书教导中国过去的读书人，为了功名，第一要隐恶扬善。朋友有错误，要关起门来劝，在外面总是替人掩盖丑恶的事，这是道德。但这只是过去散人争取功名的教条而已，人的习惯并不是这样，往往是喜欢道人之恶。所以应该培养道人之善的乐趣。尤其朋友之间，谁无短处？但要多讲别人的长处。宋代的名宰相王曾就能做到。如曾国藩所言，“扬善于公庭，规过于私室”，是一个管理者必要的修养。一个成功的人物，在修养上自有他的长处，就是现在数十年来，看到各界成功的朋友，都各有他们的长处。所以这一节提出道人之善，是真正的好处。

“乐多贤友”，好朋友多有益处，实在有道理。读万卷书，行万里路，还要交万个朋友。“乐多贤友”这句话是大有道理，要交贤友，不交朋友，不能了解人情世故。但今日社会交朋友第一要钱，要仗义疏财，我们穷小子，颇不容易。像孔子提出来三件人生有益的乐事，这三句话和天生的个性有关，有些人看到这几句话便生反感，因为他不喜欢交朋友。其实这些并非教条，只是经验之谈而已。

下面讲到有损的乐，第一是喜欢享受，爱好奢侈夸张的骄乐，包括征歌选色，纸醉金迷，玩弄酒肉之乐。“乐佚游”就是喜欢不正当的娱乐，任性放纵，包括打牌、吸大烟等。“乐宴乐”包括好吃好玩，大吃大喝。这都是生活中对自己无益的作乐方法，这是三点有损的娱乐活动，并非康乐活动。

【本经】

孔子曰：“侍于君子有三愆：言未及之而言，谓之躁；言及之而不言，谓之隐；未见颜色而言，谓之瞽。”

【注释】

愆（qiān）：过也。超越，过失，过错。

瞽（gǔ）：瞎子。此指不明事理。

【译文】

孔子说：“陪着尊长说话时，一般人最容易犯三种过失：为了表现自己，还没有轮到自己说话的时候就先说了，这是躁；因为害怕负责，到了应该讲话的时候却不讲，这叫做隐；讲话的时候，不分场合氛围，也不观察对方的脸色态度，就轻率地开口说话，这叫做瞽，等于没有眼睛。”

【别裁大义】

说话难　难说话

这是孔子讲做人处世的道理，上面讲侍于君子有三愆，如部下对长官、后辈对前辈、臣子对皇帝，都可以说是侍于君子，事实上朋友之间也同此理。孔子说这中间有三个大毛病，第一是为了表现自己，爱出风头，还没有轮到你说话的时候就说话，这是躁，修养不够。第二是应该讲话的时候，怕负责而不讲，这种人太阴私，叫做隐，也不好。还有，讲话的时候，对团体而言要观察环境，对个人要观察态度，对方正在烦恼痛苦的时候，而去和他讲得意的事，或是去讨论重大问题，一定得不到好结果，这叫做瞽，等于自己没有眼睛，看不清楚！

由这些事实看来，就知道孔子实在深通人情世故，无论是规劝人家也好，有所建议也好，提出请求也好，谈事情一定要先看颜色。当然看人颜色说话的办法，用在坏的方面就非常坏，佛曰不可说，不可说了。

【本经】

孔子曰：“君子有三戒：少之时，血气未定，戒之在色；及其壮也，血气方刚，戒之在斗；及其老也，血气既衰，戒之在得。”

【译文】

孔子说：“君子有三件事要引以为戒：年轻的时候血气未定，所要戒的是女色；到了壮年的时候血气正旺，所要戒的是逞强好斗；到了老年的时候血气已衰，所要戒的是贪求欲得。”

【别裁大义】

谁人肯向死前休

这些都是我们大家所熟习的、孔子将人生分三个阶段对人慎戒的名言。我们加上年龄、经验、心理、生理的体验，就愈知这三句话意义之深刻。少年戒之在色，就是性的问题，男女之间如果过分地贪欲，很多人只到三四十岁，身体就毁坏了。有许多中年、老年人的病，就因为少年时的性行为，没有“戒之在色”，而种下病因。中国人对“性”这方面的学问研究得很周密，这是在医学方面而言，但是很可怜的，在道德上对这方面遮挡得太厉害，反而使这门学问不能发展，以致国民健康受到妨碍。关于青少年手淫的问题，当父母的要当心！当年德国在纳粹时代，青少年都穿短裤，晚上睡觉的时候将手绑起来放在被子外面，这是讲究卫生学，为了日耳曼民族的优越。这种做法，虽然过分了，但教育方面大有益处。现在年轻一代的思想，女孩子愿意嫁给有钱的老年人，丈夫死了，反正有钱再嫁人；男孩子受某些外国电影的影响，喜欢爱恋中年妇女。这是一般的风气，也是一个严重问题。所以知道了青少年的思想后，发现我们的教育问题很多。至于外国，如美国的男女青年，很不愿意结婚，怕结婚以后负责任，只是玩玩而已，以致社会一片混乱。这是人类文化一个大问题，所以孔子说：“少之时，血气未定，戒之在色。”这句话真的发挥起来，问题很多，性心理的教育，要特别注意。

壮年戒之在斗，这个斗的问题也很大，不止是指打架而已，一切闹意气的竞争都是斗。这里说戒之在斗，比之于事业，就是事业的竞争，处处想打击人家，自己能站起来，这种心理是中年人的毛病。

老年人戒之在得，这个问题蛮严重，不到这个年龄不知道。譬如说一个人的个性相当慷慨，自己就要常常警惕，不要老了反而不能做到。曾经看到许多人，年轻时仗义疏财，到了老年一毛钱都舍不得花，事业更舍不得放手。早年慷慨好义，到晚年一变，对钱看得像天一样大。不止钱这一点要“戒之在得”，别的方面事情也很多。有一本小说《官场现形记》，其中描写一个做官的人做上了瘾，临死时躺在家里床上，已经进入了弥留状态，这时他的心里只有一个意念：还在做官，还要过官瘾。于是两个副官站在房门口，拿出旧名片来，一个副官念道：“某某大员驾到！”另一个副官念道：“老爷欠安，挡驾！”他听了过瘾。以前觉得这部小说写得太挖苦人；等到年龄大了，就知道写得并不挖苦人，的确有许多这一类的人。有人在做事情的时候，生龙活虎，退休下来以后，在家就闲得发愁、发烦。比如有一个人，听人说某一著名大建筑是他盖的，已经很有钱了，一位将军问他，既然这样富有，年纪又这样大了，还拼命去赚钱干什么？这位老先生答说，正因为年纪大了才拼命赚钱，如再不去赚钱，没有多少机会了。这又是什么人生哲学呢？有个朋友说某老先生，也很有钱，专门存美钞，每天临睡以前，一定要打开保险箱，拿出美钞来数一遍，才睡得着。看这类故事，越发觉得“戒得”的修养太重要了，岂只是为名为利而已。人生能把这些道理看得开，自己能够体会得到，就蛮舒服，否则到了晚景，自己精神没有安排，是很痛苦的，所以孔子这个人生三戒很值得警惕。

【本经】

孔子曰：“君子有三畏：畏天命，畏大人，畏圣人之言。小人不知天命而不畏也，狎大人，侮圣人之言。”

【注释】

畏：会意字，鬼头而虎爪，可畏也。敬畏，佩服，十分可怕。

大人：这里指父母、长辈和有道德学问的人。

狎（xiá）：轻视，轻侮，亲近而不庄重。

【译文】

孔子说：“一个人要有敬畏心，没有敬畏心是危险的。君子的敬畏有三个方面：敬畏天命，敬畏尊长，敬畏圣人的话。而小人却相反，不知什么是天命，因此也就无敬畏；不尊重尊长；轻慢圣人的话。”

【别裁大义】

怕的哲学

这里所谓畏就是敬，人生无所畏，实在很危险，只有两种人可以无畏，一种是第一等智慧的人，另一种是最笨的人，可以不要畏。这是哲学问题，和宗教信仰一样。人有个宗教信仰也不错，不管信哪一教，到晚年可以找一个精神依靠。但是谈宗教信仰，第一等智慧的人有，最笨的人也有，中间的人就很难有宗教的信仰。人生如果没有可怕的，无所畏惧就完了，譬如在座的各位，有没有可怕的？一定有，如怕老了怎么办？前途怎么样？没有钱怎么办？没车子坐怎么办？都怕，一天到晚都在怕。人生要找一个所怕的。孔子教我们要找畏惧，没有畏惧不行。第一个“畏天命”，等于宗教信仰，中国古代没有宗教的形态，而有宗教哲学。有一位大学校长说：“一句非常简单的话，越说越使人不懂，就是哲学。”这虽是笑话，也蛮有道理，由此可见哲学之难懂。中国的乡下人往往是大哲学家，很懂得哲学，因为他相信命。至于命又是什么？他不知道，反正事好事坏，都认为是命，这就是哲学，他的思想有一个中心。天命也是这样，这“畏天命”三个字，包括了一切宗教信仰，信上帝、主宰、佛。这些都是“畏天命”。一个人有所怕才有所成，一个人如果无所怕，不会成功的。

第二点“畏大人”，这个大人并不是一定指官做得大，父母、长辈、有道德学问的人都是“大人”，对他们有所怕，才有成就。第三“畏圣人之言”，像我们读《论语》，看四书五经，基督教徒看圣经，佛教徒看佛经，这些都是圣人之言，怕违反了圣人的话。

我们只要研究历史上的成功人物，他们心理上一定有个敬畏的东西，以普通的哲学来讲，就是找一个信仰的东西，一个主义，一个目的为中心，假使没有这个中心就完了。孔子说，相反的，小人不知天命，所以不怕。“狎大人”，玩弄别人，一切都不信任，也不怕圣人的话，结果一无所成。这中间的道理也很多，与历史、政治、哲学都有关系，古今中外历史上，凡是有所创造的人，总要找一个帽子戴着。

说到这里，讲一个故事：有大小两条蛇，要过街，大蛇想大摇大摆过去，小蛇不敢过去，叫住大蛇说，这样过街你我两个都会被打死。大蛇问该怎么办？小蛇说有一个办法过去，不但不被人打死，还有人替我们修龙王庙。大蛇问它什么办法？小蛇说，你仍然昂起头来大摇大摆过去，但让我站在你头上一起过去。这样一来，我们不但不被打死，人们看了觉得稀奇，一定认为龙王出来了，摆起香案拜我们。还再把我们送到一个地方，盖一个龙王庙。结果它们照这个办法过街，果然当地人看后盖了一个龙王庙。这个故事分析起来很有道理，所以一个事业要成功，常在上面顶一个所畏的。

再讲一个故事，古时有一位太子，声望已经很高了，还要去周游列国，培养自己的声望。这时突然来了一个乡下老头儿，腋下挟把破雨伞，言不压众，貌不惊人，自称王者之师，说可以做皇帝的老师，帮助平天下，求见太子。通报以后太子延见，这老头儿说，听说你要出国，但这样去不行，你要拜我为老师，处处要捧我，在各国宴请你的时候，大位要让我坐，你这样才能成功。太子问他这是什么道理？老头儿说，我以为你很聪明，一提就懂，你还不懂，可见你笨。现在告诉你，你生下来就是太子了，绝对不会坐第二个位置，而你在国际上的声望也已经这样高了，再去访问一番，也不会更增加多少。可是你这次出去不同，带了我这样一个糟老头子，还处处恭维我，大家对你的观感不同了，认为你了不起。第一，你礼贤下士，非常谦虚。第二，这糟老头的肚里究竟有多大学问，人家搞不清楚，对你就畏惧了。各国对你有了这两种观感，你就成功了。这位太子照他的做，果然成功了。这不只是一个笑话，由此可懂人生。懂了这个窍，历史的钥匙也拿到了，而个人成功的道理也就懂了。

有时候把好位置让给别人坐坐，自己在旁边帮着抬轿，舒服得很。这就是君子三畏的道理，一定要自己找一个怕的，诚敬地去做，是一种道德。没有可怕的就去信一个宗教，再没有可怕的，回家去装着怕太太。这真是一个哲学，我发现一个有思想信仰的人，他的成就绝对不同，一个人没有什么管到自己的时候，很容易就是失败的开始，不然，还是回家拜观音菩萨才好。

【本经】

孔子曰："生而知之者，上也；学而知之者，次也；困而学之，又其次也；困而不学，民斯为下矣！"

【译文】

孔子说："生来就什么都懂的人，是上等天才；经过学习就能懂的人，是次一等的人才；经历了困境才勉励自己要学习的人，是再次一等的人才；而有些人，虽然经历了困境，但仍然不学，这种人就是最下等的了！"

【别裁大义】

学问的条件

这是教育与天才的关系，孔子说有些人生而知之，这是天才，上等人。的确有些人生而知之，这一点在中外历史上都可看到，大的军事家，并不一定懂兵法，中国历史有一句话，说宋代名将狄青作战，是"暗合兵法"。就是说他并不是习武出身，可是自然有军事天才。历史上有些人，对军事上的学理讲得非常好，可是打起仗来，老是打败仗。大的政治家也并不一定是政治系毕业的，人情世故通了，自然对。所以不管文学、艺术任何一方面，都有天才。孔子也不是念哲学系或是伦理系、教育系；耶稣、老子都不曾读什么系，他们的学问就是对的，千秋不易，是生而知之的天才。其次是“学而知之”，学了才会；再其次“困而学之”，要勉强，大家要有这个精神，自己勉强自己，规定自己努力。我个人的经验，也许是个人嗜好不同，隔几天不摸书本，就觉得不对头，好像几天不打牌手会发痒的人一样。但这是“困而学之”，自己规定了自己，非读书不可，看小说都是好的。但有一般人，困而不学，勉强订个范围，让他去学，他还不肯去学，这种人就免谈为学了。

【本经】

孔子曰：“君子有九思：视思明，听思聪，色思温，貌思恭，言思忠，事思敬，疑思问，忿思难，见得思义。”

【译文】

孔子说：“君子做人做事要做到九思：观察事物要清楚；听到的话要能明白；言谈举止要沉着温和；表情态度要真诚恭敬；讲话要忠实诚信；做事要诚敬负责；有疑惑就要探究请教；情绪冲动时要考虑后果；凡是可以得到利益时，就应该考虑到是否正当合理。”

【别裁大义】

这九个条件，完全讲到思想问题。在我们生活思想上，以伦理道德为做人做事的标准，孔子说有九个重点。这一节，如在文字表面上来解释，就不必再讲了，如“视思明”，当然看东西要看得清楚，但这并不是指两个眼睛去看东西，现在眼睛看不清楚也没有关系，街上眼镜店多得很。这是抽象的，讲精神上对任何事情的观察，要特别注意看得清楚。同样听了别人的话以后，也要加以考虑，所以谣言止于智者。我经验中常遇到赵甲来说钱乙，钱乙来说孙丙，我也常常告诉他们说，这些话不必相信，只是谣言，听来的话要用智慧去判断。脸色态度要温和，套用现代的话，是不可摆出神气的样子。对人的态度，处处要恭敬，恭敬并不是刻板，而是出于至诚的心情。讲话言而有信。对事情负责任。有怀疑就要研究，找寻正确的答案。“忿思难”的“忿”，照文字上讲是愤怒，实际是情绪上的冲动，就是对一件事情，在情绪上冲动要去做时，要考虑考虑，每件事都有它难的一面，不要一鼓作气就去做了。最重要的是“见得思义”，凡是种种利益，在可以拿到手的时候，就应该考虑是否合理，应该不应该拿。

【本经】

孔子曰：“‘见善如不及，见不善如探汤。’吾见其人矣，吾闻其语矣！‘隐居以求其志，行义以达其道。’吾闻其语矣，未见其人也！”

【注释】

志：从心，之声。意念。

汤：沸水。

【译文】

孔子说：“‘有的人，当看到善行时，就好像怕赶不上似的赶紧去学习；而当看到不善的行为时，就好像手伸到沸水里似的赶紧避开。’我见到过这样的人，也听到过这样的话！‘平时隐居收藏起来，以修养自己仁的境界；遇到可以出来做事的时候，就做自己该做的事情，以实现自己仁道的目的。’我听到过这样的话，但却没有亲眼看见过这样的人啊！”

【别裁大义】

上面讲了人生的大原则，这里孔子提供自己的经验，他说有些人见善如不及，看到别人好的地方，自己赶紧想学习，怕来不及去学；见不善如探汤，看到坏的事情，就像手伸到滚开的水里一样，马上缩手。就是说有些人看见坏的事情绝对不做。孔子说，像这样专门走好的路子，坏的路子碰都不碰的人，我还看过，也听到过他这样的言论。

第二点，他说有些人隐居以求其志，一辈子不想出来，尤其古代以做官为发展志向唯一的道路，可是有些人一辈子不肯出来做官，自己自由意志，做自己的学问，管自己的人生，不想出名，也不想做官，做事则处处要求合宜、合情、合理，走仁义的路线。孔子说，这样的言论我听得多了，可是没有看到真这样做到的人，所以绝对不要功名富贵，行义以达其道的，在理论上讲起来容易，做起来非常难。

这里两条作为对比。上面是说专门做好事，坏事碰都不碰，这样的人蛮多，第二条的人难了，一辈子功名富贵不足以动心的，这在理论上讲容易，到功名富贵摆在面前时，而能够不要的，却很难很难！这是人生哲学。但要注意，这一篇内容都离不开政治哲学。

【本经】

齐景公有马千驷，死之日，民无德而称焉。伯夷、叔齐饿于首阳之下，民到于今称之，其斯之谓与?

【注释】

伯夷、叔齐：商朝末年孤竹君的两个儿子。父亲死后，他们二人因互让君位而出逃。周灭商后，他们耻食周粟，饿死于首阳山下。古人称颂他们的节义。

【译文】

齐景公是一代诸侯，极其富贵，有上千匹名马，可是在他死的时候，却没有留下一点值得世人称颂的德行，老百姓早把他忘了。伯夷、叔齐连君王之位都不要，最后饿死在首阳山上，老百姓到现在还称颂他们，真是万古留名。这大概就是“隐居以求其志，行义以达其道”这句话的意义吧？

【别裁大义】

孔子说，齐景公是天生的诸侯，掌政权时，财产很多，有上千的名马。换句话说，他富贵到了极点，可是在他死了以后，没有一点好事留下来值得世人去怀念他，老百姓早把他忘了；而伯夷、叔齐两兄弟，连国君都不要当，最后是饿死在首阳山，到现在大家都还在称颂他们，真是万古留名，这就是“隐居以求其志，行义以达其道”这两句话的意义的表现了。换言之：如果没有薄帝王而不为的修养，随便讲“隐居以求其志”，那也只是说说叫叫而已。

【本经】

陈亢问于伯鱼曰：“子亦有异闻乎？”

对曰：“未也。尝独立，鲤趋而过庭，曰：‘学《诗》乎？’对曰：‘未也。’‘不学《诗》，无以言。’鲤退而学《诗》。他日，又独立，鲤趋而过庭，曰：‘学《礼》乎？’对曰：‘未也。’‘不学《礼》，无以立。’鲤退而学《礼》。闻斯二者。”

陈亢退而喜曰：“问一得三：闻《诗》、闻《礼》、又闻君子之远其子也。”

【译文】

陈亢向伯鱼问道：“您从老师那里得到过一些特别的传授吗？”

伯鱼回答说：“没有。但是有一件事可以告诉你。有一天我父亲独自站在庭院中，我回来匆匆走过那里。他看见我，问道：‘学《诗》了吗？’我回答说：‘还没有。’他说：‘一个人如果不学《诗》，就无法讲话呀！’因此，我便开始学《诗》了。又有一次，我父亲还是独自站在庭院中，我回来匆匆地走过那里。他看见我，问道：‘学《礼》了吗？’我回答说：‘还没有。’他说：‘一个人如果不学《礼》，不懂文化的基本精神，怎么能站得起来做人呢？’因此，我便开始学习《礼》了。我所得到的就只有这两点。”

陈亢回去高兴地说：“我问了一个问题，却得到了三个收获：知道了学习《诗》的重要；懂得了学习《礼》的重要；也了解到了君子对于自己的孩子也并不偏爱。”

【别裁大义】

诗礼传家

这是孔子本身的故事，用它放在本篇后面来作结论的，这中间很有道理了。陈亢是孔子的学生，名子禽。上论中提到子禽问于子贡，他提出怀疑，问孔子到每个国家，到底是想干政治，还是希望对人家有所贡献？这位同学蛮有意思的，常常研究孔子，对孔子常存怀疑。伯鱼名鲤，是孔子的儿子，年纪轻轻就死了，他的儿子就是写《中庸》的子思。有一天，子禽拉着孔子的儿子伯鱼，问他道，我们的老师就是你的父亲，他另外有什么秘诀传给你吧？对你有什么与我们不同的教育没有？伯鱼说，没有。但是一件事可告诉你，有一天我父亲一个人站在那里（这时当然没有同学在旁边，应该是父子间讲秘密话的时候），我回来，匆匆走过大厅，他看见了叫我过去问，近来读什么书？有没有研究诗的学问？我对父亲说还没有，我父亲就告诫我，如果不学诗就无法讲话。（中国古代的诗，包罗万象，研究了诗，知识自然就会渊博，能多了解各种知识，例如对生物界的禽鱼鸟兽之名，多所认识，乃至对科学性的植物、动物知识，各种知识都能了解而博物。所以孔子告诉伯鱼，不学诗，知识不够渊博，知识不渊博，则不论作文章、说话都不行。）因此我开始学诗了。又有一天我碰到我父亲，他问我学礼没有？我说没有。我父亲就说，一个人不学礼，不懂文化的基本精神，怎么站得起来做人？我听了他老人家教训，就进一步研究“礼”这方面的学问。只听了两点。伯鱼这样答复子禽。换句话说，孔子对儿子的教育和对学生的一样，一点没有秘诀和私心。子禽听了伯鱼的话，非常高兴，他说我只问了一个问题，研究老师，现在了解了三方面：第一我知道了学诗的重要，也就是知识渊博的重要；第二知道礼的重要，就是文化中心的重要；第三知道孔子真是圣人，没有私心，对自己儿子的教育，和对学生的教育一样。

【本经】

邦君之妻，君称之曰“夫人”，夫人自称曰“小童”；邦人称之曰“君夫人”，称诸异邦曰“寡小君”；异邦人称之，亦曰“君夫人”。

【译文】

对于一个国君的妻子，国君称她叫“夫人”，她自称是“小童”；国人称她叫“君夫人”，但对外国来宾，她自称是“寡小君”；外国来宾也称她叫“君夫人”。

【别裁大义】

称呼的礼节

这是中国古代的礼。这一篇，由季氏开始，讲文化的衰落、历史的演变，后来讲礼义的重要，最后加一个看起来好像不相干的称谓问题。邦君之妻，就是诸侯的太太，诸侯公称她叫夫人。她对诸侯自称小童，老百姓称她为君夫人，外交礼貌上自称寡小君，外国人对她也称君夫人。这是古代礼貌，这些礼貌，现在就很难讲了！研究这个，中国有一套书，不过现在这个阶段，没有严格讲究这种礼貌，但是将来新的文化，还是会继承这种精神，只是名称不同而已。

目前这个文化很混乱，有许多称呼很难。譬如女老师的丈夫应该如何称呼？讨论了很久，好像现在已经决定了称“师丈”。现在有许多称呼很怪。如“世伯”的称呼，就有许多人不懂，而称“王伯伯”“李妈妈”，以前称姓是不敬的；如“敝处”一词年轻人就不懂，而自称“府上某地”的，那就太普遍了。至于“台甫”“贵庚”就更不懂了。这个时代，一切人文规范显得非常紊乱，社交礼貌也是花样百出，各行其是。文化的复兴应该表里同时进行，现在的国民生活须知，应加以广泛而详尽的订定，以适合现今的需要。

阳货第十七

【本经】

阳货欲见孔子，孔子不见。归孔子豚。

孔子时其亡也，而往拜之，遇诸涂。

谓孔子曰:“来！予与尔言。”曰:“怀其宝而迷其邦，可谓仁乎？”曰:“不可。”“好从事而亟失时，可谓知乎？”曰:“不可。”“日月逝矣，岁不我与！”孔子曰:“诺，吾将仕矣！”

【注释】

阳货：又称作阳虎，季氏的家臣。此时他掌握了季氏的权柄，后在争权斗争中失败，逃往晋国。

归（kuì）：同“馈”，赠送。

豚（tún）：小猪，泛指猪。豚应该多一点写作“豚”。这里是指蹄膀。（豚zhuó，就是臀。这在《广雅》和《玉篇》中，都说得分明。《广雅·释亲》解释说：“豚，臀也。此字尠 xiǎn 见于历代文人著述中，宋元之后，即从书面语中消失。）

时：同“伺”，窥伺。

涂：同“途”，道路。

亟（qì）：屡次。

岁不我与：即“岁不与我”，意思是岁月不等人。“与”，在一起，有等待的意思。

【译文】

阳货想要见孔子，孔子始终不见他，他就照礼俗送一只火腿给孔子，使孔子不得不依礼去他家拜谢。

孔子打听到阳货出门去了，就趁他不在家时去回拜。不料却在路上遇到了阳货。

阳货对孔子说：“来！我有话要跟你讲。”阳货说：“如果一个人满腹经纶，像怀里揣着宝贝一样，却听任自己国家迷乱而袖手旁观，您说这样做算作仁吗？”孔子说：“这样不能算作仁。”阳货又说：“一个人有能力，也很想有所作为，可是却每每失去做事的时机，您说这样算是有智慧吗？”孔子说：“这样不能算作有智慧。”阳货继续对孔子说：“日月每天不停地在运转，光阴一天天地过去了，岁月不等人啊！”孔子说：“是的，我将要做事了！”

【别裁大义】

阳货的火腿

这里“豚”应该多一点写作“豚”，念“斫（zhuó）”的音，是指蹄膀。但现代的汉语念成“屯”音，写法就该是“豚”，为小猪，即广东人的烤乳猪。照道理，这里应该是“豚”，一个蹄膀，等于一只火腿。

阳货的相貌很像孔子，所以孔子在陈蔡之间，被人误认是阳货，把他包围起来，要杀掉他。阳货是鲁国一个大坏蛋，一个奸臣，可是很能干，总想拉拢孔子，有所企图，因此他想要见孔子，孔子始终不和他见面，都推掉了。后来有一天他去看孔子，没有见到，就留下一只火腿送给孔子。在古代送礼，不像现在这样随便的，阶级不同，送礼的方法和内容也不同，等于现在国际间外交礼节的赠勋，因受勋人的阶级不同，所送的勋章类别等级也不同。这次阳货送了孔子火腿，是厉害的一手——你不见我，我却要见你，你看不起我，我却看得起你，这使孔子棘手了。怎么办？从这件事我们也可以知道孔子这位圣人，并不是大家想象中那么呆板，他也有一套的。大概先让他的学生做一个情报，打听一下阳货的行踪，趁他不在家这一天去回拜，留一个名片不失礼。不料在路上又遇到了阳货，孔子再也没有办法不跟他见面了。阳货就对孔子说："来，予与尔言。"我们看这个文章，古文写得很简单，但是就和白话文一样，表现出阳货那种满不在乎的神态。于是他对孔子提出第一个问题，有一个人满腹经纶，有学问、有大志，像袋子里怀了宝贝一样，可是碰到自己国家那么动乱，却不肯站出来，用他的经纶救世救国，在一边袖手旁观，你孔子是一天到晚提倡仁道的人，你看这样一个人，可以说他仁吗？孔子说，这样是不对的，不能说是仁的。孔子这下吃瘪了。阳货又提出第二个问题问孔子说，一个人有思想、有办法，才能很大，可以为国家做事，可是每每失去做事的机会，甚至机会找上门来他都不要，你孔子说说看，这个人算是有智慧吗？孔子说，这样也不对的。在第二个问题上，孔子又吃瘪了。由此可见阳货是个大政客，他并没有直接说孔子不对，只提出这样两个问题。在孔子作了答复以后，他就对孔子说，太阳、月亮天天不停地在运转，时间很快就过去了；人一天天在走向衰老，等年龄大了，想救世救国，精力都没有了，岁月不可能永远停在年轻阶段的。于是孔子说，对！我快要出来做事了。可以说孔子被阳货逼得没办法，好像被逼到死角去了。这是孔子见阳货的著名故事。

但是，孔子真正被他逼出来没有？这也就是孔子确定自己的一生出处。如果孔子当时点个头，可以出来和阳货同流合污，要什么可以有什么，要权力就有权力，要财富就有财富，可是孔子绝不会出来，这就是古人所谓立身出处，自己应该站什么样的立场要搞清楚。所以我借用辛稼轩的"出处从来自不齐"这名句先来点题。

其次，我们看到这个做法，自己要拿来做借鉴的，我们看到许多朋友，个性非常倔强，人格又很清高，但是这样性格往往锋芒太露，不但伤害了别人，同时也伤害了自己。试看孔子，在这种地方，遇到了阳货的情形，这是孔子的态度，也是孔子待人处世的办法。

下面跟着记载孔子的话。所以我说，表面看起来，《论语》好像是一条一条，乱七八糟的记载，互不相关。但如果照我们这次研究的方法看，它的内容是连贯性的，孔子的学生们编辑这本书，并不像会议记录或谈话记录一样，而是一种连贯性的编辑。下面这两句，本来好像与阳货的事情连不起来的，现在我们了解了《论语》的编辑方法，就看得出来，下面的话，正是对阳货这件事的注解。

【本经】

子曰：“性相近也，习相远也。”

【译文】

孔子说：“人们先天的本性都是相近的，但是由于人性的欲望和外界环境的影响，所形成的习性也就相差得越来越远了。”

【别裁大义】

《三字经》与孔子

要了解中国文化，《三字经》和《千字文》这两本书非常重要。“性相近，习相远”这两句话就是来自《论语》，所以我们不要轻视了《三字经》。小孩子从小背诵这本书，虽然对这本书的内容还不能完全明白，可是，等到长大了拿出来，一点一滴都会有用。

“性相近，习相远”这两句话，表面上是解释人的心理。人的性质虽有相近之处，但发展方向各有不同。在教育上就看得到，现在大学联招分组的办法，问题实在很大，有的人根本不知道每一科系的真正内容，考试之前对自己的性向也不清楚，结果考取被分发之后，才发觉自己并不适宜这个科系。这就是糟蹋人才。现在的所谓性向，不是性相。所谓“性相近，习相远”，人的性质相近，但是各人兴趣不同，习惯也不同。譬如说一个人的个性，硬是不喜欢这一套，如果硬把他拉到这一门工作上，慢慢习惯了，就与原来个性的兴趣越来越远。这还是表面的解释，照这样说法，用来作孔子与阳货见面的解释，等于拿孔子的话自己作声明，他们都希望孔子出来做官，后来孔子硬不出来。各人兴趣不同，习性也不同，没有办法与这个时代社会沟通，不受时代环境影响，自己始终超然独立地站住，这就是“性近”“习远”的道理。这种修养是很难得的，这是连着上文的说明。

此外我们单独研究这两句话，问题大得很。就是孔子讲到形而上道了。何谓“性近”“习远”？这个性字，在现代哲学思想上，也可以说是指人性。什么是人性？是个问题。根据中国文化传统普遍赞同孔子的这句话：“人之初，性本善。”就是说人的原始状态，都很善良，没有坏人。关于性善、性恶的问题，我们已经提到过的。孔子在这里讲的性，虽然是有了生命的后天之性，但人一生下来，在婴儿阶段的天赋之性，还近于先天的本性，总是善的。“习相远也”，后来的习惯一来加上，越变越与天赋之性相远了。拿事实来看，我们每人个性，本来很善良的，沾染不良习惯后却很容易学坏。这习惯对人是很重要的，环境会改变人，所以在教育思想上，对这六个字就要特别注意。“性相近也，习相远也”，人习惯了以后，离开本来的善良、纯洁越远，嗜好却越来越大。所以对于自己的修养，不管是做什么事，乃至出将入相，富到拥有千万美元，而能保持原来朴素的人非常少。这是学问的道理，需要高度的修养。往往本性是相近于道，习惯越来越坏，把自己变得远于道了，这是要注意的。

【本经】

子曰：“唯上知与下愚不移。”

【译文】

孔子说：“（一个人，如果没有基本的中心思想，爱玩弄聪明，就容易受环境的影响而迷失本性。）只有上等智慧的人与下等愚笨的人，才不会改变他的本性。”

【别裁大义】

这就是连接上面的意思，上面是讲性的相近，一般人没有基本的中心思想，容易受环境影响，习惯越多，距离自己本性越远，下面就说只有上智，第一等智慧的人，与下愚，最笨的人，不会受环境影响。最聪明人自己有思想，有见解，有中心主张；最笨的人，影响他不了。除此以外，世界上都是像我们一样的人，最糟了，说聪明也笨，说笨也聪明，聪明又笨，这一类人最易受时代环境影响。所以这中间有一个哲学：真正第一等聪明的人，是世界上最笨的人；真正笨到绝顶的人，就是第一等聪明人。这个话表面上看起来矛盾，大家仔细研究一下就会了解，所以人不需要玩弄聪明，喜欢玩弄聪明的人，最后还是失败的。

同时，我们也可以看出把上面这两条放在这里，作为孔子见阳货这件事的结论，是非常好的说明，等于替孔子自己解释了。一个人立身出处非常重要，绝不可以受环境影响，绝不受外来的权势、利益诱惑而变更初衷，要始终“确乎其不可拔”才行。

【本经】

子之武城，闻弦歌之声。夫子莞尔而笑曰：“割鸡焉用牛刀？”子游对曰：“昔者，偃也闻诸夫子曰：‘君子学道则爱人，小人学道则易使也。’”子曰：“二三子！偃之言是也。前言戏之耳！”

【注释】

道：此指礼乐。纯正的音乐，如弦歌雅颂之音，可以调和人的性情，配合礼教，就是礼乐教化之道。

【译文】

有一次，孔子去武城，听到弦歌之声。孔子微微一笑，说："杀鸡何必用宰牛的刀啊！"子游回答说："老师，过去我也曾听您说过：'君子之人学道，会更爱人；普通百姓学道，会更乐于接受领导。'"孔子对学生们说："你们大家听好！子游的话是对的。我刚才说的话只是戏言罢了！"

【别裁大义】

武城是一个地名，孔子学生子游在那里做首长。一次孔子到了那里，听到弦歌之声。这是孔子教育学生的高级方法，而子游却用这高度的文化礼乐在教育老百姓。孔子嘴巴一咧，比微笑又大一点的这么一笑说，子游真滑稽，在这样一个小地方，用这种高级教育来教育老百姓。等于杀一只鸡，动用牛刀，过于小题大做了！有人把这话告诉了子游，子游马上对孔子不客气了，立即来质询孔子说，老师，以前你不是常告诉我们，有知识的上等人要求学，学道后，能够扩充仁慈的胸襟，更能够爱人；低能的小人物更需要教育，更需要学道，因为低等的人学道就懂道理了，指挥起来就更方便。教育的目的在此，第一流头脑受了教育更好，下等人受了教育，自己好，对人也好。这个话，是你教育我的啊！我今日出来当地方首长，做之君，做之亲，做之师，我应该教育他们啊！孔子听了这话，立刻收回刚才的话，告诉身边的其他学生，你们大家听好，子游的话是对的，我刚才是开玩笑说笑话的。孔子这一下真是错了。我们不必像古人一样，把孔子塑造得那么好，孔子也是人，有时候也会说个笑话。或者不经过大脑说话的时候也是有的。由此可见他们师生之间无所不谈，老师对的就是对的，不对的就给他退回去。

这一段放在这里，是文章上一个波浪，也和《阳货》这一节有关系，怎么说有关系？孔子这个时候，本身用不着出来了，他培养后一代，只希望自己这一班学生能够有所作为，对社会、时代有所贡献。所以在这个地方我们可以看出来本篇编辑的用意，把子游出来为地方行政首长的事放在这里，说明了孔子用不着自己出来了，但是真的不愿出来吗？不然，这是出处的问题。下面问题就来了！

【本经】

公山弗扰以费畔，召，子欲往。子路不说，曰："末之也已，何必公山氏之之也？" 子曰："夫召我者，而岂徒哉？如有用我者，吾其为东周乎！"

【译文】

公山弗扰占据费邑进行叛乱，派人招呼孔子前去，孔子准备到那里去。子路知道以后很不高兴，对孔子说："没有地方可去就算了，何必到公山氏那里去呢！" 孔子说："这是他来请我，是我主动想去的吗？假使真能有人肯用我的主张，东周的文化就可以重新在这个地方复兴起来啦！"

【别裁大义】

孔子与子路唱双簧

公山弗扰是一个人，公山是姓，弗扰是名，费是地名。公山弗扰在费这个地方叛变了，独立了。这时鲁国的三桓，势力非常强，而季桓子的部下又叛变了。春秋时代的末期，发生种种叛变，社会非常混乱。公山弗扰叛变以后，使人来请孔子去帮忙，据说孔子准备去，子路大为不高兴。我们知道子路有好几次对老师不高兴，这次又大为不高兴了。他们师生之间感情有这样好，而彼此又这样了解。这次子路说：末之也已（这个“末”字有人说古书上印错了，应该是“未”字。“之”字是至的意思），老师你没有地方去了吗？什么地方不能去？公山弗扰这样一个叛变的人，令人看不起的人，你还要到他那里去吗？孔子说，他要来请我，我也不是主动的，假使有人肯真正用我的话，能听我的话，“吾其为东周乎！”这句话有两个解释，一是孔子说，我可以把这个时代挽回，仍然拥护东周；一是东周的文化可以重新在这个地方兴起来。实际上孔子去了没有？子路发了一顿脾气，并不是子路把他挡住，他本来是逗逗学生说想去，事实上，他绝不会去的。但子路这个人比较直爽，一听以为孔子真的要去。有好几次都是如此，像上论提到过，一次孔子说想要出国，子路就马上要跟着走了。这一次，子路也是听到了便跳脚，马上向老师提出反对意见。为什么我又说孔子不会去呢？且看下段分解。

【本经】

子张问仁于孔子。孔子曰：“能行五者于天下，为仁矣。”

“请问之？”曰：“恭、宽、信、敏、惠。恭则不侮，宽则得众，信则人任焉，敏则有功，惠则足以使人。”

【译文】

子张问孔子怎样做才是行仁道。孔子说：“能够把五样事情做到，就是行仁道了！”

子张问：“是哪五样事情呢？”孔子说：“这五样是恭、宽、信、敏、惠。对自己内心思想和行为做到严肃恭敬，就不致遭到侮辱；对别人宽厚包容，就可以得人心；诚信就能为人所信赖，也能信用别人；头脑聪慧、做事勤敏就容易成功，取得事功成绩；对待百姓有如同亲人一样的真感情，才可以领导百姓共创事业。”

【别裁大义】

这一段就是说明孔子不会去的理由，尤其对那些不以正道取得政权的人，孔子更不会理他们那一套。子张问仁，孔子这里是说仁的作用。他说五个条件都做到的，可以称作仁。子张问哪五个条件？孔子说：恭、宽、信、敏、惠。在古文这五个字很简单，拿现在来说，就是五条原则、五个目标或守则。第一个恭。对自己的内心思想、外表行为等，要严肃地管制，尤其一个领导人，对自己的管理，特别重要。第二个宽。对人宽大，所谓宽宏大量，能够包容部下、朋友所有的短处及小过错。第三个信。能信任人，有自信。第四个敏。就是聪明敏捷，反应快。第五个惠，更重要，恩惠，以现在说，实行社会福利制度就是恩惠的一种，但不要把福利看成是全部的惠。待人要有真感情，对年轻的视同自己的兄弟儿女，对年纪大的视同自己的长辈，不是手段，要出自真心的诚恳。这是做人做事五个基本条件，假使做到了，随便在哪一界做事，都有用处。

接下来孔子说了理由，他说一个人如果能够自己对自己管理得严肃，既不欺负人家，自己也不会招来侮辱。能够宽厚待人，部下自然拥护。信人自信，则任何人都可以用。处理事情头脑清楚，反应快，就容易有功绩。最后，最重要的，人与人之间必须具有真的感情，很诚恳的感情，彼此才可以相处，共创事业。

下面讲到另外一个人，可以看到当时鲁国的政治，也反映了春秋战国时每个国家的混乱。

【本经】

佛肸召，子欲往。子路曰：“昔者由也闻诸夫子曰：‘亲于其身为不善者，君子不入也。’佛肸以中牟畔，子之往也，如之何？”子曰：“然，有是言也。不曰坚乎，磨而不磷；不曰白乎，涅而不缁。吾岂匏瓜也哉？焉能系而不食！”

【注释】

佛肸（bì xī）：晋国中牟邑宰，大夫范中行的家臣。

入：进入，加入，参与。

磷（lìn）：薄，减损。

涅（niè）：可作黑色染料的矾石，此作动词，意思是染黑。

缁（zī）：黑色。

匏（páo）瓜：葫芦的一种，味苦不能吃。

【译文】

佛肸请孔子去。听说孔子要去，子路对孔子说："老师，从前我也听您说过：'受到国家和上级的培养，却做出叛逆事情的人，像这种人所做的事情君子是不能去加入其中的。'佛肸凭中牟作为据点谋反，老师您却要去他那里，这是什么道理呢？"

孔子说："是的，我是说过这样的话。但是你有没有听说过，一个真正坚硬的东西，不管怎么磨也是磨不薄的；一块真正无瑕的白玉，无论如何也是染不黑的。难道我只能像匏瓜那样吗？只是挂在那里，做一个不可食之物吗？"

【别裁大义】

佛肸是一个人名，也是一个叛变的人，同样也请孔子去，孔子准备去了，又是子路反对。他提出来说，老师，你从前教育我们的，受国家和长官的培养，结果做出许多不对的事情的人，不能来往，这种人所管辖的地方都不去的。而佛肸在中牟叛变，独立了，你现在却想去这样的地方，这又是什么道理呢？孔子说，是的，是有这个道理。但是你知不知道？一个很坚固的石头，像金刚钻一样，随便你怎么磨它，也不会碎。一块真正无瑕的玉，无论如何也染不黑的。孔子这两句话，就是告诉子路，一个人如果有真正的内涵，则任何一种环境，任何一个时代，都始终站得住。孔子又说我总不能像那个匏瓜一样，永远挂在树上，不给人吃的。这是他跟子路开玩笑了，也就是告诉子路，他只是说去，实际上是不会去的。换句话说，假定真的去，那么在任何环境中都可以站得住而有所建树，并且是有心想挽救这个时代的，不能够永远挂在树上，像匏瓜一样只给人当样品一般欣赏而已。

这几段连下来，我们就了解这一篇，主要讲人的立身出处，孔门弟子就用孔子自己本身的经历来说明这一个道理。下面就是这个道理的发挥，讲立身出处完成一个人格的不容易。

【本经】

子曰：“由也，女闻六言六蔽矣乎？”

对曰：“未也。”

“居！吾语女。好仁不好学，其蔽也愚；好知不好学，其蔽也荡；好信不好学，其蔽也贼；好直不好学，其蔽也绞；好勇不好学，其蔽也乱；好刚不好学，其蔽也狂。”

【注释】

居：蹲，坐。也有停留、止息的意思，《周易·系词下》里讲“变动不居，周流六虚”。

好：喜爱，喜欢。好本谓女子，引申为凡美之偁（称赞）。凡物之好恶，引申为人情之好恶。

蔽：遮住，遮掩，蒙蔽，受蒙蔽。

愚：憨也。愚笨，愚弄。

贼：败也。败者毁也，毁者缺也。有伤害、邪恶不正之意。

绞（jiǎo）：缠绕，急促紧迫的样子。往往指说话尖刻刺人。

乱：（不）治也。无秩序，乱子，变乱，混乱。

刚：彊（qiáng）断也。彊者，弓有力也，有力而断之也。引申凡有力曰刚。

【译文】

孔子说:“仲由，你听说过六种品性与六种弊病的说法吗?”子路回答说:“没听说过。”

孔子说:“坐下来!我告诉你。仁慈是好事，如果只知道仁慈而不提高学问智慧，就不能通明事理，明辨是非，而盲目慈悲，它的流弊就是愚昧;知识渊博是好事，如果只知展现自己的才能，而没有道德的中心思想和修养，就会放纵而不知道检束自己，它的流弊就是放荡;有信念、自信和信人都是好事，如果只知道信而没有建立学问的中心思想，就会因为没有正确的思想原则而盲目自用，也就违背了真正的诚信，它的弊病就会是贼害其身;做人做事直是好事，如果只知道直而没有真正的学问修养，不懂得变通的方法和艺术，做人做事表现得尖酸刻薄而不通情理，容易制造不必要的紧张和矛盾，它的流弊就是绞劲，就是愤事;勇敢是好事，如果只是有勇而没有学问修养，做人处事就会随意而为而无秩序，它的流弊就是乱;刚强是好事，如果一个人只是有刚而不提高学问修养，他做人做事就不懂中和的道理，它的流弊就是狂妄自大。”

【别裁大义】

正反相依

这段话并不一定是子路问孔子以后，他马上告诉子路的，而是平常教育子路的，编撰《论语》的人把这几段安排在一起，烘托出一个思想系统，使我们看得更清楚。所以在这里是孔子问子路，有没有听过六句话，就是说六个大原则，也同时有六个大毛病?子路说，我没有听见过。于是孔子很郑重地对子路说，你坐好，我告诉你:仁虽然好，好到成为一个滥好人，没有真正学问的涵养，是非善恶之间分不清，这种好人的毛病就是变成一个大傻瓜。有许多人非常好，仁慈爱人，但儒家讲仁，佛家讲慈悲，盲目的慈悲也不对的，所谓“慈悲生祸害，方便出下流”。不能过分方便，正如对自己孩子们的教育就是这样，乃至本身修养也是如此。仁慈很重要，但是从人生经验中体会，有时帮助一个人，我们基本上出于仁慈的心理，结果很多事情，反而害了被帮助的人。这就是教育的道理，告诉我们做人做事真难。善良的人不一定能做事，好心仁慈的人，学问不够，才能不够，流弊就是愚蠢，加上愚而好自用便更坏了。所以对自己的学问修养要注意，对朋友、对部下都要观察清楚，有时候表面上看起来是对某人不仁慈，实际上是对这人有帮助。所以做人做事，越老越看越惧怕，究竟怎样做才好，有时自己都不知道，这就要智慧、要学问，这是第一点。

第二点：孔子说有许多人知识非常渊博，而不好学（这就是我们强调过的，在讲第一篇《学而》时所说，学问并不是知识，而是个人做事做人的修养），它的流弊是荡。知识渊博了，就非常放荡、任性，譬如说“名士风流大不拘”，就是荡。知识太渊博，看不起人，样样比人能干，才能很高，没有真正的中心修养，对自己不够检束，这种就是荡，这一类的人也不少。

第三点：“好信不好学，其蔽也贼。”这个问题来了，这个“信”到底指哪个“信”？假使指信用的信，对人言而有信，这还不好？假如好信不好学就是贼——鬼头鬼脑，这怎样解释呢？对人对事，处处守信，怎么会鬼头鬼脑？这里的“信”，至少在《论语》里有两层意义：自信和信人。过分地自信，有时候容易发生毛病，因为过分自信，就会喜欢去用手段，觉得自己有办法，这个“办法”的结果，往往害了自己，这就是“其蔽也贼”。

第四点：“好直不好学，其蔽也绞。”像绳子绞起来一样，太紧了会绷断的。一个人太直了，直到没有涵养，一点不能保留，就是不好学，没有修养，它的流弊就如绳子会绷断一般，要偾事。脾气急躁的人会偾事，个性疏懒散漫的人会误事，严格说来误事还比偾事好一点，偾事是一下子就把事弄砸了。所以个性直的人，自己就要反省到另一面，如果不在另一面修养上下功夫，就很容易偾事。

第五点：“好勇不好学，其蔽也乱。”脾气大，动辄打人，干了再说，杀了再说，这是好勇，内心再没有真正的修养，就容易出乱子。

第六点：“好刚不好学，其蔽也狂。”就是直话直说，胸襟开阔，同第四点好像差不多，直爽的人说真话，心肠直，所谓一根肠子。刚的人一动脸就红了，刚正就不阿，好刚的人不转弯的，决不转变主见。个性很刚的人，若不好学，他的毛病就成狂妄自大，满不在乎。

这六点要特别注意，每个人可以把《论语》这一节原文写在笔记本上，或写在案头，随时用来反省自己，作为一面镜子。这六点也就是人的个性分类，有这样六种个性的人。这六种个性并不是坏事，但没有真正内涵的修养，就都会变成坏事，每个人的个性长处不同，或仁、或知、或信、或直、或勇、或刚，但不管哪种个性，孔子告诉我们，主要的是自己要有内涵，有真正的修养，学问的道理就在这个地方。最难的就是认识自己，然后征服自己，把自己变过来。但要注意并不是完全变过来，否则就没有个性，没有“我”了，每个人要有超然独立的“我”。每个人都有他的长处和短处，一个人的长处也是他的短处，短处也是长处，长处与短处是一个东西，用之不当就是短处，用之中和就是长处，这是要特别注意的。教导部下和子弟也是这样的，性向一定要认清楚，一个天生内向的人，不能要求他做豪放的事，一个生性豪放的人，不能要求他规规矩矩坐在办公室。要知道他的长处，还要告诉他，帮助他去发挥。孔子这段话，特别提出来告诉子路，实在是对机而教。六言六蔽，相对的则有十二种性向典型，其实我们每个人本身知、仁、勇、信、直、刚的因素都具备了，不过还要从这些地方，用心涵养，这就是学问之道。

【本经】

子曰：“小子，何莫学夫诗？诗，可以兴，可以观，可以群，可以怨。迩之事父，远之事君，多识于鸟、兽、草、木之名。”

【译文】

孔子说：“年轻人，你们为什么不学诗呢？诗，可以抒发自己的情感和意志；可以自省并观察人的思想和情绪的变化，进而自知知人；可以懂得人与人相处的道理，能够合群；可以疏导怨气，调节身心，宣发心中的愤懑。从近处讲，能懂得如何孝敬父母；从远处讲，能懂得如何尽忠职守，爱岗敬业，对国家社会有贡献。同时，还能了解鸟、兽、草、木这些自然知识，使自己的学识广博。”

【别裁大义】

重论诗教

孔子在这个地方，讲学问修养必须要读诗，也就是我们经常提到，中国上古的文化，不像西方的文化把宗教放在那么重要的地位，中国上古文化注重于诗的文学境界，它有宗教的情感，也具有哲学的情操。上古的诗，就包括了现在所讲的整个文艺在内，所以孔子告诉学生们，修养方面，多注重一下文学的修养。我们翻开历史，中国古代的文臣武将，每人文学境界都有基本修养，从正史上看，关羽就是研究《春秋》学的专家；岳飞等人，学问都是非常好的，都有他们文学的境界。退休的朋友们走这个路线是不错的，不然就去研究宗教，最怕是退休闲居的人，自己内心没有一点中心修养，除了工作以外就没有人生，很可怜，所以学一种艺术也可以，自己要有自己精神方面的天地，这是很重要的。

所以孔子说，你们年轻人，何不学诗？

诗“可以兴”，兴就是排遣情感，人的情感有时候很痛苦，人生有许多烦恼，对父母、妻、儿、朋友都无法说的，如果自己有文学或艺术境界，再不然就写写毛笔字，乱画一阵，也把怨气画去了，绘画也好，诗词更好，所以诗可以兴。这个兴是兴致，就是一切感情的发挥。

“可以观”，在诗当中可以得到很多道理，得到很多启发。对自己的诗，也可以看出自己思想的路线与情绪。看一个人的作品，大致上就可以断定作者的个性。说写字吧，过去就名为“心画”，同样的毛笔，一万人写同样的字帖，可是一万人写出来的都不同。所以中国人看毛笔字，可以知道写字者的个性，寿命的长短，前途的祸福，现在发现钢笔字、铅笔字一样可以看出人的个性。

“观”就是这个道理，从作品中可以了解人。

“可以群”，也可以合群，自己调整心境，朋友之间、社会之间，可以敬业乐群而不孤立，所谓“以文会友”是也。

“可以怨”，这很明显的，有了文学的修养，可以发牢骚了，有时心里的苦闷没有办法发出来，压制在里面，慢慢变成病。脾气大的人、情绪不好的人，心里很多痛苦压制下去，往往得肝病、精神病，所以须要修养，可是修养并不是压制，是自己疏导，不能疏导也不行，人的牢骚往哪里发？会作诗就可以发牢骚了。有文学艺术修养，在文学艺术境界上可以把牢骚发泄掉。

“迩之事父”，近一点可以孝顺父母。怎样孝顺？有艺术修养，侍奉父母，则有乐观态度。

“远之事君”，远大一点可以对国家社会有贡献。

最后一句话，因为喜欢在文学方面多研究，喜欢诗词，就“多识于鸟、兽、草、木之名”。知识渊博了，等于学了现在的“博物”这一科，什么都知道了。我们要知道，孔子的时代，工具书是绝对没有的，就靠一些诗才知道。工具书从唐宋以后才有编辑;《辞源》《辞海》是民国时代，根据《渊鉴类函》《佩文韵府》这些类书编的，而这类书都是后世才有。例如晋代左思作《三都赋》，花了十年的时间，并非是文章难作，而是当时没有类书，所谓虫鱼鸟兽、人物等等，资料难以收集，何况远在春秋时代。孔子当时之所以特别提倡学诗，也是为了获得各种各样知识。这是孔子教学生们一定要学诗的道理。

【本经】

子谓伯鱼曰:“女为《周南》、《召南》矣乎？人而不为《周南》、《召南》，其犹正墙面而立也与！”

【注释】

《周南》《召（shào）南》:是《诗经》中《国风》的开头两部分篇名。《周南》

是《国风》的第一部分，共计十一篇；《召南》在《周南》之后，计十四篇。其后是其他诸国之风。据《毛诗序》及《注疏》说，周是指周公，召是指召公（周公、召公与吕尚并列为三公），南是指周、召二公所分得的采邑所在，其地在岐山之阳，即今陕西岐山以南，二公将文王的教化自北方施行到南方。在这南方二地采集的诗，分别称为《周南》《召南》。《关雎》是《国风·周南》的首篇，《麟之趾》是其末篇。《正义》说：“《关雎》《麟之趾》之化，是王者之风，文王之所以教民也。王者必圣周公，圣人故系之周公。”《鹊巢》是《国风·召南》的首篇，《驺虞》是其末篇。《正义》说：“《鹊巢》《驺虞》之德，是诸侯之风，先王、大王、王季所以教化民也。诸侯必贤召公，贤人故系之召公。”

【译文】

孔子对伯鱼说：“你学《周南》《召南》了吗？一个人如果不学《周南》《召南》，学问修养不够，见识有限，就像是这个人面对着墙壁站立，外面有什么都见不到啊！”

【别裁大义】

面壁而立的悲叹

《周南》《召南》是诗经中《国风》的两篇诗。孔子告诉他的儿子伯鱼说，你有没有研究过这两篇诗？为什么要研究？就是上面说的一些大道理，诗有这样多好处。他说一个人知识不渊博，文学修养不到最高的境界，等于正面对着墙壁而立，墙外面什么也看不见，背后有什么更看不见，就是文盲、白痴了。

说到这里，可以介绍很多东西的，就讲文学境界中诗的牢骚，随便举个例子：宋代爱国诗人陆放翁的诗，就有很多牢骚，对国家世事很多忧虑，爱国热情无法发挥，在他的诗集文集里，可以看到很多；岳飞的有限遗著中也有很多牢骚；再说文天祥的诗词中，也看到很多牢骚。不论古今中外，每个时代，人生的痛苦，尤其想有所贡献于国家社会的人，所遭遇的痛苦，比普通人更大更多，多半见之于诗词之中。前面提到的辛稼轩，他有一阕有名的词《鹧鸪天》，仅举半阕，就看出他有多少的痛苦与牢骚："追往事，叹今吾，春风不染白髭须，却将万字平戎策，换得东家种树书。"这是下半阕。上半阕是描写他的生平，年轻时壮志凌云的气魄；下半阕则回想过去，感叹自己，现在老了，头发白了，胡须白了，再没有青春的气息，无法把自己的白发恢复年轻，回不去了。现在干什么呢？当时南宋不敢起用他，他又住在乡下，他写给南宋的报告，论政治、谈战略，好几篇大文章，如今没有用了，只好拿到隔壁邻居的老农家里，去换种瓜种菜的书。这里面岂不有牢骚？而且牢骚很大，可是他绝不掩盖自己心里的牢骚。他非常平淡，要我贡献就尽量贡献，不需要贡献则不贡献，是牢骚也非常平淡。因为他艺术文学的修养太高，把人生看得很平淡。像这些情感，他的诗词里太多了。我们看了以后就懂了人生，也懂了历史。古今中外一样，看通了人生，了解了人生，就会更加平淡、更愿贡献给社会。像辛弃疾的一生，所遭遇的打击太大了，照我们现在人的修养，可以造反了。这样一腔爱国的热忱，他带到南宋来的部队，却被解散了，他都受得了，而能淡然处之，虽然怨气填膺，但不像普通人一样动辄乱来，就因为他的目的只在贡献。现在我们举他这个例子，就是说诗"可以兴、可以观、可以群、可以怨"的道理。

下面就是结束上面的。

【本经】

子曰："礼云礼云！玉帛云乎哉？乐云乐云！钟鼓云乎哉？"

【译文】

孔子说："礼呀礼呀！难道所说的只是玉帛这些表面的东西吗？乐呀乐呀！难道所指的就是这些钟鼓声乐吗？"

【别裁大义】

礼乐的基本精神

孔子动辄教人学礼乐，这个礼并不是普通的礼貌，所以我们强调说它就是文化的精神、文化的哲学。孔子这里说，礼，并不只是送火腿，这是情礼的一点表达而已，主要在文化的精神；乐也并不只是唱歌跳舞，是把人的精神，升华到永远乐观的境界。

这几段连起来，就归到人生出处。第一步站出来要慎重考虑，并不是说有机会就抓，既不随便站出来，则自己立身，做人总要做的，事业可以不做，官可以不做，人总要做的。所以刚才说要知道六言六蔽，要学诗，以及如何才是礼乐，都是教人晓得立身，如何站得住，知道自己如何做人，这些基本修养要做到的。

【本经】

子曰：“色厉而内荏，譬诸小人，其犹穿窬之盗也与！”

【注释】

荏：虚弱。

窬：yú，洞。

【译文】

孔子说：“有的人，外表看似强大而内心则空虚怯懦，没有真正的内涵。假使拿没有品行的小人来打比方的话，他就像是个挖洞翻墙的小偷一样！”

【别裁大义】

摆虚架子

这句话在文字上很容易懂。是说有许多人，在外表的态度上非常威风，非常狠，而内心则非常空虚。孔子对这类人下了一个结论，说他们相当于低级的小人，譬如一个小偷一样，在被人抓到时，嘴上非常强硬，而实际上内心非常害怕。孔子这句话所指的是当时——春秋战国时代，许多大人先生们，往往犯了这种变态心理。我们知道，一个人内心没有真正的涵养，就会变成“色厉内荏”，外表满不在乎，而内心非常空虚。有时我们反省自己，何尝不会如此？坦白地说，有时生活困难，过着“穷不到一月，富不到三天”的日子，表面上充阔气，内心里很痛苦，也是“色厉内荏”的一种。其实大可不必这样做法，一个人好就是好，穷就是穷，痛苦就是痛苦，从历史的法则上看，当领导人，更不可这样。

像唐明皇这个人，少年了不起，中年了不起，晚年差一点，也是感觉到手下没有人才。举两件唐代的历史，就可以了解。唐明皇早年用了名宰相张九龄和韩休，都是唐明皇所相当敬畏的人，所以他的初期功业很了不起。对于唐明皇与杨贵妃这一段，后人写历史把责任都推到女人身上，好像唐明皇宠爱了杨贵妃，才一切都完了，这个话并不公平。有些精明的皇帝，宠爱女人的也很多，并不至于像唐明皇一样，所以问题还是在皇帝本人。唐明皇在他宗族的排行，是老三，所以诨名也叫李三郎。他有时候做了一点错事，马上问旁边的人，韩休会不会知道。往往他的担心还没有完，韩休的谏议意见书就到了。旁边的人说，你用了韩休以后瘦多了。唐明皇说，没关系，瘦了我，肥了天下就好。后来他宠爱了杨贵妃姊妹，又喜欢打球、唱戏，也可以说是心理空虚，找刺激。

但这事是在唐明皇中年以后，所以晁说之有诗“阊阖（chāng hé）千门万户开，三郎沉醉打球回。九龄已老韩休死，无复明朝谏疏来。”这是替唐明皇讲出了无限的痛苦，在安禄山叛乱以前的这一段时期，他的政府中人才少了，肯说话的人没有了，张九龄、韩休都过去了，没有敢对他提反对意见的人。唐明皇遭安禄山之乱，逃难到了四川的边境，相当于后世清代慈禧逃难一样，很狼狈、很可怜，他骑在马上感叹人才的缺乏，便说：现在要想找像李林甫这样的人才都找不到了。而历史上公认李林甫是唐明皇所用宰相中很坏的一个，说他是奸臣。这是唐明皇感叹连李林甫这种能耐、这种才具的人才都找不到。旁边另一谏议大夫附和说：的确人才难得。唐明皇说：可惜的是李林甫气量太小，容不了好人，度量不宽，也不能提拔人才。这位谏议大夫很惊讶地说：陛下，您都知道了啊！这时唐明皇说：我当然知道，而且早就知道了。谏议大夫说：既然知道，可为什么还用他呢？唐明皇说：我不用他又用谁？比他更能干的又是谁呢？这就是当了主管以后，为了人才难得，有时会感到很痛苦，明知道“色厉内荏”，但是当没有人的时候，比较起来，还是好的。

下面跟着这一原则，讲许多人事道理。

【本经】

子曰：“乡愿，德之贼也！”

【译文】

孔子说：“那种在乡党社会中的好好先生，不分是非附和流俗，表面上看好像是很有道德的样子，其实对社会道德是非常有损害的。”

【别裁大义】

古老文化社会的通病

我们中国人经常骂人乡愿，什么是乡愿？乡就是乡党，在古代是普通社会的通称。愿人就是老好人，看起来样样好，像中药里的甘草，每个方子都用得着他，可是对于一件事情，问他有什么意见时，他都说，蛮有道理；又碰到另一方的反对意见，也说不错。反正不着边际，模棱两可，两面讨好。现在的说法是所谓“汤圆作风”或“太极拳作风”，而他本身没有毛病，没有缺点，也很规矩，可是真正要他在是非善恶之间，下一个定论时，他却没有定论，表面上又很有道德的样子。这一类人儒家最反对，名之为乡愿，就是乡党中的愿人。孔子说这一类人是“德之贼也”，表面上看起来很有道德，但他这种道德是害人的，不明是非，好歹之间不作定论，看起来他很有修养，不得罪人，可是却害了别人。人总要有一个中心思想，明是非，如此才是真正的道德。

【本经】

子曰：“道听而涂说，德之弃也！”

【注释】

道听而涂说：从道路上听到的消息，又在道路上传说。泛指把没有根据的传闻又到处传播出去。“涂”，通“途”。

【译文】

孔子说：“把没有根据的传闻又到处传播出去，这就是对道德的毁弃啊！”

【别裁大义】

这是知识问题，凡事都要深入，不可道听途说。有时处理业务，对于一个人、一件事，千万不可道听途说，拿新闻采访工作来说，在路上听到的消息要留心，但千万不可随便下定论，更不可据以发表传播，一定要先把资料找齐，弄清楚事实的真相，否则道听途说，在德业上是要不得的。

道听途说这句话，就是告诫我们，不管读书做学问，或者道德修养、做人处世，都要深入求证，不能胡乱相信传闻。

【本经】

子曰：“鄙夫！可与事君也与哉？其未得之也，患得之；既得之，患失之；苟患失之，无所不至矣！”

【译文】

孔子说：“像这样没有基本学问修养的人！怎么可以让他从政办理国家大事呢？当他在没有得到功名权力的时候，就想尽办法恐怕得不到；当他已经得到了功名和权力的时候，又担心怕失去了。一个大臣，如果像这样，没有谋国的思想，没有忠贞的情操，只为个人的利益而计校，那么，由于担心和害怕自己的权力地位失去，他就会为此不顾一切，不择手段，什么样的事都可能做得出来啊！”

【别裁大义】

患得患失

用这个“鄙夫”的名词好像孔子在开口骂人，等于后世骂人“匹夫”一样。这“匹”的意思，就是一个。其实这并不一定是骂人，意思只是说“一个人”或“这个人”，再白话一点就是“这个家伙”的意思。而这里所记载的“鄙夫”之“鄙”，就是“鄙俗”的意思，“鄙夫”就是没有学识的、很糟糕的这种人。如我们给人写信，稍稍带一点古文笔调写，谦虚一点，自称鄙人，但后来又有人改写作“敝人”，实际上该写作“鄙人”，而且这两个字，还要写小一点，放在旁边，以表示谦虚，自己是鄙夫。这里孔子称人为鄙夫，等于是在骂人。因为当时各诸侯之国的政坛人物，他所看不惯的太多了，他认为这些人都是鄙夫，他说这班人怎么可以主持国家的大事呢？他说这些人连最基本的修养都没有，当他在功名权力拿不到的时候，就“患得之”，怕得不到而打主意、想办法，极力要爬上这一个位置。等到爬上了这个位置，权力抓在手里了，又“患失之”，怕失去了已经得到的权力。一个大臣，没有谋国的思想，没有忠贞的情操，只为个人的利益而计校，深怕自己的权力地位失去，于是不考虑一切，什么手段都用得出来，打击同事、打击好人、嫉妒贤才等等都来了。孔子在这里就是说明私欲太大，没有真正伟大的思想、伟大的人格和伟大的目标，只为个人利害而计较的为鄙夫。后世“患得患失”的成语，就是根据这里来的。

这几条都是连起来的，说明了一个人修养与人品，以及出来做事、为人处世的原则。下面就转了，讨论到人物了。

【本经】

子曰：“古者民有三疾，今也或是之亡也。古之狂也肆，今之狂也荡；古之矜也廉，今之矜也忿戾；古之愚也直，今之愚也诈而已矣。”

【注释】

亡：通“无”，没有。

肆：肆意率性，不拘小节。

矜（jīn）：自尊自大。

廉：指人的行为方正有个性。

忿戾（fèn lì）：态度蛮横，不讲理。

【译文】

孔子说：“古时候的人有三种毛病，如今看来，或许这三种毛病也都看不到了，都变得更严重了。古代的狂人是肆意率性，现在的狂人则是放荡不羁而没有检束；古代自矜的人自尊自大却能方正不阿，现在自矜的人则是愤世乖张，对什么都看不惯；古代的愚人是憨直老实的，而现在的愚人则都是假装的笨人，只是一种狡诈的伎俩而已。”

【别裁大义】

今古人物论

孔子说上古时候的人，有三点毛病，是社会的病态，也是人类的病态。但到了现在，“或是之亡也”——“或”为“或者”的意思，“是”为“这个”的意思。这就是说如今看来也许这三项毛病，都变得更坏、更糟糕了。用一幅画来作比喻，古人的画画得这么好，但其中还有三个缺点；不过现在的艺术家，比起古人那些缺点来更差了，还够不上古人认为是缺点的那个水准，也就是说古人认为是缺点的，比现在认为是优点的还要更好得多了。下面孔子讲了这三个缺点：古代的人狂，这个狂在古代并不一定是坏事，不是现代观念的狂，现代对神经病、精神病叫做狂，那就糟了。古代的狂就是不在乎的味道，但是有一个限度的。孔子说，古代的狂不过放肆一点，不大受规范约束，现在的人糟糕了，狂的人则荡，像乱滚的水一样，兴波作浪。古代的矜，比较自满自傲，但有一个好处，因为自己要骄傲，自己把自己看得很重，于是比较廉洁自守，人格站得很稳；现在骄傲自矜的人，对任何人任何事都看不惯，而有一种忿怒暴戾之气。古代比较笨的老实人，还是很直爽的；现在更糟了，已经没有直爽的老实人，而社会上那些笨人都是假装的笨人，只是一种狡诈的伎俩而已。

这是孔子当时的感叹，事实上我们知道，这三点等于是观察人的六个大原则。我们读到这种地方，要特别注意，这是对于一个人的看法。很多人都讲究看相，这就是“相法”，不过这个“相法”不是看五官和掌纹，而是看神态，看他的做人做事，就看出来了。当领导别人，或与人交往的时候，部下同事狂一点没关系，有时还蛮欣赏其狂，就怕不够狂，有本事不妨狂一点。如果是狂而荡，就问题严重了，狂到不守信诺，乃至把公家的钞票用光了，对什么事情都乱来，就要不得。有才的人多半狂，爱才就是懂得欣赏其狂，不要希望别人和自己一样，自己不喜欢的，不必要求别人也这样做，但是要提防他，不可失诸荡，这个狂就是人才。自我傲慢，有个性就是矜。自矜值得欣赏，一个人没有个性，不傲慢就是没有味道，每个人都有他独立的个性，但有适当限度。假使傲慢而变成忿戾之气，到处怨恨，没有一个人、一件事使他满意的，即使他单独自处，也会跟自己过不去的，那就过于忿戾，这很不好。愚、老实没有关系，可不要故玩老实，伪装老实，所谓“貌似忠厚，心存奸诈”。那就大成问题了。这狂、矜、愚三条，有相对的六点，外在是观察别人，内在是反观自己修养的准则，都要注意的。

【本经】

子曰:“巧言令色，鲜矣仁。”

【译文】

孔子说:“满口说着花言巧语，满脸好像很和善的样子，这样的人不见得就具有真正的仁德。”

【别裁大义】

这句话在上论中已经提到过，现在又重复地放在这里。看起来好像是重复，实际上是一个小结论。说凡是玩嘴巴的，比上面那几种情形，更有问题，简直不可谈了。为什么如此呢？我们再把下面接下来看，就知道了。

【本经】

子曰：“恶紫之夺朱也，恶郑声之乱雅乐也，恶利口之覆邦家者。”

【注释】

恶：忌讳、恐怕。

郑声：郑国的乐曲。

雅乐：周朝正统的乐曲。

【译文】

孔子说：“怕的是紫色侵夺了朱红正色的地位；怕的是奢靡郑声乱了雅乐；怕的是巧言利口扰乱了社会秩序。（舆论导向影响人们的文化观念，如果社会失去了传统文化的精神理念，那必将会导至国覆家亡。）”

【别裁大义】

这与上面的狂、矜、愚三条有关，这三点是对的，并没有错，但是太过分了，反而不对。孔子就说，为什么自己的修养以及对待人要注意这三件事呢？他说因为“恶紫之夺朱也”。朱是红色，为正色，紫是红得过分了，最怕是紫色侵夺了朱色。他又用音乐来比方，在当时郑国的音乐最下流、最奢靡，所以孔子最反对郑声把正统的音乐搞坏了。第三，利口覆邦家，嘴巴非常会讲，可是没有真正的思想内容，乃至亡国覆家。历史上有很多这样的人，要千万注意，尤其自己要注意，有才的人往往在嘴巴上不让人，不但是害自己乃至送命、连累家人，甚至覆国，古今中外历史上，这种利口覆邦家的例子非常多。这段文字看上去容易懂，刚才我说这三点与上面狂、矜、愚三点是连贯的，如荡之于狂，紫之于朱等，都是一种似是而非的情形。一个人的学问、道德、修养，最怕是成为似是而非。讲到恶紫夺朱，我们想到历史上一件事。大家都知道，满清入关兴了许多文字狱，尤其在康熙、雍正的时代，当时大家都还有反清思想，而一些地方官吏，为了迎合清帝的意思，致使文人冤枉死的太多太多了。有的为了几句诗，就大兴文字狱，当时的刑法，不但是当事人处死刑，还要灭九族。

其中就有一个与“夺朱”有关的案例，有人曾作了一首咏紫牡丹的诗，其中有两句是“夺朱非正色，异种尽称王”。这位作者实际上是不是有意，无法知道，不过从文字上看，的确具有民族思想，明朝的皇帝姓朱，所以说“夺朱非正色”，“异种也称王”自然暗指清朝非汉人。这两句诗被地方官吏报上去，于是大兴文字狱。这两句诗还可以说“罪”证确凿，后来有些文字狱就很可怜了，所认定的“罪”证非常勉强，像有一个文人，在他的一本书中夹了一张字条，有“清风不识字，何故乱翻书”两句话，被人发现报上去，说他藐视清朝没有文化，也大兴文字狱。

这是今日看到“恶紫之夺朱也”这句话，而想起了清代的文字狱，都是做得太过分了。

【本经】

子曰：“予欲无言。”子贡曰：“子如不言，则小子何述焉？”子曰：“天何言哉？四时行焉，百物生焉，天何言哉？”

【注释】

此章节是孔子提示弟子们，求道必须离言而求。言能诠道，而不是道。求道要“尽其心，知其性”。

【译文】

孔子说：“我不想说什么话了。”子贡说：“老师，您如果不肯说话，我们就不能懂，那我们怎么阐述您的思想呢？”孔子说：“天何尝说过什么话呢？天从来没有说过话，可是春夏秋冬四时运行分列得这样有规律，万物在天地之中，也照常生长。天说过什么了吗？”

【别裁大义】

法尔如是

孔子有一天感叹地说：“我想永远不说话了。”这句话看来好像很平常，年轻朋友们看了这句话，不会有什么感触，年纪大的人就会有所感触了，尤其到了某种社会环境的时候，真是不想讲话了，因为无话可说。所以孔子到了晚年，也有这个感叹。那么子贡就说，老师你都不肯说话，不教我们，我们将来就不懂，也没有办法阐述你的思想了。孔子就说，人何以一定需要讲话？真正的学问，并不一定是读死书的，观察天地就知道，上天曾经说过话吗？天从来没有说过话，可是春夏秋冬四时，运行分列得如此清楚，这样有规律；万物在天地之中，也照常生长。天地何曾说过什么话！这是文字的解释。

但在这里有个问题要讨论了：在这个地方就讲到中国儒家、道家思想，都是一个体系的。孔子这里提到天道，老子也非常注重天道，老子教我们“人法地，地法天，天法道，道法自然”。这是老子思想。现在老、庄思想，在外国无论欧洲、美洲都流行起来，身为中国人，对于老、庄思想的中英文有关书籍，必须要阅读，万一有机会到外国去，也许碰到一个外国人谈起这些来，而自己身为中国人反而不知道，这是很难为情的。不但老、庄，外国人研究中国佛学、禅学的就有很多。所以老、庄方面，现在全世界的译本有好几十种，王“老子”、孙“老子”，各人的见解，各不相同。我们都知道老子他曾经说过“人法地，地法天，天法道，道法自然”。人在效法地，地效法天，如何去效法？天效法道，道又是什么？没有定义。道又效法自然，于是有人说，老子的思想，道以外有一个东西“自然”，而认为中国道家的思想，就说宇宙万有是“自然”的。

问题就来了。什么是自然呢？因此在外国有一派，说老子是唯物的。他们列举《老子》里的东西作这样的说法。我们中国几个大圣人，都从来不谈唯物主义的，但是物质却被包括在其中了。先说“自然”一词：我们对于“自然科学”这个名词的来源，这个问题我们特别要认识清楚。当年开始接受西方文化的时候，对于“哲学”“自然科学”“化学”“物理”这些名词，我们是参考日本的翻译而再译的，因为西方的文化传到东方来，大多是由日本人先翻译过来的，我们是第二手参考日本翻译过来，所以哲学等名词，在日文中早已经译定了。可是日本文字，在明治维新前后，仍旧是中国文化，所以日本还是根据中国文化的意义，来翻译西方的东西，而翻得并不一定对，如经济一词在古文中并不是现在的狭义经济，而是“经世济民”的意思，不是工商经济，也不是经济时间的这类来自日文的意义。所以从日文翻过来“自然科学”的“自然”，就是把物理的宇宙，定了一个名称为“自然”，这样第二手翻译过来的名词，大家习惯以后，一提到“自然”，印象中就是“物理世界”，就是唯物的自然。其次，两千多年前，印度有一种哲学思想，叫作自然哲学，那个“自然”，与现在的自然世界又是两回事了，这且不去管他。我们要知道，一如“经济”一词的借自子书学说，自然科学的“自然”，只是借用了一下老子“道法自然”这个地方的“自然”而已。可是现在的年轻人读《老子》，大多数并不知道这些文化上演变的真相，从小只知道“自然科学”，“自然”都是讲物理的，所以一看到《老子》中的“道法自然”，认为《老子》中的“自然”就是物理世界，于是认为老子思想是唯物的，这实在大错而特错。

我们读哪一个时代的书，就要知道当时的时代背景，在老子那个时代，是没有“自然科学”的，所以《老子》中的“自然”是另有意义的。照《老子》的本文“人法地，地法天，天法道，道法自然”，最后四字本身是一个注解，就是说道效法谁呢？谁也不效法，它自己“本身当然如此”就是道，“本身当然如此”这就是自其然也。这一点要特别注意的。

现在学术界、思想界乱得不得了，十年、十五年以后，将是一个大问题，年轻的人真正要努力，将来的责任很大，而且自己做好了，将来的前途也很大，十年以后，中国的文化将要大吃香。譬如《庄子》，庄子自己说他所说的话是寓言，可是现在人们一提到庄子都说是靠不住的，因为庄子说的是寓言。这观念又错了。为什么错了？大家认为庄子说的话都是空话，这是因为大家读过《伊索寓言》，这是西方神话，神话都是乱想编出来的，像科学小说一样凭幻想写的。那么我们就要注意，这只是当时我们把西方的神话翻译过来，借用了《庄子》中“寓言”这个名称，可是到了现在的教育，因为做小孩子就看《伊索寓言》，老师也告诉学生，这些神话是寓言，于是“寓言”一词的观念，在现代人的印象中，凡是虚构的、乱扯的都是寓言，最后反过来，对于庄子所说的中国文化思想，也认为是虚构乱扯的寓言。现在回过头来问，庄子所说的寓言又是什么寓言？我们要了解，“寓”者“寄寓”也。庄子说他讲的话是“寓言”，意思是说“我所讲的话，是打丫头骂小姐的话”。这就是寓言。有时人类的言语，没有办法直接表达自己的思想，我们仔细研究，在与人谈话时，直接讲，对方反而不懂，改为讲一段笑话，说一个故事，不等到说完，对方哈哈大笑，他就懂了。这是人与人之间沟通思想意见最好的办法。所以印度的因明（逻辑）有用“喻”这个办法，我们遇到很难表达的意思时，最好的办法是用笑话，用故事。所以庄子讲话的方法，往往用寓言。这是要特别注意的。我们将来弘扬自己的文化，再也不要搞错了，现在已经错得很厉害，我们要慢慢纠正它。

现在回转来讲老子的道法自然，就是说天道是自然的，自己本身当然如此。我们不要把老子的“自然”视为现代科学上的那个名词。老子教我们学天道，翻开《老子》来看，他讲了很多天道，他说到人的最高道德修养，就是效法天地，天地生长了万物给人，他没有居功，没有自私地报功，也不想占有，而且天地是平等的，好的坏的，无毒有毒，他都生长，无分别；只有生生不息，没有要求还报。人类吃了他生长的好东西，还给他的是大便，他也不生气，照样地永远是生长，所以人的胸襟、道德、器度能够效法天地，是最重要的。而且教我们在事业方面做到“功成、名遂，身退，天之道也”。一件事情成功了，交给了后代，就撒手不管，这是天之道也。这也就是后世中国文化“天人合一”思想的滥觞（shāng）。孔子现在提到的，也就是这个精神——天道。他说，上天有什么话说呢？自然的。人的学问也好，道德也好，一切修养，先要了解自己当然是如此，我又何须多说！这是中国文化的本位文化，不管儒家、道家，都是一样的。

【本经】

孺悲欲见孔子，孔子辞以疾。将命者出户，取瑟而歌，使之闻之。

【译文】

孺悲想见孔子，孔子以得病为由拒绝见他。传话的人刚走出门，孔子就拿来瑟弹唱起来，有意让孺悲听见。

【别裁大义】

手挥五弦目送归鸿

这一段古人的注解很明显。孺悲是一个人，准备来看孔子，孔子说了一次假话，叫人就说他今天生病了，所以没有出来见客。孔子学生中有执事的人送客，在将出门的时候，孔子在里面拿起瑟来弹，并且还唱歌，故意使孺悲听见。

这一段古人的注解，多半和朱熹先生的一样，认为这个人可能有哪一点为孔子看不惯，得罪了孔子，所以孔子不愿意见他，但是又明白地表示讨厌他，看不起他，所以等他出门的时候，故意唱起歌来，使他听见，知道孔子并没有生病。其实，孔子并没有这个意思，但要解释起来很费时间了。问题在孔子为什么要奏乐唱歌给他听呢？假如像古人解释那样为了使他知道自己没有生病，孔子在里面，说句话或叫一个学生的名字都可以，何必奏乐唱歌呢？这问题来了。关键就在“天何言哉”。真正的学问，并不一定需要讨论，甚至是不可以言喻的。这个道理研究起来是够麻烦的。

那么这段书什么意思呢？我们引用别家的故事，来解释这个问题。我们中国文学中有“闻木樨（xī）香否”这故事。木樨是桂花的一种。这是宋代文学家黄山谷的故事，他是学禅的，他老师就是宋代有名的晦堂禅师。因为禅宗大师们的教育方法，是不立文字不用言语的，黄山谷跟他多年，似乎并无所得。有一天就问老师有没有什么巧妙的方法，露一点消息，露一点缝给他钻一钻，让他钻进去。晦堂就问他念过《论语》没有？这句话现在问年轻人不算稀奇，在当时来问黄山谷这样的人是很不客气的，很难堪的，因为古人考功名的本钱就是四书五经，都能背诵的，晦堂还问他念过没有，这给黄山谷的刺激是很大的。黄山谷答道：“当然念过！”晦堂说，你念过《论语》，其中有：“二三子，以我为隐乎？吾无隐乎尔。”孔子说的话你懂吗？晦堂大师引用了这句话，就等于说我随时随地都在教你，你自己不懂，有什么办法？黄山谷还是茫然不懂。后来有一天，黄山谷站在老师的旁边，晦堂这位老和尚看他在身侧，摆一摆袖子，就径自往山门外走去。这时正是秋天，一路上桂花盛开，晦堂像是赏花去了，黄山谷也莫名其妙，只好在后面跟着走，晦堂故作不知的样子，走了一阵以后，回过头来问黄山谷：“闻木樨香否？”黄山谷答道：“闻。”这时晦堂就瞪着眼睛告诉他：“二三子，吾无隐乎尔。”据说黄山谷因此恍然有所悟而入了道。就是后来理学家说的，悟到了那个心性的本源。这是有名的一段禅话。事实上黄山谷的修养、诗名都很高，他与苏东坡他们几个人都蛮可怜的，遭遇王安石的种种打击，后来被贬谪到贵州的一个乡下，相当于现在的区公所小干事。在古代被贬谪的大官，还要被人押解去报到，等于半个犯人，起居不自由，生活是很苦的。他在被解送的路上，才和王阳明的龙场悟道一样，真懂了晦堂老师的话，因此对于所遭受的政治上的打击、环境上的打击、生活上的痛苦，都能处之泰然，还在那里对地方做了很多有益的事情。

现在我们拿这个故事来说明孺悲见孔子，而孔子不见，故意取瑟而歌，就等于是一种不言之教。这是这段书真正的意思所在。

【本经】

宰我问："三年之丧，期已久矣！君子三年不为礼，礼必坏；三年不为乐，乐必崩。旧谷既没，新谷既升，钻燧改火，期可已矣。"

子曰："食夫稻，衣夫锦，于女安乎？"

曰："安。"

"女安，则为之！夫君子之居丧，食旨不甘，闻乐不乐，居处不安，故不为也。今女安，则为之！"

宰我出。子曰："予之不仁也！子生三年，然后免于父母之怀。夫三年之丧，天下之通丧也。予也有三年之爱于其父母乎？"

【注释】

燧（suì）：古代取火的器具。

改火：古代用燧石钻木取火，所用的木头四季不同，一年轮一遍。

期可已矣：期（jī），一周年。一周年就可以了。

衣（yì）：作动词，穿衣。

旨：滋味美，此指味美的食物。

居处：古代孝子服丧期间要住在临时用草、木搭成的棚子里，此指住在平常的房屋中。

【译文】

宰我问孔子："父母死了，子女守孝三年，时间也太长了。君子如果三年不习礼，礼一定会废弃掉；三年不奏乐，乐也一定会荒废。像稻谷一样，旧谷割掉了，新谷又登场了；钻燧改火，时令也改变了，我看守孝一周年就可以了。"

孔子说：“如果父母死了一年，就能吃好的穿好的，没有一点哀戚的心情，你觉得这样于心能安吗？”

宰我说：“能安。”

孔子说：“你要觉得那样做能心安，你就去那样做吧！丧礼并不靠规定的，要靠每个人发自内心。做为一个君子，父母死了居丧，内心思念的悲哀，吃什么东西都没有味道，听什么音乐都不快乐，睡觉都不安心，所以三年之中，才需要这样。现在你认为那样做能心安，你就那样去做吧！不必提倡丧期改为一年。”

宰我退出去了。孔子说：“宰我所提出的这种观点是不符合仁的呀！小孩子生下来三年才能离开父母的怀抱。所以三年的丧期，就是对父母把我们抚养长大最基本的感恩和怀念，是天下通行的丧期。宰我啊！他得到过父母亲对他三年的爱护了吗？”

【别裁大义】

爱的回报——孝

这提到我们中国的古礼，这个制度，现在改变得很厉害了，历史时代到底挽不回的，我们不要去管现代的情形了。孔子当时，是比较保守的，极力主张维持孝道，父母死生之间的大事，应该依照古礼。宰予，就是白天睡觉的那个学生。

现在他提出一个大问题。中国古代，父母死了是三年之丧，要守孝三年，我们在几十年前，至少在播迁来台以前，在大陆上时，许多朋友还是守这个规矩，手臂上都还戴一块白布或黑布。现在是没有了，三年变三天了。在守丧时期称制中，在名片上面，名字旁边都要加印一个较小的“制”字，表示在守丧。在古代更严重，研究我国古代政治制度，所谓圣朝以孝治天下，做官的人，不管文官武官，也不管官做多大，碰到父母之丧，如果不马上请假还乡，那是不对的，监察御史马上提出弹劾，可以处分到永不录用的程度，是很严重的。不过有一点例外，以武将来说，他正在前方作战，假使父母死了，仍然要向朝廷请假还乡，皇帝可以下诏书，着他移孝作忠，予以慰留，这才可以不还乡。在戏剧里可以看到，有的戏里武将穿半边白袍的，就表示他是戴孝上阵，那都是皇帝特殊的慰留，国家非要这个人不可；有些是他还乡守孝以后，丧服未满，皇帝下命特别起用，名为“起复”。而起复有两种情形，一种是退休以后再起用，一种是还乡守制的人起用。古代这种政治制度，实在也有它的好处。一个人从政久了以后，离开民间太久了，对民间的情形都不知道，回乡以后，杜门思过，也不准宴客，对地方官吏都不得接触，可以深入到民间。这是中国古礼，这种社会风气、政治制度的改变，还只是近几十年来的事。

古代连皇帝也要守丧三年。譬如说丧期中是不准结婚的，年轻皇帝登位前若要结婚，除非由皇太后下命令才可以。在唐代、宋代、明代、清代都有，老皇帝一死，新皇帝没有就位以前，丧事没有发布，先办婚事，第二天再发丧，否则就违犯礼制。这种古礼连皇帝都要遵守，这是中国文化的精神。

宰予现在就提出来问，我们的社会制度，父母死了要守丧三年，从上古行到现在，很古老了，现在宰予说三年什么都不能动，结果什么都坏了，像稻谷一样，旧的割掉了，新的又长起来了，钻燧改火，时令也改变了，岁月换了，我看守丧一年就够了。孔子说，父母死了，你认为过了一年就可以去听歌跳舞了，你觉得心里安吗？宰予说，安呀！孔子说，你心安，你就照你的办法去做吧！并没有人勉强你，你就是过了三天就跳舞也可以，只要你心安。丧礼并不靠规定的，要每个人发乎内心的，古代文化是根据内心来，不是法律规定的。一个君子，父母死了居丧，内心思念的悲愁，吃饭都没有味道，听到音乐也不快乐，睡觉都睡不好，所以三年之中，没有礼乐。我现在问你一年能不能心安，你说能心安，那你去做好了，不必要提倡改为一年，别人不愿改，是别人的事。孔子等于给宰予碰了一个橡皮钉子，他出去了。

于是孔子告诉其他同学，宰予这个人一点良心都没有。下面孔子说的，就是中国文化三年之丧的道理了。他说，小孩子三岁才能离开父母的怀抱。尤其古时是没有牛奶的时代，要三年才能单独走路，离开父母怀抱，后来二十年的养育且不去管，这三年最要紧，就算是朋友吧！这两个老朋友，这样照顾了你三年，后来他们死了，这三年的感情，你怎么去还？所以三年之丧，就是对于父母怀抱了我们三年，把我们抚养长大了的一点点还报。这是天下人类都一样的，而宰予反对，主张改为一年，像这样，宰予没有三年怀念父母的心情，一如父母怀抱抚养我们三年的心情。如改为一年，可以说天下没有一个孝子，天下任何一个父母，在自己孩子三岁以内的时候，那种慈爱、辛劳，照顾是无微不至的。所以中国文化，定父母之丧为三年，就是还报这个慈爱，这仅是最起码的回报，事实上父母的慈爱，并不止此，在孩子三岁以后长大了，还一直要照顾到二十多岁。

由三年之丧这个话题，我忽然想到金圣叹给儿子的信，能看到金圣叹这个调皮的文人所说的话，有最高的道理：我和你是朋友，最初你也没有指定要我做你的父亲，我也没有指定要你做我的儿子，大家是撞来的，因为是撞来的所以彼此之间，没有交情可谈。但是话得说回来，这个老头子（指他自己）和这个老太太(指他的妻子)，从替你揩大便小便开始，照顾了你二十年。这二十年，你去社会上找找看，还有没有比这两个老朋友更好的朋友？我们现在不要求你孝不孝，这些都是空话，只要求你把这两个老朋友照顾你二十年的感情，也同样照顾这两个老朋友二十年，就够了。这是金圣叹的游戏文章，也说明了孝道的真正哲学，所以中国讲孝，就是爱的回报。因此孔子说，现在的人，当父母死了而真有三年怀念父母的心情，像父母当时对自己三岁以内这样爱护的有没有？连这个三年怀念都没有，哪里还谈得上孝字。到了最近几十年，“孝子”的意思，是倒过来解释为孝顺儿子。这一大段是讲孝顺的，下面我们就讲到《孝经》了。

曾子根据孔子所述的中国文化，著了《孝经》，为十三经之一。在《孝经》中孝敬父母还是小孝，大孝者为大孝于天下，看天下的老百姓都如自己的父母一样，这是中国政治哲学的大原则。为政的人，把老百姓视如自己父母一样孝，改一个名字就是忠。所以从事政治的人，要有孝天下人之心。以这个道德的基础，出来从事政治，这是中国政治哲学的基本重点，也即《孝经》的基本重点。

说到这里，就讲到人品了。

【本经】

子曰："饱食终日，无所用心，难矣哉！不有博奕者乎？为之犹贤乎已！"

【注释】

博弈（yì）：下棋。《说文》："博，局戏也，六箸十二棋也。弈，围棋也。"

【译文】

孔子说："有的人，每天吃饱了饭，无所用心，也不知道该做什么，不该做什么。这种人就真很难办了！不是也有玩下棋的人吗？学下棋也总比这样好吧！"

【别裁大义】

麻将的学术思想

有些人吃饱了饭，一天到晚不肯用心思。生下来父母就留给他许多的钱，吃饱了以后，不晓得怎么玩好。其实，这种人很苦，苦到不知道有什么好吃的，一切东西都吃厌了，一天到晚不知如何度过才好。孔子说这种人真难。这个话分两头解释，刚才是照文字讲"饱食终日，无所用心"之痛苦。只一方面说，一个人如果要真正修养到"饱食终日，无所用心"可真难，这就讲到修道了。现在有许多人讲修道，就是身外任何事物都影响不了他，坐在那里，什么都不管，庄子称他为"坐驰"，坐在那里脑子里思想不停，好像开运动会，如真做到脑子里完全宁静下来，是很难。但在这里，不能做这样的解释，因为下面孔子还有话，他说一个人"饱食终日，无所用心"，不肯动脑筋，就真难对付，没有办法教育他了。为什么孔子有这个感叹？因为在当时的社会、政治制度下，许多富家公子少爷，都是这个情形。所以孔子说，倒不如学学下棋，还能动动脑筋，总比这样好一点，最怕是不用脑筋。这个话我们现在看来，也许没有什么感觉，如果从事教育的话，就会感慨了。现在的教育，学生们已经到了“饱食终日，无所用心”的程度。大家如果不信，不妨研究一下看，现在最严重的问题是文化思想没落了。虽然目前教育那么普及，一般人却只晓得应付考试，背死书，真的文化思想，乃至到大学里都没有，而且一年比一年差，差到无法再差了。这正如我们前面曾经讲过顾亭林的话，不妨重新再提，好加注意。当明末清初，顾亭林把明末的士大夫，分作南北两种批评，指明末之所以亡国是：一、南方的士大夫们“群居终日，言不及义”。一般人打打牌、喝喝酒，聚在一起，所谓“国家事，管他娘，没有事情打麻将”。所谈论的话，没有谈到国家思想、民族文化，至于义理之学的影子更没有，说些空话而已。二、北方的士大夫们则“饱食终日，无所用心”。所以他认为这样太危险了，国家岂有不亡的？这是当年历史上的士气，所以一个国家的文化思想有如此重要。

下面插了一段很妙。

【本经】

子路曰：“君子尚勇乎？”子曰：“君子义以为上。君子有勇而无义为乱，小人有勇而无义为盗。”

【译文】

子路说：“君子崇尚勇敢吗？”孔子说：“君子之勇，要以仁义为上。如果在上位的人有勇，而没有仁义的信念，就容易作乱，使社会混乱；如果在下位的普通人有勇，而没有仁义作基础，就容易做坏事，盗贼这一类行为，都做得出来了。”

【别裁大义】

子路问孔子，你都说些文的，难道一个人只需要读书，只为学问的吗？来不来武的？讲不讲勇呢？孔子说，我并不反对勇。不错，武功也要好，但是君子之勇，以义理为上，如果君子没有义理文化的修养，徒然有勇，就容易作乱，使社会混乱。如对人有勇，而没有义理文化作基础，就容易做坏事，匪盗这一类行为，就都做得出来了。

【本经】

子贡曰："君子亦有恶乎？"

子曰："有恶。恶称人之恶者，恶居下流而讪上者，恶勇而无礼者，恶果敢而窒者。"

曰："赐也，亦有恶乎？"

"恶徼以为知者，恶不孙以为勇者，恶讦以为直者。"

【注释】

下流：下等的，在下的。

讪：shàn，诽谤。

窒：阻塞，不通事理、顽固不化。

徼：jiǎo，窃取，抄袭。

孙：同"逊"。

讦：jié，攻击，揭发别人。

【译文】

子贡问道："作为一个有仁德修养的君子，也有讨厌的事情吗？"

孔子说：“有讨厌的事情：讨厌传扬别人坏处的话；讨厌下级的人对上级的谤毁；讨厌好勇而无礼的行为；讨厌固执己见一意孤行的行为。”

孔子又问子贡：“赐啊，你也有讨厌的事情吗？”

子贡回答说：“我讨厌把生搬照抄的见解当作是自己最高的智慧；讨厌那些粗暴不逊而自以为有勇的行为；讨厌那些语言尖酸刻薄攻击别人，还自以为直率的言行。”

【别裁大义】

子贡有一天问，一个君子仁人的修养，也有讨厌人家的一面吗？孔子说，当然有。那么讨厌一些什么事？孔子举了个例子，最讨厌说别人坏话的人。讨厌自己在下面对于上面都不满意，加以讪谤的人。讨厌好勇斗狠而又没有文化基础修养的人。许多学了拳的人，见面都要比画几下，是最讨厌的，奇怪得很，学武的人总是性情粗暴，乃至学太极拳的人，动辄喜欢跟人“推手”比一下，这是值得研究的，为什么一种运动，往往会把人的气质变为好勇斗狠？不过，初学武的时候的确想打，除非学到很高的时候，看不出来了，不想动手，也不敢动手，因为一动手就伤人。所以好勇而无礼的人很危险，令人讨厌。至于“果敢而窒”，也值得注意，有些人很有决断，很容易下决心，尤其为政当领导者更要知道，很果敢、有勇气，下了决心就干了，而把门关起来，任何第二个意见都不听的，这是很严重的问题。

子贡听了以后，说他也讨厌几件事，就是徼以为知者，有些人把自己的偏见，认为是自己最高的智慧，这种人真是无可救药。还有可恶的是没有礼貌，粗暴而自以为有勇的，还有口头上尖酸刻薄攻击人家，而表面上装起来是说直话的，都是可厌恶的。他们师生两人一唱一和，等于唱双簧一样，举出来的这几点，我们每个人都要反省，体会自己，也可据此以观人，如果有了这种毛病，要努力改过来。

【本经】

子曰："唯女子与小人为难养也！近之则不孙，远之则怨。"

【译文】

孔子说："正因为女人和小人是最难与他们相处的，所以要掌握好分寸。不能太近，太亲近了就会失礼；也不能太远了，太疏远了又会有怨恨。"

【别裁大义】

男人与女人

孔子说女子与小人最难办了，对她太爱护了，太好了她就恃宠而骄，搞得你啼笑皆非，动辄得咎。对她不好，她又恨死你，至死方休，这的确是事实，是无可否认的天下难事。但问题是，世界上的男人，够得上资格免刑于"小人"罪名的，实在也少之又少。孔子这一句话，虽然表面上骂尽了天下的女人，但是又有几个男人不在被骂之列呢？我们男士，在得意之余，不妨扪心自问一番。

以前的人们，常站在男性中心的立场来看女人，都有类似从"难养"的角度来看，因此见之于文字言论的也很多。宋代陶谷写了一本《清异录》的书，其中的女行门中，便录有莱州长史于义方著的《黑心符》一篇，专责女性的文章。他首先提的是历史上的名女人，如吕后、武则天等，都是拣坏的方面来说。但如果仔细读完了《黑心符》全文，你便会哈哈大笑，作为原告的男人，说了半天，无非都是男人没有出息干的事，几乎与被告女性完全无关。佛经上有一个故事，一个国王与王后反目，同来见佛，佛先站在国王的立场，说了女性许多坏处。国王听了很高兴。最后佛又说，可是人们只知道女性的不对，其实，男性的坏处也很多，于是佛又接连数说许多男性的不是之处。非常好笑。这正如吕纯阳的一首诗说：“独立高峰望八都，黑云散后月还孤。茫茫宇宙人无数，几个男儿是丈夫？”

【本经】

子曰：“年四十而见恶焉，其终也已！”

【注释】

见：表现，显现。

焉：形容词尾，表示状态，相当于“然”。

【译文】

孔子说：“人生到了四十岁，应该能够做到自我反省了，但如果还有许多让人讨厌的毛病不思悔改，那就不要再说了，他这辈子已经定型了。”

【别裁大义】

这是这一篇的结论。本篇正好由小人之首的阳货开始，到此作一结论。孔子说，人到了中年，经验也够了，年轻时错误没有关系，到了中年自己应该反省到了，不要再教育，自己也能改正好了。但结果还有许多毛病，很多的坏事改不过来，这就不要说了，这已经定型，改不了啦！

微子第十八

【本经】

微子去之，箕子为之奴，比干谏而死。孔子曰：“殷有三仁焉！”

【注释】

微子去之：微子离开无道的纣王。“微子”，名启，商纣王的兄长。“去之”，离开他（指纣王）。

箕（jī）子：纣王的叔父，名胥馀。箕子因纣王暴虐无道而向他进谏，纣王不听，箕子于是假装发疯，被降为奴隶。

比干：纣王的叔父。他力谏纣王，被纣王剖心而死。

【译文】

纣王荒淫无道，微子被迫离他而去，箕子被降为他的奴隶，比干因直言劝谏而被杀。孔子说：“殷朝有三位仁者啊！”

【别裁大义】

本篇题目是“微子”，而微子、箕子、比干这三个人，在周文王、武王要革命的时候，都是纣王的大臣，也都是历史上有名的忠臣。箕子后来封于高丽，就是现在的朝鲜，所以朝鲜的文化，是我们中国文化的遗留，朝鲜的民族，也可以说是箕子的后代。当时箕子把中国文化的阴阳、八卦、五行、天干、地支这些东西，流传到高丽，所以韩国的国旗，用的是《易经》八卦中的四卦：“乾、坤、坎、离”，就是代表天、地、日、月，也可以说整个是中国文化的精神。这是箕子所传的。这里所提的微子、箕子和比干，他们是殷商的贵族，纣王的尊亲。为什么要首先提他们，而且这一篇的最后结论，提到周朝能够兴起来，“周有八士”，八位了不起的人，辅助了周朝兴起来，这八士当中还没有提到姜太公、周公，他们还不在八士以内。而这一篇的中间提到许多隐士，隐士并不一定是殷纣时候的人，有许多还属于孔子同时代的人，全篇的编辑路线是这个样子。如果从表面上看这篇书，尤其是“五四运动”以后看这些书，很多人认为这是为专制领导者帮腔的，因而有各种的毁谤。事实上不是这么一回事。

其次，我们要研究这篇书为什么要这样编？第一它是说明创造历史，创造时代，完全是属于“人”的问题，等于说英雄可开创时代。在一个时代中有人才，这个时代就兴了，人才衰落了，这时代也完了。第二点用人的问题，一个领导者能鉴识人才，培养人才，他的事业是成功的，如果不认识人才，不知道培养人才，事业一定是失败的。第三点关于个人的，这是很严重的问题，至少过去是如此，将来社会怎么变，就很难说了。过去的时代，个人的立身出处非常重要，也就是第一步站出来很重要，所以有人一辈子当隐士。

隐士与历史文化

有人说中国过去的隐士，就是西方文化中自由主义者“不同意”的主张，他不反对，反正个人超然独立，这是民主政治的自由精神。这个比方表面上看起来很对，实际上还是不大对，因为中国一般知识分子中，走隐士路线的人并不是不关心国家天下大事，而是非常关心，也许可以说关心得太过了，往往把自己站开了，而站开并不是不管。印度的隐士思想，真正出家了，去修道了，就一切事务不管；中国的隐士并不是这种思想。我们研究中国的隐士，每一个对于现实的政治社会，都有绝对的关系，不过所采取的方法，始终是从旁帮助人，自己却不想站到中间去，或者帮助他的朋友，帮助他的学生，帮助别人成功，自己始终不站出来。在中国过去每一个开创的时代中，都有很多这样的人。

最有名的如明朝朱元璋开国的时候，能够把元朝打垮，当然中间是靠几个道家思想的隐士人物出力，正面站了出来的是刘伯温，背后不站出来，故意装疯卖傻，疯疯癫癫的人有好几个，如装疯的周颠，另一个是铁冠道人，这是著名的，这些人朱元璋都亲自为他们写过传记。正史不载，因为正史是儒家的人编的，他们觉得这些人太神奇了，这些资料都不写在正史中。尤其是周颠这个人更怪，既不是和尚，又不是道士，一个人疯来疯去的，与朱元璋的交情也非常好，每逢朱元璋有问题解决不了的时候，他就突然出现了，告诉朱元璋解决的办法。有一次朱元璋还测验他，周颠自己说不会死，朱元璋把他用蒸笼去蒸烤，结果蒸了半天，打开一看，他等于洗了一个类似现在的土耳其浴，洗得一身好舒服。从此朱元璋告诉部下，不可对周颠怠慢，这是一个奇人。像这一类的人，也属于有名的隐士，思想一流的人物。

中国过去有道之士，可以不出来干涉现实的事，但他非常热心，希望国家太平，希望老百姓过得好，宁可辅助一个人做到太平的时代，而自己不出来做官。等到天下太平了，成功了，他的影子也找不到了，他什么都不要。在中国古代历史中，这一类的人非常多的。当然正面历史不大容易看到，从反面的历史上，可以看到很多，几乎每个朝代，都有这些人。就拿王阳明来讲，他所碰到的与普通人的生活及观念不同的异人也很多。

本篇当中，就说明了虽然是隐士思想，明知道时代不能挽救的时候，他们站开了，但并不是消极地逃避，而是为了保留文化的精神，以培养后一代，等待下一代。最有名的，如唐代的王通，他的学生们在他死后私谥他为“文中子”。在隋炀帝的时候，他本来有志于天下，自己想出来干的，但与隋炀帝谈过话，到处看过以后，知道不行，回去讲学，培养年轻一代。所以到了唐太宗开国的时候，如李靖、徐世绩、房玄龄、魏征这一批唐代的开国元勋，文臣武将，几乎都是他的学生，所以开创唐代的文化思想，文中子是最有功劳的。可是我们读唐代的历史，还没有他的传记，所以后人还是怀疑文中子的事迹，是不是真的，否则为什么没有他的传记？最后经过考证，原来文中子的儿子，得罪了唐太宗的舅子，也是一位很有名的大臣，人也很好，不过在学说思想上意见不同，所以后来修唐史的时候，就没有把文中子的思想摆进去。因此文中子死后，他的谥号，还是朝中这班大臣，也就是他的学生们私下给他的。历史上有名的“自比尼山”故事，就是说不仅他的弟子，连他自己也自比为当代的孔子。而实际上以功业来说，也许他比孔子还要幸运，因为孔子培养了三千弟子，结果没有看到一个人在功业上的成就，而文中子在几十年中培养了后一代的年轻人，开创了唐代的国运与文化。

像这一类，也属于隐士之流的思想，明知道时代不可以挽回了，不勉强去做，不做儒家思想的“中流砥柱”——人应有中流砥柱的气概，但能不能把水流挽回呢？这是不可能的，只可以为自己流传忠臣之名而已，对时代社会则无法真正有所贡献。道家说要“因应顺势”，这类人的做法，就形成了后世的隐士。本篇记载了很多隐士，孔子当时所遇到的，是孔子在他们面前吃瘪的，也是孔子正面和他们冲突的，这冲突并不是吵架，是意见冲突，思想的幽默，可见他们也非常了解孔子，也认为孔子的做法并没有什么错误，各走各的路线，这是本篇的第四个要点。

结论下来，这一篇有两个重点：第一个重点是历史哲学的一种观点，第二个重点是个人的立身处世，自己的人生观，人生哲学，究竟该走哪条路线。虽然这种观念与思想，在本篇的文字中，一个字都没提到，而事实上就是这样一种精神，我们把全篇研究完了，对自己应该是个很好的借镜，可作为一个参考。把本篇的精神与重点报告完了，下面就比较容易研究，不像以前的各篇，每句话都要作很多的发挥，这里差不多每一观念都作了整个的发挥。现在我们讲到本文了。

众鸟高飞尽

这是殷纣引起了西周革命的时候。大家都知道纣王是很暴虐的人，因受悠久文化的影响，还是有很多忠臣，可是几个人向他建议，（古代下对上为“谏”，上对下为“劝”，现代通用为“建议”了。）而纣王无道，不听这些建议，把微子废掉，离开宗室了，后来微子的后代，由周朝封于宋，就是春秋战国时的宋国。这就是中国文化的特色，“兴灭国，继绝世”。周朝起来革命，成功以后，并没有对纣王之后灭绝，还一定把前朝的后人找出来，使他们继承祖宗的香火。箕子是纣王的叔父，也被降为奴役，箕子后来还是没有死，带了殷商的文化，由辽东渡海到朝鲜去了。比干是被纣王杀死的。这三个人都是纣王时代的忠臣，而遇到一个这样暴虐的君主。时代的衰败挽不回的时候，走的走，被关起来的关起来，死的死。孔子认为这是古代的忠臣，虽然他们本身死了，可是对于国家文化的精神，永远留下了，是千秋万代的榜样。所以称他们是殷商时代的三位仁人，成仁取义的人。

下面跟着说到柳下惠，鲁国的人，大家都知道柳下惠“坐怀不乱”，这还是小事情，历史上坐怀不乱的男人或女人有很多，不过古人以柳下惠作标榜，我们也不必再另外举别人的例子了，而坐怀不乱并不是柳下惠最高的一面，他最高的一面在这里。

【本经】

柳下惠为士师，三黜。人曰：“子未可以去乎？”曰：“直道而事人，焉往而不三黜？枉道而事人，何必去父母之邦？”

【注释】

柳下惠：“柳下”是地名，“惠”是谥号。姓展，名获，有名禽，鲁国人。因为居住在柳下而被称为柳下惠。

为（wéi）：担任。

士师：主管刑罚的官名。

黜（chù）：贬退，罢免。

直道：正直的大道。

事人：给人做事。

焉往：往何处去。

枉道：违背大道而曲意逢迎。

【译文】

柳下惠担任司法官，多次被罢免。有人对他说：“您怎么不离开这个国家呢？”柳下惠回答说：“一个人，如果立志行直道走正路，为国家秉公执法处理人事，不管到哪个国家，都一样会遇到问题，都难免会被罢免？如果行邪曲的道而走不正的路，为了个人的利益和地位而不能做到秉公执法处理人事，那又何必要离开自己的国家呢？其实，那样做就是在危害国家和社会，那才是真正背弃了生养自己的父母之邦啊。”

【别裁大义】

柳下惠作士师，等于所在管刑法的官，勉强可比作现代的司法部长或最高法院院长。他三次上台，三次都被罢免下台，于是有一个人对他说，先生你何必一定要在鲁国做事，出国去吧！你自己国家不要你，何必一定干，到别的国家说不定有更好的地位。柳下惠答复他说，一个人终身行直道，思想、行为、做事完全直的，走正路来做人家的部下，在任何一个国家社会做事，都是一样会有问题，都要吃亏，会被挤下来的。如果以歪曲的心思，用手段来取得地位，以得功名富贵为荣耀，并不想真为国家社会做事的，那又何必离开自己父母之国呢？祖宗都在这里，一样可以做事。换句话说，随便在哪里，决不走歪路，而走正路，在任何社会都是一样比较困难的。柳下惠的人品就在这里，为了贯彻人格的思想，为了贯彻传统文化以正道事人，以正道立身处世，忽视于功名富贵，那是身外事，并不在乎，这是他的人格。这里先记载他的事情，后面孔子还要提到他的。

为什么把柳下惠的事放在微子、箕子、比干三人的记载后面？柳下惠并不是殷纣时代的人，而是春秋战国孔子这一时代的人，还可能稍稍早一点，比孔子大几岁，不过已是一个天下闻名了不起的人物，这里先记载他的事，柳下惠的这几句话，也说明了前面三个人的事情。所以中国的古文，如《论语》的文章一看起来好像是法律的条文，一条一条，好像连不起来，实际上仔细一读，它是长篇文章，连接得非常好。换句话说，微子、箕子、比干三个人，有的愿杀身以成仁，如比干；被赶出去就走了，如微子；为奴就为奴，如箕子。为什么他们不弯一弯呢？态度稍微改变一下，去拍个马屁，也会好好用他们，更何况他们本来就是皇族。可是他们为什么不这样做？这就说明个人做人也好，在国家社会中立足做一个普通人也好，大原则上人格的重要。反过来，如果以枉道事人的话，随便哪里都可以干，如果坚持以正道、直道事人，又何必离开？所以引用柳下惠的这几句话，等于是为上面三个人的事，作了一个注解，这就是《论语》的编辑方法。

【本经】

齐景公待孔子，曰："若季氏，则吾不能，以季、孟之间待之。"曰："吾老矣！不能用也。"孔子行。

【译文】

齐景公在谈到如何对待孔子的打算时，说："如果要我像季氏那样的态度待孔子，那我做不到。如果孔子愿意住在我齐国，我愿像季孟之间那样的态度待他。"不久又说："我已经老了！没有雄心了，不能按着他的远大志向发挥他的作用了。"孔子听到这些话，便离开了齐国。

【别裁大义】

王不留行

孔子周游列国到了齐国，那时齐国的国君，（就是齐国的诸侯，我们随便讲，叫他国君，是借用的名词。）正是景公的时代，有一度，他的首相是有名的小矮子晏子——晏婴，这个人品德很好，学问也很好，在历史上是名宰相，了不起的忠臣，也很清高，样样都很好，并且自己著了一本书——《晏子春秋》。另一个更早一点的名臣管仲，也是齐国大臣，著有《管子》，这两部书现在都流传着，当然，其中内容真伪杂陈。孔子到了齐国以后，齐景公本来想用孔子，可是晏子不同意，怕因此自己不能在齐国立足。不过这个问题的资料并不很充分，晏子是不是那么嫉才的人是一个问题。其次，涉及齐景公本身的问题，不过历史上有说齐景公是受了晏子的影响才这样的，但是要注意，当时齐国与鲁国的邦交并不很好，所以后来引起了战争，齐国准备打鲁国，鲁国一定打不过齐国的，孔子这个时候，很为自己祖国的危机着急、彷徨，准备自己出国，去国际上想办法的。后来由子贡出面，在各国走了一趟，扭转了整个国际的局势。

当时齐景公对孔子非常好，不过不能用他，所谓不能用是外交辞令，齐景公也没有当面告诉孔子：“老先生，你是了不起，我想用你，可是我不会用你啊！”这就太难堪了，他不会那么做，这只能利用别人来透露，所以齐景公所说“若季氏，则吾不能”。这季氏，就是鲁国的季家。但季家对孔子非常好，孔子一班学生在季氏兄弟下面做事的也很多，虽然季氏对孔子恭维，可也没有重用他。现在景公就把话透露给孔子，像季氏一样的对孔子则我不能，我要就重用他，如你孔子愿意永远住在我齐国，我愿如季家的兄弟一样的待你，虽不重用也不冷淡，恰到好处。齐景公并说明采取这个态度的原因，只说是自己年纪大了，没有雄心，不想称王称霸了，假如是年轻的时候，孔子来到我齐国，我一定重用他，这个话一传到孔子耳里，当天孔子就走了。

我们看古代的记载，文字非常简单，其中最重要的就是“吾老矣，不能用也”这句话，使孔子马上就走了，如果写小说，这中间一定还有许多故事。孔子为什么立刻离开？可见左右有人妒忌，从旁说了闲话，孔子不马上走，说不定有人会害他，这也可以说齐景公很爱护孔子，因为自己国内的政权以及其他一切等，所形成的环境，的确没有办法用他，所以说：“吾老矣，不能用也。”只好这样暗示他，因此孔子听了以后，赶快就跑了。

这一段为什么放在上面两段的后面？假使以普通的方法读《论语》，读一辈子也白读了，如以历史人生的观点来读，就和上面两段的意义与精神是一样的，一个人的立身出处，当环境不容许的时候，就毅然决然而去，所谓“飘然远引”，没有什么留恋的。人生为了什么呢？为了实现自己的理想，为了自己能对社会人类有所贡献，绝不为现实的功名富贵，乃至如陶渊明不为五斗米折腰，这也说明柳下惠的道理，也是说明殷朝三仁的道理。

上面是说孔子离开齐国的关键，下面是说当时孔子为什么离开鲁国。

【本经】

齐人归女乐，季桓子受之。三日不朝。孔子行。

【译文】

齐国选一批歌姬舞女等赠送给鲁定公，季桓子替鲁定公全部接受了。鲁定公和季氏等迷于这些歌姬舞女，以致连续多日不理朝政。孔子无奈只好辞去了司寇的职务离开了鲁国。

【别裁大义】

江山与美人

原来齐国想出兵打鲁国，在这以前，孔子曾经一度当司寇，国际上各国诸侯都很害怕，鲁国如真起用了孔子，就不得了，大家想尽了办法，用各种手段，使孔子下台，同时国内的环境也不许可他展开抱负，所以干了三个月就下来了。后来齐国为了使鲁国更趋衰弱，以现代话来说，就利用了女间谍，选了一批非常漂亮的女人（为女乐），送给鲁定公，当时孔子主张不能接受，否则鲁定公这个人靠不住，意志会沉迷下去，影响到国家。而当权的季桓子，自动先接受了齐国的女乐，果然，政府规定每天必定举行的早朝——朝会，都接连三天不开，大家去看女乐了。孔子一看这情形，知道齐国这一手很厉害，鲁国的前途完了，孔子马上出国了。

孔子去鲁、去齐这两次的离去，说明了一个人的去留之间，是非常有分寸的，中国文化讲究的，一个知识分子、读书人，立身处世，进退之间大有分寸，绝不会顾虑到生活问题，这是一个大问题。过去每逢过年，很多家庭无论作装饰，或是附庸风雅，都会悬挂朱柏庐《治家格言》中的名句，朱子治家格言中，如“读书志在圣贤，为官心存君国”等，是很有分量的名言。

为什么要出来做官，现代叫作公务员，现在公务员的观念和以前官的观念，的的确确两样。过去一个读书人，十载寒窗，一旦考取了功名，最小的官是典史，勉强等于现在县里的警察局长、监狱长，这是编制内的人。皂隶之类都不在编制内，由县令自己想办法在节余项下开支。以前一个县衙门里，编制外不过一二十人办事。像清朝康熙时代，全国官吏，上自宰相，下至地方小吏，只有一万七千人，而做了那么多事。这个问题我们今日还是值得研究的。那个时候，考取功名出来做官的，四万万人中只有一两万人，的确是很光荣。现在当然两样了，是公务员，替人服务了。但是大家还有一个毛病，把公务员与官的观念始终混在一起，如果这一点真正分开了，搞清楚了，那好办了。很遗憾的，几十年下来，这一点还没有搞清楚，以致产生了政治上、社会上很多纠纷。

讲到这里，我们知道，古人对于该不该出来当官，所谓立身出处，是很慎重的。现在我们的教育变了，每一个考进来的，都是为自己的职业问题着想，这受美国文化、西方文化的影响，所谓杜威等人的思想，“生活就是教育”，他们教育与生活、技术配合在一起。人家的文化基础同我们完全两样，我们今天没有搞清楚自己的文化精神，对别人的也没有搞清楚，别人的东西是不是适合我们的国情，今天还在考验中。今日考进来的学生，目的是为了职业，既然为了职业，那么做医生是职业，做公务员也是职业，职业的下面，就只有价值问题，也就是待遇如何，首先问划不划得来。过去我们的思想，从不考虑个人待遇问题，所谓“为官心存君国”，讲好的一面，是牺牲自我。为什么要得到权位？是为了实行自己的理想，好替国家做一番事，如此而已。历史上许多大臣，死了以后可怜得很，像秦桧害死岳飞，抄家的时候，什么都没抄到，破书而已，像这种精神，是值得我们去研究的重大问题。

【本经】

楚狂接舆歌而过孔子，曰："凤兮！凤兮！何德之衰？往者不可谏，来者犹可追。已而！已而！今之从政者殆而！"孔子下，欲与之言。趋而辟之，不得与之言。

【译文】

楚国的狂人接舆唱着歌走过孔子的车旁，口中唱道："凤呀！凤呀！你的命运为什么这么差，这个时代出来干什么？过去的不可挽回，未来的还可以赶上。算啦！算啦！现在这个时候想出来从政挽救这个时代，实在是危险呀！"孔子下车，想要跟他说话。接舆快步避开了，使孔子无法和他讲话。

【别裁大义】

凤凰离乱不如鸡

现在接下来，是孔子离开鲁国以后，周游列国，到处为文化、为人类的思想在努力。

孔子碰了一个钉子了。楚狂接舆是道家人物，是楚国一个著名装疯的狂人。狂人并不是疯子。过去说的狂，就是满不在乎，有点像现在的嬉皮。美国前几年流行的嬉皮，他们所画的祖师爷，都是我们中国人，其中两个是禅宗的和尚：寒山、拾得，留长发拿扫帚的；还有像楚狂接舆，也是他们的祖师爷。还有我们晋朝的刘伶、阮籍两个爱喝酒的，这些人他们都供起来，自称是他们的祖师爷，这是他们学中国文化的一点点皮毛。所以楚狂并不是一个疯子；接舆是他的名字，道家的书与“高士传”都说他姓陆，陆接舆就是楚狂，也是道家著名的隐士，学问人格都非常高。孔子碰到他时，他就唱着歌过来了。歌是故意唱给孔子听的，他没有直接说孔子，而说“凤兮！凤兮！何德之衰”。古人说麟、凤，有时候代表人中之君子，或者是天下绝对太平，时代有道的时候，就可见到走兽中的麒麟、飞禽中之凤凰，乱世的时候就看不见。不过后世一般人认为没有这两种东西，是古人把长颈鹿叫做麒麟，对不对，也很难讲。这两样东西，是中国文化的标志。还有一样就是龙。现在楚狂是用凤来比孔子，他说凤啊！凤啊！你倒霉了，这个时代出来干什么？过去的错了，你就算了，未来的你还是可以改正。这两句话的含义是很深很深的。大而言之，也可以说是历史错了，是不能挽回的，但是你不要去怀念那过去的历史，应该开创未来的。不过他唱给孔子听，这个意义很深远，等于对孔子说，你老是想把这个时代挽救过来，这是挽救不了的啊！算了吧！算了吧！这个时候想出来挽救这个时代，是危险极了，你这时如想出来从政，你可免了。孔子一听，知道不简单，赶快停下车来，想跟他讲话，可是这个“狂人”一看见孔子停车，知道孔子要来和自己说话，就加快脚步溜了，避开了，使孔子永远无法跟他说话，也是他懒得跟孔子讨论。

楚狂这个人是有名的隐士，给孔子碰了一个很大的钉子，如说他对孔子不欣赏，他偏要来唱这首歌给孔子听，可见他是有心的，孔子晓得，孔子懂他，下来想向他请教，可是他又走开了。历史上隐士们都这样，做了许多怪事，点到为止。这是孔子碰到了和他唱反调的第一个隐士。在这一篇里，这些唱反调的统统出来了。

【本经】

长沮、桀溺，耦而耕。孔子过之，使子路问津焉。长沮曰：“夫执舆者为谁？”子路曰：“为孔丘。”曰：“是鲁孔丘与？”曰：“是也。”曰：“是知津矣！”

问于桀溺。桀溺曰：“子为谁？”曰：“为仲由。”曰：“是鲁孔丘之徒与？”对曰：“然。”曰：“滔滔者，天下皆是也，而谁以易之？且而与其从辟人之士也，岂若从辟世之士哉？”耰而不辍。

子路行以告。夫子怃然曰：“鸟兽不可与同群，吾非斯人之徒与而谁与？天下有道，丘不与易也。”

【注释】

耦尔耕：两个人一起耕地。

执舆：即执辔（缰绳）。

辟：同“避”。

耰：yōu，用土覆盖种子。

怃然：wǔ，怅然失意的样子。

【译文】

长沮、桀溺两位隐士一起耕地。孔子从他们附近经过，让子路去询问渡口在哪里。长沮反问子路：“你替他赶车的那个人是谁？”子路说：“是孔丘。”长沮说：“就是鲁国的那个孔丘吗？”子路说：“是的。”长沮说：“既然是孔丘，他当然知道该怎么走，还要来向我们问路吗？”

子路看问不出道理来，就转过头来问桀溺。桀溺却反过来问子路：“你是谁？”子路回答说：“我是仲由。”桀溺说：“你就是鲁国孔丘的弟子吗？”子路回答说：“是的。”桀溺说：“当潮流来时，整个世界都浊浪滔滔，这种形势又有谁能改变得了呢？你与其跟着孔子这样的‘辟人之士’，到处去找开明的君主，哪里比得上跟随我们这样的‘辟世之士’什么都不用管呢？”他说到这里就再不说话了，还是不停地种他的田。

子路回去把经过报告了孔子。孔子怅然说道：“鸟是飞的，兽是走的，飞的与走的不能摆在一起。人各有志，各走各的路，远走的就去远走，高飞的就去高飞。虽然我跟他们走的路线不同，但是我和他们的想法不是一样的吗？都是忧患国家和时代，只是做法不同而已。如果天下太平有道义，国家政治上了轨道，我又何必想办法去改变它呢！”

【别裁大义】

处处关津处处寒

长沮和桀溺，是两个隐士，一对好朋友，在并肩种田，孔子经过那里，不知是有意或无意的，教子路去问路，问过江的路口，这“问津”是这篇文章的“点题”，我们中国以后的文字上，所谓“指点迷津”的典故，就是从这里来的。长沮就先反问子路，你替他赶车的那个老头子是谁？这是明知故问。子路说，坐在车上的是我的老师啊！鼎鼎大名的孔丘。长沮说，就是鲁国的那个孔丘？子路说，是啊！就是他。长沮说，既然是孔丘，他当然知道该怎么走，还要来向我们问路吗？他这话答得很妙，子路问的是车子应该走向哪里的路。长沮答的不是车子走的路，是人生之路，长沮的意思是说这个周游列国、还要到处传道的孔子，他现在“路”都不晓得走吗？他这个话是很妙，很幽默的。

子路问不出道理来，就转过头来问桀溺，桀溺却反过来问子路，你是什么人？子路说，我名字叫仲由。桀溺说，你就是鲁国那个糟老头孔丘的徒弟吗？子路说，是的。桀溺说：“滔滔者，天下皆是也。”滔滔是形容词，现代语汇来讲就是潮流，当潮流来时，海水一涨，浪花滔滔滚滚，不管好的坏的，统统都被浪头淹没了。天下皆是也，就是说现在全世界都在浊浪滔滔，一股浑水在流，这情形又有谁能够把它变得了？时代的趋势来了，就如洪水泛滥一样，谁都挡不住，并且他告诉子路："且而与其从辟人之士也，岂若从辟世之士哉？"这句话中的"辟"就是"逃避"的"避"。"辟人之士"，是指孔子，孔子避开了鲁国，因为鲁国政治太乱，自己的国家他救不了啦！为了想实行自己的理想，孔子到处去看，是避开乱的社会，另外想找更好的环境，为"辟人之士"。桀溺是告诉子路，你跟着孔子这样的"辟人之士"，可是人是避不开的，如现在的和尚出家，神父的入会，反正都没有离开社会，不过换了一个生活。哪里出得了家？真出家谈何容易？真出家就是桀溺说的"辟世之士"，连这个时代都抛开了。离开这个社会，跑到深山里去，不和任何人打交道，这就是出家吗？永嘉禅师曾经说过，当你的心不能平静的时候，跑到深山都没有用。不要以为到了山里，就是出家修行，有时候看到风吹草动，心里都会烦起来。如果把自己的心修平静了，在任何热闹的地方，就和在山林中一样的清净，这是基本的道理。所以这一段桀溺对子路说，你与其跟着孔子一样，觉得这里不对，就离开到另外一个社会，其实时代是逃避不了的，还不如像我们一样，自己忘记了这个世界，忘记了这个时代，种我的田，什么都不管。他说到这里以后，再不说话了，拿起锄头，还是不停地种他的田。

子路碰了钉子，就回去把经过报告孔子，孔子听了心里很不惬意，脸色变了，很落寞也很难过的样子说："鸟兽不可与同群！"后世自命为儒家的人，抓住这句话作为把柄，认为道家这些隐士都不对，说孔子在骂他们是禽兽，这些人没有国家的观念，不是人，是禽兽。这是后世的解释，都解释错了。其实，孔子非常赞成他们，孔子这句话不是骂他们，因为上面有句"夫子怃然曰"，孔子心里很难过、很落寞的味道，所以告诉子路："鸟兽不可与同群。"鸟是飞的，兽是走的，而且鸟是海阔天空由它飞，兽类之中，绝大多数野兽都在山林里，不在人类的社会中，飞的与走的不能摆在一起，换句话说，人各有志，各走各的路，远走的就去远走，高飞的就去高飞。孔子接着说，其实我很想跟他们一样，走他们的路线，抛开天下国家不管，我还不是跟他们两个人的思想一样的。换句话说，都是在忧世的，担忧这个国家，担忧这个时代，担忧这个社会，这种忧都是一样的，问题只是做法两样。他们可以丢下这个社会、这个时代不管，只管自己种田去，可是我丢不下来。假如说国家社会上了轨道，我又何必来改变它呢？就因为时代太乱了，我必须要牺牲自己，来改变这个社会的潮流。这就是孔子！所以我们知道孔子走的路线，比这些隐士们走的路更难。明知道这个担子挑不动的，他硬要去挑。

我们这里再引述历史上的一件事来补充说明：宋代王安石上台了，苏东坡那批人和他的意见不同，有分歧，形成了后来著名的“党祸”。而王安石所用的人都非常坏，所以这班正人君子都纷纷辞职。当时有人主张最好不要辞职，因为王安石下面这一批人，将来一定要把事情搞坏的，你多占一个位子，使他们少搞坏一点，这就做了好事。这就说明挑这种担子很难，明知道要坏，可硬是不走开，占住一点，少坏一点，虽然不能积极地挽救，也是消极地防止，孔子走的就是这个路线。

【本经】

子路从而后，遇丈人以杖荷蓧。子路问曰：“子见夫子乎？”丈人曰：“四体不勤，五谷不分，孰为夫子？”植其杖而芸。子路拱而立。止子路宿，杀鸡为黍而食之，见其二子焉。明日，子路行以告。子曰：“隐者也。”使子路反见之。至则行矣。

子路曰：“不仕无义。长幼之节，不可废也！君臣之义，如之何其废之？欲洁其身，而乱大伦。君子之仕也，行其义也。道之不行，已知之矣！”

【注释】

蓧：diào，古代耕田所用的竹器。

食：sì，拿东西给人吃。

【译文】

有一次，子路跟随孔子出行却落在了后面，遇到一个老者，老者用一根木杖挑着竹器工具。子路问道："您看到我的老师了吗？"老者说："四肢不辛勤劳动，五谷也分辨不清。谁是你的老师？"说完，老者把木杖插在地上就开始锄草。子路恭恭敬敬地拱手站在一边。当晚，老者留子路到他家去过夜，杀鸡、煮饭给子路吃，还让他的两个儿子出来相见。第二天，子路找到了孔子并报告了这件事的经过。孔子说："这是一位隐士呀！"于是让子路回去找他。子路回去一看，这位老者已经搬家走了。

子路说："作为一个知识分子，如果不肯出仕贡献国家社会，是不合于义的。既然知道长幼之间的人伦关系不可乱，那么国家社会的政治体制，社会秩序和责任义务，怎么能废弃呢？过于洁身自好，把一切都丢开了，只管自己，其实就是乱了人伦大道。君子出仕，不是为了个人的名利地位，而是为了国家社会，尽自己应尽的义务。看了这些隐士们，就晓得'道之不行'啦！"

【别裁大义】

如此风波不可行

子路有一次跟在孔子后面走，大概脱了队，落伍了。"遇丈人"，碰到一个老头子。"丈人"不是岳父，古代丈人是对长辈的尊称。过去写信，对父执辈称世伯，自称世晚或世侄，但有的与父辈没有交情，而年岁地位又比自己高得多，这时就尊称对方为"丈"，就是长者、前辈的意思。子路碰到一位老先生，用他的拐杖，挑了一些编织竹器的青竹篾藤，子路就问他，你看到我的老师了吗？这个老头子可骂了子路一顿，什么你的老师？这种人光在那里吹牛，也不去劳动劳动，连五谷都分不清楚，一天到晚只在那里用头脑，用嘴巴吹牛，我才不认识你的什么老师。老头说完，把拐杖往地下一插，在那里芸田，手扶着杖头，用脚把禾苗周围的草，压到泥土下去。子路搞得没办法，被他的气势慑住了，拱手站在那里恭恭敬敬的不敢动。于是这位老头子带子路回家，留他住下，还杀鸡，做了很好的饭，很丰盛地款待他，而且还教两个儿子来做陪客。第二天子路找到孔子，又报告了经过。孔子说，这是一个隐居的高人，教子路回去找他，可是子路到了那里一看，这位老先生搬家了。

关于这些隐士的事情，儒家记载得很有限，我们如果看《高士传》《神仙传》这一方面的书，则这种人很多。如佛家禅宗的隐山和尚，这是佛教进入中国以后唐代的故事：有两位很有名的大师，出门“行脚”。“行脚”是佛家的术语，就是到各处参访有道德学问的高人，这两个和尚走到一个深山里面，在溪水中洗脸，其中一个是洞山，告诉另外一个密师伯，这山中住有高人。密师伯说你怎么知道？洞山说，我们洗脸时不是看到一片菜叶子，随溪水流下来吗？可见上流有人。于是两个人就去找，虽没有路迹可循，但终于找到了这个隐山和尚，搭了一个茅草棚，一个人住在深山，于是这两个和尚跟他谈道，他们谈得相当投机。后来，这两个和尚就走了。但在半路上一想不对，多年来难得一见的高人，隐居在这里，实在太可惜了。于是第二天回去找，找不到了，连茅草棚都烧掉了，只留了几首诗在那里，最后两句说：“刚被世人知住处，又移茅屋入深居。”像这样所谓隐士思想的人物，在中国历史上很多，他们并不是灰心，灰心的话早就自杀了，而多半是很有修养的人。

子路找不到这个荷蓧（diào）老人，回来告诉孔子后，谈起这件事有所感想——子路不是一个绝对莽撞的人，他跟孔子这么多年，孔子也很欣赏他，所以他讲出一个道理——他说，一个知识分子，有学问有能力，不肯出仕贡献给国家社会，（这里要注意，“仕”的观念，在春秋战国以前，是为对国家有所贡献而出仕，后世是为了自己的功名富贵，出来做官为仕，完全是两回事。）不合于义。社会有社会的秩序，长幼的阶级，父是父，子是子，人伦的阶级不可废，家庭父母子女的秩序都不可乱，更何况国家社会的政治体制，怎么能废？假使废了，社会就没有形态、没有秩序，不成社会了。这些具有隐士思想的人，自己有自己的观点，欲洁身自好，把自己身心人格搞得很清高。社会中有许多人也是这种个性，这种人是守成的第一流人才，可是教他去开创，那就糟了。开创事业的人，好的要，坏的也要，而且要准备接受坏的，天下好的名声固然好，有时候为了做成功一件事业，往往要担负很多坏名声，其实很冤枉。但是能够挑得起来，就很难了。这种做法，比洁身自好更难。所以我们常常感到任劳任怨难，尤其当主管的人更是如此。创业的人，第一个修养要能够任怨，但不是手段，要是一种德行才行。所以洁身自好的人，多半是隐士。子路这时可有个感想，认为洁身自好的人，乱了人伦之道，把一切都丢开了，只管自己。也可以说，是绝对的个人自由主义者，对于国家社会并无贡献。所以子路说，君子的出仕，并不是为了自己想出风头，而是为了贡献给国家社会——“行其义也”。看了这些隐士们，就晓得“道之不行”了。因为社会上的知识分子，多半喜欢走隐士的路线，觉得救不了时代，就做隐士，向后退，不敢跳下这个浑水去。大家都像这个样子，有学问，有修养的人，头脑太清明了，看清楚了，不愿来趟这个浑水。所以子路说他懂了，搞不好了，他知道自己跟孔子这位老师所走的路线，自始至终，永远都是自我牺牲，因为其他的知识分子，多半只管自己了。

上面到这里，等于告了一个段落，下面一章就等于引用孔子的评论了。先说逸民，古代逸民也近于隐士，在历史上，后来引用孔子这句话，有“逸民传”。尤其清朝的历史，对于明朝的许多绝对不投降，当然更不肯出来做官的知识分子，像王船山逃到湖南的山里去了，像陕西的李二曲、江苏的顾亭林等，硬是不出来，当然也没有被杀，这一类人在清代的历史上留下来，就列入“逸民传”中，当然不是二臣，二臣就是投降了的，逸民是很高逸的，这又与隐士有所同而又大有不同之处了。

穷达行藏

现在继续讲《微子第十八》，今天说到“逸民”这一段。上次说过，这一篇所讲的，等于是历史人物的报道，也反映出立身处世的道理，一种走入世的路，一种走隐逸的路，当隐士为出世之路。不过中国过去的隐逸之路，并不完全是消极的，以旧文字来形容，可用“有所待也”四个字。他们不是为个人利益有所待，只是想为国家社会有所贡献而有所待，虽然同入世的人看法两样，角度两样，但都是有所待。因此，隐逸的路线也可说是积极的，他们救人救世的目标是一致的。可是这一类人，和孔夫子正面对照起来，显出两个方向。

【本经】

逸民：伯夷、叔齐、虞仲、夷逸、朱张、柳下惠、少连。子曰：“不降其志，不辱其身，伯夷、叔齐与！”谓柳下惠、少连：“降志辱身矣，言中伦，行中虑，其斯而已矣！”谓虞仲、夷逸：“隐居放言，身中清，废中权。”“我则异于是，无可无不可。”

【译文】

古今隐逸的人士有：伯夷、叔齐、虞仲、夷逸、朱张、柳下惠、少连。孔子评论他们说：“不动摇自己的志向，在任何情况下也不使自己的人格受辱，伯夷、叔齐他们应该属于这种人吧！”

谈到柳下惠和少连时，孔子说：“他们是屈降了自己的志向，宁可承受人格所遭到的屈辱，但是他们的思想言语始终保持传统文化人伦大道的精神，他们的行为也始终遵照中正的原则。他们是做到了这样而已！”

谈到虞仲、夷逸时，孔子说：“他们能客观公正放言高论，却一辈子避世隐居；他们立身行事保持清高的品格，却放弃了自己对社会理想的追求。这就是他们通权达变的办法而已。”

最后，孔子说：“我跟他们都不同，没有规定哪一样事可以去做，也没有规定哪一样事绝对不可以去做。坚持中道的思想精神，不固执自己的成见，正所谓‘用之则行，舍之则藏’。”

【别裁大义】

孔子认为这批逸民们，最值得钦佩的，确定了人格，立志不变，自己认清楚了一个主义、一个思想、一个目标。这种人格不管什么环境，永远不变，不动摇，同时不辱其身——这四个字是很难得的，拿社会的现象与历史作一个对比，就会知道，历史上有许多人降志辱身。有人在一个时代变更，尤其国破家亡的时候，例如宋末、明末时期，有很多人，或为了怕死，或为了一己的功名富贵而降志，降志而后辱身，招来不知多少侮辱，被人看不起。但是话说回来，有许多人还以辱身为光荣的，对这种人真是一点办法都没有。同时由这点，也可以了解我们中国思想文化，对于人格教育的建立是很重视的，再说不辱其身的事例，我们但看社会上许多人，虽然发财了，但是乃由降志辱身得来，也是很可怜！对于不辱其身的定义，广义的是坚定人格，高尚其志，这是很不容易的。孔子认为真够得上不降其志，不辱其身的，只有伯夷、叔齐他们，这两个人连皇帝位置都不要，可以做到栖心道德，视天下如敝屣。

孔子又说等而次之，便如柳下惠、少连这两个人。柳下惠这个人我们曾经提到过的，三次上台，三次下台，始终搞不好，孔子说，这好像就差一点，可以说降其志，又辱其身了。明知道做不好，非硬做不可，又不知道权变，如知道权变，将就一点也好，又不能将就，既挽不回时代，又自取其辱，结果既降志而又辱身。辱身是指个人对社会环境而言，降志是对自我人格而言。孔子说，在这方面来讲，柳下惠、少连就比较差了。不过，他们一生的言语思想是中伦的。这个“中”是射箭射中了的“中”。“中伦”就是中于伦常的道理，维持了传统文化的精神，同时也说他们言语思想完全是走中肯的路子，他们的行为，能够中于中正的精神。总之，他们的言行思想，可以保持原来的规矩没有变，只能如此而已。但挽回不了时代，对社会也没有贡献，所以说他们是自己降志辱身。

再其次如虞仲、夷逸这几个人，用现代话说，也可以说是时代的逃兵，或者说是现实社会里退伍了的人，自己认为对社会没有什么贡献，就只好退出。他们一辈子隐居，没有出来做过事，放言高论、批判是非得失。我们把“隐居放言”连起来看，便知唯有隐居可以放言，这怎么说呢？对功名富贵、社会的一切都无所要求，没有企图，所以这可以客观地讲公正的话，也敢于讲话。但孔子说他们虽然如此，也只能做到他们本身一辈子清高而已，尽管再大的功名富贵放在面前都不要，舍弃掉了一切人事上的祸福利害关系，自己退隐了专门自修。固然说时代不对了，环境不许可他们有所作为，没有办法，只好退隐了，不过隐退也是不得已的一个权宜之计，所以说它是一种通权达变的办法而已。

孔子提了这几个隐士的典型以后便说：我和他们则是两样，真正时代不需要我的时候，我可以做隐士，需要我的时候，我也可以出来，绝对地负起责任来做事。并不是自己立定一个呆板的目标，像上面提到这几个著名隐士的作风。因为他们自己划了一道鸿沟，自己规定了人格标准，守住那个格。孔子说无可无不可，就是说不守那个格，可以说是“君子不器”，也就是“用之则行，舍之则藏”的意思。需要用我的时候，把责任交给我，我就照做，挑起这个担子，不要我挑起这个担子的时候，我绝不勉强去求，所以说孔子是“圣之时者”。他这个圣人与别的圣人不同的地方，就是他自己所说的“无可，无不可”。没有规定哪一样可去做，没有绝对否定哪一样事情不可做。“无可，无不可”有时候被人错误解释是滑头的事，好像这样也可以，那样也可以，其实不是这意思，而是说不固执自己的成见。

这一段等于是这一篇内容要点的画龙点睛了，本篇的宗旨就在这个地方，也可以说，在为人处世上，给我们一个启示，看自己应该向哪一个人生路线迈进。

下面跟着就是讲时代的混乱，由这一节就可见当时春秋战国，尤其在鲁国，传统文化的衰退，结果知识分子统统逃走了，都去做了逸民。

【本经】

大师挚适齐，亚饭干适楚，三饭缭适蔡，四饭缺适秦，鼓方叔入于河，播鼗武入于汉，少师阳、击磬襄入于海。

【注释】

大（tài）师挚（zhì）：名叫挚的太师，太师是乐官之长官。

适：到某处去。

亚饭干（gān），这里的“饭”字等于是管乐的官阶官名，亚饭等于乐官之副长官，干这个人到楚国去了。三饭缭到蔡国去了。四饭缺到秦国去了。

鼓方叔：负责击鼓的名叫方叔的人。

入于河：进入了黄河流域。

播鼗（táo）武：摇动小鼓的名叫武的人。

入于汉：进入汉水流域。

少师阳：名叫阳的少师。少是乐官名，即副乐师。

【译文】

（鲁哀公的时候，因为礼崩乐坏，乐师们都纷纷离开了鲁国。）太师挚去了齐国，亚饭乐师名叫干的去了楚国，三饭乐师名叫缭的去了蔡国，四饭乐师名叫缺的去了秦国，打鼓乐师方叔进入了黄河流域，摇小鼓的武去了汉水一带，少师阳和敲磬的襄到海滨去了。

【别裁大义】

时衰鬼弄人

在这里孔子提出当时的鲁国，这班人都散了。鲁国是周公之后，周公是建立周代文化的开创人，所以中国上古一直到周代的传统文化，比较能够保存的，是在鲁国，而到孔子这个时代衰败了，人才都散了。当时的文化，重点在礼乐，那个时代管乐的，不是现代一样的音乐专家，以现代语汇说，都是高深的哲学思想家而兼礼乐方面的事，可是当时这一班人都散掉了。管乐的大师挚，“大师”是官名，勉强等于现代的部长阶级，“挚”是人名，这个人离开自己的鲁国，到齐国去隐掉了（并不是去就更好的职位）。亚饭干，这里的“饭”字等于是管乐的官阶官名，亚饭等于副首长，干这个人到楚国去了。三饭缭到蔡国去了。

四饭缺到秦国去了。鼓是打鼓的鼓手，中国古代音乐的鼓手是合奏中的指挥手，很难的，那个名叫方叔的鼓手到河内（黄河上游）一带去了。摇博浪鼓的武，过了汉水到了长江一带。少师，即大师的副手名叫阳的这个人和打大磬的襄出海，到海外去了。这一篇简单的述说就是这样记载这几个人的行踪。单独看这一段记载，没有什么道理，好像是毫不相干的，但这说明一个国家社会，在变乱的时代，真正忧时匡世的人才离散，无法存在高位，大家退隐散伙了。真正有学问，想为国家天下贡献能力的人，无能为力，灰心地，都逃避现实而东零西散，人才一去，这个社会、政治的结构，社会的形态就成了大问题。透过这一段，我们要了解它的精神，等于领导一个单位，发现了好几个人才，薪水不足以养廉，或者某一环境困扰他，他们就散掉了，一个人唱独角戏，就唱不起来。整个历史时代的光辉或黯淡，都是人的问题。不管制度如何好，还是要靠人来执行，没有人才就完了。所以这段要与前后文连起来看，就可看出它的精神来。把这段文章圈断，那是后来宋明儒生们干的事，如照他们圈断的来读，这一段记载，孤零零摆在这里，就毫无意义，就好比王安石骂《春秋》这本书是流水账一样，没有什么道理，但连起来看，这本账大有文章，由此可知当时的时代历史变迁之严重，时代要变乱，人才都离散了。

由此再把下面两节连起来，作为本篇的结论。

【本经】

周公谓鲁公曰："君子不施其亲，不使大臣怨乎不以。故旧无大故，则不弃也。无求备于一人。"

【注释】

君子：这里指真正有道德修养的领导者。

谓：对某人说。

鲁公：名伯禽，周公的儿子，鲁国国君。

施：给，送给。

怨乎不以：不因为不被重用而怨恨。

故旧：老臣。

大故：重大的过错。

求备：求全责备。

【译文】

周公对鲁公说："作为一个真正有道德修养的领导，为天下国家社会，要做到大公无私、公平公正，好处不要先想着给自己的亲信；不要让大臣抱怨自己没被重用。老臣故友没有犯大的过错，就不要随便舍弃他们。对任何一个人都不要求全责备。"

【别裁大义】

周公遗训

我们再强调要连起来看，就看出了《论语》的道理，指导我们的方针。上面讲了当时文化集中地的鲁国，到了孔子时代已经开始衰微了，老成凋谢，人材星散。这里又推溯记载鲁国开国之初周武王的兄弟，建立周代文化的周公，告诉他的儿子鲁公（就是伯禽，分封在鲁国），一个当领导的人，不管是个人做人，或者扩充到政治上，总之，为天下国家社会，要没有私心，好处先不要想给自己的亲信，要大公无私。这是第一点。

不要使自己提拔起来的干部怨乎不以，就是不使重要干部心里不以为然地怨怼，感到不过以他来摆位置、做傀儡，并不是真正要他做事。大臣如不以领导人的做法为然，又不好明说，就会变成尸位素餐，应付一下上班，反正提意见也没用，这样就很危险，这是第二点。再其次："故旧无大故，则不弃也。"

这是说明中国古代文化的念旧精神，共同创业有功的人，这些故旧，到了年纪已大，应该退休时，虽然头脑差些，没有用了，但当时没有功劳也有苦劳，如果他们没有太重大的错误，不要随便舍弃不用。中国文化所讲的人伦文化，就是推己及人地爱人。因此对于故旧，虽然老了，但他年轻时还是有用的，出过力，甚至可能在那期间还几乎连命都赔上，今日老了还算是幸运的，所以周公说对于这种人，除非犯了太大的错误，否则不能无故丢弃他们。为政之道也好，做人之道也好，这是念旧、爱人。对朋友当然如此，对于老朋友，如果没有什么严重的问题，活着已经没有几次好见面了。见一次少一次，更不能抛弃这份友情。这是第三点。

还有一点最重要的，一个做领导人的，不可要求干部是个全才。人常常容易犯这种错误，希望干部又能干，又没有缺点。

这是万难做到的。还有一个常犯的毛病，对于一个能干的干部，任何事都交给他办，结果常常使这个能干的干部受不了，因为他到底是人，不是铁打的。这就是说无求备于人。再说，人都有长处，有缺点，不能要求每一个人都是圣人，尤其是共同创业的干部，又能为你打天下，又能为你守城，同时又是圣人，这也是不可能的。所以交朋友，做领导人，不要对人责备求全。

这四点是周公吩咐他的儿子——鲁国的国君，为领袖者的重要原则。因此，把这段放在本篇这个地方，编得太好了。上面讲了许多人生态度与孔子对立的人，以及一般逃隐之士。如《孔子家语》记载所骂孔子的“如丧家之狗”，像条野狗一样，到处乱跑。这样的形象，与隐逸之士形成两个目标完全不同的相对类型。因此就可以看出一个道理：很多隐逸的人是被环境逼走的，这就关系到政治上做领导人的问题了。孔子经常提到周朝之德，所以下文就以周朝之人才济济作一小结。

【本经】

周有八士：伯达、伯适、仲突、仲忽、叔夜、叔夏、季随、季騧。

【注释】

八士：八位贤德的人才，据说是四对孪生兄弟，都姓南宫氏，但事迹已不可考。

【译文】

周朝有八位著名的贤士：伯达、伯适、仲突、仲忽、叔夜、叔夏、季随、季騧。

【别裁大义】

周朝的兴起来，除了主要的姜太公、周公、召公等以外，还有重要的干部，就是这八个人，幕僚中的要角。周朝初期就奠定了后世八百年天下的基础，并不简单，全是靠人才济济、同心协力所致。对这八个人的历史，我们保存的资料不太多，暂且到此打住。

子张第十九

【本经】

子张曰："士，见危致命，见得思义，祭思敬，丧思哀，其可已矣。"

【译文】

子张说："做为一个国家知识分子的士，在国家民族需要或遇到危难之时，要勇于担当，甚至献出自己的生命也在所不惜；在遇到可以得到好处或利益的时候，要考虑是否是自己的本份所应得的，是否符合道义；在祭祀的时候要诚敬；如果遇到居丧时内心有哀思悲戚之情，（如果看到国家时代风气丧失了，内心则会有悲愤之情，并能有对自身责任的痛思）。这样才不愧为一个读书人，才可以称得上是一个知识分子的士。"

【别裁大义】

《子张第十九》这一篇，讲到孔子的学生乃至门人，受孔子教育以后，对于孔门道学的发挥。

上面所说的，在孔子的言论中间，提到什么要紧的事，都是"君子、君子"，到了这里，子张提出来的是"士"，我们由此可以看到先后时代上的稍有不同。中国的"士"，我们曾提到过的，每十个青年中选一个比较有学问、能力强的人为士，这是中国的选举雏形，现在的选举是西方式的，中国古代的选举精神，一直到汉代，表面上都是如此，是真正自由民主的选举，推出来为社稷服务的就是"士"。现在子张说，为什么国家社会需要知识分子的士？这个知识分子的观念与现在稍有不同，当时的知识分子是为人群需要的"儒"。"人之需也”，子张说一个知识分子要“见危致命”，看到国家社会艰难的时候，只好出来，挑起这个责任。在《礼记》中也有过同样的话。如我们经常标榜的文天祥，他之当宰相，是很可怜的任务，等到南宋末代最后没有办法的时候，才发表的，他本可以不干，换句话说你们吃肉过好日子的时候不要我，现在却要我了！但文天祥可没有这个不争气的观念，这也是一个知识分子的士所谓“见危致命”的典型，艰难危险的时候，你既然要我，我就来了，准备这条命赔进去。

当然，除了文天祥以外，历史上许多开创的时代中，也有很好的事例，不过，对于成功的一面，大家觉得不够醒目，所以未提。例如郭子仪，便是一个见危致命的典型。“见得思义”，就是得到什么利益的时候，或者有功劳酬庸的时候，就要考虑了。“思义”就是考虑这利益是否为我们本分所应得的？不能随便得。由此可见中国文化要求一个知识分子，士大夫阶级的所谓“儒者”，是这样严格：最艰难困苦的由我担，好的由你们大家拿去，我不一定要。

中国古代文化对于祭祀天地祖先鬼神，非常重视，譬如十二月廿四的祭灶，也是几千年的历史了，虽然看起来是迷信，其实有重大的意义。当然祭祀行礼的时候，要规规矩矩，如面对神灵。现代的科学只是讲看得见的一面，还有看不见的一面，正在摸索。这看不见的一面，至少现在科学还无法证明有没有，一个真正大科学家不敢说没有，所以对天人之间的祭祀要“思敬”。

“丧思哀”，死了人是丧，这是狭义地讲面对丧事要有沉哀的心情，如讲中国《礼记》，这个丧字包括有更大的意义，如时代的失败。今日在座的人，相处此地，内心都有无比的悲愤，都应有责任问题的痛思。子张说要做到了这四点，才够得上是一个知识分子的士，不愧为一个读书人。这一点我们要认清，自己的国家文化中一个知识分子、读书人，构成为士的条件有如此之难。

孔子去世以后，子张在教学生，也就是继承了孔子精神，从事社会教育。

【本经】

子张曰：“执德不弘，信道不笃，焉能为有？焉能为亡？”

【注释】

执：持，握，抓到，掌握。

弘：扩大，光大。

【译文】

子张说：“有的人，对于道德不能坚守，不肯去发扬光大；对于道德的信仰，也不能做到踏实坚定地付诸实行。这怎么能说他有道德呢？这怎么能说他没有道德呢？”

【别裁大义】

这八个字很难。“执德不弘”，执就是抓住，譬如信仰就是抓住某一思想为中心。“德”是广义的，包括道德之德，真理。我们普通每一个人都有这种德，譬如看见别人做好事，心里一定肃然起敬，看见人家有好画，心里也很欣赏，读书时感到书中的道理很对，也很开心。但是我们照着做了没有？没有，这就是“执德不弘”。我们也服从真理，看见好人好事也很钦佩，但是自己做起来，没有那么积极，不能发挥。“信道不笃”的“道”并不只是宗教的“道”，包括一切真理。我们人生的体会，有时明明知道是这个道理，但等到处理事情的时候，自己的个性、脾气一来，就不管道理了，这就是“信道不笃”，不踏实。上面这八个字，是我们最容易犯的错误，老实讲不但是普通人如此，有许多宗教徒也如此，他们对信仰应该是坚定，但据经验看来，有时候只好对他们付之一笑，常常发觉他们都是“执德不弘，信道不笃”。他不见得对那个宗教真正有认识、有信仰，像这种人教他得意也不可以，“焉能为有”，他得意就会得意忘形，忘记了自己。让他失意也不可以，“焉能为亡”，他又会失意忘形。换句话说，自己没有建立一个人生观，自己没有中心思想，受环境的转变，有的人没事做时，会很痛苦，就是因为自己没有中心思想的修养，如果自己有中心思想而退休闲居，就没有关系，否则的话，闲居时就很可怜，这情形就是子张这个话，“焉能为有？焉能为亡？”子张认为要做到“执德能弘，信道能笃”，自己要有中心思想才可以。既能处有亦能处无，坦然自在。

【本经】

子夏之门人，问交于子张。子张曰：“子夏云何？”对曰：“子夏曰：‘可者与之，其不可者拒之。’”子张曰：“异乎吾所闻：‘君子尊贤而容众，嘉善而矜不能。’我之大贤与，于人何所不容？我之不贤与，人将拒我，如之何其拒人也？”

【译文】

子夏的学生向子张请教交友之道。

子张说：“子夏是怎么教你们的呢？”子夏的学生回答说：“子夏说：‘对于可以交的就和他结交做朋友，对不可以交的就拒绝和他做朋友。’”

子张说：“这和我所听到的不同：‘一个人处在社会之中，不但要尊重贤人，还要能够包容普通众人；对于好的有善行的人要赞许和鼓励他，对于有缺点较差的人也要同情和包容他。’假如我自己比别人贤良，那么对哪个人又不能包容呢？假如我自己不如别人贤良，那么人家就会拒绝我，那又何谈我拒绝别人呢？”

【别裁大义】

有容德乃大

子张、子夏这些人都是同学，孔子去世后，子张在教学，子夏也在教学，后来荀子这一派都是由子夏这一派流出来的。

子夏的学生，碰到师叔（子张少子夏四岁），就问师叔什么是交朋友之道，子张就反过来先问，你的老师是怎么告诉你们的呢？子夏的学生说，我们老师教我们，对于可以交的朋友，就和他往来做朋友，不可以交的朋友，就距离远一点。子张就说，那对不住，我当时听到我们的老师孔子所教我们的，和你老师所教你的不一样。（子张也蛮会讲话，他并不说你们的老师讲错了。）我所听到我们老师是说，一个人处社会交朋友要尊贤，有学问有道德的值得尊敬，而对于一般没有道德、没有学问的人要包容他，对于好的有善行的人要鼓励他，对不好的、差的人要同情他。假定我是一个有道德修养、有学问的人，自己是个君子，那么对哪一个不可以包容呢？假如我自己是一个混蛋，那么自己不必拒绝人，人家先讨厌我了，何必还要去拒绝别人？

这一段记载得很老实，就是讲子张和子夏都是孔子的学生。同样的教育，同样的思想，到了第三代就大变。好比三民主义思想，到现在考试起来就很难。这是说一个学问的发挥，到了第二代、第三代，范围扩充了，方向就两样，这是第一个观点。第二个观点，就看到子张的见解，比子夏的见解是高明一点，做人的道理是应该如此，对于不及我们的人，不必讨厌他，要同情他，能够帮助的就尽量帮助他，即使不能帮助也要包容人，原谅人家一点，如果自己是对的，当然要助人，自己不对就免谈，所以子张的见解是比子夏高明。

【本经】

子夏曰："虽小道，必有可观者焉，致远恐泥，是以君子不为也。"

【注释】

小道：技，技艺，才能。

泥（nì）：阻滞，妨碍，拘泥难行。

【译文】

子夏说："（天地之间，不只有大的学问，还有很多小的技艺，）即使是小的技艺，如果深入研究进去，也能取得一定的成就。可是，对于一个人的精神思想来说，如果前面的目标不放远大，只抓了一点小成就当成大学问，那样就会被困住，就像掉进了泥坑而爬不出来。因此，对一个目标致远的君子来说，不要被哪一门小的技艺困住了。对于任何一门爱好，都应该既能入乎其内，又能出乎其外才行。"

【别裁大义】

雕虫小技大有可观

这是讲学问和人生修养的道理。子夏说，人生天地间的学问，分门别类，不止一种，虽然有很多小道，如下棋、写中国字、作诗、刻图章，甚至于打牌吧，这些都不是什么大学问，只是小道，古人所谓雕虫小技，但也是学问，并不简单，都很难，如果深入去研究，都会有所成就。但为什么它是小道呢？是说一个人的精神思想，前面的目标不放远大，专抓一点小成就当成大学问，就被困住了，像掉进泥坑里去了，爬不起来，所以君子不取小道，宁可走大路。但现在时代不同了，这个事也很难讲，譬如八股文，写文章也是小道，但现代的青年连小道都做不好。

讲人生修养，一个大丈夫，不管对哪门学问，都要能入乎其内，出乎其外，不要被它困住了。因此，反过来讲，对于下棋、打牌等，能入乎其内，出乎其外，不被它困住的，不能不算是学问。如困住了的话，就变成了“致远恐泥”。但是现在很可怜了，没有真正的文化，人家外国人来看中国文化，我们拿什么给人家看？动辄到故宫博物院。到了故宫博物院，心里一个惭愧的念头——沾祖宗的光！我们这一代有什么给人家看？我们自己真值得反省，我们只拿书画、音乐这些小道当作文化，而且现在还拿不出来，即使拿得出来，也不过只是做做表面工作，在精神思想上，一点都没有建立自己的文化，这个问题很严重。因此子夏所讲的小道也有可观，对此实在有很多感愧。

【本经】

子夏曰：“日知其所亡，月无忘其所能，可谓好学也已矣！”

【注释】

亡：同“无”。这里指未知的新知识。

忘：忘记，不记得，玩忽，怠忽。

【译文】

子夏说：“一个人，如果每天都能学到自己所不知道的知识和学问，每个月都能有恒心不丢掉已经学到的知识和学问，这样就可以称得上是好学的了！”

【别裁大义】

学问无尽岁月难留

这是子夏告诉学生做学问的道理。我们看到子夏教学生的这两点，真有无限的感慨。子夏说，一个人应该每天反省自己所欠缺的，每个人都有所缺乏的，不要认为自己有一点知识就满足了，还要再去补充、学习。每天补充自己所没有的学问，一个月接着一个月，有恒心不丢掉，不忘记所学的，这样才真可说是好学，就是有恒。

【本经】

子夏曰："博学而笃志，切问而近思，仁在其中矣。"

【注释】

博学：广博的知识学问。

笃志：坚守自己的中心思想和意志。

切问：恳切地求教，凡事追根问源，积累人生的学问和经验。

近思：从做人处世思想原则的精神本质中，切实体验身边平凡的生活意义。

【译文】

子夏说："一个人，不但要有渊博的知识学问，还要有中心思想和坚定的意志品质，要做到志向笃实而不散乱；既要不断体会人生的经验，凡事追根问源，又要从中心思想的精神本质中切实体验身边平凡的生活意义。果真能做到这样的话，仁就在这里面了。"

【别裁大义】

子夏说，一个人知识要渊博，但是知识越渊博思想越没有中心。这一点大家要研究一下，特别注意，尤其搞思想的人要注意。不但是现在社会，古今中外的知识分子都是一样的，知识渊博的人，思想反而容易失掉中心。不过也许我这个看法是错的，如果知识渊博，人品又好，修养又有中心，那一定是第一流人物，这种人很难办，什么都沾不上，软硬都不吃，其实，一般的知识分子，并无可怕之处，都是很安分的。但是文人有知识，多喜欢乱叫。我们几十年来，社会乱成这个样子，首先闹的还不是一般不成器的知识分子，而是学识渊博的。他们借题发挥来闹，对某一人不满意，就借题发挥地闹，结果把一个国家闹成这个样子。这些人也真可怜，没有中心思想，而且多半是穷极无聊，处处不满意，实际上是乡巴佬说朝廷。这就是博学不一定有用，博学还要笃志，有一个中心，意志坚定，建立人品，那么知识渊博，有如一颗好的种子，意志的坚定是肥料，能培养出花和果来。内在没有一个中心，知识越渊博，思想越危险，觉得样样都有道理，容易动摇，应该是真理只有一个，要把它找出来，所以要笃志。

“切问而近思”，切问就是经验，多听多问。但要注意，中年人都体会得到，人生经验多了，结果容易走上两条路：灰心或怨恨，觉得自己几十年都上当，社会上没有真理，切问包括了经验，所以有了经验还要近思，要真正有思想学问，去体会人生经验就好了。近思有两个意义，一个是思想要有中心，一个是不要想得太虚玄太高远，要切近地平实地去思想，人生到底没有什么太高远，不必向外找，只需向内心寻。我们知道朱熹先生写过一本书叫《近思录》，就是取这句话的意义。子夏教育学生，如果能做到这两句话，那么孔子所标榜的“仁”这个学问的中心就有了。

【本经】

子夏曰：“百工居肆以成其事，君子学以致其道。”

【注释】

百工：各行各业的工匠。

肆：古代社会制作器物的作坊。

致：达到。

【译文】

子夏说：“社会上各行各业的工匠，必须在各自的工艺作坊里，才能完成他所造的器物。君子必须立志求学，在生活中随时随地实践、体验和反省所学的知识和学问，才能成就自己所追求的道。”

【别裁大义】

体相圆融　用之不穷

子夏说，社会上各种做工艺的，自己必须有一工艺场地，才能专心做成他的事情。知识分子的求学，首先要认识，学术知识是一回事情，透过知识还要建立一个东西，这个东西无以名之，称它为道。一切学问为了道而学，知识学问都是为了培植这个道，知识并不就是道。“道”是什么呢？这个问题就像“仁”一样，讨论起来就大了，就麻烦了。我们可以简单地分三方面来讲：有它的体，有它的相，有它的用。体就是中心，形而上的。相就是它的现象，譬如全部四书所讲的关于人生的行为思想，都是道的相，这个相为达到人生目的就是用。这是简单的解释“道”的体、相、用。如果严格讲起来太多了，这里不发挥。

【本经】

子夏曰：“小人之过也必文。”

【译文】

子夏说：“小人对于自己的过错，总会想方设法说出一套理由，把过错掩盖起来。”

【别裁大义】

讲到人生的修养，后来中国文学中常用“文过饰非”四个字，其出典在此。自己有过错了，粉饰一下，掩护一下。子夏说，一个小人对于自己的过错，总会想办法说出一套理由，把过错掩盖起来。一个君子自己错了就承认错了，所谓君子之过如日月之蚀，和太阳、月亮一样，偶然有一点黑影，大家都看得见，可是等一下就会过，仍不失原有的光明。

【本经】

子夏曰：“君子有三变：望之俨然，即之也温，听其言也厉。”

【译文】

子夏说：“一个君子之人，可以给人三种不同的印象：远看他的样子庄严不可侵犯，接近他又感觉温和可亲，听他说话的言辞是那样的严正而又勉励。”

【别裁大义】

这是下论曾经提到过赞扬孔子的话。他说一个人有高度的修养，就是君子之人，有三种变相：看起来不可侵犯，实际上跟他一亲近，又非常温和，充满了感情，但听他讲话，尽管他说笑话，然而言语的内容，又非常庄严，不可侵犯的。这是讲有高度修养的人。上论中有这三句话的同义语用来形容孔子，他这里再重提一下，强调君子学养的典型。

【本经】

子夏曰："君子信而后劳其民；未信，则以为厉己也。信而后谏；未信，则以为谤己也。"

【译文】

子夏说："一个做领导的，首先要建立起人们的信念和信任，树立起人们的信心，这样人们就会自愿服从领导、主动工作；否则，如果还没建立起人们的信念和信任，就去管理和要求他们，他们会觉得受虐待而不情愿。做下属的，只有在建立相互信任的情况下，才好适时酌情地向领导提出建议；否则，如果信任度不够，就很容易被误会，甚至会被认为是反对或毁谤他。"

【别裁大义】

交浅不言深

这个地方子夏教学生们将来做人处世的道理，上面两句话是讲如何做领导人，下面两句话，是讲做别人干部，"臣道"应有的态度。他说一个君子，要指挥下面的人，需要他们做事的时候，必须先要建立起来他们对自己的信念，当他们对自己有了信念，然后要他们做事，虽然没有告诉他们所以然，他们仍会做到。当部下对自己还没有信仰的时候，要求他们过多，他会以为是找他麻烦。一个领导人，在与干部之间没有建立信心以前，虽然是为了干部的利益而想的办法，但干部们反而会误会你在利用他们，损害他们的权益。一般人的心理如此，人是最难对付的，所以待人处世必须以信，信之重要在此。

第二点，说明作为一个高级干部的人，要对主管长官提出建议之前，先要自己估计，有没有在领导人心中建立信任，确定领导真正对自己有了信任，再依信任的程度，做适当的建议才对。如果长官对自己的信任还不够，则尽管自己提出了好的意见，往往会得到相反的结果，上级反而误会，怀疑你在毁谤他、反对他，这问题就大了。我们读历史，甚至看《贞观政要》，唐太宗的意见，常常被魏征、房玄龄这班大臣碰回去。有人说魏征、房玄龄了不起，但更了不起的是唐太宗，魏征如果没有碰到这种好老板，老早被怀疑了。唐太宗到底是唐太宗，能信任大臣，包容大臣的反对意见。张良何以不找别的老板而找刘邦？也还是刘邦了不起，对他言听计从，这都是说明长官与部下之间，要相互有信，下对上敬信，上对下信任，才有伟大的成就。如互信不够，没有真诚的沟通情感和思想，问题就大了。

【本经】

子夏曰：“大德不逾闲，小德出入可也。”

【注释】

大德、小德：指大节小节。

闲：木栏，这里指界限。

【译文】

子夏说："在大节的思想原则上，不能越出范围乱了规矩；而在小节的形式上，则可不必太刻板教条、求全责备。"

【别裁大义】

大行与小节

我们要注意，这两句话是子夏说的，平常很多人都误引述是孔子说的，"闲"就是范围，上古的时候没有房门，晚上睡觉，门用木架子挡着就是了。当年在大陆的西南、西北地区就可看到，一些山洞的门口用木架一挡就算了，并不怕小偷，只防牛羊跑出去，所以叫"闲"。子夏主张大德、大原则不要超出范围，不可以轻易变更，小的毛病大家都有，不要过分责备。人能做到这样也就很好了。

【本经】

子游曰："子夏之门人小子，当洒扫、应对、进退，则可矣，抑末也；本之则无，如之何？"子夏闻之，曰："噫！言游过矣！君子之道，孰先传焉？孰后倦焉？譬诸草木，区以别矣。君子之道，焉可诬也？有始有卒者，其惟圣人乎！"

【译文】

子游说："子夏教的学生，以为学了些洒扫、应对、进退的事情就可以了，但这些不过都只是枝末的问题；根本的东西却没有学到，这怎么行呢？"

子夏听到了这个话，便说：“唉！这个话子游说得太过分了。君子之道应该从哪一项先传授？哪一样又该放在后面教呢？譬如种植草木，它们是要有分类区别的。君子之道怎么可以凭空随便地讲呢？从最初的生活教育开始一直完成到精神教育的最高境界，恐怕只有圣人才能够完全做到吧！”

【别裁大义】

讲到这里，是记载了子夏教学的事。即孔子死后，子夏在西河讲学这个阶段的事。他的同学子游说，子夏所教的这些年轻学生们，“当洒扫应对进退则可矣。”这里“洒扫、应对、进退”六个字，是古人的教育，包括生活的教育、人格的教育，是中国文化三千年来一贯的传统。如果有外国人问起我们中国文化教育方面，过去的教育宗旨是什么？我们不是教育专家，专家说的理论是他们的，我们讲句老实话，中国过去的教育，主要的是先教人格的教育，也就是生活的教育。美国也讲生活的教育，但美国的生活教育是与职业、与赚钱相配合，而我们过去的生活教育是与人格的建立相配合，不管将来做什么事，人格先要建立。这就是中国文化的教育。现在我们的教育跟着西方走，所谓的生活教育，则是美国式的生活教育，教出来的孩子，先以能够谋职业，有饭吃，谋生为第一。这其中差别很大很大，这是教育上一个大问题。当然将来会变，不变就不得了。社会自然会使它变，中国几千年来的文化，不是偶然的，到了某一情势、某一阶段，自然会变。

过去孩子们进了学校，首先接受的教育就是“洒扫、应对、进退”这几件事。“洒扫”就是扫地，搞清洁卫生等，我们现在小学、中学都有，好像和古代教育一样，其实是两样的。我们从西方文化学来的教育，制度变了，教务、训导、总务三个独立。等于一个政治，三权分立，三样都不联系，结果三样都失败。教务只教知识没有教学问；训导是空的；总务呢？下意识中就认为是搞钱的。变成了这样，可见我们整个教育制度没有检讨，因此学生对学校大体上都是坏印象。中间细微末节的事还很多。真正搞好总务是不容易的，一个好的总务，是宰相的人才，汉代的萧何，就是搞总务的。总务这门学问，在学校里有家政系，（这个翻译得不好，实际上就是内务系。）训练内务人才。但总务始终很难搞好。任何一个机关团体，一上厕所就发现毛病，管总务的也不可能每天去看每一个抽水马桶，这就可见总务上管理之难。至于洒扫方面，现在的青年连地都不会扫，虽然中学小学要扫地，可是拿到扫把挥舞，反而把灰尘扬得满天飞，抹去桌上灰尘，转身反而抹到墙上，连洒扫都没学会，生活教育真不容易。再其次的“应对”，更成问题。现在的学生几乎不会应对，如问他：“贵姓？”他就答：“我贵姓某。”“府上哪里？”他会说：“我府上某地。”就是如此，应对的礼仪没有了，这是大问题。最后“进退”更难了，一件东西该拿不该拿？一件事情该不该做？这些都是大学问，小的时候就要开始教。如吩咐去向长辈拜年，到了亲友家，该站该坐？站在哪里？坐在哪里？进退之间，做人的道理，都要注意教育，现在这些都没有了。古代的教育，就从洒扫、应对、进退这些地方开始。

中国的古礼，周公之礼，六岁就读小学，小学就从这种生活规范学起；进一步八岁十岁认字；十八岁入大学，那是学大人。所以中国文化，小学这个阶段，就是求做人的知识，先培养一个人，然后再讲高深的修养，才是大学之道，这是我们中国过去文化教育的路线。

现在我们看到这个时代真可怜，很差劲，“洒扫、应对、进退”统统没有了，非常严重，这不能全怪学校，几乎每个人都要怪自己，因为现在我们搞得不中不西，不今不古。如果完全西化还好，西方人还是蛮有礼貌的，尽管有的披头散发，像嬉皮一样，他对人还是有一套，很有礼貌，也许他只穿一双胶拖鞋来，但对美国人不必要求这些，因为他们很节省，以头发来说，美国孩子一年中难得有一次上理发馆，普通家庭妇女，都是自己动手的，节省得很，只有英国讲究衣饰派头，所以不要以为外国人平时穿着不好就没有文化，当他们参加社交宴会时就很讲究了。人家有人家的一套礼貌，可怜的是我们这一代青年们，什么都没有，所以我们这一代必须特别为下一代着想。这是对“洒扫、应对、进退”大概说了一下，如果详细说中国传统“洒扫、应对、进退”的沿革，可以出一本专书了。

子游批评子夏，说子夏办教育，教的学生，“洒扫、应对、进退”这几件事勉强还可以，不过这是枝末的问题，他还没教人家根本。外形都教得很好，没有内容，怎么办？他这个话传到子夏耳里，子夏就说，我这个老同学的要求太苛刻了，太过分了。应该从哪里先开始？哪一样放在最后？乃至哪些应该放弃了？换句话说，办教育的人，造就后一代，要观机设教，没有固定什么叫先本后末的事。教育从基本上先要完成一个人格，人在外形上做好，“洒扫、应对、进退”懂了以后，慢慢就会达到内心。譬如种植草木，要有个区分，不能混合。同样，教育学生，对人才的资质要有自然分类。如果施教如下雨一样普遍浇下来，可是青菜所吸收的雨量和大树所吸收的雨量各不相同，这中间因受教者的本质不同必须有所区别的。不管如何，从事教育的人，固然希望后一代好，但基本的教育最要紧，虽然它是注重形态，可是形态也要教好，怎么可以随便说它没有用呢？至于再进一步，由生活教育一直到精神教育的最高处，不是我们做得到的，要圣人才可以教人马上悟到“道”的真谛。

【本经】

子夏曰：“仕而优则学，学而优则仕。”

【译文】

子夏说：“如果出仕做官了，有了更高的视野和经验，还要不断求学，以提高自己的学问修养；有了知识和学问，就应该学以致用，出仕做官以为国家和社会做出更大的贡献。”

【别裁大义】

学与仕

这两句话要注意，后来一直成为中国文化的中心思想之一，讲到这里，我的感慨特别多。过去我们中国文化，都是走这两句话的路线，我们翻开历史来看，觉得很可爱，过去的人所谓“十年寒窗无人问，一旦成名天下知”，学问有成就，考取功名，做了官，便扬名天下。可是做了官以后，始终不离开读书，还在求学，每个人都有个书房，公余之暇，独居书房不断进步，这是古人的可爱处，就是“仕而优则学”，尽管地位高了，还要不断求学。“学而优则仕”，学问高了，当然出来为天下人做事。然而从现代几十年看来，只有“学而优则仕”，至于说“仕而优则学”就少有了，而是“仕而优则牌”，闲来无事大多数都在打牌。有的买了线装的二十五史等书，我担心放在那里将来会被书虫蛀了，因为他都在打牌，这正如《老残游记》所谓:“深锁琅嬛饱蠹鱼。”所以我深深地感慨，一个时代的风气之可贵，在于为后一代做好榜样，我们已经害了自己，害了社会，绝不要害后一代，对后一代培养好，使国家未来的前途，能够看到光明的远景，我们这一代再不能马虎了。历史上，如司马光做了那么大的官，退下来，公事之余，还发愤著作、读书，《资治通鉴》是他著作的，千古的名著，不是简单的。现在读书的风气没有了。刚才说笑话，“学而优则仕，仕而优则牌。”现在这个风气又过去了，不是“牌”了，仕而优则“舞”，下班以后跳茶舞、喝咖啡等，花样多了。这就说到社会上读书的风气的确是很重要。其次，过去办教育的只是牺牲者，一辈子从事教育，的确是牺牲。很多人教出来的学生地位很高了，回来看老师还磕头跪拜的，学生为什么如此？是老师对教育的负责，学生终生的感谢。现在不然了，学而优则商，读完了书去做生意，生意做垮了就“商而不优则仕”，搞一个公务员当当，公务员再搞不好，于是“仕而不优则学”，转过来教书去！这怎么得了？时代的趋势变成这样，我们对于子夏这两句话，应该要深切地反省深思，今天的社会，所谓中国文化、中国教育，到了这种情形，应该怎么办？

我们从文化资产中，看到历代名臣的著作太多了。至于名家也不一定是地位高，官做得大。如清代的郑板桥、袁枚这几个名家，官位只不过是当县长而已，而且他们也不想做大官，当了县长以后，年纪轻轻就辞职了，回家之后以名士的身份从事著作，所产生的影响非常大。而我们现在，好像已经没有这个精神了。现在天天在讲中国文化，而中国文化人——知识分子，这个读书的精神可变了。现在的教育，由小学一直到大学，这十几年读书，所浪费的精神的确不少，都在应付考试。孩子们真可怜，而用脑力记下来的东西，考试完了以后，连影子都没有了，这些学问到底有没有用，将来至少在文化教育史上，是一个大问题。现在我们也许感觉不到，但历史是一个天平，将来是要算总账的。现在的年轻学生，把脑力用在不必要的记忆上，但到大学以后，开始想真正读书的时候，已经缺乏这个精力了，而且心静不下来，没有读书的习惯。古人读书，是尽量地吸收，尽量地装进脑子里，当然也启发了他的思想，但没有像为了考试那样，去担心应付这些记忆，而读得非常轻松，到他们二三十岁的时候，以前读进来的书，统统发挥出来了。尤其碰到做人处世的时候，把原来所吸收的东西，尽量发挥出来，真的很有用。现在的年轻朋友，他们可以说没有真正读过一本书，而近年来，小学的孩子所具有的知识，比二十年前的孩子又多了许多，但真叫他对学问修养下一个决心，他就做不到了。所以我们可以预言的，将来我们国家民族对这个问题，会深深感觉到害多利少，会很痛苦的。这是由“仕而优则学，学而优则仕”两句话联想到的。

再说“仕而优则学，学而优则仕”，古人不但是读书，而且把工作经验和学问融化在一起，所以才能写出真有价值的著作，流传后世。我们看古人有价值的著作，如讲中国政治哲学吧，绝对离不开《管子》。但是《管子》这本书，就不是像现在我们这样，为了拿一个学位或是为了出名而随便乱写的，而是从管仲一生的经验，乃至从他在历史上有名的“九合诸侯，一匡天下”——这是孔子对他的评语——中提炼出来的。管仲原是一个犯法的罪人，齐桓公起用他以后，他能够九合诸侯，帮助齐桓公成就霸主。当时的国际关系比现在还难做好，而管仲能前后开了九次国际联合会议，而且大家非听他的不可，并没有用原子弹压迫别人，也没有利用石油控制别人，就把政治上一个混乱的时代，领导上了轨道。所以孔子非常佩服他。以他这样一生的事功，也只写了《管子》这一本书。不过后人再研究这本书的内容，认为真正是他写的，不过十分之三四，有十分之六七是别人加进去的，或是后人假托他，或是他当时的智囊人物增进去的。但不管如何，这本书对中国的政治思想、文化思想，是非常重要的，可以说比孔子的思想还早。他这样以一生的经验，只写下了一本书，可见古人著作，慎重得不得了。还有一本《商君书》是中国家喻户晓的人物商鞅及其文字的著作汇编。秦始皇以前的秦国，之所以在各诸侯国中特别强盛起来，全靠商鞅变法。商鞅是讲法治的法家，也可以说以法律作统制工具的政治家。秦国用商鞅以来，一直主张法治。这本书究竟真假的成分多少，我们不去管它，但它在中国法家政治思想上非常重要，要想研究思想斗争，这些书是不可少的。我们一般人，这几十年来接受外国哲学思想，比接受自己的哲学思想更多，洋装书比线装书看得多，这也是一个大问题。清朝入关打明朝的兵法，就是用了一部《三国演义》，虽然这个话太概括，也未免太轻视清朝了，但是大体上是如此。《三国演义》虽是一部小说，所包括的外交、政治、经济、军事、谋略思想太多了。第二次世界大战，日本人打中国以前，几乎日本全国的人都在读《孙子兵法》与《三国演义》，这是值得我们注意的，而我们现在的年轻人看过这些小说的，实在是少之又少了。

我们研究文化斗争，一定要把别人的根挖出来，所谓“知己知彼，百战不殆”。挖出了敌人的根在什么地方，然后就知道他下一步该怎么走，知道他必然是什么路线。而且实际上历代讲统治的人，内在都是用法家的思想与原则。虽然商鞅变法自己是失败了，而这部《商君书》和《韩非子》等其他法家的著作一样，在中国政治的运用上，都是很重要的典籍。假使研究斗争的手段，在这些书里，可以找出来的例证太多了，是用不完的。

这也就是说明了“仕而优则学”之重要，一方面工作服务求经验，一方面不断求学，增加学识的渊博以开拓心胸，再配合自己为人处世的实践，而产生的学问，这才真正是中国文化所讲的学以致用的精神。但是现在和学人文科学的学生们谈谈，真觉得悲哀，他们连中国的历史都没有学好，只学了研究历史的方法，而中国古人读历史不是走这个路子，读懂了以后，自然知道方法。现在更可悲哀的，有中国学生去美国研究中国学问，如中国史、中国文学等，或是只研究一节中国断代史的某一点，就拿到了学位，想想看这该多可怜！这个样子读历史，学位是有了，而对于历史与人生的配合则不晓得。这也是我们要注意的，将来对后代的教育，对自己工作与处世的方面，也许会有新的认识。所以“仕而优则学，学而优则仕”这两句话，我们今天读来，是有无限的感慨。

【本经】

子游曰：“丧致乎哀而止。”

【译文】

子游说：“丧事，不在于形式上办得太铺张和隆重，只要能真诚地表达出哀思之情就好了。”

【别裁大义】

办丧事不是演戏

这是讲丧事，我们看到四书五经，尤其在《论语》中，很多次都说到丧事，以现在年轻人的观念来说，讲死人的问题太多了，这也是一个问题。儒家为什么对于丧事——死人的问题讲了那么多？我们要了解两个道理：第一要了解所谓人生，只有生与死两件大事，这两个阶段就是两头，好比天象的早晨和夜晚；或如一年的过程从正月到年底，就是这样一个现象。所以中国文化对人生问题的重点，在于养生送死。西方文化的重点只有一半，养生非常重要。小孩子在西方文化中很有地位，老年人可怜得很，因为他们对送死不是太重视的。中国则顾到两头，养生与送死皆看重，因此自古对丧礼就非常重视。但是这种重视，产生了一个流弊，在春秋战国时，丧礼的繁复，讨厌到极点：一副棺材有三套，所谓衣、棕、棺、椁。朱熹有一部著作专门讲这些的，如土葬还要放木炭石灰等，说来也蛮科学的。有的地方则不同，天葬的挂在树上给鸟吃了，水葬的丢进海里就葬了，简单得很。而中国的丧礼很繁，繁得过分了，所以当时有人出来反对。孔子以后的墨子，也是最反对重视丧礼的一个。他讨厌透了这些，所以《墨子》里有一篇《节丧》，以社会经济的观点，认为这是很大的浪费，很不应该的，这也是墨子的经济道德观点。但是孔子、孟子的思想，对于过分的节省是反对的。在《礼记》上有规定，对丧礼是有所修正的，这是我们要注意的历史文化的事实问题。第二个要注意的是属于人类文化的，我们可以不用这个“丧”字，我们研究古书，对这个“丧”字，并不需要头大，如果思想贯通起来，从人类学的观点来看，都是一样的。我们说过，西方文化的根源是宗教，由宗教发展为哲学，由哲学发展为现在的科学，这是三位一体的东西，对于世界上的宗教，我们就以比较宗教来讲好了，这也是近年以来在大学里一门新兴的学科，哈佛大学等都有这个系，对每个宗教的教义、哲学理论、方法，都作一个客观的比较。我们以比较宗教的立场来看，先不谈教义，每个宗教首先讲人死问题，而且每个宗教都是专管死人的，教人不要怕死，死了以后到我这里来，好像每个宗教教主都开了一家观光饭店，招揽生意：“到我天堂上来，我的天堂第一。”或者：“你到我西方极乐世界，招待周到，非常清净。”好像我们当年到了上海，一上码头，很多打灯笼的旅馆茶房来拉生意一样。为什么每个宗教都如此，都管死的事，没有管生的事？这一点唯有我们中国文化值得自豪，我们中国文化很少谈到宗教，我们固然管死，但也管生的。你们站在殡仪馆门口看，不禁悲从中来，每天都有抬出去的，有时候每个厅还排队，上午下午都忙不过来。可是中国文化不同，不仅在殡仪馆门口看，也站在妇产科门口看，天天看到孩子抱出来，没有什么悲哀，你那里抬走一个，我这里抱出两个，高兴得很，“生生不息”。这是西方原始文化与中国原始文化的基本不同点。

但是有一点我们要注意，不管东西方，都在研究生命的生与死的问题。生与死的确是个大问题，到现在还没有解决。这就是说中国文化丧礼的境界，古人为什么到处提到丧礼的内涵，它包括的问题有这样大，并不简单，我们不要轻视它。

现在回到书上：“子游曰：丧致乎哀而止。”

子游的思想是根据孔子的传统来的，他对于当时社会风气中对丧礼过分的铺张，有一个修正的论调，认为办丧事要诚心哀痛就够了，表面上办得非常铺张，办得非常隆重，内心没有一点哀痛，外面的礼貌再好，仍不是丧礼的精神。古代就是用这样一句话，概括了上述的观念，如果现在写文章，便可以在报章杂志上，写好几篇论文批评这个事。我们现在如果把这句话对年轻学生讲，一定会引起反感，他们认为这句话有什么了不起。这就是学问与时代没有办法配合。我们这一辈知道，中国旧式社会因几千年来的习俗，有的地方，可以出钱雇人来哭丧的，那种丧声，比唱歌还好听，就有专门以替丧家哭死人赚钱维生的人，这就是中国文化的流弊。而且这种风气，过去在广东、福建某些地方最盛行，因为这是汉唐文化的遗风。这种替人哭丧的人名为“挽郎”，等于现在出殡行列中的中西大乐队，因此子游提出这个主张来，修正这种社会风气。

【本经】

子游曰：“吾友张也，为难能也！然而未仁。”

曾子曰：“堂堂乎张也！难与并为仁矣。”

【注释】

堂堂：在外表、举止或言语上表现出庄严大方的样子。

【译文】

子游说：“我的同学子张可以说是难能可贵的了！一般人很难做到的事情，他都能做到，但是这却不是仁的境界。”

曾子说：“子张是个堂堂正正的大丈夫！但是不能就此认为他是达到仁的境界了。”

【别裁大义】

难能可贵

这是孔子死后，同学们互相的评论，大家关起门来的检讨。这一篇是子张开始，所以这里讨论到子张。子游说，我们的同学子张，做人的确了不起，一般人很难做到的事情，他去做了，困难的事情，他也敢去负责任，敢去挑这个担子，而达到任务。这一点子张做到了，但是还没有达到夫子那个仁的境界。

这是子游对子张的评论。曾子也随着附和，认为子张是个堂堂正正的大丈夫，但是他修养的内涵，还没有达到仁的境界。

【本经】

曾子曰："吾闻诸夫子：'人未有自致者也，必也亲丧乎！'"

【注释】

自致：自动自发。

必也：勉强、一定、硬是要说的话。

【译文】

曾子说："我听老师说过：'孟庄子的孝，就他对于父母的孝行来说，一般人也都能做得到；但是他能继承父亲的德政，不改变他父亲所用的旧臣及其他父亲的政策措施，他的这种孝道精神在社会政治上的一贯体现却是最难得的了，这是别人难以做到的。'"

【别裁大义】

这是用曾子的话，说明学问的道理，这里又提到丧事。曾子说，据我当年听到夫子（指孔子）说"人未有自致者也"。这是一个问题了。自致是自动自发，就是说自动自发的人几乎是没有，虽然有这个心情，但很难构成有恒的行为，而能够达到最后目标的很少。这个话看起来很空洞，但孔门的道统比较注重内心自省的修养，这也是求学问仁的中心。所以这句话就是说，一个人很难做到自己肯责备自己，乃至由自己内心的反省，而到达了圣人的境界，这是很少的事例。换句话说，就是任何一件事，都受客观环境的影响，出于不得已，完全出于主动的很少，例如有一件事——打牌，三缺一的时候，还跑很远的路去拉一个人，这是出于自致。但以心理学来研究，这也不是出于自致，因为打牌这个娱乐就不是靠自己来的，而是靠几个人凑合成一种环境而影响来的。所以真正由自己内心自发、自致，达于仁的境界，的确非常少。严格地说，一定要讲哪一件事情是比较自发的呢？曾子便引用孔子的话“必也亲丧乎”，一定说起来，只有父母死了的时候，内心真觉得悲哀，那种悲哀是自然的，可以勉强说纯粹是自发的悲哀。但是注意“必也”两个字，就是“勉强、一定、硬是要说的话”的意思，实际上那种悲哀，有时候也是迫于不得已，而并不是真情。（所以说中国古文，虚字里有许多值得注意的地方。）因此一个人内心的情感与良心，真正能自发自致的毕竟太难。这节书看起来很简单，如以心理学、哲学来看，可发挥的地方太多了。

【本经】

曾子曰：“吾闻诸夫子：‘孟庄子之孝也，其他可能也；其不改父之臣与父之政，是难能也。’”

【译文】

曾子说：“我听老师说过：‘孟庄子的孝，就他对于父母的孝行来说，其他人也都能做得到；但是他能继承父亲的德政，不改变他父亲所用的旧臣及其政策措施，这种孝道精神是别人难以做到的。’”

【别裁大义】

继往开来

这是历史哲学的问题。孟庄子是古代的世家，鲁国世袭的大夫，他的父亲是孟献子。孔子当时说，孟庄子可真是一个孝子，他对于父母的孝行来说，其他的一般人都做得到。孔子说，最难做得到的，是孟庄子承继高位以后，对于他父亲原来用的这班老干部，并不改变，同他父亲一样待他们，没有变更，而且对于父亲的政策，继续执行。这两句话实在道理很多。历史上古代的政治形态，秦汉以前的宗法社会与秦汉以后又不同，与现在更不同，现在社会假使和古代一样，那就糟了。现在是工商社会科学时代。春秋战国不但是农业社会，而且还保留着浓厚的宗法社会形态，非常保守的，那时注重敬老尊贤，重视前人的经验。现在重视年轻人，着重求新求变。这又是历史文化一个大问题，将来是不是人类整个文化会走回头路？这很难说，看历史的演变，说不定会走回头路。这是第一点。

这段书还要注意的，中国讲孝道，曾子著了一部书，即后来列为十三经之一的《孝经》。严格研究孝道，这中间也有些问题，如果我们每个家庭的孩子都是狭义的孝子，那就不会有人去革命了，大家都去当孝子，这个社会还是不会有进步的。所以孝与不孝之间，存在着问题。后来发展到孝与忠是相关连的，但后来又变成忠于一人、忠于一事的狭义的忠。实际上讲孝道，就要研究曾子所著的这本《孝经》，其中说到孝道的精神，就是西方文化的爱，爱要扩充到爱天下人，就是大孝于天下，后世所提倡的忠，就是孝的发挥。因此唐宋之后，有“求忠臣于孝子之门”这句名言。一个人对父母家庭有真感情，他如出来为天下国家献身，就一定真有责任感。古代的“忠”，现在的名称就是一个大的责任感，不过这两个词句如果作一比较的话，还是中国古代的“忠”更好，因为“责任”只是法治的观念，而法治观念产生的流弊，就是会在我们的思想上产生有价值没有价值的问题，如果没有价值又何必尽这个责任？中国古代的文化则不谈价值的问题，只有情义的问题，所以我们要了解，孔子讲孟庄子的孝道“其不改父之臣与父之政，是难能也”，是说他能大孝于天下，继父亲善良政治的成规，是难得的。这是第二点。

第三点我们要注意的，这个“不改父之臣与父之政”有什么难呢？其实非常难，也许我们大家没有这样的家庭环境，体会不到，假使有这样的家庭环境就可以体会到，往往对于老一辈的干部不会用。中国有句话“一朝天子一朝臣”，我们讲历史上两个故事就可以看出来：

汉武帝杀他最宠爱的妃子钩弋夫人，是因为要立她所生的孩子为太子。当汉武帝立定了这个决心的时候，先把太子的母亲杀了。有人问汉武帝为什么这样做，汉武帝说，自古以来国家所以会乱，都是帝王年少，母后年壮干涉政治所致，我年纪已大了，这妃子还年轻，将来我儿子当了皇帝，母后如果干政怎么办？汉武帝这种做法，说来是一种权术、帝王的统治手段，但也不能说没有道理。

第二个故事也是出在汉朝，以前提过汉文帝到周亚夫细柳营的故事。汉文帝进不了营门；周亚夫出迎，以甲胄之士不便跪拜，拱手为礼，军容严肃，文帝赞他的军队最好，重用他。但是后来景帝时，周亚夫还是被逼死。为什么杀他呢？汉景帝曾讲了一句话，批评周亚夫为“此人鞅鞅，非少主臣”。这时景帝就决定要杀了他。他也认为周亚夫绝对是忠臣，但只忠于我景帝、忠于国家，可是我年纪已大，将要死了，儿子年纪还小，上来当皇帝，他心里就会不服气、不痛快了。

我们读历史，看到了很多事，所以有人看通了，一辈子都不愿出来做事。（但现在民主时代当然不同。）像这些帝王处理这些事情，如果只以古代宗法社会的体制来说，则有他的道理。

再说唐太宗与徐世绩的故事。徐世绩是和太宗一同起来打天下的，战功之多，武功之高，都是了不起的。当唐太宗将死的时候，第一个决定，马上发表徐世绩去边远地区戍守边疆，等于一个总司令降下来当一个团管区司令。唐太宗并且告诉他的儿子高宗，注意这道命令送达后，徐世绩是怎样起程动身的。可是徐世绩到底是年轻时和唐太宗一同起来打天下的，也很高明，深懂唐太宗。

他是在半路上接到命令的，一接到命令，连家里都不回去，立即就去边疆报到。别人把这情形报告以后，唐太宗放心了，知道他将来会听高宗的。

假使徐世绩有犹豫或不愉快的表现，恐怕也要被杀了。这件事足见唐太宗的英明。也好在是出于唐太宗的手上，因为他的文治武功备受人颂扬，人们就把这种玩手段的事忘了，如说出在秦始皇这类人手上，一定给世人骂惨了。唐太宗之所以如此对待徐世绩，也是怕他功太大了，所谓“功高震主”。

其实社会人情都是一样。岂但是政治？对人付出太多的感情时，对方会受不了，对朋友热心帮忙，如果过分地干涉朋友的事务，必会遭反感，所以人生就是政治，政治也是人生。看多了，就知道“不改父之臣与父之政”的确很难。所以这几句书表面上很简单，却是真学问，要好学，要深思，用头脑从人生中去体会。

【本经】

孟氏使阳肤为士师，问于曾子。曾子曰：“上失其道，民散久矣！如得其情，则哀矜而勿喜。”

【注释】

阳肤：曾子的学生。

情：指案件的实情。

则：表示转折关系，然而，反倒。

矜：怜悯。

【译文】

孟氏任命阳肤做司法官，阳肤向曾子请教应该怎么做，曾子说：“因为在上位的人已失其为政之道，民心离散已经很久了。在审理案件时，你应当了解实际内情，把社会和人的实际情形与法治配合起来。应该用这样的态度审理案件，以不负对社会和时代的一份责任，如果审理的案件有了一定突破和结果，也不要有什么可喜的，反倒应该有怜悯之心！”

【别裁大义】

法律不外人情

孟家找曾子的学生阳肤做士师，勉强比方，士师约等于现在的司法行政部长，但权还更大，可以直接处理执行的官。阳肤上任前向老师曾子请教，征求意见。

曾子就告诉他说，上面领导的人失其道，社会文化没有上轨道，一个乱的时代，因为时代乱了，民心也散乱了，没有中心思想，没有中心信仰，也没有真感情，这情形已经很久了。自春秋开始到曾子这个时代，已经乱了三百多年，比我们现在还可怜，所以我们的历史是多灾多难的历史，中华民族文化会这样深厚，也正因为历史是在多灾多难中渡过的。知识分子在多灾多难中，把政治的、人生的、社会历史的经验累积起来，流传给我们。这便是历史文化的精神。“如得其情，则哀矜而勿喜”，这是曾子对法治的观点，他认为应该把社会的实际情形与法治配合起来，这是执法人员应该具有的态度，判案的人，要深深了解人的内情，探究其犯罪的动机究竟在哪里？有许多是社会问题促成人去犯罪，所以在这样的时代，办案的时候，对犯罪的人，应该别有一种怜悯悲痛的心情，因为大家都是我们的同胞，我们的老百姓，为什么这人会犯罪？这是我们的责任。所以只有无比的悲痛和怜悯，没有什么功绩可喜的，更不要认为办了一个大案，自己有功了而高兴。如果社会上永远不发生罪案，那该有多好呢？所以古代的士大夫，对于社会风气坏了，每人都有自己应该负责任的感觉。

上面几段，用曾子的话说明学问外用的道理。下面便提到子贡的观念。

【本经】

子贡曰："纣之不善，不如是之甚也。是以君子恶居下流，天下之恶皆归焉。"

【注释】

纣：商代最后一个君主，名辛，纣是他的谥号，历来被认为是一个暴君。

下流：即地形低洼各处来水汇集的地方。比喻做了坏事而处在众恶所归的位置。

【译文】

子贡说："纣王是无道，但是他的坏并不像传说中的那么厉害吧。所以做为一个君子，最惭愧和害怕自己身有污行，一旦沾有污行，天下的种种恶名都要集中到他的身上去了。

【别裁大义】

成败论英雄

这是子贡对历史哲学的一个批评。周武王推翻纣王建立周朝，是因为纣王暴虐。子贡说，纣王的坏，并不像后世说的那么严重，等于另一派的人说秦始皇的坏，不如一般人说的那么坏，秦始皇焚书坑儒是事实，说他把天下的书都烧了则不见得，他只是把全国的书集中到咸阳阿房宫，不许民间多流传，怕老百姓知识高了难统治，这才是真的。至于坑儒，他坑的儒，是实在令人讨厌的一些人，我们注意历史上"处士横议"四个字。秦始皇最初找好多高级知识分子开会，提出很多问题向他们请教，开会时，大家屁都不放一个，开完会以后，心里又在嘀咕。这还不算顶讨厌，更讨厌的是那些没有做到官的处士们，又生横议，鸡蛋里去挑骨头，蛮横地找道理，又不是走直道，所以秦始皇一气就坑了这些人。我们大家也要反省，读书人最容易犯这个毛病。开会开多了就会知道，一些人在开会的时候，唯唯诺诺，对什么事都没意见，等散会以后，他又到处乱批评。所以秦始皇坑儒也有他的理由。这些都是李斯干的，而罪过都归到秦始皇的身上。中国的书谁烧的？项羽烧的，咸阳一把火，连续烧了三个月。秦始皇建阿房宫当然不对，像那种建筑，如果不被项羽烧掉，还流传到现在，那是了不起的文化古迹。假定根据《阿房宫赋》的形容，人站在马上，高举十丈长的旗杆，仍然可以通过阿房宫的城门，意大利的建筑是不能比的。所以我们古书文化的破坏，这位项老兄的罪过也是很大的。

不但项羽罪过大，萧何也有罪，他到底只是县吏——科员出身，到了咸阳以后，所注意搜罗的，都只是户口、钱粮这些行政方面的基本资料，都搬走了。至于书，因为他也没有把书读好过，就不管了。等项羽一到咸阳，这位世家公子一把火，把书都烧了，这也归罪于秦始皇吗？这都是对历史讲公平话。世家公子而兼太保的项羽，就有这样不懂事。近人易实甫有一首诗说他：“二十有才能逐鹿，八千无命欲从龙。咸阳宫阙须臾火，天下侯王一手封。”非常有趣。

所以这里子贡说纣王的坏是坏，但并不是后世所说的那么坏，一个人，尤其是一个领导的人，如果自己做得下流、做得坏的时候，天下的错尽都归到他身上。因此我们看历史，有些人真可怜。不但历史如此，社会也是这样，子贡这个是老实话，所以做人要小心。

【本经】

子贡曰："君子之过也，如日月之食焉。过也，人皆见之；更也，人皆仰之。"

【译文】

子贡说："君子的过失，就像日蚀月蚀一样。他有了过失，人们都看得见；他改正了，人们就都敬仰他。"

【别裁大义】

子贡说，一个大丈夫有过错，没有什么关系，好像日月一样，一个本来发亮的东西，给别的影子掩盖起来了，大家都看得见；变转来，大家也看得见，仍然仰慕。这段文字就是这样，在意义上有两个：第一个意义是说，君子人不怕有过，不要自己去掩饰，错了就坦承错了，给大家看得见，这是君子风度，不过现在明白了，改过来了，人家就像对太阳、月亮一样，仍然会仰望他的光明。第二个意义，君子就是代表在上面的人，领导人。在过去的社会，小人有过错没有关系，他本来就是一片无明，黑洞洞的，再也找不出一点亮光，大家看惯了。但对太阳，大家都看惯了他是亮的，假如他有一点黑，就要被人指摘，所以在客观上看，君子之过，有这样的可怕，如果错了，要马上改，一纠正大家都会原谅他，因为人们始终是仰望他的。

【本经】

卫公孙朝问于子贡曰:“仲尼焉学?”子贡曰:文武之道,未坠于地,在人。贤者识其大者,不贤者识其小者,莫不有文武之道焉。夫子焉不学?而亦何常师之有?

【注释】

卫公孙朝:卫国的大夫公孙朝。

焉:哪里。

文武:周文王、周武王。

未坠于地:周文王、周武王之道并没有坠落失传。“坠”,坠落,指失传。

其大者:其主要的、根本的东西。

【译文】

卫国的公孙朝问子贡说:“仲尼的学问是从哪里学来的?”子贡说:“周朝文王、武王统一天下建立的中国文化并没有完全失散掉,问题的关键还在于人。贤者掌握它的根本,而不贤者只认识它外在的细枝末节,并不是说中国文化没有了,从文、武、周公到孔子都是传承着中国文化的根本和精神。我们的老师对于中国文化都能通达,他又何时何处不在学呢?他哪里又有固定的常师呢?”

【别裁大义】

圣人无常师

这一段是研究孔子本人和研究中国文化的几个不同观点。公孙朝是卫国的大夫，他问子贡，孔子是跟谁学的？学问怎么这样好？等于我们现在说他是哪个大学毕业的？子贡说“文武之道未坠于地，在人”。中国文化集大成的是周朝，周朝有三个人具代表性。文王、武王统一天下，而周公建立中国文化与政治的基础，所以周代维持了八百年的政权。春秋战国的时候，正是周代衰落的时候。子贡这句话，就是说，中国文化并不是完全没有了，还是存在的，问题在于人。如果有比较贤的人（“贤”代表有智慧、有道德的人），就懂得中国文化大的一方面。不贤的人，对于中国文化小的部分也知道。等于现代有人以为要了解中国文化，到故宫博物院看看就够了，对于科学方面的文化，不但不欣赏，还反感，甚至还认为我们没有人文科学，不知道中国文化在精神方面的伟大。这也就说明不贤者不是完全不知道，如绘画、编织、木刻，乃至有名的三把刀——厨师的菜刀、裁缝师的剪刀和理发师的剃刀也不能说不是中国文化，它还是中国文化的一种，是其小者。不管大小方面，中国文化，从文、武、周公以来，到孔子那个阶段，都有中国文化的精神。至于老师孔夫子，不管对于哪一样中国文化的精神，样样他都有，如果问他的老师是哪一位，那是没有的，谁有长处，他就跟谁学，所以无常师。没有认定跟一个人学，哪一门有所长，他就学哪一门。后来唐代韩愈“师说”的观念，也由此而发挥。

【本经】

叔孙武叔语大夫于朝，曰：“子贡贤于仲尼。”子服景伯以告子贡。子贡曰：“譬之宫墙，赐之墙也及肩，窥见室家之好；夫子之墙数仞，不得其门而入，不见宗庙之美、百官之富。得其门者或寡矣！夫子之云，不亦宜乎？”

【注释】

叔孙武叔：鲁国大夫，名州仇，“武”，谥号，三桓之一。

子服景伯：名何，鲁国大夫。

赐：子贡。

夫子：这里指叔孙武叔。

【译文】

叔孙武叔在朝廷上对大夫们说：“子贡比仲尼更贤。”子服景伯把这一番话告诉了子贡。子贡说：“就拿房子的围墙做比喻吧！我的围墙只不过齐肩这么高，别人站在外面就可以看到家里最美好的东西；老师的宫墙却有数仞之高，一般人连进去的门在哪里都找不到，更看不到里面那庄严富丽的宗庙社稷和文武百官的富盛。那些追随老师学习的人们，能够真正入门的已经是太少了！叔孙武叔这位先生说的这些话，不也是很自然的吗？这也难怪他了，因为我太浅薄了，所以他们一眼就能看透了，孔子太高深了，他们怎么能看得透呢？”

【别裁大义】

宫墙外望

叔孙武叔是人名，叔孙氏，名州仇，谥为武，鲁国的大夫。这是孔子以后的事情。这一篇都是说到孔子的学生出场了，这时子路也已经死了，子贡在国际之间很有声望，所以叔孙武叔在朝廷中告诉一班大夫们说，真要比较起来，孔子的学生子贡，比孔子还行。子服景伯也是人名，鲁国的大夫，他和子贡是同学，在《宪问十四》中曾经提到过，他在当时是很有实权的人，他报告孔子，公伯寮在造老师的谣言，只要老师一句话，我就可以除掉公伯寮。孔子说不必那么做。现在子服景伯听了这个话，就回来告诉子贡，说叔孙武叔在如何批评老师。子贡就说，譬如门墙，（后来称拜老师为列入门墙，就由这个典故来的。）我们筑的墙，只筑到肩膀这么高，人家站在外面一望，就看见了里面的一切。

讲到这里，顺便提一下，我们看了日本式的房子，围墙都很矮，人家都说日本人喜欢矮，其实不然，我们中国古代，唐、宋时间的房子，都是如此，都是矮墙，所以古代的武侠小说讲飞檐走壁，这种墙只要有一点功夫，用手在墙顶一搭，一甩就上去了，是可以做得到飞檐走壁的，可不比现在几层楼的高墙。其次，以前的墙是土墙，上面往往有小坑洞，手上有点功夫，是可以抓住洞来上去，现在的钢筋水泥墙，壁虎功也好，什么功也好，完全靠功夫上不去。古代的墙矮，宫墙也并不高，我们到日本看皇宫，靠护城河的外面的宫墙是高的，如城墙一样，里面的宫墙是不高的，这是中国的古制。

子贡说我的墙只到肩膀，人家在外面把头一伸，就看到里面，房间里摆的什么茶几，挂的什么画，好的坏的东西都看得见，换句话说，这个家里有多少内容，给人家一眼就看透了，我的学问、修养、做人就是如此被人看得见，程度只到这个样子而已。讲到我们老师的这个宫墙，有数十尺之高（古时七尺为一仞），因为老师的门墙太高，连门在哪里，一般人都找不到，使人看不到里面的情形，至于里面的宗庙之美，百官之富，更不要说了。我们从这里可以看到古人的文字，两个地方的形容词用得不同，子贡说自己的墙矮，人家就看穿家中的内室，"室家"两个字，严格说来就是夫妻的寝室，连私生活的房间都看见了，一眼看到底，这是子贡在形容自己。而在讲到老师的时候，就很恭敬，不用"室家"两个字了，而用"宗庙"，在古代的制度，"宗庙"是敬祖宗的地方，最高的地方。这两个形容，一个对自己很随便，一个对老师的很恭敬，这就看到古文文字的逻辑概念，身份不同，下的句子形容词都不同，古人很注意这些要点。我们现在随便有随便的好处，也有随便的坏处。子贡再把孔子的学问用皇宫来形容，宫殿太高了，看不进去。孔子的学问有如帝室的庄严富有，面前站着文武百官有那么多，所以一般人要研究老师，能够找到门的已经很少了，何况登堂入室！叔孙武叔这位先生说我比老师还更好，也难怪，因为我太浅薄了，他们一眼就看穿了，认识我是容易，认识老师则难，因此难怪他们要这样说了。"不亦宜乎"用在这里，是文字的反用。

宋朝的宰相张商英，是学禅的，在他没有当宰相以前，很自负，因为看了很多佛学的书，认为自己懂禅了，这时他还在当转运使，掌管几省的财税、运输补给连带地方行政，权力相当大。一次他经过一个佛寺，寺里的大和尚云峰悦禅师说，张转运使太骄傲了，自以为懂禅，他不过官做得大，但禅的修养不一定就好，我一定要打击他的傲气。可是小和尚们怕死了，因为以前的大和尚，是由政府敦请的，等于现在的大学校长，转运使有权把他解聘，所以徒弟们劝他不要得罪了这位大员。这个老和尚说，出家人既不求名，又不求利，是就是，非就非，叫徒弟们不必管。第二天张商英来了，当然很客气，两个人就谈到禅，而张商英看不起这个大和尚，只跟这个大和尚谈诗，对大和尚说：“听人家说你诗作得很好。”这个大和尚说：“转运使你不要听外人乱讲，别人说我诗作得好，正如人家说你的禅学得好是一样的。”这句话可把张商英骂惨了，“不亦宜乎”这句话，就是这个道理。这是讲话的艺术，也是骂人的艺术，非常高明，子贡这句话也是如此。他们说我好，是对的，因为他们眼光浅，只能看到浅的地方，孔子太高深，他们看不到。

【本经】

叔孙武叔毁仲尼。子贡曰：“无以为也！仲尼不可毁也。他人之贤者，丘陵也，犹可逾也；仲尼，日月也，无得而逾焉。人虽欲自绝，其何伤于日月乎？多见其不知量也！”

【译文】

叔孙武叔毁谤仲尼。子贡说：“不要这样做了，这样做是没有用的！仲尼是不可毁谤的。别人的贤德好比丘陵，还是可以超越过去的；仲尼却像日月一样，别人是无法超越的。虽然有人要想自绝于太阳月亮，可是那对太阳和月亮又有什么损伤呢？那只能表现出他的不自量力罢了！”

【别裁大义】

圣人心日月

叔孙武叔这个人，又有一次毁谤孔子，子贡就劝他不要这样做，孔子不是你们毁谤得了的。别人学问好、道德好，那就好比山坡，的确崇高伟大，但还是可以慢慢爬到顶上去的。至于孔子的伟大崇高，像太阳、月亮一样，是拿不到，摸不着的。一般人与他隔离关系，想不受孔子思想的影响，等于排拒太阳、月亮的影响一样。太阳、月亮永远照临天下，你盖一间房子想挡住他，太阳、月亮并不生气，你房子里总要有些亮光，这些亮光还是从太阳、月亮来的。就是说，你虽然不接受孔子的思想，但没有关系，孔子的思想还是慢慢会影响到你，所以你想毁谤孔子，只不过是显得你自不量力。

我们常常看到宗教的经典上，如基督教及佛教的经典，也常常用类似这个比喻。一个大圣人的心，就像太阳月亮一样。我们常看到于右老最爱写的一副对联中的“圣人心日月”就是根据这一段书来的，太阳月亮的光明，永远照临，你要盖间房子遮盖起来，是你自己的事，太阳、月亮照临的心，并没有不平，他永远是平等的。

【本经】

陈子禽谓子贡曰：“子为恭也！仲尼岂贤于子乎？”

子贡曰：“君子一言以为知，一言以为不知，言不可不慎也！夫子之不可及也，犹天之不可阶而升也。夫子之得邦家者，所谓‘立之斯立，道之斯行，绥之斯来，动之斯和。’其生也荣，其死也哀。如之何其可及也？”

【注释】

得：通“德”。

立之斯立：要建立起思想信念和文化精神，都要以孔子的学问思想做为根本基础才行。

道之斯行：领导教化百姓，要以道德为基础，就必须依据孔子传承的中国传统文化道统才行。

绥（suí）之斯来：要安抚天下，安抚人心，也要用孔子的思想，因为它代表了中国文化的中坚精神。“绥”，车中把执绥所以安。安抚人心以保持平静，安抚，平安，安泰。

动之斯和：一切行为，也必须以孔子的思想，才能做到中和，以实现国泰民安，天下太平。

【译文】

陈子禽对子贡说：“您实在是太谨严恭敬了！我看仲尼不见得就比您贤能吧？”

子贡说：“一个人说一句话就可以显示他的智慧学问，同样说一句话也可以显出他的无知，所以语言要特别注意，不可以不慎重！我们老师的高明，我们都永远达不到他的那种程度。他的崇高像天一样，不是能用一张梯子就可以顺着爬得上去的。他的德业和学问将永远在这个世上发挥作用，小至为个人家庭，大至为国家、天下的大业。正所谓是‘立之斯立，道之斯行，绥之斯来，动之斯和。’老师活着，我们都因得到他的恩泽而光荣；他死了，我们都因感念他的恩德而悲哀。怎么会有人能赶得上他的功德呢？”

【别裁大义】

欲赞无词

陈子禽是孔子的学生，在上论和下论中，这位同学有好几次都有所怀疑，而对子贡提出问题。这里他去对子贡说，子贡老兄，我看你很了不起，非常值得我们恭敬，你已经很成功、很完美了，身心内外的修养，都达到“恭”的境界。（这个“恭”并不只是“恭敬”，而是“谨严”的意思。）实际上我们的老师，（古代的礼貌，学生对老师可以称字、称号，不能称名，所以他们口里的“仲尼”，就是孔子的号。）我看未必比你好。子贡就教训这位同学了，他的话又和答复上面几个人的不同了。他说，一个人言谈很重要，一句话代表了你的智慧学问。换句话说，我们听人家讲话，对方一开口，他有多少程度，多少修养，就可以知道，有时候听一句话，就晓得他无知，所以言语要特别注意，不要乱开口。我们老师的高明，我们永远都达不到他那种程度，他崇高得像天一样，不是可以用一张梯子让我们爬得上去的。从《论语》这些资料，我们知道孔子在生乃至他过世以后，真正能够宣扬孔子、捧孔子的还是子贡；而对于孔子的学问，真正能在事功上用得出来，对于时代有所贡献的，也还是子贡，所以子贡是一个了不起的人物。如果正面地称赞孔子，从完全敬仰孔子的学问这一方面看，古今中外任何恭维孔子的文章，所说的话，都被子贡在这里统统讲完了。结论都在下面，别人无法再超过他的好，这也可以说是预言。

他进一步对陈子禽说，夫子的学问，永远在这个世界上。小至于个人的成家立业，大至于为天下、为国家做大事，想建立一个思想行为作风的基础，必须要以孔子的学问思想作基本，没有办法不这样做，没有办法超过他的范围，人生经验到了的时候，更加深刻地觉得他的对。想做好一个领导人的，必须具有领导的基本道德与学问，领导的基本条件很多，中外有关的书籍也很多，但都是讲权术，不是道德，都不行。真正的领导要以道德为基础。说到以道德为基础的领导，就离不开孔子的思想。要安抚天下，安抚人心，也只有用孔子的思想，因为它代表了中国文化的中坚精神，一般人才会信仰，才会接受这安抚而来附和，而一切行为，也必须以孔子这种以道德为基础的思想，才能达到真正的人与人之间的和平相处——这是子贡形容孔子的伟大之处。

下面说到孔子个人：孔子活着是大家的光荣，他死了是大家的悲哀，像这样谁都及不了他。我们两个是同学，你怎么把我捧得比老师还更好呢？“如之何其可及也”，就是说怎么办得到呢？这也可以说是子贡真诚恳切的定论，情深意真的心声吐露。

尧曰第二十

【本经】

尧曰："咨！尔舜！天之历数在尔躬，允执其中！四海困穷，天禄永终。"

【注释】

咨：表示赞赏的感叹词。

尔躬：你身上。

允执其中："允"，诚信，公平。"执"，坚持，掌握，把握。"中"，根本，本质，中道。这句的意思是说，要把握诚信公平的原则，坚守中道，掌握事物的本质。

四海困穷，天禄永终：有两层意思。一层意思是，如果不坚守中道，天下百姓就会陷入艰难困苦之中，上天赐予的福禄也就会终结；第二层意思是希望舜能坚持诚信公平的原则，坚守中道，领导天下百姓和平康乐，天禄永终！

【译文】

（尧把帝位禅让给舜，举行了隆重的禅位仪式。）尧说："啊！你这位舜啊！上天的大命已经落在了你的身上，你要谨守"允执其中"的原则！如果违背了这个原则，天下百姓就会陷入艰难困苦之中，上天赐予的福禄将会终结！祝愿你领导天下百姓，和平康乐，天禄永终！"

【别裁大义】

历史文化的重心——公天下

根据司马迁《史记》的资料，我们中国文化最初这本历史资料——《尚书》的第一篇即为《尧典》。(《尚书》是孔子整理的，他把《尚书》删订为中国历史的第一本书。孔子删订《尚书》以后，才著《春秋》)。为什么《尚书》从尧开始？尧以前还有很长久的历史，如黄帝就更早了，而孔子站在史料的观点，认为尧以前的资料太少太乱，没办法整理，没有采用，所以从尧的时候开始。现在我们研究，孔子还是有问题，这位老师瞒了我们一手。固然他手里搜罗的资料是尧的时候最完整，但有一点，他为什么要从尧开始？我们要指出来。因为尧、舜、禹这三代是公天下，而孔子的思想是“天下为公”，但是他当时是在春秋战国的帝王政治时代，没有办法把这个话说出来，所以删订《尚书》从尧开始，这一点大家千万注意。这个话不是偶然随便说的。整个研究了孔子言行的思想精神之后，就会发现孔老先生还是瞒了我们一手。当然他不是有意的，正如《史记》之寓意，读书要自己有眼光。中国人塑菩萨，顶门上塑一只竖起的眼睛，就是象征智慧之眼，我们读历史书时也要在顶门上有一只眼，把书中的道理看出来。我们懂了这个道理，他引用《尧典》里的话，就是如此。

这篇文章写得很妙，头尾叙事都不关联，只是中间突然拿出一段来，奇峰突起，等于外国有些电影，故事的头尾都不要，只拿出中间一段来，使观众去猜想、判断，做结论。有人说外国的这种手法好，我说中国早就有了。《论语》的这篇《尧曰》就是现代戏剧的体裁，头尾都不说，只说中间的一段。

我们现在做研究，把它加上头尾。我们晓得尧老了，要传位给舜，在交接的那一天，这是古代很庄严的大典，隆重得和宗教的仪式一样，要在泰山烧火，当着全国百姓，把帝位交下去，尧就告诉舜：“咨！”这个“咨”字，我们看历代皇帝的诏书，常用这个字。老实讲这个“咨”字，也就是我们现在上台讲话时，说正题前一开口的“喟！这个……”并无含义的语助词而已。古人自汉代以来，搞训诂的汉学家们，为这些字，写十几万字的文章。实际上是尧上台了，舜还站在下面，尧说：“喂！舜上来，我告诉你，天之历数在尔躬。”中国人过去的政治哲学思想，是天道政治，上天的意旨。“历数”，我们先解释文字，这个“历数”很有内容。上天的意旨，气数到了，轮到你来挑这个担子，不是我个人的意思，是上天的意思，时代的趋势，这个担子必须要你来挑了。第一句话就是要舜继承这个王位。不过说到“天之历数”这四个字就够麻烦了。第一个是“天”的问题，中国文化讲“天人合一”，到底“天”是什么东西？讨论起来麻烦得很。

天人合一的气数

第二是“历数”的问题。中国历史文化精神都在“历数”，“历”古代叫历法，就是我们现在用的阳历、阴历等，这就是历。中国的历法、天文方面的学问发达最早，而中国所用的阴历、干支等，代表了一个非常深厚的文化精神。像过去换朝代，明朝亡了，清朝进来，多少人一辈子不投降，清朝统治了中国三百年，可是汉民族的知识分子三百年来没有投降过，许多人“不奉正朔”。（正就是正月。朔是月初。代表历法。）再看几年前刚过世的画家溥儒，大家都知道他是清皇室，他一辈子画的画，写的字，作的诗，没有用过中华民国的正朔，这也是他表示自己是清朝的皇室，不奉民国的正朔。当然，也不会用西历纪元多少年，只好以干支古法纪年，如“甲寅三月”，“乙卯五月”。这就表示他内心不奉正朔，所以用年号这个问题真有趣。

现在我们自己拼命想把中华文化复兴，而文化的精神在什么地方却不知道。这是“历”所引起的一段感想。

而“数”又是一个大问题，中国人讲历史的命运，这套学问很大很多，还有算命之术。像《论语》最后一段孔子的话中有“不知命，无以为君子也”。就讲到了“命”。有一次，我和一位算命的大家在一起吃饭，谈到算命的道理，他说中国人读书一定要会算命，当时他就掉了“不知命，无以为君子也”这句书袋。我听了以后，不好意思说孔子的这句话，并不是说每一个读书人要会算命。不过这个“数”字与“命”字有没有关系呢？还是有关系的。历史有个大命运的。譬如历史命运中“数”的道理，到了第六就不是第七，到了第九就不是第八，等于地球行度的轨道，到了这里就是这个样子，这个力要下去的时候，若就把它拉回来，要出毛病了。所以“天之历数”这四个字，在中国的文化思想中很难讲的，一两个字，包括的内容太多了。这四个字发挥起来，不是一天两天可以讲得完的，在此不再发挥。

尧在传位的时候告诉舜，这是天命，不是他尧个人的意思。我们看这句话的内在意义，尧把帝位交给舜，既非自己的亲戚，又非朋友，更非他的子孙，这就是古代的“公天下”。他经过几十年，多少次试验，培养一个人，等到自己真的年纪老了，（根据历史记载，古人比我们活得长久。）百把岁了，于是禅让，表示不是个人私见。历史的精神，就在这里。

“允执其中”这句话也有问题来了。经书上有四句话：“人心惟危，道心惟微，惟精惟一，允执厥中。”这里只引用了一句话，我们讲中国思想，儒家思想，尧、舜、禹、汤、文、武、周公、孔子都用这四句话。也可以说中国文化讲人的学问修养的中心，教育的中心，都在这里，也可以只说一个字“中”。“人心惟危”，人的思想是非常危险的，这个危险并不一定是杀人的危险。凡是人都有欲望，而欲望是一个总称，现代说的“好胜心”“荣誉心”“有希望”“生活有意义”这些都是好事情，归纳起来都是欲望，欲望的奔驰，会使人心非常危险。能毁灭了自己，也毁灭了世界，都是欲望问题。

这里我们说一个阿拉伯文化中的故事。中东都是信奉伊斯兰教的，有一个伊斯兰教的老阿訇（hōng）退休，在山里修道。有一天一位中东的国王，带一批人去打猎，这位国王射中一只麋鹿，这只麋鹿带箭负伤，拼命地逃奔，逃到这位阿訇的身后，阿訇回头见这只麋鹿负伤，知道有猎人在后面追杀，就用宽大的袍襟把受伤的麋鹿掩盖起来。不久国王的一名部下，先追到阿訇的身前，不见了麋鹿，就问阿訇有没有看见，阿訇闭目修道，理也不理；这名部将问几次都是如此，就说要杀掉阿訇，阿訇张开眼睛请问部将是什么人？这名部将报告了国王的名号，阿訇说：你的国王是我的奴隶的奴隶。这位部将听了大火，要把阿訇杀掉。这时国王正好赶到，问明原因后，转问阿訇知道不知道犯了罪。这位阿訇说事实上你是我的奴隶的奴隶。国王说：你的奴隶又是谁？你讲得出来，可以无罪。阿訇说，你不要生气，坐下来慢慢听。我以前给欲望当奴隶，现在我修道了，已经懂了，再不会听欲望的指挥了，我可以指挥欲望，所以欲望变成了我的奴隶。而你虽然当国王，却充满了欲望，连一只麋鹿都不放过，可见你还是听欲望的指挥，做了欲望的奴隶，所以你是我奴隶的奴隶。这位国王一听恍然大悟，马上拜这位老阿訇为师，追随他学道了。这是伊斯兰教流传的故事，这也就是人心惟危的一个例子，思想领导自己正就正，领导自己坏就坏。

我们现在说，思想形成了一个观念，如戴有色眼镜看东西，所看的统统不同，当我们怀疑有鬼，汗毛就竖起来了。佛经上就说，不必真的站到悬崖，自己坐着闭上眼，心想处身于万丈悬崖，如跌下去会没命，脚就会酸软起来。这就说明心中欲望的可怕。如果要把这种欲念平静下去，变成道心，那就太难，微妙得很，不可思议。怎样才是道心？我们中国文化中讲了几千年，四书讲道心，宋明理学家也讲道心，佛家、道家、老子、庄子一概讲道心，都微妙得不得了，怎样做到这个道心的境界？要“精”、要“一”，最后“允执厥中”，就是这一句话。

辨中边论

什么叫“中”？如果我们做知识的研究就很多了，如“中庸”就讲中道，在物理世界，讲一个茶杯的中心点，那是假定的。一个人站在房子的中间，说他是中，那是对四周而言；实际上还是边，因为在某一边看是中，在另一边看，他是站在左边或右边，或前边或后边，所以还是边。没有绝对中的。这是物理上的中，思想上的中更难确定了。自己脑子能够想的，停留在中，这个中在什么地方？力量均衡了就是中，拿一支筷子来说，不要以为筷子两端间的中心点就是中，筷子两端的粗细不同，重量不一样，将一支筷子搁在手指上，使筷子保持水平，两边均衡了，这筷子与手指的接触点，才是中。所以在思想上可以持平的才谓之“中”。因此中是一个抽象的名称。也可以说是一个实际的东西，如太极拳每一个动作都有一个中心，这就是圆的道理，也就是太极的道理。并不如后世的解释中庸为滑头，而是要懂得持平的中心点。这个学问研究起来太难了，并且涉及人格的修养，所以我们做人处世要持平，真能做到平，则一个人平了就没有话讲，所谓“水平不流”“人平不语”是也。反之，“不平则鸣”，一不平就乱起来了。为政的道理在持平，可是求平很难，所以中国人讲究天下太平，太平实在难求。“平”就是“中”的道理，既是个人修养，做人处世也如此。“中”的道理暂时讲到这里，发挥起来很多，可以讲上半年多。

尧告诉舜要“允执其中”，“允”字有两个意义，一是信，一是平。就是告诉舜要坚持把握住公平的原则，不能有偏私，不可动摇，如果不把握这个原则，天下国家，四海之内，人也好，物也好，都会垮的。在尧的时代，中华民族的国家还没有建立完成，还有水灾。大禹治水之后，黄河、长江未开发，整个国家在水患中，还痛苦得很，是最艰困的时代，如果为政不能持平，整个国家就完了，假使做得不好，就“天禄永终”。这四个字可作两面解，做坏了不得好死，做好了上天给你的禄位，永远有好的结果。古文的美感在这里，讨厌难懂之处也在这里。“天禄永终”四个字是凌空的，每个角度看都是圆满的。所以好的古文用白话一作解释就完了，美感就被破坏了，等于好的图画，没办法加一笔，也没办法减一笔。

这是引用当时尧舜禅让交接的时候，尧把中国文化政治思想的中心交待下来。等到舜也老了，大禹治水成功了。认真讲，在中国文化史中文化开创的功劳，首推尧舜；至于国家建设的奠基，则大禹的功劳最大，自他以后，固然政治上变成家天下了，但在他个人的功绩，真是千秋万载，由他建立了以农立国的基础。

【本经】

舜亦以命禹。曰：“予小子履，敢用玄牡，敢昭告于皇皇后帝：有罪不敢赦。帝臣不蔽，简在帝心！朕躬有罪，无以万方；万方有罪，罪在朕躬。”

【注释】

履：脚步，足迹，学步前辈的办法。

玄牡：“玄”，黑色。“牡”，公牛。此处指以玄牡为牺牲祭祀。

帝臣不蔽：就是说你天帝的臣子，我这个舜，年纪大了，精神不够，已无法作天下的庇护了。帝，指天帝。臣，舜对天帝自称为臣。

简在帝心：现在我选来一个人，可以继承我这个位置，而我所选的这一个人，一定也会符合天帝的心意。“简”，选择。

朕：我。先秦时代，人们日常说话都可以自称为朕，从秦始皇开始才专用作帝王的自称。

【译文】

舜将帝位禅让给禹的时候，把这个文化的传统精神也传给了禹。舜对天祷告说：“我学步前辈的办法，才敢斗胆用黑色的公牛作祭品，代表全国的百姓，向广大威严的天帝天后禀告：我执政这些年，恐怕自己也有很多过错，不敢祈求上天赦免。作为天帝的臣子，我的年纪大了，已无法作天下的庇护，现在按天地的意旨选择了继承人。我自己的罪过由我承担，不要连累天下万方；如果天下万方有罪过，那罪过也由我一人来承担。”

【别裁大义】

禹分九州

舜将自己的帝位，交给大禹的时候，也把这个文化的传统精神告诉禹王，而舜在这里所说的一段话，别的地方没有，是在《论语》里才见到的。这里舜加重了语气，其所以加重，我们从另一角度来看，是因为时代不同，文化越来越发达，如现在用的白话文，就有这么啰嗦，越上古越简单，所以尧传给舜很简单，舜传给禹就复杂一点了。舜将帝位交给禹的时候，也是行大礼，向天地祭告。

舜对天祷告说“予小子履”，我这个小子——向天不敢自称帝，履是说学步前辈的办法。“敢用玄牡”，才敢用黑色的公牛作祭品，“敢昭告于皇皇后帝”，代表全国的百姓，向在上面广大的、威严的、高深不可知的天帝天后祝告。“有罪不敢赦”，我执政了许多年，恐怕自己有很多过错，不敢祈求上天原谅，我若有罪，你还是惩罚我，不要宽恕我，不要赦免我。“帝臣不蔽，简在帝心”，这句话就是告诉禹要学习。帝是上面领导人，臣是部下，对天来讲，这个帝是天帝，自己是臣子。这是中国过去的政治思想，与宗教精神是连在一起的。加以皇帝称天子，是上天之子民。人世间是皇帝，阴世间是阎罗王，所以过去的皇帝，受万人之拜而不拜人，但在祭天的时候，皇帝就要下跪，祭祖先时或到后宫见皇太后也要跪。他这里说“帝臣不蔽”，就是说你天帝的臣子，我这个舜，年纪大了，精神不够，已无法作天下的庇护。“简在帝心”，现在我选来一个人，可以继承我这个位置，而我所选的这一个人，天帝也会同意的，因为他的功劳太大，对国家百姓的贡献太大了。“朕躬有罪，无以万方”，这是做领导人最重要的政治德行，做领导的人，自己个人的错误，不要推卸责任，不要推给部下或老百姓。这是中国文化政治哲学的精神，也是中国政治领导哲学的大原则，太难做到了。我自己有罪，一切处罚我承担，与我的部下和老百姓没有关系。“万方有罪，罪在朕躬”，老百姓或部下错了我负责，都由我来挑起。

我们看了这段书，感觉到非常严重，也非常敬佩，不禁为之肃然起敬。中国文化谈到尧、舜、禹、汤、文、武、周公，就同佛学讲到菩萨，道家讲到神人、天人一样。这些人面临好处之时，绝没有一点自私，认为好处是大家的，不是自己的，自己自然一点不能要。正如佛家所谓布施，乃至自己的生命都可以交给别人，这个精神多难！所以看了这一段记载历史的资料，我懂得了中国的政治思想。拿现在西方来的民主精神比较，西方思想无论怎样民主，也没有到达我们这个“朕躬有罪，无以万方；万方有罪，罪在朕躬”的程度，这种带宗教性的自我牺牲的君主，可不容易。缩小范围来说，如果做一个单位主管，自己的政治道德修养，能够到达这个地步，就是最成功的人。当然对自己本身来说，会是很痛苦的，但是一个成功的人，就要担负所有人的痛苦，自己的痛苦绝对不放在别人的肩上，而部属的痛苦，都由自己替他承担。

【本经】

周有大赉，善人是富。“虽有周亲，不如仁人。百姓有过，在予一人。”

【注释】

周亲：周围都充满了很多盲目的人亲近跟随。“周”，四周围绕、充满了的意思。“亲”，亲近跟随的人。

【译文】

周朝有一部著名的《大赉》，是周朝重要的思想文献。它的中心思想是：有道德、有学问、思想纯正的善人才是真正的财富。“即使周围充满了很多盲目的人亲近跟随，也不如拥有几个真正有道德修养的仁人。百姓如果有过错，其责任都在我一个人啊。”

【别裁大义】

周重九鼎

前面是讲尧、舜、禹三代的文化、政治思想以及做人的道理。我们文化的鼎盛，是三代以下到周朝完成的，孔孟思想就是继承周公的思想。周朝有一著名文献为《大赉》，就是周朝开始立国时候的重要思想，这个思想的中心是“善人是富”。什么是真正的富强，包括家庭的富强，个人的富强，都是善人，都是好人，各个是好人，没有坏人，这好人不是老实的老好人，是思想纯正，行为端正，一切都好的好人，听清“愿天常生好人，愿人常做好事”，这就是大富。至于“虽有周亲”，这个“周”代表了圆满，四周充满了的意思。就是说一个人有很多的群众，很多“盲目”的人跟着你。“不如仁人”，不如有一个两个有眼光的人，有仁义道德的人。人很容易犯一个毛病，喜欢在矮子里当高人，不喜欢到高人里当矮子，到了高人中间，处处不对，成天只有听话的份，看看谁都比自己行，这个味道很难受。可是我们从人生中体验到，有成千上万的“盲人”跟你走，一点都不稀奇，只怕有一个明眼人对你说：“你走错了！”这就完了。历史上有许多人，当时人人捧他，真是了不起，但后来明眼人在历史上写一两句，就把他刷下去了。所以为政者当在台上的时候要当心，所听的，所看的，所讲的都是顺意的，都是对的，这时切不可得意忘形。“百姓有过，在予一人”，周朝也是三代时的那种精神，由此可知当皇帝之难。我常和美国朋友讨论民主与帝王政治，说他们的民主政治是假的，而我们中国过去的帝王政治思想是真民主。这也是有所本的。

【本经】

谨权量，审法度，修废官，四方之政行焉。

【注释】

谨：严密。

权量：“权”，秤锤。指量轻重的标准。“量”，斗斛。指量容积的标准。

【译文】

（保持中国传统文化道统的思想精神和中心原则，）统一度量衡标准；完善各种制度、法规，并能根据实际审时度势，具体应用；重新整顿被荒废了的政治制度和行政体系，任何制度、法规、措施的兴废之间都要依照中心原则长远考虑，不可轻率决策。如果这些都做到了，全国四方的政令自然就会通行无阻了。

【别裁大义】

上古的政治经济

现在我们所讲的，都是中国历史上政治哲学的道理，下面说到上古为政的九个字：“谨权量，审法度，修废官。”

这是写作《论语》当时，引用上古的文献。“谨权量”有两个观念，我们看到《尚书》中《舜典》有一句话，“同律度量衡”。我们的文字越到上古越麻烦，这也是中国文字与外国文字基本上的不同，中国文字依六书的法则而来，每一个字，单独代表一个观念，有时一个字甚至包括了四五个概念；外国文字要几个字母拼起来，才表示一个概念。这是中国与西方文化不同的重点之一，我们必须了解的。我们后世年轻人读古文会觉得麻烦，就因为他们所受的教育，没有从研究中国字入手，尤其现在更是如此。

像这里，就是说从尧舜的时代才统一了全国的“律”。这个“律”包括了两个方面，一方面是天文的、物理的规律，就是现在所说科学性的各种“律”，包括了历法、天文的法度等，这是中国最早、最古老、也是最光荣的。在全世界各国，天文学的发展，我们是最早最早的，比别人早了好几千年。另一方面就是政治制度的各种官制规律，虽然历代都有变更，但原则上仍是一贯相承的。

“度”可以分开来说，一种是地理方面的行度，等于现在西方文化的地球经纬度。另一种就是长度，以及经济方面应用的丈、尺、寸、分等名数单位。这是古代为了经济上使用，求得公平合理而统一的。

“量”，即是合、升、斗等容量的总称。

“衡”，就是秤，也就是称东西的斤、两、钱等名数的总称。

这就是在尧舜时代，已经发现，各个宗法社会，各自为政，律、度、量、衡都没有统一，所以他要把它统一起来。我们要研究经济，研究社会发展，看二十五史就知道了。直到现在，这些东西都还没有完全彻底统一，上菜场就知道，有台尺、台斤，又和我们当年在大陆所用的不同，现在又有公尺、公斤等，是根据西方文化来的。现在以全世界来说，很少有已经统一了的地方，只有小部分统一了，如装船的吨位算是统一了的，可是在各国社会自己国内所用的，还是没有统一。由此我们也了解，人类努力了几千年，自己号称文明进步，事实这些地方，我们还是停留在几千年前的阶段，统一的工作，还没有做到，这是以哲学的观点，看历史的所谓进化，是一个讽刺。

《论语》上这里也说，要“谨权量，审法度”。这个法度，就是现在所谓的制度，各种办事的制度，要严格注意，这是第一层的意义。其第二层的意义，如果我们不根据《尚书》记载的传统而讲，“谨权量”的权量，就是权变的意思。我们中国文化中，尤其儒家喜欢讲究两个字，所谓“经权”之道，经就是常经，大原则不变，永远不变的，如人之穿衣饮食是经，但吃白米或吃面包，穿西装或穿中山装，可以随意，则是权变。“权”具有了这样的意义，在为政的大原则就是“谨权量”，对政治权能的分辨，要非常谨慎，以个人而言，如领导一个单位，对某同仁在权力上应该使用到什么程度，要量才而用，要非常谨慎，这也是对人事而言。“审法度”是对制度而言。固然说为政在人，但是制度的发挥，非常重要。

人治法治并重

这两句话连起来研究，在我看来有一个非常严重的问题，现在全世界都跟着西方文化跑。其中譬如用在工厂人事管理，因为效果很好，所以将这一套又扩大到行政方面。美国对这方面特别重视。还有一位丹麦人写了一本书，我们有人译作《领导的艺术》或《领导的技术》，这个书名相当新颖，里面的内容，就是人事管理，而这些东西，在我们中国文化讲来，就是“审法度”。但是这种管理用之于行政，我们以冷静态度，不掺入任何东西来看，它的毛病非常大，就是人跟着制度在转，人变得没有灵魂，将来这个东西的祸害非常大。可以断言，将来一定要变，不变吃不消的。依法规来做事，人会变成机械，没有灵魂，人到底不是机械，是有灵魂的。

回过来看中国过去的政治，是重“人治”，而人治的毛病，是往往变成独裁，所谓“朕即国家，国家即朕”，我就是法律，生杀予夺，完全由我，就变成没有制度。我们为什么偏重于中国历史文化的引证和发挥？讲历史人事的经验，老实讲，我们国家的文化，几千年来，比外国人多得多了，所以我们的历史真正值得自豪。以我们的历史，如果来与西方民主自由制度下的人事管理科学方法作一个统计比较的话，应该是中国的人治毛病较少。古来也有不少暴虐的帝王，造成了许多错误的领导，但是他的祸害还是少。就是以目前来说，美国对于越南的问题，为什么弄到如此结果？不能说美国人中没有眼光远大者，没有世界性的政治家。但在美国现行的制度下，任何一个政治家、思想家、军事领导家都没有办法。因为他们讲“科学管理”，民主自由精神的法度把他们难住了。像我们中国有句在军事方面常用的老话：“将在外，君命有所不受。”一个在前方作战的大将，不一定听皇帝的指挥，他不是不听，因为路太远，皇帝不会了解前方随时变化的情况，前方将士为了国家的利益，他就可以视前方的实况来决定战略，对于皇帝所下不适合情况的命令，可以不听，就不算抗命犯罪。但在西方的人事法规中就行不通。但话说回来，中国历史上也有很多事例，大将在外，临时应变并没错，一旦班师回朝却受朝议和执法者依法审判，就变成犯罪了。

我们了解了这些思想与观点，再回过头来看中国文化，在尧舜当时，人事与制度并没偏废，而把这两方面“谨权量”，像天平一样，将法规与人事配合得非常好。我们现在社会上就经常看得到，有时候去机关办事，碰了钉子，一肚子牢骚回来，可是没有办法，因为机关里的人照法规办事，遇到法规上某一部分会互相抵触的，上面没有做过深入的研究，而给下面的人找了很多麻烦。在我们古代的人治思想，法规因人事而变的原则，情形就两样，究竟谁好谁坏，的确难下定论。这是介绍了“谨权量，审法度”两句话当中，所产生的很多的联想。

第三句“修废官”。古代官者管也，就是管事的人。严格地研究起来，中国古代所谓做官，在秦汉以后，才变成特殊阶级，在上古时候，如国父所说的，是管理的意思，服务的性质，是对某事的主管人员而说。“修废官”也有两层意义。第一层意义就是说，在尧、舜、禹以后，经过殷商的阶段，政治荒废，到了周朝重新整顿起来。第二层的意义，一个制度，一个法规，一个行政措施，依我们中国《易经》的道理，是没有不变的。哪怕很好的计划，施行下去，到了下层，经过空间或者时间的关系，今天这个办法对，明天情况变更就不对了，故而非变不可，不变就会出问题，所以“修废官”等于说兴废之间要多注意。

这三个重点把握住，了解周朝政治思想的大概规模，就好办了。“四方之政行焉”，为什么说“四方”？中国上古的政治制度，虽说中央集权，但四方都是诸侯，地方分治，实际上它是“中央分权”。

承先启后

根据近几十年来西方文化的说法，中国上古如周朝，中央反而没有集权，地方的权力非常大。所谓的中央集权，只是道德上的领导，思想上的领导，而行政上的指挥，多属于地方。所以才说“谨权量、审法度、修废官”这三点注意到了，四方之政自然行得通了。缩小范围来说，个人也是这样，一个家庭中处理事情也是这样，中国古代社会形态向来是个宗法社会——族有族规，家有家规，治家之道也是一样的。

【本经】

兴灭国，继绝世，举逸民，天下之民归心焉。

【注释】

兴灭国：恢复被灭亡国家宗法社会，使之稳定。

继绝世：使已经断绝了的宗族重新接续，使之相传。

举逸民：提拔被遗忘的人才。“举”，选拔任用。“逸民”，隐逸民间的人才，而不是一般意义上的隐士。

【译文】

恢复地方自治，使已经灭亡的国家族群稳定；使已经断绝了的世族重新接续相传；举用隐逸的贤人。这样天下百姓就会归心了。

【别裁大义】

这就是中国文化的重点，美国人也想走这个路线，老实说它没有深厚文化基础，是走不通的。这里引用的几句话，是说周代以后，就是这种做法。中国古代的政治思想，是由宗法社会的基础而来的，“兴灭国，继绝世”，过去已经灭掉的国家，万一这个国家没有后人，就要把他远支的宗亲找出来。所以周武王统一了中国以后，分封诸侯达两三百个国家，而所封的并不全是周文王的儿子，如当时的宋国，就是殷商的后代，许多都是曾经一度灭亡的，周武王再封建，把这些国家重新建立起来。

这种思想一直影响到后世，如刘邦、项羽他们起来推翻秦始皇的暴政，当项家初起的时候，还不敢自己称王，要找出楚国最后一个皇帝的孙子怀王出来，奉为义帝。在我们现在看来觉得奇怪，项家起来就起来了，为什么要找个小孩子出来为帝？这就是宗法社会的思想，必须要找个帽子戴上。这固然是项家的权术，但从道德的观点看，中国人始终有这种“兴灭国，继绝世”的精神。后来刘邦称帝，却封赠了项家和战国时代好些后人，这便是汉代初兴时的可爱可敬之处。

就美国来说，尽管他们没有领土的野心，但是仍有经济市场的野心。过去我们中国帮助一个国家，尤其帮助附庸国家，平了它的内乱，建立或稳定了它自己好的政权，就把兵撤回来，只有一个条件，岁岁来朝。如唐初“万国衣冠拜冕旒”的时代，财物上我们实际贴很多，绝没有领土或经济的野心，这是中国文化与众不同的“兴灭国，继绝世”的政治哲学思想。现在美国既非王道，霸道也没有搞好，所以想走这个路子可走不通，结果许多的国家，像切西瓜一样，被它切成了两半。他们到底只有不过两百年历史，这一方面若要到中国来当学生，至少还要学一百年，以我们自己的文化，研究全世界历史文化的精神，在这个对比下，就看得出来，人类应该走什么路。而周朝走的是传统的正确的路。

“举逸民”，所谓“逸民”，就是纣王的时代，许多人不同意纣王的做法逃走了，避世于海外。到了周武王统一天下以后，把这些人都找回来，给他们一个相当好的位置，尽量发挥他们的长处与思想，这样人心就归顺了。由这三点来讲，我们看自己的历史，过去讲仁讲义，现在讲就很难了。过去某人的家庭出了问题，朋友就把这家庭的担子挑起来，这就是义，也是中国人几千年的传统。

以前我们疏忽了两个东西：一个是特殊社会的组织，另一个是宗法社会的被破坏。这相当重要，中国人过去的祠堂，初一、十五，都召集族中的年轻人读训，那时读的尽管是清朝的圣谕——康熙写的广训，教人如何孝顺父母、如何做好人好事，原来是作为政治的安定力量，后来变成宗法社会非常好的中心思想。我们当时疏忽了这些东西，只有爱好自己文化的人，会感到传统文化被破坏的严重性。现在更加上思想的离析，这些东西更是破坏殆尽了。所以从这些地方我们要了解，这些精神，在宗法社会中，为朋友卖命、替朋友挑担子的这些事，普遍得很。为什么这样做？就是几千年“兴灭国，继绝世”深厚文化教育的结果。

【本经】

所重：民食、丧祭。

【译文】

施政所注意的重点：人民生活、丧礼祭祀。

【别裁大义】

养生送死无憾

这句话，古书上圈点的句读作：“所重民，食丧祭。”不要以为古人大儒讲的话，就一定是对的，我们为真理，为了求真，对的就是对，不对的就是不对，大儒不一定没有错，错了的事多得很。像我们这些连小儒都不够格的经验，常有写错字的时候，学生看到也不讲，后来自己发现，问他们为什么不讲？他们说老师写的怎会错，像这样的态度就糟糕，老师不一定就对，要多提意见。即使我对了，学生没懂，多提意见问一声，也不算错，为什么只是听话？所以对古人的话，也要注意。这句话是说，施政所注意的重点，在民食，人民的生活；其次丧祭，就是送死。换言之，政治的重点，就是养生送死，这是关于经济方面的。

【本经】

宽则得众，信则民任焉；敏则有功，公则说。

【译文】

当权者宽厚包容就会得到群众的拥护；诚信就会得到百姓的信任；勤敏智慧就可以建功立业；凡事公平、公正，则百姓就会心悦诚服。

【别裁大义】

这里是另外四个原则。上古的政治，始终是宽，这是儒家的主张。道家则主张宽猛并重。我们读历史读到用猛的时代，就是讲法治，严格地管理；宽则是讲礼治，如历史上有名的汉唐时代。

近四五十年来的一般人喜欢研究明史，而且最喜欢研究明代后半纪的历史，这事怪得很，大家为什么喜欢研究明史？是否与清代有关？与我们推翻清朝的革命有关？其实这些都不是理由，这是一种历史的风气，如以《易经》的道理来看，这是一个怪现象。为什么我们专研究这些，不去研究汉代怎么兴的，唐代怎么兴的，这些兴旺的气象为什么不去研究？

汉朝的文景之治，是主张宽的，法令也宽，最初汉高祖到灞上，因为始皇法令太严，他与老百姓只约法三章，最简单的三点。可见汉朝的兴起，一开始就是宽的。当一个社会经过多年的战乱，老百姓受严刑统治以后，最好的政策就是济之以宽。汉朝到了汉武帝以后讲法治，酷吏就出来了，慢慢收紧，严起来了。这是因为社会群众的心理，太宽了以后，容易放任，就非要用猛，非严格管理不可，政治上运用宽的猛的手法在于人。儒家宽可以得众，而“信则民任焉”，上面领导的人言而有信，老百姓就完全信任你。“敏则有功”，敏捷聪明，就可建功业。“公则说”，凡事公正、公平，则大家心悦诚服。

这篇书从一开头到这里的叙述，好像同孔子乃至孔子的弟子门人都没有关系，只是记载了上古历史的资料，写的和前面十九篇完全不同，实际上是表示孔子的思想，是在延续中国上古的传统文化，是从这些地方来的，因此下半篇就提出来孔子的思想。

【本经】

子张问于孔子曰：“何如斯可以从政矣？”子曰：“尊五美，屏四恶，斯可以从政矣。”

子张曰：“何谓五美？”子曰：“君子惠而不费，劳而不怨，欲而不贪，泰而不骄，威而不猛。”子张曰：“何谓惠而不费？”子曰：“因民之所利而利之，斯不亦惠而不费乎？择可劳而劳之，又谁怨？欲仁而得仁，又焉贪？君子无众寡，无小大，无敢慢，斯不亦泰而不骄乎？君子正其衣冠，尊其瞻视，俨然人望而畏之，斯不亦威而不猛乎？”

子张曰：“何谓四恶？”子曰：“不教而杀谓之虐；不戒视成谓之暴；慢令致期谓之贼；犹之与人也，出纳之吝，谓之有司。”

【注释】

屏（bǐng）：排除，除去。

惠：仁慈，恩惠。

费：耗损，烦琐。

因民之所利而利之：为政者要制定适当的政策，根据百姓所需要的利益来利益百姓。

择可劳而劳之：在决策投入民力时，根据百姓的切实利益，要取之于民用之于民，并选择农闲时间出动劳力。

谓之有司："有"即"有……的权利"。"司"即"主管、管理"。古代设官分职，各有专司，故称有司。"有司"指主管某部门的官吏。这句话意为这就是从政人员随意而为玩忽职守。

【译文】

子张问孔子说："怎样才可以从政呢？"

孔子说："尊重五种美德，排除四种恶行，这样就可以从政了。"

子张问："五种美德是什么呢？"

孔子说："君子从政要做到的五美是，惠而不费，劳而不怨，欲而不贪，泰而不骄，威而不猛。"

子张说："怎样做才称得上是'惠而不费'呢？"

孔子说："君子以仁道施政，制定出正确恰当的政策和措施，真心诚意为人民服务，满足百姓的实际需要，这不也就是'惠而不费'吗？根据国家和百姓的切实利益投入财力和物力，选择农闲时间调动劳力，谁又会有怨呢？所追求的是仁德，便得到了仁德，还有什么其他的贪欲呢？君子待人接物虚心平等，所待之人，无论多少，也无论地位高低大小，都能做到恭敬而不敢怠慢，这不就是'泰而不骄'吗？做为君子端正其衣冠，自尊其瞻视仪容，内心恭敬，让人见了便会有敬畏之心，这不就是'威而不猛'吗？"

子张问："什么叫四种恶行呢？"

孔子说："从政的人对待百姓，不经过教育，只要是犯了错误就加以处罚或杀戮，这就是残害，叫做虐；事先不教导和告诫，而要求成绩，这就是欺凌，叫做暴；以轻慢的态度玩弄法令，以达到其欲望和目的，这样的行为就是害国害民，叫做贼；如果不设身处地站在全局的角度思考问题，财物方面该省的不省，该用的却又不肯使用，这就是从政人员随意而为的玩忽职守了。"

【别裁大义】

从政典范论

这一段的文字，我们很容易看懂，剩下的问题，是做起来很难。“惠而不费”在从政的时候很容易做到。民间有句古谚：“身在公门好修行。”做公务员有时很容易做好事，往往一件事，一个案子就决定了。坐在办公桌上想出来的一个建议，一个办法，经上面决定以后实行起来，影响之大是不可想象的。所以最高明的从政者，经常有这种机会，给别人很好的利益，大家获得福利，而对自己没有什么牺牲损害。但是有的人，对这一类的事，往往不干，譬如有一个人来办事，或请求什么，而有些公务人员连多讲一句话，指导人家一下都不干，致使许多人埋怨，结果这些埋怨都归到领导人的身上。所以为政之道，许多“惠而不费”的事，做了多好！可是有时候还做不到。交朋友也一样，我们常常发现帮忙朋友一件事，是“惠而不费”，可是现在年轻人流行的话是“多管闲事，多吃屁”。其实管闲事又何妨？朋友之间，“惠而不费”的事情该多做，这种惠而不费的事情，随时做得到，又岂止为政！

最难的是“劳而不怨”。大家常说，做事要任怨，经验告诉我们任劳易，任怨难，多做点事累一点没有关系，做了事还挨骂，这就吃不消了。但做一件事，一做上就要准备挨骂，“劳而不怨”，难在任怨。

“欲而不贪”这句话很有道理，人要做到绝对清廉，可以要求自己，不必苛求任何一个人。人生有本能的欲望，欲则可以，不可过分地贪求。中国文化，儒家也好，道家也好，都主张大公，但也都容许部分私心的存在。

“泰而不骄”是指在态度方面、心境方面，胸襟要宽大，不骄傲。

“威而不猛”，对人要有威，威并不是凶狠，一个人的修养，真有威德，人家看见自然会害怕，这是威，而别人的害怕，并不是恐惧，是一种敬畏、敬重之意。如果“威”得使人真的恐惧，就是猛了。我们看历史上许多人，一犯猛的毛病，没有不失败的。

这五美包括了为政和做人处世的原则，我们自己对五美作了解释以后，看孔子的解释，孔子说："因民之所利而利之，斯不亦惠而不费乎？"这等于现在的民主政治，就老百姓所需要的、所要求的福利而利之，这就是惠而不费，取之于社会，用之于社会。"择可劳而劳之，又谁怨"，同样的使用劳力，以对老百姓利益有关的事而劳动老百姓，就不会有人怨恨。"欲仁而得仁，又焉贪"，所要求的是仁，而得到了仁，还有什么其他的贪念？所要求的正当本分，而达到了目的，就没有分外之贪。

"君子无众寡，无小大，无敢慢，斯不亦泰而不骄乎"，君子之人处在任何环境当中没有多与少的观念，如待遇的多少、利益的高低等观念，也没有什么职位大小的观念，对于任何事情都不轻慢，一件小事情，往往用全力。佛学中有句话非常好，叫"狮子搏物"。狮子是百兽之王，它何以会是百兽之王？因为它对任何事情都很恭敬，很认真。当狮子要吃人的时候，会使出全副的力量，绝不放松；而当狮子抓一只小老鼠的时候，也是用全部力量。这种狮子的精神，就是"无小大，无敢慢"，一件事情到了手上，不管小事大事，不要以为容易，如果以为容易往往出毛病，这就是说怎样可以做到"泰而不骄"。下面讲到态度："君子正其衣冠，尊其瞻视，俨然人望而畏之，斯不亦威而不猛乎？"这还是就外形论，关于内在的意义，我们说过了。现在根据文字表面来说，一个人衣冠端正，礼貌威仪都到了，别人无论是远瞻或近看，各个都生敬畏之心，这就是威而不猛的道理。

四恶

对于五美，在我们自己的研究以及孔子本身的解释都了解了，下面是孔子解释四恶：

"不教而杀谓之虐"，对部下，对学生都是如此，如果没有教导他，他做错了，我们要自己负责。人并不一定对任何事情都有经验，而教了以后，改不过来，才可以处罚他。"不戒视成谓之暴"，这个"戒"就是告诫。对部下事前不告诫他，到时候又要他拿出成果来，要求太高，不合情理，不可以，这就是非常要不得的事。“慢令致期谓之贼”，对于法规、命令，处以轻慢的态度，不在乎。“慢令”就是现在所谓玩弄法令。“慢令致期”，自己玩弄法令，而希望别人达到目的，完成任务，符合你的期望，这就是贼。“犹之与人也，出纳之吝，谓之有司”，为政之道，一切事情都要想到，我所需要的，别人也需要，假使一件事临到我身上，我会很不愿意，临到别人身上也是一样，这是“犹之与人也”，比之自己与人家相同。“出纳之吝”——为政与经济分开来——就是怎样节省或放开来用，这个分寸，各有专门负责的人，该用则用，该省则省。

上面是孔子答复了子张的五美四恶，下面是全部《论语》二十篇的结论了。

【本经】

子曰：“不知命，无以为君子也；不知礼，无以立也；不知言，无以知人也。”

【注释】

命：天命，命运，这里尤指时代的趋势。

言：言论，话语，此指古圣先贤留下的言论和话语。

【译文】

孔子说：“如果不了解时代发展的趋势，就无法成为真正的君子；如果不知礼义，不了解中国传统文化，就无法真正立身处世；如果不懂得古圣先贤所讲的真意，无法领会中国文化的中心思想和精神本质，也就无法真正认识自己和别人，更无法了解人性的根本。”

【别裁大义】

学至三知的结论

古代中国人讲三理，本来三理的“理”是礼，中国文化有三礼，即“周礼、礼记、仪礼”为三礼。宋明以后又有三理的说法，读书人必须懂三理，是“医理、命理、地理（堪舆）”，这是由孝道的观念来的。知识分子要懂得这三理，因为父母病了，自己要懂得照顾，这就要懂医理。“父母之年不可不知也”，要懂算命。父母这年有问题，为儿女的要特别小心。万一出了事，要找个好风水，就得懂地理。

因此有一位朋友精于算命的引用这句话，说孔子主张知识分子必须懂得算命，实际上孔子这句话，并没有提到算命。孔子的时代，还没有用八字来算命的事，用八字算命兴起在唐代，严格说来早一点在南北朝才有，中间加上了印度传过来的文化，如子、丑、寅、卯等十二地支的动物生肖，是由印度传来的，我们原来只有地支，没有配上这些动物，东汉以后印度传来了这一套，到唐代才形成算命的学问。而算命之术分许多大派，同样的八字用这一派方法算很好，用另一派方法算又很坏。在算命者说来，历史上最好的命是乾隆，他八字内地支涵的四个字是“子、午、卯、酉”，叫作四正的命。乾隆的命好，历史上的皇帝，没有比他更舒服的，六十年的太平皇帝，活到八十几岁，所以自称十全老人，样样好，只有当这种皇帝还蛮舒服，历史上其他皇帝，没有一个不忧患的。可是有一个人的八字和乾隆一样，同年同月同日同时生而为叫花子。那么这个命怎么去算？像这样的算命例子多得很，算命的人却说，因为地区不同，乾隆生在北方，那叫花子生在南方。在空间上，同一房间两张床上出生的，还是有差别，这叫移形换步。变动一步，所看的对象，形态就变了，形态变了，结论就不同。如果要讲这一套，那么一个人连路都不敢走了，这中间就有一个道理，所谓“魔从心造，妖由人兴”。

孔子所讲的命，其真正意义，指宇宙的某一法则，人事、物理、历史的命运，时间空间加起来，形成这一股力量的时候，人对它没有办法转变，这就是命。现在我们称它为“时代的趋势”。势在那里的时候，像汽车那股动的力量还没有完，没办法停止，历史时代自有其前因后果，为什么我们这个时代会形成这样？所以这个“命”很难讲。就现代来说，我们的八字早已算好了，不过不是生辰八字，而是“生于忧患，死于忧患”八个字。中国古代有“天命之谓性”的“命”又是另一种解释，解释作宇宙生命之命。如果我们把《论语》中这一句解释作生命之命，又牵涉哲学问题了，而命运之命包括了哲学与科学的问题，也是非常难研究的。孔子这里说的“不知命，无以为君子也”，换句话说，就是一个人不知道时代的趋势，对于环境没有了解，不能有前知之明，无法为君子。

“不知礼，无以立也。”这个礼包括了文化，以前我们再三地解释过了，不多说了。简单说，一切礼义，中国传统文化的哲学道理、人生道理要懂得，假使不懂，就无法站立在这人世间，就永远跟着环境转，自己没办法特立独行。

“不知言，无以知人也。”照文字解释，不知道说话，无法做人。人怎会不知言？各个都会说话，这个“言”就代表言语文化，比如古人先贤告诉我们的话，我们不能深切真正了解，就无法做人处世。如《论语》，是孔子的人生经验，告诉了我们，不懂，就不知怎样做人做事。

这一节书到此结束了，就是自“子曰：学而时习之”开始，全部《论语》二十篇连起来，都是学问。学问不是知识，不是文字，学问是拿人生修养来体验，随时随地去学习，才能达到“知命”而“自立”的境界。这样，才能算是“知言”，才不是白读了《论语》。